LUST AN DER GESCHICHTE:
Leben im Mittelalter

SERIE PIPER
Band 1166

Zu diesem Buch

Der vorliegende Band aus der erfolgreichen Reihe »Lust an der Geschichte« versammelt 158 Texte aus der Zeit zwischen 364 und 1387, dem europäischen Mittelalter also. Erklärtes Ziel des Herausgebers war es, »den Menschen zuzuhören, die damals gelebt haben und ihre Gedanken aufgeschrieben haben«. Dadurch gewinnt der Leser einen direkten Zugang in die so völlig andere Welt des Mittelalters, die Welt von Königen und Päpsten, von Herren und Unfreien, von Stadt und Land. Die besondere Struktur des Lebens und der Lebensbedingungen im Mittelalter wird damit so deutlich und transparent, wie dies bei dem großen Zeitabstand nur möglich ist.

Ernst Pitz, geboren 1928, lehrt mittelalterliche Geschichte an der Technischen Universität Berlin.

LUST AN DER GESCHICHTE:

Leben im Mittelalter

Ein Lesebuch

Herausgegeben,
eingeleitet und übersetzt
von Ernst Pitz

Piper
München Zürich

In der Reihe »Lust an der Geschichte«
liegen in der Serie Piper bereits vor:
Leben im antiken Griechenland (850)
Die Französische Revolution 1789–1799 (933)
Leben im Alten Rom (1005)
Weitere Bände sind in Vorbereitung.

ISBN 3-492-11166-1
Originalausgabe
Oktober 1990

Umschlag: Federico Luci,
unter Verwendung eines Gemäldes aus dem
Castel del Buen Consiglio, Trient
Gesamtherstellung: Clausen & Bosse, Leck
Printed in Germany

Inhalt

Einleitung

Leben im Mittelalter – können wir, die wir nach der Aufklärung leben, es uns überhaupt noch so vorstellen, wie es wirklich war? Weiß nicht jedermann, daß es ein Zeitalter der Finsternis erfüllte, das die vernunfterhellte Antike von der ebenso lichtvollen Neuzeit trennt und in dem Klingsor und Amfortas, Parsifal und Kundry das Schicksal der Menschheit in Händen hielten? Oder war es etwa doch ein Teil der guten alten Zeit, als es noch weder Ausbeutung noch Umweltverschmutzung gab, als die Dörfer noch Dörfer und die Städte noch Städte waren und jeder wußte, wohin er gehörte? Schaut man genauer hin, so sieht man, daß die Menschen des Mittelalters und die Zeitläufte nicht besser und nicht schlechter waren als heute, daß sie nur anders waren, und zwar sehr viel anders, als wir es von uns selbst gewohnt sind.

Genauer hinschauen kann heißen, entweder die in Bauwerken oder als Museumsgut erhaltene, von der Spatenforschung beständig vermehrte sachliche Hinterlassenschaft des Mittelalters zu betrachten oder den Menschen zuzuhören, die damals gelebt und ihre Gedanken aufgeschrieben haben. Das zweite soll in diesem Buche geschehen. Es bietet dem Leser 158 Texte in moderner Übersetzung, obwohl gerade dies für das genaue Hinschauen problematisch ist. Jakob Burckhardt (1818–1897), einer der wenigen Historiker, die über das bloße Faktenwissen hinauskommen und im Umgang mit der Geschichte weise werden wollten, hat dazu gesagt: »Alle echte Überlieferung ist auf den ersten Blick langweilig, weil und insofern sie fremdartig ist. Sie kündet die Anschauungen und Interessen ihrer Zeit für ihre Zeit und kommt uns gar nicht entgegen, während das moderne Unechte auf uns berechnet, daher pikant und entgegenkommend gemacht ist, wie es die fingierten Altertümer zu sein pflegen.« Wer genau hinschauen will, muß sich daran gewöhnen, daß die Berichter uns von ihrem Leben nicht das erzählen, was wir erwarten, sondern das, was ihnen wichtig war, und daß sie es in Sprachen tun, die für uns Fremdsprachen sind. Um daran ständig zu erinnern, haben die folgenden Übersetzungen ihre Vorlagen möglichst wenig geglättet. Die mittelalterliche Denk- und Schreibweise knüpfte nicht an die klassische, glasklare Geisteskultur eines Cicero oder Seneca, sondern an die krause Rhetorik spätantiker Hofleute und Gerichtsbeamten an, die die grellbunte, kunstvolle, gesuchte Metapher liebten und auch dann benutzten, wenn dies nach unserer Auffassung das Gemeinte mehr verschleierte als klar hervortreten ließ. Es ist nicht Aufgabe der Übersetzung, die darin liegenden Schwierigkeiten zu übertünchen und zu verwischen; sie macht daher für unser Verständnis nötige Eingriffe in den Text mit besonderen Zeichen sichtbar, soweit nicht ausführlichere Erläuterungen in Anmerkungen untergebracht werden müssen.

Was kennzeichnet das Leben im Mittelalter so wesentlich, daß es in unseren Texten zum Vorschein kommen soll? Vor allem die Notwendigkeit schwerer Arbeit bei Rodung des Urwaldes und Austrocknung der Sümpfe und Marschen, denn Lebensmittel waren knapp, jeder Zuwachs der Erzeugung wurde rasch vom Wachstum der Bevölkerung eingeholt, so daß Hungersnot, auszehrende Krankheit und früher Tod alltägliche Erfahrung aller Menschen waren. Nur wer sich die Ertragsüberschüsse fremder Arbeit aneignen konnte, hatte die Chance, dieser Notlage zu entkommen: daher die Notwendigkeit harter adliger Herrschaft über unfreie und bedrückte Bauern, die sich bereits im verfallenden römischen Reiche entfaltete und die weit über das Ende des Mittelalters hinaus Bestand hatte. Die Herren freilich mußten stets in Waffen gehen, um sich zu behaupten, und bereit sein, ihre Herrschaft mit eigenem und fremdem Blute zu erkaufen: Es gab viel Krieg, viel Fehde, und ein Menschenleben war wenig wert. Denn der Staat war schwach, der König einer unter vielen adligen Herren und nicht immer der mächtigste. Daher ist es eine der größten Leistungen jener Zeiten, daß es gelang, allmählich die Macht der Krone zur Staatsgewalt zu steigern, ohne sie aus der Bindung an das im Volke lebendige Recht und das vom Volke gewiesene Gesetz zu entlassen.

Die Macht des Königs und des Staates aber berührte wie heute das Leben eines jeden, denn an ihr hing die Macht der Gerichte, um Waffen und Fehden allmählich zu unterdrücken und für friedliche Streitaustragung zu sorgen. Die Gerichte des frühen Mittelalters waren Volksgerichte, die dem Richter nur geringen Einfluß einräumten; Parteihandlungen und Beweise mußten daher streng an einfache Formen gebunden sein, weil nur dann das gesamte versammelte Volk bis auf den letzten Mann erkennen konnte, auf welcher Seite das Recht war. So erklären sich die merkwürdigen Erscheinungen des Beweises mit Eideshelfern und Gottesurteilen und gerichtlichem Zweikampf, auf die sich das Vorurteil von der Finsternis der Zeiten seit jeher vor allem berufen hat, die indessen, sieht man auf die Umstände und den Zweck, durchaus vernünftig erdacht waren. Rationale Tatsachenbeweise konnten erst Berufsjuristen als Anwälte und Richter würdigen, und deren Zeit begann mit der Erstarkung der Staatsgewalt im Hochmittelalter.

Der harten Herrschaft adliger Grundherren zu entkommen war einfachen Leuten erst möglich, seit die Herren, um ihre Urwälder roden zu lassen, zu Konkurrenten um ihre Arbeitskraft wurden und als sich zugleich in Fernhandel und Städtewesen die Möglichkeit eröffnete, losgelöst von eigener landwirtschaftlicher Arbeit am städtischen Markte zu wohnen und für den Absatz auf ihm zu arbeiten. Wohl nichts anderes hat das Leben im Mittelalter so stark beeinflußt wie der Untergang der Sklaverei, deren menschenverschleißende Produktionsweise der Rationalismus der Antike so fabelhaft entwickelt hatte: Schon vor der Höhe des Mittelalters war die Rechtlosigkeit des Sklaven abgeschwächt zur beschränkten Rechtsfähigkeit des Hörigen, und seit dem 11. Jahrhundert bot diesem der Markt die Chance, außerhalb der Grundherrschaft eine gesicherte Existenz zu gewinnen und über die wirtschaftliche Selbständigkeit zur persönlichen Freiheit zu gelangen. Königtum und Städtewesen haben das adlige Herrschaftseigentum an Land und Leuten überwunden, dem einst die Menschen und der von ihnen bebaute Boden unterlegen hatten. Es gab viele widersprüchliche Freiheiten im Mittelalter, denn auch die Herren pflegten ihre Vorrechte als Freiheiten zu bezeichnen. Für die kleinen Leute bedeutete Freiheit vor allem Freizügigkeit: die Chance, dorthin zu gehen, wo sie ihre Arbeitskraft am besten verwerten und über den Ertrag ihrer Arbeit am vollständigsten verfügen konnten.

Aber auch im Mittelalter wuchsen die Bäume der Freiheit nicht in den Himmel. Mit den Märkten und Städten kam ein Bedürfnis auch an geistiger Freiheit auf, das sich insbesondere gegen die Verwertung der christlichen Religion im Interesse der Herrschenden wehrte. Menschen aller Stände begannen, die heiligen Schriften der Kirche in ihre Volkssprachen zu übersetzen und sie sich selber auszulegen – um damit den Widerstand der sich angegriffen fühlenden Machthaber in Gesellschaft, Kirche und Staat zu wecken. Zusammen mit der neuen Denk- und Lesefreiheit kamen Gewissenszwang und Glaubensterror auf, und nur allzu rasch zeigte sich, daß auch der neue Königsstaat zwar die adlige Willkür und Herrengewalt beschränkte, aber die den Herren entwundene Macht ganz in die eigenen Hände nehmen wollte. Er verfolgte die religiöse Selbständigkeit als Ketzerei: nicht nur, indem er die Gesinnungspolizei der Inquisition legitimierte, sondern auch und vor allem, indem er aus eigenem Recht die Tötung der Ketzer verlangte und unterstützte. Damit begann die lange Geschichte jener dem eigentlichen Mittelalter unbekannten Ideologien, deren Anhänger auf wilde Bluttaten angewiesen sind, um sich ihres Glaubens zu vergewissern, und die ihre volle Wirkung erst in neuerer und neuester Zeit entfalten sollten.

Aber auch die Freiheit am Markte hatte ihre Grenzen, denn nicht allen Stadtbewohnern brachte sie die gleichen Vorteile. Die vom Lande in die Städte Flüchtenden verloren mit der Herrschaft, deren Willkür sie nur zu oft bedrückt hatte, auch jenen gesellschaftlichen Schutz vor Mißernte, Hungersnot und Feuerschaden, den die Hörigengenossenschaften der Fronhöfe ihren Mitgliedern verschafften und den die Könige als eine Art Konservationspflicht den Herren gelegentlich eingeschärft hatten. Die Städter ersetzten den Verlust, indem sie sich erneut zu Genossenschaften: kaufmännischen Gilden und Fahrtgemeinschaften und gewerblichen Zünften, zusammentaten und sich als Genossen zu gegenseitigem materiellem und ideellem Beistand auf gleichem Fuße verpflichteten. Aber dann setzte die Freiheit des Marktes im 13. Jahrhundert jene Energien frei, deren Auftritt man heute gern als kommerzielle Revolution bezeichnet und die in den großen Städten der führenden Gewerbelandschaften aus der Masse gleichgestellter Bürger einerseits eine Führungsschicht reicher Unternehmer, andererseits eine graue Menge von Lohnarbeitern hervorgehen ließ. Die Arbeiter entbehrten in der Regel sogar des Bürgerrechts und sahen sich der Ausbeutung durch jene Großkaufleute ausgeliefert, die allein ihnen die Rohstoffe für ihre Handarbeit und Absatz für ihre Erzeugnisse sichern konnten. Es begann sich jener Frühkapitalismus auszuprägen, der bis zur industriellen Revolution das Leben der Europäer beherrscht hat.

Hier brechen wir ab – nicht weil das Thema erschöpft wäre; es ist vielmehr nur eben angeschnitten, aber es ist nicht das Ziel dieser Einleitung, die unendliche Kette der Lebensbedingungen weiterzuverfolgen, sondern nur, im Umriß anzudeuten, welchen Erkenntnisinteressen, oder sagen wir besser: Erkenntnisgelüsten folgend unsere Quellensammlung ihre Auswahl getroffen hat. Lust an der Geschichte: Möge gerade die echte Überlieferung sie erregen und fördern, eben weil sie fremdartig ist und weil uns das überraschend Fremdartige leicht und gern zum Lächeln reizt. Insofern bietet dieses Buch dem Leser manches Lustige. Aber niemand kann sich eine Lust an der Geschichte lange bewahren, wenn er sich vor deren Ernst verschließt und vor der Frage, wer denn wohl wir sind, daß wir über die Alten lachen dürfen, nur weil sie uns fremd geworden sind, und wer denn die wohl wirklich waren, die bei allem gewachsenen und weiter wachsenden Abstande doch für immer unsere Vorfahren und die Vorgänger bleiben, auf deren Schultern wir stehen.

Abkürzungen und Zeichen

1. Bibliographische Abkürzungen

CDL	= Codice diplomatico Longobardo, vol. 1–3. Fonti per la Storia d'Italia, vol. 62–64, Roma 1929–1973.
C. J.	= Corpus Iuris Civilis, vol. II: Codex Justinianus, rec. et retr. P. Krueger, ed. 13, Berlin 1963.
C. Th.	= [Codex Theodosianus]: Theodosiani libri XVI cum constitutionibus Sirmondianis et Leges novellae, ed. Th. Mommsen et P. M. Meyer, t. 1–2, ed. 4, Berlin 1970–1971.
Elenchus	= Elenchus fontium historiae urbanae, vol. 1, Leiden 1967.
Fagniez, Documents	= G. Fagniez, Documents relatifs à l'histoire de l'industrie et du commerce, vol. 1–2, Paris 1898–1900.
Ficker, Forschungen	= J. Ficker, Forschungen zur Reichs- und Rechtsgeschichte Italiens, Bd. 1–4, Innsbruck 1868–1874.
Hansisches UB	= Hansisches Urkundenbuch, bearb. von K. Höhlbaum, Bd. 3, Halle 1882–1886.
JL	= Ph. Jaffé und F. Kaltenbrunner, P. Ewald, S. Loewenfeld, Regesta Pontificum Romanorum, t. 1–2, ed. 2, Leipzig 1885–1888.
Keutgen, Urkunden	= F. Keutgen, Urkunden zur städtischen Verfassungsgeschichte, Berlin 1901.
Lacomblet, UB	= Urkundenbuch für die Geschichte des Niederrheins, hg. von Th. J. Lacomblet, Bd. 1–4, Düsseldorf 1840–1858.

Liebermann, Gesetze	= Die Gesetze der Angelsachsen, hg. von F. Liebermann, Bd. 1–3, Halle 1903–1916.
MGH	= Monumenta Germaniae Historica
– AA	= Auctores antiquissimi
– Capit.	= Capitularia regum Francorum
– Conc.	= Concilia
– Const.	= Constitutiones et acta publica imperatorum et regum
– DD	= Diplomata regum et imperatorum Germaniae
– – K. II.	= t. 4: Conradi II. diplomata
– – O. II.	= t. 2, 1: Ottonis II. diplomata
– – O. III.	= t. 2, 2: Ottonis III. diplomata
– – H. III.	= t. 5: Heinrici III. diplomata
– – H. IV.	= t. 6: Heinrici IV. diplomata
– Epp.	= Epistolae (in Quart)
– Formulae	= Formulae Merowingici et Karolini aevi
– Leges nat. Germ.	= Leges nationum Germanicarum
– SS	= Scriptores (in Folio)
– SS in us. schol.	= Scriptores rerum Germanicarum in usum scholarum separatim editi
Mirbt-Aland	= Quellen zur Geschichte des Papsttums und des römischen Katholizismus, hg. von C. Mirbt, 6. Aufl. bearb. von K. Aland, Tübingen 1967.
Mittelrheinisches UB	= Urkundenbuch zur Geschichte der jetzt die preußischen Regierungsbezirke Coblenz und Trier bildenden Territorien, Bd. 1–3, Coblenz 1860–1874.
Nov.	= Corpus Iuris Civilis, vol. III: Novellae, rec. R. Schoell et Gu. Kroll, ed. 8, Berlin 1963.
Oediger, Regesten	= F. W. Oediger, Die Regesten der Erzbischöfe von Köln im Mittelalter, Bd. 1, Bonn 1954.
RAPhA	= Recueil des actes de Philippe Auguste roi de France, t. 1–4, Paris 1916–1979.

RAPhI	= Recueil des actes de Philippe Ier roi de France, Paris 1908.
Il Regesto di Farfa	= Il Regesto di Farfa di Gregorio di Catino, pubblicato da I. Giorgi e U. Balzani, vol. 2, Roma 1879.
Reg. Imp.	= Regesta Imperii. Die Regesten des Kaiserreichs, begründet von J. F. Boehmer.
RHGF	= Recueil des historiens des Gaules et de la France, vol. 1–24, Paris 1738–1904.
Stubbs, Select Charters	= W. Stubbs, Select Charters and Other Illustrations of English Constitutional History, 9th ed. revised by H. W. C. Davis, Oxford 1913.
UB Fulda	= Urkundenbuch des Klosters Fulda, Bd. 1, bearb. von E. E. Stengel, Marburg 1958.
UB Lübeck	= Urkundenbuch der Stadt Lübeck, Bd. 1, Lübeck 1843.
UB Mainz	= Mainzer Urkundenbuch, Bd. 1–2, bearb. von M. Stimming und P. Acht, Darmstadt 1932–1971.
UB Straßburg	= Urkundenbuch der Stadt Straßburg, Bd. 1, bearb. von W. Wiegand, Straßburg 1879.
UB Worms	= Quellen zur Geschichte der Stadt Worms, hg. von H. Boos, 1. Teil: Urkundenbuch, Bd. 1, Berlin 1886.

2. Sonstige Abkürzungen und Zeichen

ags.	= angelsächsisch
d., den.	= denarius, denarii, Pfennig(e)
Jh.	= Jahrhundert
lat.	= lateinisch
sol.	= solidus, solidi, byzantinische Goldmünze(n)
---	= Lücke im überlieferten Text
[!]	= Fehler im überlieferten Text

...	= Kürzung des Übersetzers
[ ]	= Ergänzung oder Zusatz des Übersetzers
[---]	= Textlücken

Kaiser- und Königsgesetze und Rechtsbitten wegen Unterdrückung oder Regulierung adliger Herrenrechte über Land und Leute, 364–468

Zwei Jahrhunderte lang kämpften die römischen Kaiser und die kaisertreue Bürokratie des Reiches gegen die Ausbildung grundherrlich-adliger Eigenmacht im Reiche, ohne indes im lateinischen Westen wirklich Erfolg zu haben – es war vielmehr das Kaisertum, das diesen Kampf verlor und nicht zuletzt deswegen im Jahre 476 im Westreiche zugrunde ging. Dahin war es gekommen, weil die Kaiser seit der zweiten Hälfte des 3. Jahrhunderts die Verteidigung der Reichsgrenzen nicht mehr dauerhaft hatten sichern können; äußere Feinde, insbesondere an Rhein und Donau die neugebildeten Großstämme der Germanen, aber auch einheimische Banden von Räubern und Piraten hatten seither den Reichsfrieden zerstört, dessen Sicherung Hauptaufgabe der Kaiser und Geltungsgrund ihrer Herrschaft zugleich gewesen war. Die Städte, die sich mit Mauern umgaben, und die Großgrundbesitzer waren meistens, weil vom Kaiser und dessen Amtleuten keine Hilfe kam, gegenüber diesen Feinden auf sich allein gestellt.

Die Folge war, daß sie, wenn sie die Abwehr selbst organisierten, dem Kaiser keine Steuern mehr bezahlen wollten, da diese ja vor allem für den Unterhalt des kaiserlichen Heeres bestimmt waren. Seit sich der Nutzen des Heeres in den Provinzen nicht mehr fühlbar machte, begannen viele Großgrundbesitzer, ihre ländlichen Villen zu befestigen, Krieger zu deren Schutz in Dienst zu nehmen, den Pächtern ihrer Güter sowie den kleinen freien Grundbesitzern in der Nachbarschaft die kaiserlichen Steuereinnehmer vom Halse zu schaffen und sie damit einer gewiß nicht weniger als die staatliche drückenden privaten Schutzherrschaft zu unterwerfen. So entstand eine Schicht lokaler Machthaber, die zwar immer noch Wert darauf legte, Mitglieder in die beiden Senate (zu Rom und zu Konstantinopel) zu entsenden, und die wir daher als senatorischen Adel bezeichnen, die aber immer mehr aufhörte, in den Hauptstädten zu leben, und den kaiserlichen Befehlen nur noch gehorchte, wenn dabei die eigenen Interessen nicht zu kurz kamen. Wenn ihr Vorteil es erforderte, paktierten sie auch mit den Königen der wandernden germanischen Heere, die sich seit dem 5. Jahrhundert auf dem Gebiet des weströmischen Reiches niederließen; so suchten sie sich Grundbesitz und Herrschaft zu erhalten oder sie auch mit den Führern der Germanen zu teilen, wenn es nicht anders ging. Diese Entwicklung ergriff zwar auch das Ostreich, aber hier waren die Adelsgüter nicht so groß wie im Westen, so daß sie den Staat nicht zerstörten und seit dem 7. Jahrhundert von den Kaisern teilweise wieder aufgelöst werden konnten. Die auf weströmischem Boden entstandenen Reiche der Westgoten, Franken und Langobarden dagegen übernahmen die Adelsherrschaft. Sie diente den fränkischen Großen als Vorbild und tritt daher seit dem 6. Jahrhundert auch im Nordosten des fränkischen Reiches an Maas und Rhein auf, wo die Franken zuvor alle römische Tradition vernichtet hatten.

Die wichtigsten Zeugnisse für die Anfänge dieser Entwicklung sind die Spuren, die sie in der Gesetzgebung des 4. bis 6. Jahrhunderts hinterlassen hat; sie zeigen, wie man zunächst versuchte, die aufkommende Adelsmacht zu unterdrücken, und später wenigstens, sie zu regulieren und zu beschränken. Hinzu kommen einige Briefe des römischen Senators Symmachus, die zwar privaten Charakters sind, die aber erkennen lassen, wie sich die Großgrundbesitzer für ihre Güter und Hintersassen beim Kaiser um Ausnahmen von den Gesetzen, also um Vorrechte oder Privilegien, bemühen mußten, die mit dem System der unbeschränkten kaiserlichen Herrschaft im Grunde nicht vereinbar waren. Es handelt sich im einzelnen um folgende Texte:

1. Kaisergesetz über den Schutz des Volkes vor Übergriffen der Mächtigen, 364 (richtig: 368 oder später): C. Th. 1, 29, 1.

2. Kaisergesetz über die Gerichtsbarkeit des Defensors zum Schutze der kleinen Leute, 365: C. Th. 1, 29, 2.

3. Kaisergesetz über die Zuständigkeit der Statthalter in Streitigkeiten zwischen Senatoren und Bauern, 370: C. Th. 1, 29, 5.

4. Kaisergesetz über die Zulässigkeit gewaltsamer Abwehr und Tötung gewalttätiger Amtleute, 391: C. Th. 9, 14, 2.

5. a–c. Briefe des Senators Symmachus an seinen Schwiegersohn über Familienangelegenheiten und über die Bemühungen des Senates, durch Gesandte und Bittschriften vom Kaiser sowohl Befreiung der senatorischen Güter von der Rekrutierung als auch Ermäßigung der dafür geforderten Geldzahlungen zu erlangen, um 397/398: MGH AA 6, Buch VI Nr. 58, 62, 64.

6. Kaisergesetz gegen die freien Grundeigentümer, die sich zur Abwehr gerichtlicher Klagen unter den Schutz eines Mächtigen oder Senators stellen, 400: C. J. 2, 14, 1.

7. Kaisergesetz über den gallischen Landtag in Arles, 418: MGH Epp. III S. 13–15, Epistulae Arelatenses 8.

8. Kaisergesetz über Beschränkung der Steuerprivilegien der Mächtigen, 430: C. Th. 11, 20, 6.

9. Kaisergesetz über Aufhebung der vom kaiserlichen Haus- und Reichsgut abgeleiteten Immunitätsprivilegien, 441: C. Th., Valentinian III., Novelle 10.

10. Gesetz des Königs Eurich (466–485), revidiert von Rekkeswind (649–672) und Erwig (680–687), über die Rechtsverhältnisse der Privatkrieger oder »Brotesser« (buccellarii): Codicis Euriciani lex 310, MGH Leges nat. Germ. 1 S. 18–19, 216–217.

11. Kaisergesetz, das den Grundbesitzern verbietet, Bewaffnete zu unterhalten, 468: C. J. 9, 12, 10.

12. Kaisergesetz gegen den Übertritt kleiner Grundherren in den Schutz der Mächtigen, 468: C. J. 11, 54 (53), 1.

[1] Die Kaiser Valentinian und Valens, Augusti, an Probus, Präfekten des Prätoriums. Wir haben in sehr nützlicher Weise bestimmt, daß alles niedere Volk von Illyricum von den Ämtern der [Stadt-]Patrone gegen die Ausschreitungen der Mächtigen geschützt werden soll. Deine Rechtschaffenheit sorge dafür, über alle einzelnen Städte der genannten Diözese etliche Männer von geeignetem Charakter und vergangenem lobenswertem Leben zu diesem Amte zu erwählen, Männer, die entweder Provinzstatthalter gewesen sind oder den [kaiserlichen] Dienst besoldeter Anwälte versehen oder als [kaiserliche] Geheimboten oder in Hofämtern gedient haben. Dekurionen[1] vertraue sie diese Ämter nicht

1 Mitglieder der Stadtregierung, die häufig bestrebt waren, in den Kreis der Großgrundbesitzer und Senatoren aufzusteigen, und daher die kleinen Leute hart bedrückten.

an; auch Männern, die irgendwann einmal dem Amte deiner Hoheit oder irgendwelchen ordentlichen Richtern angehört haben, übertrage sie dieses Amt nicht. Es werde aber zu unserer Kenntnis berichtet, wer und in welcher Stadt er ernannt worden ist. Gegeben am 27. April im Konsulatsjahre des göttlichen Jovian und des Varronius [364; richtig 368 oder später].

[2] Dieselben Augusti an [den Defensor[2]] Seneca. Wenn jemand von den kleinen Leuten und kleinen Abgaben-Erhebern glaubt, er müsse bei dir Klage erheben, so sollst du in den geringeren Sachen das Verfahren abschließen, nämlich so, daß du es durch deine Entscheidung zurückerstattest, wenn etwa jemand entweder eine gerechte Schuld oder einen Sklaven, der durch Flucht entkommen ist, oder etwas, was er über den Steuersatz hinaus entrichtet hat, zurückfordert oder irgend etwas Derartiges. Die übrigen Fälle aber, die eines bedeutenden Gerichtes würdig erscheinen, reiche dem ordentlichen Richter ein. Gegeben am 27. Juni zu Tyr––– im Konsulatsjahre der Augusti Valentinian und Valens [365].

[3] Dieselben [Kaiser Valentinian, Valens und Gratian], Augusti, an den Senat. Aus nützlichem Grunde ist vorgesehen worden, daß die unschuldige und friedliche Bauernschaft die Wohltat eines besonderen Patronates genießen solle, damit sie nicht, erschöpft von den Betrügereien gerichtlicher Zänkerei, auch dann noch gequält würde, wenn sie Genugtuung fordert, indem sie entweder einen allzu geizigen Anwalt instruiert oder mit allzu großen Summen den Vorsteher, der den Zugang[3] versagt, für sich gewinnt oder die Akten bei den Gerichtsbeamten auslöst oder indem unter dem Namen von Gebühren der Gerichtsvollzieher mehr von dem Gewinner fordert, als der Verurteilte zu zahlen hat. Die Würde eines Senators leidet nicht, daß derartiges geschehe, sondern legt entstandene Streitigkeiten mit raschem Urteil bei, denn

2 Sein Amt ist das im vorigen Gesetz erwähnte des Stadtpatrons. Es sollte den kleinen Leuten Schutz vor der Parteilichkeit der von den Großen beherrschten Gerichte gewähren.

3 Gemeint ist der Zugang zum Gericht des Statthalters, der ebenso wie die Anwälte, die Schreiber der Gerichtsakten und die Vollstreckungsbeamten nur gegen Bezahlung tätig wurde.

zu Unrecht Entrissenes erstattet er unverzüglich zurück. Als ordentliche soll zweifellos die Autorität des Statthalters gelten, die gegen gute Leute besseren Standes angerufen wird. Denn jener [der Statthalter?] erleidet den Schrecken menschlichen Blutes [auf der Folter], dieser [der Senator als Patron] nimmt für sich eine unschuldige Gewalt in Anspruch. Gegeben am 10. August zu Hierapolis im dritten Konsulatsjahre der Augusti Valentinian und Valens [370].

[4] Die Kaiser Valentinian, Theodosius und Arcadius, Augusti, an die Provinzialen. Wir erteilen allen freie Vollmacht, sich zu widersetzen, so daß, wer immer von Soldaten oder Zivilisten als nächtlicher verwüstender Plünderer Felder betritt oder verkehrsreiche Straßen mit angriffsweisen Hinterhalten belagert, als ein der jedermann gewährten Erlaubnis Würdiger auf der Stelle der Hinrichtung unterworfen werde und den Tod empfange, den er androhte, und selbst erleide, was er plante. Denn es ist besser, sich beizeiten zu wehren, als nach dem Tode gerächt zu werden[4]. Also gestatten wir euch eure Rache, und das, was durch ein Gericht nur zu spät bestraft werden kann, unterjochen wir per Edikt: Niemand schone einen Soldaten, dem man wie einem Räuber mit dem Wurfspieß begegnen muß. Gegeben am 1. Juli, als Tatian und Symmachus Konsuln waren [391].

[5. a] Symmachus an die Kinder Nicomachus [und Frau]. Seit Sibidius, unser Liebling, nach Rom zurückgekehrt ist und Bote dessen war, welcher körperliche Schmerz meine Tochter quält, beginnt auch meine Seele zu erkranken. Deshalb sende ich unverzüglich diesen Brief ab mit der ängstlichen Bitte, erstens daß man ihr mit ärztlichen Mitteln und Enthaltung von schädlichen Ursachen zur Gesundheit verhelfe, dann aber, daß eine glaubwürdige Antwort dafür sorge, meinen Kummer zu zerstreuen. Ich selbst suche nach dem Aufbruch der Gesandten das vatikanische Landgut auf, das an euer Gut angrenzt, und wenn nichts meine Pläne verwirrt, genieße ich bis Ende März die Muße des Gutshofes. Die Aushebung der Rekruten, die den Familien der Stadt Rom befohlen wor-

4 Man nimmt an, daß damit auch die Befestigung der adligen Villen oder Gutshöfe auf dem Lande erlaubt worden ist.

den ist, wird bis zur Antwort des ewigen Kaisers anstehen. Aus den beigefügten Exemplaren erseht ihr die Form des Befehls[5]. Ich sende sie, weil sie in deinem Brief gewünscht worden sind. Im übrigen habe ich diesen Brief nur aus einem bloßen und einzigen Grunde geschrieben, es möchte mir über die Gesundheit meiner Tochter eine sichere und meinem Wunsche freundliche Nachricht zukommen. Lebe wohl!

[5. b] Symmachus an die Kinder Nicomachus. Die Gesandten unseres Standes sind, nachdem alles der Übung gemäß erledigt war, zurückgekehrt. Denn sowohl die Einforderung der Rekruten ist zur Ruhe gekommen, und ebenso ist uns die Gnade des Geldes zuteil geworden. Jedoch noch erwartet man die Rede über das Erlangte[6]. Jetzt laßt uns das Häusliche und eurem Gemüte Freundliche zusammenfassen! Bei uns steht das Gut der Gesundheit, häufig unterscheiden wir das Verweilen in der Stadt vom nächstgelegenen Landgute. Nur eure Abwesenheit quält uns, aber wenn ihr alsbald vor unser Angesicht kommt, dann werden auch wir eurer Rückkehr nach Campanien mit Genuß das Geleit geben.

[5. c] Symmachus an die Kinder Nicomachus. Du schriebest, du hättest durch ein reinigendes Medikament den Unterleib entleert, damit das Brennen deiner Augen mit der übrigen Last verschwinde. Ich möchte wissen, ob die genannte Kur wirksam gewesen ist und ob keine Ursache es vermocht hat, daß auch durch Blutauslaufen den Adern geholfen wurde. Gleiche Zuneigung erkundigt sich, welch großes Vertrauen euch die Gesundheit meiner Tochter macht, so daß ich, wenn ich darüber das Erwünschte erfahre, das Stechende der Sorgen ablegen werde. Denn mir ist auch aus anderen Gründen unwohl, wenn ich die Verwirrungen im Vaterlande bedenke, die besonders die zum militärischen Bedarf geforderten Dienste erregen. Zwar bemühen wir uns mit häufigen Eingaben, und wir verbringen den Tag mit Supplizieren, und man ist auch schon durch erbärmliches Bieten zum Geldpreise von 5 Pfund gekommen, aber ich fürchte, daß uns das Entgleiten der

5 Lat. praeceptum; die Senatoren hatten den Gesandten bereits den Wortlaut des Privilegs mitgegeben, das sie vom Kaiser zu erhalten wünschten.

6 Rede des Kaisers an den Senat, mit der das Gesetz publiziert wurde.

anderen Sache um beides bringen wird. Der Präfekt, der bei dem zu betreibenden Handel als zu träge erschienen war, ist durch Lampadius als Nachfolger ersetzt worden[7], und sie haben geglaubt, durch dessen Charakter würde das Unmögliche vorangebracht werden. Nun bitte ich, daß ihr mich Unruhigen der noch größeren Sorge, die euch betrifft, enthebet. Denn noch quält mich die Unsicherheit wegen Verzugs des Knechtes, der vor einiger Zeit an euch abgesandt worden ist, um dies zu erfahren, und der noch nicht zurückgekehrt ist.

[6] Die Kaiser Arcadius und Honorius, Augusti, an Messala, Präfekten des Prätoriums. Wir bemerken, daß sehr viele aus Verzweiflung über ungerechte Prozesse die Titel Mächtiger und die Privilegien der Clarissimus-Würde[8] denen entgegenstellen, von denen sie vor Gericht gefordert werden. § 1. Damit sie aber nicht zur Umgehung der Gesetze und zur Abschreckung der Gegner diese Namen und Titel mißbrauchen, sind diejenigen, die wissentlich mit einer solchen List Nachsicht haben, mit dem Tadel öffentlichen Urteils zu belegen. § 2. Wenn sie aber zu dieser Sache keine Zustimmung gegeben haben, daß Urkunden oder Titel unter ihrem Namen an fremde Häuser angeschlagen werden, soll es dermaßen an den Tätern gestraft werden, daß sie ans Blei gekettet zu ewigem Untergang ins Bergwerk gesteckt werden. § 3. Jedermann also, der gerichtlich beklagt wird, während er selbst Besitzer sowohl der Sache wie des [Eigentums-]Rechtes ist und den Titel der formell eingereichten Klage empfangen hat, soll, wenn er geglaubt hat, in die widersprechenden Schriftsätze oder Titel den Namen eines anderen einsetzen zu müssen, mit dem Verlust der Besitzung oder des Prozesses, den er mit solchem Betruge zu gewinnen oder zu vermeiden versucht hat, bestraft werden und keine Möglichkeit haben, das Klagerecht zurückzuerlangen, auch wenn ihm die Verdienste eines wahrscheinlichen Handelns zu Hilfe kommen.

7 Der Stadtpräfekt war der höchste Vertreter des Kaisers in Rom. Er wurde offenbar vom Senat gewählt und abberufen und vom Kaiser lediglich bestätigt. Symmachus (ca. 345–402) selber hatte im Jahre 384 dieses Amt bekleidet.

8 Clarissimus war der Titel der Senatoren und gewisser hoher kaiserlicher Amtleute.

§ 4. Diejenigen aber, die freiwillig zulassen, daß sie in fremde Rechtsstreitigkeiten eingesetzt werden, obwohl sie weder das Eigentum noch der Besitz angeht, wird man als Verschwender ihres Rufes und Verkäufer von Chicanen tadeln müssen. Gegeben am 27. November in Mailand, als Stilicho Konsul war [400].

[7] Gerichtet an den erlauchten Herrn Agricola, Präfekten von Gallien. Aus dem höchst heilsamen Bericht deiner Erhabenheit unter den übrigen Staatsgeschäften überzeugend unterrichtet, verfügen wir mit der Autorität, die unsere Provinzialen, nämlich die in den Sieben Provinzen, als ewigwährende zu beachten haben, was von diesen Provinzialen eindeutig hatte erwartet werden können. Denn da sowohl der Vorteil der Besitzer wie das Recht der öffentlichen Steuererhebungen erfordert, daß wegen privater und öffentlicher Geschäfte von den einzelnen Städten, nicht nur von den einzelnen Provinzen, zur Audienz deiner Erhabenheit die Amtsinhaber zusammenströmen oder Gesandte geschickt werden: so ist es nach unserem Urteil höchst angebracht und zuträglich, daß die Sieben Provinzen inskünftige unter Bewahrung der Gewohnheit in jedem Jahre zu bestimmter Zeit in der Metropole, nämlich in der Stadt Arles, beginnen, eine Versammlung abzuhalten. Hierüber treffen wir eindeutig sowohl für die einzelnen wie für alle insgemein den Ratschlag, erstens: daß durch Versammlung der Großen[9] unter erlauchter Anwesenheit der Präfektur, jedoch [nur] wenn die Richtigkeit öffentlicher Verfügung es nahelegt, die heilsamsten Beratungen über einzelne Dinge stattfinden können; dann aber, daß alles, was verhandelt und nach Untersuchung der Gründe beschlossen worden ist, den besser bekannten Provinzen nicht verborgen bleiben darf und daß es notwendig ist, mit den Abwesenden eine gleiche Form der Billigkeit und Gerechtigkeit einzuhalten. Und wir meinen eindeutig, daß wegen der öffentlichen Geschäfte auch dem

9 Es war also weniger eine Versammlung der Beamten als eine Standesversammlung der Aristokratie, die damals die Ämter bereits weitgehend selbständig mit ihresgleichen besetzte. Über die Tätigkeit der Versammlung ist nichts bekannt. Im gleichen Jahre 418 gestattete Kaiser Honorius dem Heere der Westgoten, sich im Westen der Sieben Provinzen anzusiedeln und dazu von den römischen Grundbesitzern die Abtretung eines Drittels ihrer Güter zu verlangen.

bis zum Umfange von 400 Land- und Kopfeinheiten die Hälfte den öffentlichen Steuerlisten beigefügt werde, so daß, wenn lediglich eine Entlastung bis zu 400 Land- und Kopfeinheiten gewährt worden ist, nur die Hälfte dem Fiskus zurückgegeben werde; wenn aber ein größerer Betrag entlastet worden ist, so soll die Entlastung bei denen, die die Wohltat erlangt haben, in Geltung bleiben bis zu 200 Land- und Kopfeinheiten, alles übrige aber soll wieder in die öffentlichen Steuerlisten eingebracht werden[16]. Denn es wird angemessen sein, daß entweder unter der Zahl von 200 jedermann entsprechend dem berechneten Betrage des halben Teils entlastet werde oder aber daß über dieser Zahl niemand die gewährte Entlastung zum öffentlichen Nachteil mißbrauche, sei es nun, daß er in einer oder in verschiedenen Provinzen und im eigenen oder im Namen eines Mittelsmannes eine derartige Wohltat erlangt hat. Nur wenn jemand versichert, wegen unfruchtbarer oder wüster Landgüter die Entlastung auch eines größeren [Kataster-]Eintrages rechtmäßig erworben zu haben, und wenn er dies vor dem entsandten Inspektor oder Steuerausgleicher beweist, dann soll er die öffentlichen Abgaben nicht gemäß unserer Wohltat, die wir bis zu 200 Land- und Kopfeinheiten für den halben Teil gewährt haben, sondern nach Maßgabe der Wahrheit und Glaubwürdigkeit der künftigen Inspektion entrichten.

§ 1. Auch wenn [Güter] in Geld veranlagt oder in irgendeiner Weise übergeleitet worden sind, ist vom glücklichen Beginn der künftigen 14. Indiktion[17] an, bei Bewahrung dieser Überleitung oder Geldveranlagung, ein Maß für die Steuerleistung aufzuerlegen, das denen, die solches erlangt haben, einen gewissen Teil der Wohltat erhält nach Maßgabe der Verschiedenheit der Gegenden; hierbei hat die hochgeehrte Präfektur das Maß der geschehenen Geldveranlagung und die Qualität alles dessen, was in derartigen

16 Die Maßnahme richtete sich also insbesondere gegen die Großbesitzer, die Steuerfreiheit für Ländereien im Umfang von über 400 Einheiten erlangt hatten.

17 Zyklus von 15 Jahren, für den der Steuerfuß im voraus festgesetzt wurde. Die 1. Indiktion hatte am 1. September 312 angefangen. Mit dem 1. September 430 begann daher das 14. Jahr der jetzt laufenden Indiktion. Die Jahreszählung nach Indiktionen blieb bis zum Jahre 1806 in Gebrauch.

Dingen zu berücksichtigen ist, anzuordnen... §3. Die Eintreibung aber des fünften Teils der Steuerbeiträge von Beginn der Regierung meines Vaters göttlichen Gedächtnisses an, wie ausgeführt worden ist, soll schon jetzt geschehen bei denen, die [die Güter] gekauft haben, oder bei deren Erben, wenn sie solvent sind, oder bei den Inhabern, nach Maßgabe der Zeit, da ein jeder im Besitz war---[18] gestorben ist. Dabei sind den nachfolgenden und neuen Herren, auf die die entlasteten Güter übergegangen sind, gegenüber ihren Gewährsleuten die gesetzlichen Klageansprüche zu erhalten, und unter keinen Umständen darf jemand von dieser Bestimmung wegen irgendeines Privilegs ausgenommen werden. §4. Die göttliche Verleihung soll zukünftig und ohne irgendeine Beschwernis des Katasters bei denen, die sie erworben haben, mit Sicherheit verbleiben, so daß es nicht wieder erlaubt ist, diese Maßnahmen erneut zu behandeln oder vor Gericht zu bringen, wenn das erfüllt worden ist, was jetzt über die einzelnen Fälle oder Personen nach Maßgabe der gegebenen Notlage festgesetzt worden ist. Gegeben am 31. Dezember [?] zu Konstantinopel, als unsere Herren und Augusti Theodosius zum 13. und Valentinian zum drittenmale Konsuln waren [430].

[9] Die Kaiser Theodosius und Valentinian, Augusti, an Maximus, zum zweitenmal Präfekten des Prätoriums. Zwar ist in allen Dingen und Geschäften öffentlicher- und privaterweise die Gerechtigkeit zu beobachten, vor allem aber ist sie in Dingen einzuhalten, die die Spannkraft der Steuern aufrechterhalten, da sie ja den geschwächten Kräften der Steuerwilligen mit nützlicher Billigkeit zu Hilfe kommen. Dies weisen sehr viele zurück, die lediglich auf häusliche Ersparnisse ausgehen und das Gemeinwohl zurücksetzen, in dem doch der wahre und echte Vorteil enthalten ist, der freilich die einzelnen besser erreicht, wenn er allen gemeinsam nützt, ganz besonders, wo es das Bedürfnis an Steuern erheischt, ohne die weder im Frieden noch im Kriege etwas bewirkt werden kann. Auch wird deren ewiger Bestand nicht länger dauern können, wenn einer geringen Zahl Erschöpfter die Last aufgebürdet wird, die der Stärkere verweigert, der Reichere zurückweist und

18 In der Überlieferungslücke ist etwa zu ergänzen: »oder so lange, bis er«.

allein der Schwache anerkennt, während der Kräftige sich dagegen sträubt. § 1. Indem wir diese Ungerechtigkeiten berichtigen, verfügen wir im ersten Kapitel dieser Sanktion, daß alle, die aus dem Eigentum des Herrscherhauses, es sei von meiner Frömmigkeit oder von irgendeiner Person meiner heiligen Bedürfnisse, Landgüter erlangt haben, es sei durch Schenkung des Nießbrauchs oder durch direkte Schenkung oder weil um einen Tausch- oder Kaufvertrag nachgesucht worden ist, eine mit den übrigen Eigentümern gleiche Steuerpflicht auf sich nehmen sollen. Diesem Lose sind auch diejenigen zu unterwerfen, die unter dem Vorbehalt des Nießbrauchs ein Landgut ihres Eigentums dem Hause meiner ehrwürdigen Kinder oder meiner Frömmigkeit übertragen haben. Wir wollen, daß alle diese die Steuern zu der Bedingung anerkennen, daß sie für sich nichts aus gewerbesteuerlichen oder zusätzlich auferlegten Titeln in Anspruch nehmen, die sie in Analogie zu unserem Hause mittels irgendeines Rechtsgebotes in einem heiligen Gebotsschreiben erlangt hatten[19].

§ 2. Mit dem zweiten Schritt dieses Gesetzes bestimmen wir, daß jeder Eingeschätzte von den erlauchten Würden[20] oder kirchlichen Standes, sowohl in der allerheiligsten Hauptstadt wie in irgendeiner Provinz, der sich nach dem Beispiel unseres Hauses, durch welches Gebotsschreiben auch immer, eine von anderen [Pflichtigen] der Steuerklasse, in der er zu zahlen den Anschein hatte, verschiedene Veranlagung verschafft hatte, die übliche Belastung ohne jegliche Berufung auf das Privileg auf sich zu nehmen hat, und zwar nicht nur bei Forderungen der Präfekturkasse, sondern auch bei denen, die seit alters dem Anteil des heiligen oder des privaten Ärars [der Kaiser] beigelegt sind. Auf diese Weise wollen wir endlich ein göttliches Maßverhältnis für die Schwierigkeiten bei den Ausgaben und für das Ausquetschen der Mittellosen erreichen und das paarweise Heilmittel einer heilbringenden Satzung darreichen.

19 Der Kaiser widerruft also Privilegien, die er selbst früher mittels einer Kaiserurkunde gewährt hatte oder hatte gewähren müssen.

20 Den Rängen der Aristokratie, unter denen der senatorische der höchste war. Die Bischöfe waren ihnen bereits gleichgestellt.

§ 3. Jetzt endlich ergreifen wir mit diesem Ediktalgesetz eine den früheren nicht unähnliche [Satzung], sogar eine, deren Nützlichkeit beinahe noch weiter offenbar ist, indem wir ganz allgemein, ohne Unterschied der Ehren, Personen und Privilegien, gebieten, daß die Reparatur der Straßen und andere derartige Dienste – wenn der Eifer aller wettstreitet, daß sie um so leichter und besser erfüllt werden. Denn diese Dinge verliehen die Herrscher des vorigen Weltalters und die Freigebigkeit unserer göttlichen Eltern durch die erlauchten Rechtstitel eines an Reichtum überbordenden Zeitalters mit geringerem Verderben der anderen Besitzer; obwohl es auch damals ungerecht war, so erschien es doch in den Anfängen als geringfügiger: Angesichts der Schwierigkeit der Gegenwart steht es nicht nur als nach Natur der Sache ungerecht, sondern auch als für die wenigen und Schwächeren unmöglich fest, die unter dem Druck der vervielfachten Last der eignen und der fremden Steuern gänzlich zu Fall kommen werden, wenn sie nicht bald in Gesellschaft Fähiger wieder zu Atem kommen[21]. Oder ist etwa der wider die Vernunft erfundene Name der »schmutzigen Dienste« für etwas Schimpfliches zu halten, unter dem die Herrichtung der Militärstraßen, die Erzeugung von Waffen, die Ausbesserung der Mauern, die Getreideversorgung und die übrigen Werke, die den Weg zum Glanze der öffentlichen Verteidigung bahnen, mit einem falschen Begriff bezeichnet werden?, mit deren Hilfe wir ebenso das Heil wie die Zierde des Imperiums beschützen? und ohne die, damit wir uns nicht in Einzelheiten verlieren, nichts an notwendigen Werken zustande kommen kann? Mit wiederholtem Gebot unserer Milde befehlen wir, daß nach Verwerfung aller Privilegien, die den Würderängen verliehen worden waren oder die sich die Kollegien verschiedenen Dienstes verdient haben oder die unter dem Namen der verehrungswürdigen Religion erlangt worden sind, überall ein jeder Veranlagter, der es

21 Die Indiktionen legten die Steuerlast für die einzelnen Stadtgemeinden fest. Wenn der Kaiser Großgrundbesitzern Steuerfreiheit gewährte, so minderte dies nicht die Steuerlast der Gemeinden, zu denen sie gehörten, so daß die zuvor von den nun Befreiten getragenen Summen von den übrigbleibenden Steuerzahlern zusätzlich aufgebracht werden mußten. Das gleiche gilt für die Arbeitsdienste.

nicht nach Personen, sondern nach Äckern ist, zu allen Arbeitsdiensten, freilich erst von der neunten Indiktion an[22], wie wir oben festgesetzt haben, ohne irgendeinen Unterschied gezwungen werden soll. In dieser Sache schuldet jeder, je angesehener und reicher er ist, den öffentlichen Bedürfnissen einen um so freudigeren Sinn, da er begreift, daß deren Erfüllung ihm um so mehr nutzt, o Maximus, teuerster und geliebtester Vater! Also übermittle deine erlauchte und erhabene Großmut dieses Gesetz mit der Kraft der bei ihr üblichen Vorsorge der Kenntnis aller Provinzen und Völker mit dem Befehl, daß sich alle schleunigst der Heilkraft des lange erwarteten Heilmittels bemächtigen, damit zu später Stunde wenigstens der Steuerwille der Reichen in gleicher Weise wie der Armen zu gerechten Teilen abgewogen den Schwierigkeiten der Umstände bereitwillig beförderlich sei. Gegeben am 20. Februar zu Ravenna, empfangen am 14. März, wie oben, [im Jahre] nach dem Konsulat des Augustus Valentinian zum fünftenmale und des Clarissimus Anatolius [441].

[10] Wenn jemand einem Brotesser (Rev.[23]: einem, den er in seiner Hausherrschaft hält) Waffen gibt oder irgend etwas schenkt, so soll, wenn er im Dienste seines Herrn bleibt, das, was geschenkt worden ist, bei ihm selbst verbleiben. Wenn er sich aber einen anderen Herrn erwählt, so habe er das Recht, sich zu kommendieren, wem er will. Denn ein freier Mann kann [daran] nicht gehindert werden, weil er in seiner eigenen Gewalt steht, aber er gebe alles dem Herrn zurück, den er verlassen hat. Eine gleiche Form werde auch betreffend die Söhne des Herrn oder des Brotessers (Rev.: dessen, der in Hausherrschaft gewesen ist) eingehalten, so daß sie selbst (Rev.: sowohl derselbe, der in der Hausherrschaft gewesen ist, als auch seine Söhne), wenigstens wenn sie ihnen (Rev.: den Söhnen des Herrn) dienen wollen, die geschenkten Dinge besitzen sollen. Wenn sie aber meinen, die Söhne oder Enkel des Herrn (Rev.: des Herrn gegen deren Willen) verlassen zu müssen, sollen sie alles zurückgeben, was ihren Eltern von dem Herrn geschenkt worden ist. Wenn aber der Brotesser (Rev.: Wer immer aber als in

22 Vom 1. September 440 an.
23 Text der jüngeren, revidierten Fassung.

Hausherrschaft stehend) unter dem Herrn etwas erworben hat, so stehe die Hälfte von all dem in der Gewalt des Herrn oder seiner Söhne; die andere Hälfte behalte der Brotesser, der es erworben hat. Und wenn er eine Tochter (Rev.: Wenn aber der Brotesser nur eine Tochter und keinen Sohn) hinterläßt, so gebieten wir, daß diese in der Gewalt des Herrn verbleibe, jedoch so, daß der Herr selbst ihr einen Standesgleichen besorge, der sie sich zur Ehe beigesellen kann (Rev.: kann, und alles, was deren Vater oder Mutter gegeben worden war, soll ihr gehören). Wenn sie selbst sich aber etwa gegen den Willen des Herrn einen anderen (Rev.: einen geringeren) erwählt, so werde, was immer ihrem Vater von dem Herrn geschenkt worden ist oder von den Eltern des Herrn, alles dem Herrn oder dessen Erben zurückgegeben.

[11] Die Kaiser Leo und Anthemius, Augusti, an Nicostratus, Präfekten des Prätoriums. Wir wollen, daß allen die Erlaubnis verwehrt sei, durch Städte und Landgebiete hin Brotesser oder Isaurier[24] und bewaffnete Sklaven zu halten. § 1. Wir gebieten, daß, wenn jemand außerhalb dessen, was unsere Großmut in heilsamer Weise angeordnet hat, bewaffnete Sklaven oder Brotesser und Isaurier auf seinen Landgütern oder bei sich zu halten sich herausnimmt, nach Erhebung einer Buße von 100 Pfund Goldes die allerschwerste Strafe über ihn verhängt werde. § 2. Auch werden die Herren Clarissimi Provinzstatthalter auf der Wacht sein müssen, daß niemand es wage, die Gesetze unserer Großmut in irgendeinem Punkte zu verletzen; sie mögen wissen, daß sie wegen nachlässigen Durch-die-Finger-Sehens des Gürtels ihrer Würde und ihres Amtes beraubt werden und, nach einer Strafe von 100 Pfund Goldes, Gefahr ihres Heils und Lebens auf sich nehmen sollen. Es sind nämlich die Vorsteher ihrer Polizeiorgane außer mit dem Verlust ihres Vermögens auch mit der Todesstrafe zu treffen. Gegeben am 28. August, als der Augustus Anthemius zum zweitenmal Konsul war [468].

[12] Die Kaiser Leo und Anthemius, Augusti, an Nicostratus, Präfekten des Prätoriums des Orients. Wenn jemand nach diesem

24 Isauria, ein Bergland im Inneren Kleinasiens, dessen Bewohner als besonders tüchtige Soldaten galten.

Gebot unserer Göttlichkeit zwecks betrügerischer Hinterziehung der Steuern zu irgend jemandes Patrozinium Zuflucht nimmt, so soll das, was um dieses Zweckes willen unter dem Vorwand einer Schenkung, eines Kaufs oder einer Pachtung oder irgendeines anderen Vertrages abgemacht wird, keine Geltung haben, und die Notare, die es gewagt haben, derartige Urkunden anzufertigen, sind mit Konfiskation ihrer Güter zu bestrafen, jedenfalls wenn sie wissentlich derartige Urkunden zu schreiben gewagt haben. Auch sind die Dörfer oder Besitzungen der unter Patrozinien Flüchtenden[25] für den Fiskus einzufordern. § 1. Diejenigen Personen aber, von denen man entdeckt, daß sie entgegen dem öffentlichen Wohl die Übertragenden in ihre Klientel aufgenommen haben, sollen, sofern sie Vornehme sind, gezwungen werden, sich einer Buße von 100 Pfund Goldes zu unterwerfen, diejenigen von mäßigem Reichtum aber sollen mit dem Verlust ihres Vermögens bestraft werden. Und mit derselben Strafe sind auch die zu belegen, die als Vermittler zu derartigen gottlosen Geschäften in böser Gesinnung ihre Dienste dargeboten haben. § 2. Und zwar gebieten wir, daß diese Regel von dem Zeitpunkt an gültig sein und vollstreckt werden soll, den das heilige, von Marcian göttlichen Gedächtnisses veröffentlichte Gesetz enthält[26], nämlich in der Diözese Thrakien von jetzt an vor 30 Jahren, d. h. vom Konsulat des Aëtius zum zweitenmale und des Sigisbuldus [Jahr 437] an, in den Diözesen Oriens, Ägypten, Pontus und Asia aber vor 28, d. h. vom Konsulat des Cyrus [Jahr 441] an. Gegeben am 1. September, als der Augustus Anthemius zum zweitenmal Konsul war [468].

25 Die Schutzsuchenden waren demnach keine Bauern, sondern auf dem Lande lebende Kleingrundherren, die sich in den Schutz senatorischer Großgrundbesitzer begaben. Nur solche konnten die in § 1 erwähnten hohen Geldstrafen bezahlen.

26 Es ist nicht überliefert. Kaiser Marcian regierte von 450 bis 457.

Kaiser- und Königsgesetze sowie Rechtsbitten betreffend die Selbstverwaltung der Städte und Provinzen, 385–614

Obwohl die römischen Kaiser ihre Steuerforderungen ziemlich rücksichtslos durchzusetzen pflegten, ist die Auffassung des spätrömischen Reiches als freiheitsfeindlichen Zwangsstaates insofern einzuschränken, als die Selbstverwaltung der Städte und Provinzen betroffen ist. Besonders was die Wahl und Kontrolle der vom Kaiser bevollmächtigten Amtleute anlangt, hat nämlich die Selbstverwaltung den Übergang vom Altertum zum Mittelalter überdauert. Dies ist leicht zu übersehen, weil die Sprache des Gesetzgebers es mit Absicht verschleiert hat, indem er, wo der Kaiser nicht selbst als Handelnder hingestellt werden konnte, passivische Verbformen benutzte, um die wirklich Handelnden nicht ausdrücklich nennen zu müssen. So sind die Kaiser und die Könige der frühen Germanenreiche nicht mit dem Versuch durchgedrungen, die Statthalter- und Grafenämter (alle den Herrscher vertretenden Amtleute heißen in den Quellen »Richter«) einheimischen Bewerbern vorzuenthalten und eigenen Vertrauensleuten zu reservieren; sie scheiterten am Widerstand des Lokal- und Regionaladels, der von landfremden Amtleuten befürchtete, sie würden die Interessen des Herrschers und die eigenen (in der Absicht, sich zu bereichern) über diejenigen ihrer Stadt oder Provinz stellen, und der daher darum kämpfte, aus seiner Mitte die Männer zu präsentieren, denen der Herrscher seine Vertretung zu übertragen hatte (sog. Indigenatsrecht). Aufgabe der Defensoren war es, die Grundbesitzer ihrer Stadtgemeinde vor der Bedrückung mit unrechtmäßigen Steuern zu beschützen, die zu erheben die Statthalter ständig versucht waren, weil der Kaiser den ihm durch Wahl Vorgeschlagenen die Bestallung nur gegen hohe Summen verkaufte, die die Amtleute natürlich während ihrer einjährigen Amtsperiode wieder hereinholen wollten. Da die kaiserlich bevollmächtigten Beamten während ihres Amtsjahres so, wie der Kaiser selbst, als absolute Herren regierten, ordneten die Kaiser an, daß sie sich nach Ablauf des Amtsjahres gegenüber den Untertanen verantworten mußten. Alle Versuche der Kaiser, diesen Ämterkauf abzuschaffen, scheiterten daran, daß sie selbst auf die daraus herfließenden Einnahmen nicht verzichten konnten; da die Statthalter dem Lokaladel folglich mehr Schaden als Nutzen zu bringen vermochten, haben wir hier den wichtigsten Grund dafür vor uns, daß das Interesse der Städte und Provinzen an Kaiser und Reich dahinschwand und daß sich der Ortsadel mit den germanischen Eroberern abfand. Diese wiederum, deren eigenes Königtum noch jung und wenig fest verwurzelt war, erlernten von den Provinzialen rasch die Methoden des Widerstandes, mit deren Hilfe sich das Machtstreben der Könige bändigen und die Mitwirkung der Großen an der Regierung sichern ließ. Das Edikt des fränkischen Königs Chlothar von 614 stellt die erste in Gesetzesform gefaßte Kapitulation eines mittelalterlichen Königs vor dem Willen seiner Großen dar. – Die Texte enthalten im einzelnen:

1. Kaisergesetz über das Verbot des Indigenats, 385: C. J. 9, 29, 3.

2. Kaisergesetz über die Wahl der Defensoren, 409: C. J. 1, 55, 8.

3. Kaisergesetz über die Pflicht der Statthalter und Vikare, sich wegen Klagen der Untertanen zu verantworten, 479: C. J. 1, 49, 1.

4. Westgotische Interpretation eines Gesetzes über die Wahl von Amtleuten, vor 506: Lex Romana Visigothorum, ed. G. Haenel, Leipzig 1849, S. 28.

5. Aus Kaiser Justinians Instruktion für die Statthalter, 535: Nov. 17 c. 6.

6. Aus Kaiser Justinians Gesetz über die Rechtsverhältnisse Italiens nach beendeter Herrschaft der Ostgoten, 554: Nov. App. VII c. 12 (S. 800 f.).

7. Kaisergesetz über Käuflichkeit der Statthalterämter und Indigenat, 569: Nov. 149.

8. Papst Gregor I. über kaiserliche Beamte, die dem Volke Unrecht tun, 595: Gregorii I papae registrum epistularum V 38 (MGH Epp. 1 S. 324–326).

9. Aus dem Edikt des fränkischen Königs Chlothar II. vom 18. Okt. 614: Sicherung des Indigenatsrechts (MGH Capit. 1 S. 20 Nr. 9 c. 12).

[1] Die Kaiser Valentinian, Theodosius und Arcadius, Augusti, an Eutropius, Präfekten des Prätoriums. Jedermann verstehe, daß es

nicht ohne das Verbrechen des Sakrilegs erstrebt werden kann, ein Verwaltungsamt in der Provinz, da einer als Eingesessener und Bürger gilt, zu übernehmen und zu führen, wenn der Kaiser dies nicht jemandem in äußerster Liberalität durch göttliche Urkunde gewährt. Gegeben am 17. Juli, als Arcadius, Augustus und Bauto Konsuln waren [385].

[2] Die Kaiser Honorius und Theodosius, Augusti, an Caecilianus, Präfekten des Prätoriums. Wir gebieten, daß die Defensoren derart bestallt werden sollen, daß sie mit den heiligen Sakramenten der rechtgläubigen Religion bekleidet und durch Wahlbeschluß der hochehrwürdigen Bischöfe sowie der Kleriker, der gewesenen Beamten, der Grundbesitzer und Kurialen ernannt werden. Über ihre Bestallung ist der allerdurchlauchtigsten prätorischen Behörde zu berichten, damit ihre Autorität durch eine Urkunde dieses erhabenen Stuhles gestärkt werde. § 1. Wenn aber die Defensoren bemerken, daß irgend jemand etwas entgegen der öffentlichen Ordnung zum Schaden der Grundbesitzer unternimmt, so sollen sie die Vollmacht haben, an die erlauchten und erhabenen Herren Präfekten des Prätoriums und an die erlauchten Herren Heermeister der Reiter- und der Fußtruppen sowie an die Vorsteher der kaiserlichen Beamtenschaften und die Vorsteher der kaiserlichen Kammer und der Krongutverwaltung zu berichten. Gegeben am 20. Januar in Ravenna, als die Augusti Honorius zum achtenmale und Theodosius zum drittenmale Konsuln waren [409].

[3] Kaiser Zeno, Augustus, an Sebastianus, Präfekten des Prätoriums. Keiner von den Clarissimi, Provinzstatthaltern oder Konsularen, von den Korrektoren oder die sich die Abzeichen einer höheren Amtsverwaltung verdient haben, nämlich die Spectabiles, Prokonsuln oder Augustalpräfekt oder Comes des Orients oder Vikar irgendeines Gebietes oder irgendein Dux oder Comes eines Limes oder Comes der göttlichen Häuser, wage es, nachdem ihm der Amtsnachfolger bestellt ist, die Stätten zu verlassen, die er bekanntermaßen regiert hat, bevor die festgesetzte Zahl von 50 Tagen abgelaufen ist. § 1. Vielmehr sollen sich während dieser Frist die Statthalter und Konsulare, auch die Korrektoren in der Metropole, die Spectabiles aber, sowohl zivile wie militärische Amtleute, in den größeren Städten der verwalteten Diözese öf-

fentlich aufhalten, nicht sich daheim oder innerhalb sakrosankter Grenzpfähle oder Gebiete oder mächtiger Häuser verbergend, sondern an den belebtesten Stätten vor den Augen aller, die sie zuvor regiert haben, so daß sich allen freie Gelegenheit bietet, über Diebstähle oder Verbrechen Klage zu erheben, derart, daß er, vor jedem Unrecht geschützt durch Vorsorge des nach ihm Regierenden und vor der Gefahr des Amtes und nicht weniger der Curialen und des gemeindlichen Schutzherrn, lediglich einer eidlichen Sicherheit unterworfen sei, nachdem er unter Anklage gestellt worden ist, und denen, die ihn, wie gesagt, beschuldigen wollen, gemäß dem Recht der Gesetze Antwort gebe. § 2. Und nichts soll ihm vor der oben festgesetzten Frist eine Entschuldigung wegen Verlassens der Provinz gewähren, weder ein göttliches Abberufungsschreiben noch die zugestellte Urkunde über Ernennung in ein anderes Verwaltungsamt, noch ein Gebot deines sehr erhabenen Stuhles, die Vertretung eines anderen Provinzstatthalters zu übernehmen, noch das Gebot der vorgenannten oder irgendeiner anderen zivilen oder militärischen Gewalt, irgendeine öffentliche Obliegenheit zu erfüllen oder [gerichtlich] vorgeführt oder hingeleitet zu werden, noch schließlich die Verschlagenheit irgendeines Kunstgriffs: Die, bei welcher Gelegenheit auch immer, ersonnene Schlauheit sei ausgeschlossen, damit auf jede Weise die Gesetze, die wir für das Heil aller Provinzen erlassen, zur Wirksamkeit gelangen. § 3. Wenn aber jemand in sträflichem Leichtsinne glaubt, er müsse das höchst heilsame Gesetz umgehen oder verletzen, so werde er, obwohl er nicht mit Unrecht auch als Majestätsverbrecher verurteilt werden mag, dennoch gezwungen, eine Strafe von 50 Pfund Goldes in die öffentliche Kasse einzuzahlen, und mit gleicher Strafe ist zu belegen, wer nach ihm die Amtsverwaltung übernimmt und nicht dafür sorgt, ihn in ehrenhafter Weise zurückzuhalten oder alsbald über seine Flucht zu berichten. § 4 (1). Wir wollen aber nicht, daß der Ausscheidende die Amtsverwaltung niederlege, bevor der Nachfolger die Grenze der Provinz erreicht hat, obwohl er sich eines Schreibens an ihn oder eines Aufrufs oder Edikts an den Verwaltungsstab und die Provinzen bedient haben mag. (2) Jener aber, der entfliehend das vorliegende Gesetz nicht innehält, soll, wo immer er ergriffen werden mag, es sei auch in dieser höchst blühenden Stadt, mittels Befehls deiner Hoheit, auch mittels Amtswaltung des Clarissimus und Statthalters der Provinz, darin er ergriffen worden ist, ohne irgendeinen Einwand in die Provinz zurückgebracht werden, um dort für den Verlauf von sechs Monaten zu verweilen, damit inzwischen Verbrechen oder Diebstähle im geringsten nicht verborgen bleiben können. Der Verwaltungsstab aber, der ihn, freilich mit Beachtung der schuldigen Ehren, nicht daran gehindert hat, gegen den Wortlaut des Gesetzes fortzugehen, werde mit der Zahlung von 30 Pfund Goldes bestraft. (3) Wenn er aber etwa innerhalb der Frist von 50 Tagen angeklagt, der Prozeß aber nach Ablauf dieser Frist noch nicht beendet ist, so soll er, wenn er zivilrechtlich wegen Diebstahlsverbrechen beklagt ist, nach Gestellung eines instruierten Sachwalters nach 50 Tagen fernerhin die Erlaubnis haben abzureisen; ist aber eine Anklage wegen Verbrechens geschehen, so soll er, in die Schlingen der Klagen geknüpft, notwendigerweise bis zum Ende des Prozesses dort bleiben. (4) Es mögen aber alle Richter, bei denen entweder nach Amtsverwaltungsrecht oder gemäß einem Gebot deines sehr erhabenen Stuhles derartige Prozesse zivil- oder strafrechtlich verhandelt werden, wissen, daß sie diese Prozesse binnen einem Zeitraume von zwanzig Tagen, nachdem sie anhängig gemacht worden sind, beenden müssen. Denn wenn sie sich versäumen, so wollen wir, daß sie einer Verdammung in 10 Pfund Goldes unterliegen sollen, daß aber die Strafklage oder zivile Forderung, wenn sie einmal vor das Gericht gebracht worden ist, in der vorgenannten Weise gesetzmäßig zu Ende geführt werde. Gegeben am 11. Oktober in Konstantinopel, als der Augustus Zeno zum zweitenmale Konsul war [479].

[4] Ein jeder Richter soll in beweisbarer Form versprechen, in der ihm übertragenen Provinz keinen Amtsvorsteher oder sonst einen Hausgenossen aus derselben Provinz, woher er kommt, oder aus einem anderen Lande in Dienst zu nehmen, es sei denn einer, der ihm öffentlich durch Wahl der Bürger zugewiesen worden wäre [vor 506].

[5] Sobald du aber in der Provinz eingetroffen bist, so rufe alle in der Hauptstadt Angesessenen zusammen, nämlich den in Gott geliebten Bischof, den ehrwürdigen Klerus und die Vornehmsten der Stadt, und gib ihnen diese unsere heiligen Gebote mit schrift-

licher Mitteilung bekannt. Auch hänge eine Abschrift davon öffentlich aus, und zwar nicht nur in der Hauptstadt, sondern auch in den anderen Städten der Provinz, indem du sie durch deine Amtleute ohne Nachteil übersendest, damit alle erkennen, unter welchen Bedingungen du das Amt übernommen hast, und sehen, ob du sie einhältst und dich unserer Beurteilung würdig erweisest ... Gegeben am 16. April in Konstantinopel, als der Clarissimus Belisar Konsul war [535].

[6] Über das Wahlrecht der Steuerpflichtigen. Auch befehlen wir, daß als Provinzstatthalter von den Bischöfen und den Großen einer jeden Region geeignete und zur Verwaltung der Orte hinreichende Männer zu erwählen sind, nämlich aus den Provinzen selbst, die sie verwalten sollen, ohne einen Kauf des Amtes. Den Gewählten ist die übliche Bestallung vom zuständigen Statthalter zu erteilen, und zwar so, daß sie aus ihrem Vermögen Genugtuung leisten, wenn sich herausstellt, daß sie den Steuerpflichtigen einen Schaden zugefügt oder etwas über die festgesetzten Steuern hinaus eingetrieben oder die Grundbesitzer bei Aufkäufen mit übergroßen Maßen und anderen Rechtsnachteilen und Beschwerungen oder mit unrechten Solidus-Gewichten geschädigt haben. Auch wenn sich findet, daß einer von den Verwaltern oder Agenten aus der Zeit der vergangenen ruchlosen Tyrannen dies getan hat, befehlen wir, daß er es aus seinem Vermögen demjenigen, dem er es weggenommen hat, ersetze, da wir wollen, daß für die Entschädigung der Untertanen überall gesorgt werde. Gegeben am 1. August in Konstantinopel im 28. Jahre des Kaisertums Herrn Justinians, des Augustus, und im 13. Jahre nach dem Konsulat des Clarissimus Basilius [554].

[7] Daß die Statthalter gratis [eingesetzt] werden sollen auf Grund einer Petition der gottgeliebtesten Bischöfe und der Besitzer und Einwohner der Provinzen an den allerfrömmsten Kaiser, derart, daß der Nominierte dem Fiskus Sicherheit leiste, daß aber, wenn sie es verzögern, dies zu tun, niemand an den Kaiser herantrete gegen den Statthalter, was immer dieser unter dem Namen der Fiskalsteuern unternehmen mag. – Vorwort. Da wir für die uns von Gott anheimgegebene Republik sorgen und darauf hinwirken, daß unsere Untertanen in aller Gerechtigkeit leben mögen, haben wir uns von Anfang an dies eine Ziel gesetzt, alles das, was etwa

zuvor unvollkommen und verwirrt war, zu berichtigen und zur Vollendung zu bringen. Als wir deshalb erwogen, wie sowohl der Fiskus als auch die Untertanen schadlos und frei von Unrecht bleiben könnten, erkannten wir, daß wir dies leicht erreichen würden, wenn wir bewirkten, daß die Provinzstatthalter die Ämter gratis übernähmen, dem Fiskus Sicherheit leisteten und sich aller [Untertanen] richtig und gesetzmäßig bedienten, indem sie sich ebenso allen Unrechts wie allen schimpflichen und in anderer Weise verbotenen Gewinnes enthielten. – Kap. I. Damit nun also keine Fremden in die Provinzen eindringen und sie mit Unrecht überziehen und wir nicht mit ständigen Klagen wider sie belästigt werden, fordern wir die hochheiligen Bischöfe der einzelnen Provinzen und die unter Besitzern und Einwohnern den ersten Rang einnehmen, dazu auf, durch gemeinsame Petition unserer Herrschaftsgewalt zu berichten, welche [von ihnen] Benannten sie für zur Verwaltung ihrer Provinz geeignet halten. Denn diesen werden wir die Amtsinsignien ohne eine Gabe verleihen, wenn sie dem Fiskus Sicherheit dafür leisten, den Steuerkanon abzuliefern. Wir werden sie verpflichten, nichts den Gesetzen Widersprechendes zu unternehmen noch den Untertanen einen Gewinn abzupressen, sondern, zufrieden mit den eignen jährlichen Naturalbezügen, das Eintreiben der öffentlichen Steuern zu überwachen und sich gegenüber denen, die sich bei den frommen Abgaben gewissenhaft erweisen, milde und zugleich väterlich zu verhalten, von den Widerspenstigen sie aber recht strenge einzutreiben, ohne bei dieser Gelegenheit auch nur den geringsten eignen Gewinn davonzutragen. Und in genau der gleichen Weise müssen sie allen Prozeßparteien Gerechtigkeit und Billigkeit erweisen, auch sie unverzüglich, jedoch mit Ansehung des Gesetzes bescheiden, um sie nicht mit Zehrung und großem Zeitaufwand zu zermürben. Aber auch die Übeltäter müssen sie verfolgen und ihnen nach dem Gesetz die Strafen auferlegen, und jegliche Gerechtigkeit müssen sie gewähren. – Kap. II. Aber nicht nur ihnen befehlen wir dies, sondern auch den Assessoren eines jeden Amtes und denen, die diesen auf andere Weise dienen. Denn wenn sich einer von ihnen bei Eintreibung der Steuern nachlässig zeigt oder unseren Untertanen Schäden und Gewalt antut, so soll er seines Vermögens beraubt und mit den schwersten Strafen belegt werden. Denn unter Gottes Führung ist allein dies unser Bestreben, daß die Provinzen nach guten Gesetzen leben und in Sicherheit bewohnt werden und sich der Gerechtigkeit der Statthalter erfreuen und daß die öffentlichen Steuern tadellos eingezogen werden. Denn die Republik kann nicht anders aufrechterhalten werden, als wenn die frommen Steuern erhoben worden sind, denn aus ihnen erhält das Heer die ihm bestimmten Mittel, so daß es den Feinden entgegentreten und die Untertanen von Einfall und Bosheit der Barbaren erlösen kann; auch schützt es die Felder und Städte vor Gewalt und Eindringen der Räuber und der auf andere Weise einem unordentlichen Leben Nachgehenden. Auch genießen die übrigen [Stände] die ihnen zugewiesenen Vorteile, Mauern und Städte werden wieder aufgerichtet, die Befeuerungen der öffentlichen Bäder werden vorankommen, ebenso die Verwaltung der Theater und der anderen Dinge, so viele ihrer zur Versorgung der Untertanen erfunden worden sind: so daß die von ihnen aufgebrachten Steuern teils an sie selbst, teils aber auch um ihretwillen wiederverwendet und ausgegeben werden, für uns indes weiter gar nichts dabei abfällt, als die Sorge für sie zu übernehmen, freilich dies nicht einmal ohne Entlohnung, da es ja unser großer Gott und Erlöser Jesus Christus uns in der Größe seiner Barmherzigkeit auch deswegen mit vielen Gütern vergilt. – Kap. III. Indem wir nun dies alles denen, die in den Provinzen sind, verkünden und auf diese Weise zeigen, welche Milde gegenüber den Untertanen uns innewohnt, werden wir einen um so geneigteren und gnädigeren Gott haben, die wir der Unversehrtheit der Steuerpflichtigen eine solche Fürsorge widmen. Wenn aber diejenigen, denen diese unsere Edelmütigkeit zuteil geworden ist, bei der Wahl der Amtleute versagen, so können sie gänzlich niemandem anders die Schuld geben als sich selbst. Wenn sie es aber aufschieben, sie zu wählen und uns vorzutragen, so können sie sich schwerlich mit Recht darüber beschweren, daß sich die von hier aus Entsandten in den Provinzen wegen der Steuererhebung alles [mögliche] zu tun vornehmen, und wir werden es in Zukunft nicht mehr dulden, daß sie an uns herantreten und diese beschuldigen. Denn wenn sie von uns die Vollmacht erlangt haben, die Statthalter zu erwählen, damit sie die Ämter gratis übernehmen und dann die öffentlichen Steuern erheben, sie selbst aber von diesen keinerlei Unrecht erlitten, so sind sie, wenn sie bei deren Wahl nachlässig handeln, ganz und gar nicht zu ertragen, wenn sie sich über sie beklagen und mit ihren Beschwerden über sie uns belästigen. Absolut niemand aber bediene sich [dessen als] eines Aufschubs bei Entrichtung der ihm auferlegten öffentlichen Steuern, weder das göttliche Haus noch die allerheiligste Kirche noch das schuldlose Hospital oder Kloster, noch weniger ein großes oder geringes Individuum; weder die Curialen noch die sogenannten Erhebungs-Unternehmer, noch auch die anderen, denen die Sorge für die öffentlichen Steuern obliegt, nehmen wir von der daherrührenden Gefahr aus. Was nämlich allen insgemein von Nutzen ist, das stellen wir höher als den ungerechten Vorsatz derer, die gegenüber dem Fiskus hartnäckig sein wollen. – Epilog. Damit also das, was uns zu Recht beliebt hat, allen offenbar werde, befehlen wir deiner Hoheit, sowohl in dieser glücklichen Stadt wie in den Provinzen das vorliegende göttliche Edikt an den öffentlichen Stätten jeder Stadt auszuhängen, damit niemandem die zugunsten des Fiskus und der Unversehrtheit der Untertanen ersonnene Vorsorge unserer Durchlauchtigkeit verborgen bleibe. Gegeben am 18. Januar zu K'pel im 4. Jahre des Kaisertums des Herrn Justinus usw., im 3. Jahre nach dessen Konsulat [569].

[8] Gregor an Kaiserin Konstantina. Da ich weiß, daß die erlauchte Herrin über die Heimat im Himmel und ihrer Seele Leben nachdenkt, glaube ich heftig, eine Sünde zu begehen, wenn ich verschweige, was um der Furcht vor dem allmächtigen Gotte willen berichtet werden muß. Da ich erfahren hatte, daß auf der Insel Sardinien viele Heiden sind und daß diese noch immer nach der Sitte verkehrten Heidentums den Opfern vor Götzenbildern ergeben sind und daß die Priester dieser Insel gelähmt sind, den Erlöser zu predigen, habe ich einen aus den Bischöfen Italiens dorthin gesandt, der durch Gottes Mitwirkung viele von den Heiden zum Glauben geführt hat. Aber er hat mir eine gotteslästerliche Tatsache gemeldet: daß diejenigen, die dort den Götzen opfern, dem Statthalter einen Preis dafür zahlen, daß es ihnen erlaubt sei, dies zu tun. Obwohl etliche von ihnen schon getauft waren und aufgehört hatten, den Götzen zu opfern, so wird doch immer noch von diesem Statthalter der Insel auch nach der Taufe dieser Preis eingetrieben, den sie früher für das heidnische Opfer zu geben gewohnt waren. Als der vorerwähnte Bischof ihn deswegen schalt, antwor-

tete er, er habe eine so hohe Kaufsumme versprochen, daß er sie nicht erfüllen könne außer auch aus diesen Fällen. Die Insel Corsica aber wird von einem solchen Übermaße an Fordernden und solcher Last der Abgaben bedrückt, daß ihre Bewohner das, was eingetrieben wird, zu erfüllen selbst dann kaum hinreichen, wenn sie ihre Kinder verkaufen. Daher kommt es, daß sich die Grundbesitzer dieser Insel von der frommen Republik abwenden und gezwungen werden, zu dem allergottlosesten Volke der Langobarden zu fliehen. Denn können sie noch etwas Härteres und Grausameres von den Barbaren erleiden, als so bedrängt und unterdrückt zu sein, daß sie sich gezwungen sehen, ihre Kinder zu verkaufen? Auf der Insel Sizilien aber soll ein gewisser Stephanus, ein Verwaltungsbeamter der Flotte, derartige Rechtsbrüche und Bedrückungen vollführen, indem er in die Güter einzelner eindringt und dort ohne Angabe der Gründe an Landgütern und Häusern Beschlagnahmetitel anschlägt, daß ich, wollte ich seine einzelnen Taten, die mir gemeldet worden sind, hersagen, [selbst] in einer starken Rolle sie nicht erschöpfen könnte. Dies alles möge die erlauchte Herrin einsichtsvoll betrachten und die Seufzer der Unterdrückten in Schranken halten. Denn ich nehme nicht an, daß diese Dinge an euer allerfrömmstes Ohr gedrungen seien. Denn hätten sie dorthin vordringen können, so hätten sie nicht bis jetzt fortgedauert. Sie müssen dem allerfrömmsten Herrn zu geeigneter Zeit vorgetragen werden, damit er von seiner Seele, seinem Reiche und seinen Söhnen eine derartige und so schwere Sündenlast abwälze. Ich weiß, daß er sagen wird, daß uns für die Ausgaben Italiens überwiesen wird, was immer sich von den genannten Inseln zusammenbringen läßt. Aber ich empfehle, daß er selbst dann, wenn Ausgaben in Italien weniger zugeteilt werden mögen, dennoch von seinem Reiche die Tränen der Unterdrückten fernhalten solle. Denn vielleicht befördern auch deswegen die so großen Ausgaben in diesem Lande weniger an Vorteil, weil sie mit einiger Beimischung von Sünde aufgebracht werden. Es möge also der erlauchteste Herr gebieten, daß nichts mit Sünde eingesammelt werde. Und ich weiß, daß es auch dann, wenn es nur wenig zum Vorteile der Republik beiträgt, an sich selbst der Republik eine große Hilfe ist. Auch wenn es vielleicht so kommt, daß ihr mit geringeren Ausgaben weniger genützt wird, so ist es doch besser, daß wir in der Zeitlichkeit nicht leben, als daß ihr auf irgendein Hindernis für das ewige Leben stoßet. Denn erwäget, welche Gedanken, welche Gefühle Eltern hegen können, wenn sie ihre Kinder von sich losreißen, um nicht gefoltert zu werden. Wie sehr man aber mit den Kindern der anderen mitleiden muß, das wissen diejenigen sehr wohl, die selber Kinder haben. Deshalb mag es mir genug sein, dies in Kürze berichtet zu haben, damit, wenn eure Frömmigkeit nicht erführe, was in diesen Landen angestellt wird, nicht mich bei dem vielbeschäftigten Richter die Schuld meines Schweigens bestrafe. Gegeben am 1. Juni in der XIII. Indiktion [595].

[9] Kein Richter soll aus fremden Provinzen oder Gegenden in fremde Gaue verordnet werden, damit er, wenn er irgend etwas Böses unter irgendwelchen Bedingungen vollführt, von seinen eigenen Gütern für das, was er bösartig weggenommen hat, nach der Ordnung des Gesetzes Ersatz leisten muß [614].

Germanische Landnahme auf römischem Boden: Soziale Verhältnisse und Entstehung des Königtums, vor 501–725

Über die Niederlassung der germanischen wandernden Heere auf römischem Boden, die den Grund für die Ausbildung der späteren romanischen Nationen legte, sind wir nur sehr mangelhaft unterrichtet: am besten hinsichtlich der Burgunder, die die römischen Behörden seit 437 zwischen Neuenburger und Genfer See und seit 457 im Raume von Lyon als Wehrbauern ansiedelten. Dabei wandte man die Regeln an, die im römischen Reiche seit langem für die Einquartierung der zum Grenzschutz bestimmten Truppen gültig waren: Der Hauswirt hatte dem Krieger ein Drittel seines Hauses und bei dauernder Ansiedlung auch ein Drittel des zum Hofe gehörigen Landes samt den darauf arbeitenden Sklaven zu überlassen. Die burgundischen Krieger, die als Gefolgschaften eines Heerführers und Königs organisiert waren, nahmen sich zuerst ein Drittel der größten Höfe mit dem besten Boden, aber weil dabei wohl nur wenige lebensfähige Betriebe entstanden, eigneten sie sich später ein weiteres Drittel, dieses freilich ohne die Sklaven, an. Denn in dem menschenarmen Lande mußten die Könige noch lange Zeit eine systematische Siedlungspolitik betreiben, indem sie auf Kriegszügen Menschen raubten und friedlichen Einwanderern Land anboten. Das Landnahmerecht bildet daher in der Kodifikation der Gesetze, die König Gundobad im Jahre 501 anfertigen ließ, einen der wichtigsten Gegenstände; was sie an Erinnerungen an die erste Ansiedlung bewahrt hat, muß uns heute dazu dienen, das römische Einquartierungsrecht, dessen sich auch die Ost- und Westgoten und später die Langobarden bedienten, zu rekonstruieren.

Da die Germanenkönige, freilich nicht die fränkischen und angelsächsischen, zugleich Organe der römischen Reichs- und Militärverwaltung waren, ergab sich vielfach die Möglichkeit, ja Notwendigkeit, römischen Rechts- und Verwaltungsbrauch zu übernehmen. Römisch ist der Gedanke, daß die Gesetze schriftlich fixiert sein müßten und daß die Richter sie zu kennen hätten und an sie gebunden seien. In der Aneignung dieses Gedankens spielt das angelsächsische Königtum eine auffällige Sonderrolle, weil es sich bei der Kodifikation von Anfang an der Volkssprache bediente, während man auf dem Kontinent das Lateinische als Gesetzessprache benutzte. Die Übernahme römischen Erbes führte indes nicht zur Aufgabe der germanischen Eigenart. Insbesondere erlangten die Könige nirgendwo die unbeschränkte Vollgewalt, die der römische Kaiser und seine Präfekten über die Provinzialbevölkerung ausgeübt hatten. Wie sie von ihren Kriegern und Gefolgsleuten zu Heerführern erwählt worden waren, so blieben sie als Regenten an die Mitwirkung der Großen ihres Volkes gebunden. König Gundobads erstes Gesetz erging mit deren Rate, und 31 von ihnen haben es unterzeichnet; die anderen Gesetze hatte der König mit den Häuptern des Volkes beraten. Die Bischöfe, die besonders im Westgotenreich im Kreise der Großen den ersten Platz gewannen, bildeten sogar bereits den Gedanken aus, daß der König nicht aus eigenem Rechte die Herrschaft ausübe, sondern ein Amt versehe, in dessen Ausübung er selber an das Recht gebunden sei. Noch jahrhundertelang lebte der mittelalterliche Staat, ohne daß sich eine Theorie seiner Verfassung bildete; der Historiker erkennt gleichwohl in den frühesten Gesetzen, die sich die Germanen schufen, die Grundzüge jenes Zusammenwirkens der gleichermaßen an das Recht gebundenen Könige und ihrer von den Großen repräsentierten Völker, aus dem sich in der Neuzeit der europäische Rechtsstaat entwickelt hat.

1. König Gundobads »Erste Konstitution« über Gesetzesbindung und Unbestechlichkeit der Richter und die Appellation an das Königsgericht, um 501: MGH Leges nat. Germ. 2 S. 29–34.

Gundobad, Gloriosissimus, König der Burgunder. 1. Da wir über die Gesetze der Eltern und unsere eigenen um des Friedens und Vorteils unseres Volkes willen sorgfältig nachsannen, was wegen der einzelnen Klagen und Titel mit Ehrbarkeit, Zucht, Vernunft und Gerechtigkeit am meisten übereinkäme, da haben wir alles vor unseren versammelten Großen erwogen, und wir haben dazu gegriffen, sowohl unsere wie ihre Meinung in ewigwährenden Gesetzen als Festgesetztes aufschreiben zu lassen.

2. Aus Liebe zu der Gerechtigkeit, durch die Gott besänftigt

und die Gewalt irdischer Herrschaft erlangt wird, haben wir zuerst, nachdem ein Rat unserer Grafen und Großen[1] gehalten worden war, die Dinge zu ordnen uns bemüht, daß die Integrität und Billigkeit der Rechtspflege alle Belohnungen und Bestechungen von sich ausschließe.

3. Deswegen müssen hinfort alle Verwalter und Richter gemäß unseren Gesetzen, die in gemeinsamer Erörterung zusammengestellt und berichtigt worden sind, zwischen Burgundern und Romanen in gegenwärtiger Zeit urteilen, so daß keiner irgend etwas von den Klagen und Urteilen unter dem Namen einer Belohnung oder eines Vorteils von irgendeiner Partei erwarte oder anzunehmen sich anmaße, sondern [jede] Partei erhalte das Recht, dessen sie wert ist, und allein die Integrität des Richtenden sei hinreichend.

4. Wir haben geglaubt, auch uns die Bedingung dieses Gesetzes auferlegen zu müssen, und niemand maße sich an, bei irgendeiner Art von Klagen unsere Integrität durch Ämterkaufgelder oder eine Belohnung anzutasten, da wir zuallererst aus Eifer für die Gerechtigkeit von uns das abweisen, wovon wir verbieten, daß es von allen, die unter unserem Königtum richten, getan werde, damit unser Fiskus nicht das geringste mehr erhalte, als wegen Bezahlung der Strafe als gesetzlich festgesetzt nachzulesen ist[2].

5. Deshalb sollen alle unsere Großen, Rechtsberater, Hofbeamten und Hausmeier, auch die Türsteher[3], ebenso Romanen wie Burgunder, die zu Grafen oder Richtern der Städte oder Gaue deputiert sind, auch alle Bediensteten wissen, daß sie nichts von den Klagen, die eingebracht oder abgeurteilt sein mögen, annehmen oder von den Prozessierenden unter dem Namen eines Verspre-

1 Großgrundbesitzer und Vornehme, die zugleich die Umgebung des Königs bildeten. Vgl. Titel 26, 1. Das Wort Graf, lat. comes ›Begleiter‹, bezeichnet noch kein bestimmtes Amt, sondern, wie in Konstantinopel, den Begleiter des Herrschers.

2 Was hier untersagt wird, war die natürliche, nicht nur den Germanen eigene Auffassung, daß öffentliche Gewalt dem Inhaber »gehöre«, weil er sie sich selbst verdient habe und sie daher auch, wie sein Privatvermögen, zum eigenen Vorteil ausnutzen dürfe. Herrschaft wird nicht als Amt, sondern als Eigentum betrachtet, sie wird »appropriiert«.

3 Lat. cancellarii ›Kanzler‹. Sie entscheiden darüber, wer als Kläger Zugang zum König erhielt oder abgewiesen wurde.

chens oder einer Belohnung fordern dürfen; auch sollen die Parteien nicht vom Richter zu Sühnen genötigt werden, damit sie etwa so etwas erhalten.

6. Wenn aber einer von den Genannten überführt wird, als Bestochener gegen unsere Gesetze oder auch in gerechter Weise das Urteil sprechend, von der Klage oder dem Urteil eine Belohnung angenommen zu haben, so soll er als Beispiel für alle nach erwiesenem Verbrechen mit dem Tode bestraft werden, [jedoch] so, daß die Schuld, die an ihm gestraft worden ist, seinen Söhnen oder gesetzlichen Erben nicht das Vermögen dessen, an dem die Käuflichkeit geahndet wird, entziehe.

7. Wir haben beschlossen, daß den Notaren der deputierten Richter als Urteilsgebühren in Klagen, die über 10 sol. zugesprochen worden sind, je ein Drittelsolidus genügen könne; bei Klagen unter 10 sol. sollen sie geringere Gebühren fordern.

8. Wir aber gebieten, daß zwischen Romanen, nachdem unter derselben Bedingung das Verbrechen der Käuflichkeit verboten worden ist, so wie es von unseren Eltern festgesetzt worden ist, nach römischen Gesetzen geurteilt werde[4]; sie sollen wissen, daß sie die niedergeschriebene Form und Auslegung der Gesetze annehmen sollen, um danach zu urteilen, damit sich niemand mit Unwissenheit entschuldige.

9. Wegen in früherer Zeit übel gefällter Urteile soll die Form des früheren Gesetzes eingehalten werden; auch fügen wir ein, daß, wenn etwa der wegen Bestechlichkeit verklagte Richter auf keine Weise überführt werden kann, der Ankläger derselben Strafe unterliegen soll, von der wir geboten haben, daß der bestochene Richter sie erleide.

10. Wir gebieten, daß, wenn irgend etwas sich in unseren Gesetzen nicht behandelt findet, die Richter dies nur an uns zurückbringen sollen[5].

4 Das vom König sanktionierte Recht galt nur für Burgunder und bei Streitigkeiten zwischen Burgundern und Romanen. Das römische Recht der Romanen setzte König Gundobad 506 in einem besonderen Gesetz fest. Bis dahin galt der Kodex Kaiser Theodosius' II. von 439.

5 So wie die römischen Richter vom Kaiser ein Reskript zu erbitten hatten, darin dieser die Norm für den vorliegenden Einzelfall festsetzte.

11. Wenn aber einer von den Richtern, sowohl Barbar wie Romane, von Einfalt oder Unachtsamkeit verführt, etwa nicht das, was die Gesetze enthalten, urteilt[6] und keiner Bestechlichkeit schuldig ist, so wisse er, daß er 30 sol. bezahlen soll und daß die Klage von neuem nach Anhörung der Parteien abzuurteilen ist.

12. Wir fügen hinzu, daß – wenn die Richter zugleich zum dritten Male angerufen worden sind und kein Urteil sprechen und wenn der, der die Klage hat, meint, er müsse unsere Aufforderung [an die Richter] erbitten, und beweist, daß er seine Richter dreimal angegangen ist und nicht erhört worden ist – der Richter mit einer Auflage von 12 sol. bestraft werden soll. Wenn aber jemand wegen irgendeiner Art von Klage unter Umgehung der Richter, d. h. ohne sie zum dritten Male, wie wir oben geboten haben, angerufen zu haben, zu uns zu kommen sich anmaßt[7], so treffe [ihn] die Strafe, von der wir bestimmt haben, daß sie der Richter [erleide], damit nicht etwa durch Abwesenheit deputierter Richter die Geschäfte [unseres Gerichtes] Verzug erleiden.

13. Weder ein Romane als Graf noch ein Burgunder maße sich an, eine Klage in Abwesenheit des anderen Richters abzuurteilen; vielmehr sollen sie danach streben, daß die mehrfach sie Anrufenden über die gesetzliche Ordnung nicht unsicher sein können.

14. Es hat aber beliebt, daß unsere Gesetze auch mit hinzugefügter Unterschrift der Grafen befestigt werden, damit die Festlegung, die aus unserer Unterhandlung und aus gemeinsamem Willen aller niedergeschrieben worden ist, auch von den Nachkommen bewahrt bleibe und die Festigkeit einer ewigen Abrede erhalte. – Die Namen derer, welche die Gesetze und die folgenden Konstitutionen, jedoch auch die, die auf der ersten Seite enthalten sind, unterschreiben und hinfort mit der Nachkom-

6 Vorausgesetzt wird, daß eine Prozeßpartei an den König appelliert hat.
7 Das Königsgericht soll nicht mit »einfachen« Klagen überschüttet werden, damit es frei sei für diejenigen, die nur nach Setzung einer neuen Norm geschlichtet werden können. Die Kodifikation sammelte die im Laufe der Zeit auf diese Weise gefundenen Normen.

menschaft mit Gottes Hilfe innehalten sollen: [1.] Zeichen des Grafen Abcar, [2.] Zeichen des Grafen Aunemund, ... [31.] Zeichen des Grafen Coma.

2. König Gundobads Gesetze über Einquartierung, Erbrecht, Rodung und ständisches Strafrecht, 501 und später: MGH Leges nat. Germ. 2, 1 S. 41–107, 121–122.

1. Über die den Vätern erteilte Freiheit zu schenken und die Gaben des Königs. § 1. Weil nichts über die den Vätern gewährte Erlaubnis zu schenken und die Freigebigkeit der Herrschenden gesetzlich festgestellt war, so haben wir durch das gegenwärtige Gesetz mit einstimmigem Willen aller entschieden, daß es dem Vater, auch bevor er teilt, freistehe, aus dem gemeinen Vermögen und seiner Arbeit zu beschenken, wen er will, ausgenommen das nach dem Titel des Loses[8] erworbene Land, worüber die Ordnung des früheren Gesetzes beobachtet werden soll. § 2. Oder wenn er mit den Söhnen geteilt und seinen Teil übernommen hat und hernach von einer anderen Gattin Söhne erhält, einen oder mehrere, so sollen diese Söhne von der zweiten Gattin in den Anteil nachfolgen, den der Vater erhalten hat, und die, die mit dem Vater geteilt und ihre Anteile erhalten haben, sollen gar nichts von ihnen fordern. § 3. Auch hat es beliebt, diesem Gesetz anzufügen, daß, wenn jemand von unserem Volke von unseren Eltern auf Grund von Freigebigkeit etwas offenkundig erhalten hat, wir mit dem jetzigen Gesetz das, was ihm übertragen worden ist, auch aus eigener Vergabung so gewähren, daß er es seinen Söhnen hinterlasse. § 4. Auch dieses setzen wir fest, daß sie, wenn sie etwas auch aus unserer Gabe empfangen haben oder, so Gott es gewährt, auf andere Weise erhalten, die Texte unserer Schenkungen vorweisen sollen[9]. Übrigens soll ihre Nachkommenschaft mit der Ergebenheit und Treue dienen, daß sie anerkenne, sich die Geschenke unserer Eltern zu mehren und bei sich zu bewahren[10].

8 D. h. nach Einquartierungsrecht von romanischen Gutsbesitzern als Quartierswirten.

9 Vgl. unten, Extravagantes Titel 24, 14.

10 Titel 38, 6 nennt als eine Dienstpflicht die Beherbergung der Königsboten.

13. Über Rodungen. Wenn jemand, so Burgunder wie Romane, im gemeinen Walde eine Rodung macht, so soll er ein anderes, an Raum ebenso großes Stück vom Walde seinem Quartierswirt bzw. -manne anweisen und die Rodung, die er gemacht hat, da das Angriffsrecht des Wirtes oder Mannes aufgehoben ist, besitzen.

14. Über Erbfolgen. § 1. Wir wollen, daß unter Burgundern dies eingehalten werde: daß, wenn jemand keinen Sohn hinterläßt, anstelle des Sohnes die Tochter im Erbe ihres Vaters und ihrer Mutter nachfolge[11]. § 2. Wenn aber einmal ein Verstorbener weder Sohn noch Tochter hinterläßt, so gehe das Erbe auf Schwestern oder nächste Verwandte über. § 3. Auch hat es beliebt, folgendes in dieses Gesetz aufzunehmen: daß, wenn eine Frau, die einen Ehemann hat, ohne Söhne von dieser Welt dahingeht, der Mann der verstorbenen Gattin den Preis, der für sie gegeben worden ist, nicht zurückfordern kann. § 4. Ebenso können die Frau oder die Eltern der Frau, wenn der Ehemann ohne Söhne verstorben ist, nicht zurückfordern, was die Frau, als sie zu dem Manne kam, ausgegeben hat. § 5. Solchen Töchtern aber, die sich Gott geweiht haben und in Keuschheit verblieben sind, befehlen wir, wenn sie zwei Brüder haben, daß sie ein Drittel vom Erbe des Vaters erhalte, und zwar nur von dem Lande, das ihr Vater nach Losrecht besaß und zur Zeit des Todes hinterließ. Ebenso werde ihr, wenn sie vier oder fünf Brüder hat, der schuldige Anteil reserviert. § 6. Wenn sie aber nur einen Bruder hat, soll sie nicht die Hälfte, sondern ein Drittel erhalten, und zwar unter der Bedingung, daß nach dem Tode derjenigen, die Frau und Klosterinsassin ist, alles, was sie zum Nießbrauch von den väterlichen Gütern erhalten hat, den nächsten Verwandten zustehen und sie keine Macht haben soll, davon etwas zu veräußern, außer wenn sie vielleicht etwas von den Gütern der Mutter, nämlich an Kleinigkeiten und Schmuck, oder aus eigener Arbeit hat erwerben können. § 7. Wir haben beschlossen, daß dies nur denen zu ge-

11 Da Titel 1 nur die Erbfolge von Söhnen, d. h. wehrfähigen Männern, kennt, wird es sich hier um spätere Ergänzungen des alten Rechts handeln. Vorauszusetzen ist, daß die Töchter wehrfähige Männer heirateten.

währen sei, denen die Väter nicht schon ihre Anteile gegeben haben; wenn sie aber vom Vater das erhalten haben, wovon sie leben können, so sollen sie freie Gewalt haben, eben hiermit zu machen, was sie wollen.

26. Über ausgeschlagene Zähne. §1. Wenn einer aus irgendeinem Zufall einem burgundischen Großen oder einem romanischen Edlen einen Zahn ausschlägt, so werde er 15 sol. zu zahlen gezwungen. §2. Wegen gewöhnlicher Freier, sowohl Burgunder wie Romanen, werde ein Zahn, wenn er ausgeschlagen wird, mit 10 sol. gebüßt. §3. Wegen geringer Personen mit 5 sol. §4. Wenn ein Knecht einem freien Mann willentlich einen Zahn ausschlägt, so werde er zum Abhauen der Hand verurteilt, wenn durch Zufall, so werde das oben Festgesetzte für verwirkt gewiesen; so wie die Person ist, zahle er den Preis für die Zähne. §5. Wenn ein Freier einem Freigelassenen einen Zahn ausschlägt, zahle er ihm 3 sol.; wenn er einem fremden Knechte einen Zahn ausschlägt, zahle er dem, dessen der Knecht ist, 3 sol.

31. Über das Anpflanzen von Weinstöcken. §1. Wir haben beschlossen, daß zwischen Burgundern und Römern dies zu beachten ist: daß jeder, der etwa auf gemeinem Felde, ohne daß jemand Einspruch erhebt, einen Weingarten angepflanzt hat, ein gleichartiges Feld demjenigen zurückgebe, auf dessen Feld er den Weingarten gesetzt hat. §2. Wenn sich aber jemand anmaßt, nach Einspruch auf dem Felde eines anderen einen Weingarten zu pflanzen, so verliere er seine Arbeit, und der, dem das Feld gehört, erhalte den Weingarten.

54. Von denen, die sich den dritten Teil der Sklaven und zwei Drittel der Ländereien entgegen dem öffentlichen Verbot anmaßen. §1. Obwohl zu derselben Zeit, als unser Volk ein Drittel der Sklaven und zwei Drittel der Ländereien erhielt, von uns ein Gebot derart erlassen worden ist, daß niemand, der ein Gut mit Sklaven, sei es durch unserer Väter oder unsere Freigebigkeit, empfangen hat, ein Drittel der Sklaven und zwei Drittel der Ländereien von dem Orte verlangen sollte, an dem ihm die Einquartierung zugewiesen worden war, so ist es dennoch, weil wir erfahren, daß sehr viele, uneingedenk ihrer Gefahr, das, was befohlen worden war, übertreten haben, notwendig, daß das jetzige Gesetz, welches an Stelle des gültig bleibenden Gesetzes er-

lassen worden ist, die Eigenmächtigen züchtige und den bis jetzt Verachteten das Heilmittel geschuldeter Sicherheit gewähre. Deshalb gebieten wir: daß alles, wovon nachgewiesen wird, daß diejenigen, die dank unserer Großzügigkeit Landgüter und Sklaven in ihre Gewalt gebracht haben, es sich von den Ländereien ihrer Quartierswirte entgegen dem öffentlichen Gebot angemaßt haben – daß sie dieses unverzüglich zurückgeben sollen. § 2. Wir befehlen auch, daß wegen der Rodungen jetzt der neue und zu weitgehende arglistige Anspruch der Krieger[12] mit Belastung und Beunruhigung der Besitzer durch dieses Gesetz abgeschafft werde: daß sie wie an den Wäldern , so auch an den Rodungen, sie seien in vergangener oder in jetziger Zeit gemacht, zusammen mit den Burgundern Recht haben sollen, da wir ja gebieten, daß, wie bereits kürzlich festgesetzt worden ist[13], die Hälfte der Wälder im allgemeinen den Romanen gehören soll, wobei die gleiche Bedingung wegen des Hofes und der Obstgärten betreffend die Krieger bewahrt sein soll, nämlich: daß die Romanen die vorwegzunehmende Hälfte abschätzen sollen. § 3. Wenn aber jemand die Vorschrift dieses Gebotes übertritt und von euch nicht mit Strenge zurückgewiesen wird, so zweifelt nicht daran, daß sich die Erregung unseres Zornes in eure Gefahr verwandeln muß.

55. Darüber, daß die Personen der Barbaren entfernt werden müssen, so oft zwischen zwei Romanen über die Grenzen der Güter ein Streit entstanden ist. § 1. Obwohl einst unter bestimmter Strafe festgesetzt worden ist, daß ein Barbar es nicht wagen sollte, sich an den Prozeß eines Romanen, den er gegen einen anderen Romanen als Kläger oder mit Einrede betreibt, anzuhängen, so stellen wir dennoch über die Einleitung von Prozessen gewichtigere Überlegungen an und gebieten daher, so wie wir bereits in vergangenen Zeiten vorgeschrieben haben, daß folgendes eingehalten werde: § 2. Sooft über Grenzen von Gütern, die nach dem

12 Der Text benutzt das germanische Wort faramanni ›Fahrmannen‹, das die Teilnehmer an einer zur Landnahme führenden Heerfahrt bezeichnet. Bei den Langobarden hieß fara ›Fahrtverband‹ bis ins 7. Jh. hinein eine Unterabteilung des Heeres.

13 Unten, Titel 67.

Rechte der Einquartierung von Barbaren besessen werden, zwischen zwei Romanen ein Streit entstanden ist, sollen die Gäste deren Rechtsstreit nicht beitreten, sondern es wird von den vor Gericht streitenden Romanen erwartet, daß des Barbaren Quartierswirt, welcher obsiegt, hernach mit diesem über das gewonnene Land abrechnet. § 3. Wenn sich aber einer von den Barbaren zum Prozessieren in einen solchen Rechtsstreit einmischt, soll er alsbald zurückgewiesen werden und als Strafe dafür, daß er das Verbot mißachtet hat, 12 sol. bezahlen. § 4. Wenn sich aber ein Romane, nämlich sein Quartierswirt, anmaßt, ihn hinzuzuziehen, so gebieten wir, daß jeder von beiden 12 sol. bezahle und daß der Prozeß nach den romanischen Gesetzen beendet werde. § 5. Wenn aber wegen der Grenzen eines solchen Gutes, das ein Barbare als Ganzes samt den Sklaven durch königliche Freigebigkeit empfangen hat, ein Streit begonnen worden ist, so soll es ihm erlaubt sein, mag er nun beklagt worden sein oder selbst geklagt haben, nach romanischem Recht zu streiten. § 6. Wenn sich aber ein Freier herausnimmt, eine Grenzmarke herauszureißen oder zu zerbrechen, werde er zum Abhauen der Hand verurteilt. Wenn ein Sklave es getan hat, werde er getötet. § 7. Wenn aber der Freie seine Verstümmelung abkaufen will, zahle er die Hälfte seines Wergeldes.

56. Über in Alamannien gekaufte Knechte. § 1. Wenn jemand einen fremden Sklaven in Alamannien losgekauft hat, soll entweder der Herr den Preis erstatten oder der Käufer den Knecht behalten; jedoch befehlen wir, daß dies [erst] vom jetzigen Zeitpunkte an beachtet werde. § 2. Wenn übrigens ein Freier darum bittet und losgekauft wird, erstatte er dem Käufer sein Wergeld.

57. Über Freigelassene der Burgunder, die kein Abzugsrecht haben. Der Freigelassene eines Burgunders, der seinem Herrn nicht 12 sol. gegeben hat, um so, wie es nach Gewohnheit ist, die Erlaubnis zu erhalten abzuziehen, wohin er will, und wenn er auch kein Drittel von Romanen[14] erlangt hat, muß notwendigerweise zur Hörigenschaft des Herrn gezählt werden.

14 Das Restgut, das dem romanischen Quartierswirt verblieben war und verkauft oder verpachtet werden konnte.

67. Über Wälder ist dies zu beachten: Alle, die Land oder Kolonengut[15] innehaben, sollen wissen, daß der Wald gemäß dem Maße der Ländereien oder der Rate seines Besitzes so unter ihnen aufzuteilen ist, wobei dem Romanen jedoch von den Wäldern die Hälfte an den Rodungen erhalten bleibe.

84. Über den Verkauf von Ländereien. § 1. Weil wir erkannt haben, daß die Burgunder ihre Landlose mit allzu großer Leichtigkeit auseinanderteilen, so haben wir mit dem jetzigen Gesetz bestimmen zu müssen geglaubt, daß nur dem erlaubt sein soll, sein Land zu verkaufen, der an anderem Orte ein Landlos oder eine Besitzung hat. § 2. Auch dies ist untersagt, daß, [wenn] einer, der anderswo Land hat, einen dringenden Grund hat, um zu verkaufen, beim Erwerben dessen, was ein Burgunder feilhält, kein Fremder dem romanischen Quartierswirt vorgezogen werde; keinem Fremden sei es erlaubt, unter irgendeinem Anspruche das Land zu kaufen. § 3. Jedoch ist zu beachten, daß sein Quartierswirt eben von dem erwerbe, von dem feststeht, daß er anderswo Land hat.

Extravag. 21, 12. Wegen der Romanen aber verordnen wir dies, daß von den Burgundern, die hereingekommen sind[16], nicht mehr gefordert werde, als zur Zeit notwendig ist: die Hälfte des Landes. Die andere Hälfte aber mit dem unversehrten Bestande an Sklaven werde von den Romanen gehalten, und sie sollen deswegen keinerlei Gewalttat erleiden.

24, 14. Wenn jemand, wer immer er sei, etwas [von uns] als Geschenk erbitten will, so komme er mit Schreiben seines Grafen, und die Räte und Hausmeier, die anwesend sind, sollen diese Schreiben seines Grafen entgegennehmen und ihre Schreiben zufolge unserer Anordnung an den Richter ausstellen, in dessen Gebiet das Gut, das erbeten wird, gelegen ist, und sie sollen ihm dies gestatten, daß sie sorgfältig und getreulich untersuchen, ob man es ohne Sünde schenken kann.

15 Lat. agrum aut colonicas, die Höfe oder landwirtschaftlichen Betriebe romanischer Bauern.

16 Einst im burgundischen Siedlungsgebiet am Rhein Zurückgebliebene, die jetzt in das neue Reich an der Rhône nachzogen.

3. Aus den Gesetzen des Königs Aethelberht von Kent, um 584–616: Liebermann, Gesetze Bd. 1 S. 3–4.

Dies sind die Gesetze, die König Aethelberht festsetzte zu Augustins Lebzeiten[17].

2. Wenn der König die Leute seines Volkes zu sich entbietet und ihnen jemand da Böses antut, [so büße dieser dem Verletzten] zweifach und dem Könige 50 Schilling.

3. Wenn der König in jemandes Heimstätte trinkt und einer da irgend etwas an Schlechtigkeit tut, büße [dies]er [dem Verletzten] zweifach.

4. Wenn ein Freier dem Könige [etwas] stiehlt, vergelte er [es ihm] neunfach.

5. Wenn einer in des Königs Ortsbezirk[18] jemanden erschlägt, büße er [dem Könige] 50 Schilling.

6. Wenn jemand einen freien Mann erschlägt, [büße er] dem Könige 50 Schilling zum Herrschergeld.

7. Wenn [einer] des Königs Dienst-Metallarbeiter oder Geleitsführermann erschlägt, entgelte er [ihn] mit mittlerem Wergelde.

8. Königs Schutzgewalt [gilt] 50 Schilling[19].

13. Wenn jemand in eines Adligen Hofbezirk einen Menschen erschlägt, büße er [jenem] 12 Schilling.

14. Wenn bei eines Adligen Schenkin jemand liegt, büße er [jenem] 12 Schilling.

15. Des Gemeinfreien[20] Schutzrecht [gilt] 6 Schilling.

16. Wenn bei eines Gemeinfreien Schenkin jemand liegt, büße er [ihm] mit 6 Schilling, bei der [an Rang] zweiten Sklavin [zahle ihm der Schänder] 50 Skätte, bei der dritten 30 Skätte.

17. Wenn einer in jemandes Hofbezirk [als] erst[er] eindringt, büße er [diesem] mit 6 Schilling, der, welcher [gleich] nachher [hinein]dringt, 3 Schilling, jeder späterhin [Eindringende 1] Schilling.

17 Missionar und erster Bischof von London, 596–605.

18 Ortsbezirk und Hofbezirk, ags. tun ›Zaun‹, umzäuntes Gehöft; daraus später town ›Stadt‹.

19 Wergeld an die Sippe des Erschlagenen und Strafgeld an den Richter sind hinzuzudenken.

20 Gemeinfreier, ags. ceorl, i. Ggs. zum Freien, ags. frigman, in Art. 4 und 6.

21. Wenn einer jemanden erschlägt, büße er [an dessen Sippe] mittleres Wergeld: 100 Schilling.

25. Wenn jemand eines Gemeinfreien Kostgänger erschlägt, büße er [dem Gemeinfreien] mit 6 Schilling.

26. Wenn [jemand] einen Halbfreien[21] erschlägt, entgelte er den [an Range] Vorzüglichsten mit 80 Schilling, wenn er den [an Range] Zweiten erschlägt, entgelte er mit 60 Schilling; den dritten entgelte er mit 40 Schilling.

4. Dekret des achten Konzils von Toledo über die Amtspflicht des Königs, 16. Dez. 652: H. Beumann, Zur Entwicklung transpersonaler Staatsvorstellungen, in: Das Königtum. Vorträge und Forschungen, Bd. 3, Konstanz 1956, S. 215.

Denn wir haben gesehen, daß manche Könige, nachdem sie den Ruhm des Königreiches erlangt hatten, als die Kräfte der Völker erschlafft waren, Gewinn für ihr Privatvermögen zusammenrafften. Sie vergaßen, daß sie zum Königtum berufen waren, und verwandelten ihre Schutzpflicht in Verwüstung, wo sie doch hätten Verwüstung durch ihren Schutz abwehren müssen. Hiermit verbinden sie etwas, das noch viel schwerer wiegt: Das, was sie vor aller Augen erwerben, schreiben sie nicht dem Ehrenamte[22] oder Ruhm des Königreiches zu, sondern sie wollen lieber, daß es so in ihr eigenes Recht und Vermögen einfließe, daß sie gewissermaßen aus Notwendigkeit entscheiden können, daß es auf die Nachkommenschaft ihrer Kinder übertragen werde[23]. Aus welchem Grunde also versuchen sie, das in die eigene Tasche zu bringen, was sie

21 Ags. laet, ein germanisches Wort für Leute ohne Freizügigkeit. Lat. laeti hießen die unterworfenen germanischen Stämme, die die Römer seit dem 3. Jh. besonders im nördlichen Gallien als Soldaten angesiedelt hatten; sie sind zuletzt zum Jahre 465 bezeugt.

22 Lat. honor. So hießen die dem Adel vorbehaltenen, auf eigene Kosten zu versehenden »Ämter« der Römer. Dagegen bezeichnet das keltisch-germanische Wort Amt den vergüteten Dienst bei einem königlichen oder adligen Herrn.

23 Die scharfe Unterscheidung zwischen erblichem Privatvermögen des Königs und öffentlichem Vermögen des Staates blieb dem Mittelalter fremd. Erst der neuzeitliche Ständestaat hat sie wieder belebt. Das westgotische Königtum war nicht erblich.

unbestrittenermaßen nur wegen ihrer herrscherlichen Hoheit erhalten haben? Oder kraft welchen Beliebens tragen sie in die Höhle eigenen Rechts, was unbestrittenermaßen zur Verwendung für den Gemeinnutzen erworben worden ist? Denn hätte ihnen etwa das Zusammenlaufen der Völker oder die Veranlagung der Vermögen zu Hilfe kommen können, wenn sie nicht auf die Höhen des Ruhmes erhoben worden wären? Oder hätten sie von den Gleichrangigen durch Anhäufung von Gütern bereichert werden können, wenn sie nicht [von] den Untertanen auf den ruhmreichen Gipfel hätten erhoben werden können? Gewiß erwarten doch alle unterworfenen Glieder des ganzen Volkes, während sie den aufmerksamen Blick der schuldigen Verehrung zum fürstlichen Haupte erheben, von diesem Heilmittel für ihre Mühsal, da sie ihm bald freiwillig, bald pflichtmäßig die Steuer entrichten. Folglich überzeugt der königliche Rang davon, daß ihm alles aus demselben Grunde geschuldet wird, aus dem er, wie er anerkennen muß, alles beherrscht; und das dadurch Erworbene beansprucht er mit Recht nicht für andere, sondern für sich selbst, und so kann er nicht zweifeln, daß dies nicht seiner Person, sondern seiner Amtsgewalt geschuldet wird. Denn den König macht die Rechtsordnung, nicht die Person, weil er nicht durch seine Mittelmäßigkeit[24], sondern durch die Amtsehre der Erhabenheit besteht. Was also der Amtsehre gegeben werden muß, das soll auch für sie verwendet werden, und was die Könige ansammeln, das sollen sie dem Königreich hinterlassen, damit sie so, wie der Ruhm des Königreiches sie selbst auszeichnet, auch ihrerseits den Ruhm des Reiches nicht schmälern, sondern herausputzen.

24 Gemeint sind die persönlichen Eigenschaften der Adligen, deren Geschlechtern das Königreich vorbehalten war.

5. Aus den Gesetzen des Königs Ine von Wessex, 688–725: Liebermann, Gesetze Bd. 1 S. 89–121.

Ich, Ine, von Gottes Gnaden König der Westsachsen, mit Rat und mit Lehre Kenreds, meines Vaters, und Heddes meines Bischofs, und Eorkenwolds, meines Bischofs[25], mit allen meinen Ealdormen[26] und den ehrwürdigen Weisen meines Volkes und auch [mit] großer Versammlung Geistlicher, pflog Rat über das Heil unserer Seelen und über den Zustand unseres Reiches, auf daß richtiges [Gewohnheits-]Recht und rechte Königsverordnungen über unser Volk hin befestigt und gesichert würden, daß keiner der Ealdormen noch der uns Untergebenen hinfort diese unsere Gesetze verkehren sollte.

19. Ein Königs-Gefolgsmann, wenn sein Wergeld 1200 Schilling beträgt, der darf schwören für 60 Hiden[27], vorausgesetzt, er sei Abendmahlsgänger.

40. Des gemeinfreien Bauern Hofstelle soll winters und sommers umzäunt sein. Wenn sie nicht umzäunt ist und seines Nachbarn Vieh dringt ein in seine eigene [die vom Bauern gelassene] Öffnung, so erhält er nichts von diesem Vieh, sondern er treibe es aus und leide den Schaden.

42. Wenn gemeinfreie Bauern ein gemeinschaftliches Wiesengehege oder anderes [nämlich Acker-]Land in [Besitzer-]Anteilen[28] zu umzäunen haben, und einige haben ihren [Zaun-]Teil gezäunt, andere haben [es] nicht getan, und [wenn nun Tiere] ihre [der Bauern] gemeinschaftliche Äcker oder Gras abfressen, so sollen dann die [Nachlässigen], die die Öffnung [zu verantworten] haben, hingehen und den anderen, welche ihren [Zaun-]Teil gezäunt haben, den Schaden, der da angerichtet sein mag, büßen; sie

25 Bischöfe von Wessex in Winchester und von Essex in London.

26 Vertreter der königlichen Gewalt im Lande, der Herkunft nach mediatisierte Teilfürsten oder vom König entsandte Vögte.

27 Die hida entspricht der fränkischen Hufe. Wert und Schwere des Eides werden nach Hufen berechnet: Der Eid vertritt so viele Hufen, wie der Schwörende an Strafgeld von sich abwenden oder dem Beklagten aufzwingen will.

28 Die Gewanne des Ackerlandes waren in Streifen unter die Hofstellen des Dorfes verteilt. War ein Gewann besät, so wurde es vorübergehend gemeinsam eingezäunt, um das weidende Vieh fernzuhalten.

mögen sich von jenem [schädigenden] Vieh so weit Recht erholen, wie es gehörig ist. Wenn [der Schadenstifter] jedoch eines der Rinder ist, das Gehege [gewaltsam] bricht und überall eindringt, da der Eigentümer es nicht halten wollte oder kann, so nehme [es], wer es auf seinem Acker trifft, und erschlage [es]; und der Eigentümer erhalte davon Fell und Fleisch und verliere den übrigen [Wert des lebenden Viehs].

50. Wenn ein Mann vom Gefolgschaftsstande gegenüber dem König oder dem königlichen Ealdorman für seine Gutsinsassen oder gegenüber seinem Herrn für unfreie oder freie [Schutzbefohlene eine Schuldsühne] abmacht, so erhält er, der Gefolgsmann, nun keinen Anteil am Strafgelde, weil er damals zu Hause ihn [den Schuldigen] an [dessen] Missetat zu hindern unterlassen hat.

51. Wenn ein Mann vom Gefolgsadel, ein Grundbesitzer, die Heerfahrt versitzt, zahle er 120 Schilling[29] und verliere sein Land [an den Verleiher]; ein [Gefolgsmann] ohne Grundeigentum 60 Schilling; ein gemeinfreier [Mann] 30 Schilling: als Heer[versäumnis]-Strafe.

54. [Wenn] einer der Menschen-Erschlagung beschuldigt wird und er von diesem Totschlage sich durch Eid reinschwören will, dann soll in [je]der Hundertzahl [der Eideshiden] ein Königs-Eideshelfer [im Eideswert] von 60 Hiden sein,[30] sowohl bei einem [erschlagenen] Manne vom Gefolgsadel wie bei einem gemeinfreien, wie immer es sei.

59, 1. Man soll jedesmal [jährlich dem Grundherrn] als Gerstenzins von einem Landarbeiter 6 Wispel [Gerste] geben.

60. Wenn der gemeinfreie Bauer, der eines anderen Joch [Rinder] gemietet hat, [die Miete] ganz in Futter zu zahlen hat, sehe man zu, [daß er] sie ganz zahle; wenn er [das] nicht hat, zahle er halb in Futter, halb in anderem Werte.

63. Wenn ein Mann vom Gefolgsadel [aus dem Lehngut] abzieht, dann darf er seinen Amtmann und seinen Schmied und seine Kinderamme[31] mit sich nehmen.

29 Strafe für Ungehorsam gegenüber dem König.
30 Die Richtigkeit des Eides wird verstärkt, wenn ihn nicht bloß Bauern, sondern auch Männer von besonderer Beziehung zum König mitschwören.
31 In der Regel waren diese Personen unfrei: ans Herrschaftsgut gebunden.

64. Wer 20 Hiden [zur Leihe] hat, der soll 12 Hiden besäten Landes vorweisen, wenn er abziehen will.

65. Wer 10 Hiden [Landes] hat, der soll 6 Hiden besäten Landes vorweisen.

66. Wer 3 Hiden hat, weise 1 ½ [besäte Hiden] vor.

67. Wenn jemand eine Gerte Landes oder mehr auf Vertragsabgabe pachtet und beackert, [später jedoch] der [Grund-]Herr ihm das Land auf Frondienst, außer auf Pachtzins, steigern will, so braucht der [Bauer] es nicht anzunehmen, wenn jener [Herr] ihm nicht [auch] eine Hofstätte gibt, und entbehre der Äcker.

68. Wenn man einen Mann vom Gefolgsadel abzuziehen zwingt, mag man ihn [zwar] von [dessen] Hofe vertreiben, aber nicht von der [durch ihn] bestellten Flur.

70. Als Mannbuße soll man [dem Gefolgsherrn des Erschlagenen] bei 200 [Schilling] Wergeld [des letzteren] 30 Schilling zahlen, bei 600 [Schilling Wergeld] 80 Schilling, bei 1200 120 Schilling.

70, 1. Von 10 Hiden [zahle der Beliehene dem Grundherrn] zum Unterhalt [als Jahreszins] 10 Fässer Honig, 300 Brote, 12 Eimer wälschen Bieres, 30 hellen [Bieres], 2 ausgewachsene Rinder oder 10 Widder, 10 Gänse, 20 Hennen, 10 Käse, einen Eimer voll Butter, 5 Lachse, 20 Wispel Futter und 100 Aale.

Slavische Landnahme auf der Balkanhalbinsel und griechische Auswanderung nach Sizilien, 558–588. Erneuerung der griechischen Herrschaft auf der Peloponnes, 806

Sog. Chronik von Monemvasia aus dem 11. Jahrhundert (hg. von Ivan Dujčev, Cronaca di Monemvasia. Istituto Siciliano di studi bizantini e neoellenici, Testi 12, Palermo 1976).

Über den Verfasser der Chronik ist nichts bekannt. Er schrieb wahrscheinlich zwischen 969 und 1018 unter Verwendung nicht nur älterer schriftlicher Quellen (er nennt die Kirchengeschichte des Euagrios, gest. nach 593), sondern auch einer sehr zuverlässigen mündlichen Überlieferung der Vorgänge speziell auf der Peloponnes; hier könnte seine Heimat gewesen sein. Seine früher heftig in Zweifel gezogene Glaubwürdigkeit ist heute gesichert. Sein Interesse gilt nicht der Kaiser- und Reichsgeschichte, sondern der Orts- und Landeskunde; es gibt nur wenige aus dieser Perspektive verfaßte Berichte mit Quellenwert, die die Auswirkungen der Völkerwanderung auf der untersten Ebene des gesellschaftlichen Lebens ebenso anschaulich schildern. Aber nicht nur deswegen wird der Text hier mitgeteilt, sondern auch, weil die Zugehörigkeit der betroffenen Landschaften zu Europa so häufig übersehen und vergessen wird. – Die Chronik erwähnt die oströmischen Kaiser Justinian I. (527–565), Maurikios (582–602), Nikephoros I. (802–811) und Staurakios (811) sowie den Patriarchen Tarasios von Konstantinopel (784–806). Der Khagan der Awaren, Bajan, führte die seit 552 vor den Türken ausgewichene Kriegerschar von etwa 562 bis 582; die Einnahme Sirmiums im Jahre 582 war seine letzte Waffentat. In der Gefolgschaft der Awaren konnten die ihnen an Zahl weit überlegenen Slaven ohne eigene großräumige politische Organisation in die Balkanländer einwandern. Monemvasia liegt auf einem Bergkegel vor der Küste, den nur eine schmale Landbrücke mit dem Festlande verbindet; die Lage der Stadt in Rückzugsposition ist also vergleichbar mit der von Venedig, Grado oder Ragusa. Zum Jahre 806 schildert die Chronik die Errichtung des Themas Peloponnesos.

Die sog. Themenverfassung, die in der Hand des regionalen Truppenführers Militär- und Zivilgewalt vereinigte (beide Gewalten waren in spätrömischer Zeit getrennt gewesen), legte den Grund für die Blüte des griechischen Reiches und seiner Kultur vom 9. bis ins 12. Jahrhundert. Indes hielten die Griechen an der Bezeichnung Rhomäer (»Römer«) als Namen für das byzantinische Staatsvolk fest.

Im Jahre 6064 nach Erschaffung der Welt, welches das zweiunddreißigste Jahr des Kaisertums Justinians des Großen war, kamen nach Konstantinopel Gesandte des merkwürdigen Volkes der sogenannten Awaren, und die ganze Stadt stürzte los, um sie zu sehen, da man niemals ein solches Volk gesehen hatte. Denn sie trugen die Haare lang, mit Bändern aufgebunden und eingeflochten. Ihre sonstige Tracht war ähnlich der der sonstigen Hunnen. Wie Euagrios im fünften Buche seiner Kirchengeschichte sagt, waren sie ein Volk von den in Wagen Lebenden jenseits des Kaukasus, die die dortigen Ebenen beweideten. Nachdem sie unter den ihnen benachbarten Türken schwer gelitten hatten, flohen sie vor diesen. Sie gaben ihr eigenes Land auf, durchzogen die Küste des Schwarzen Meeres und kamen an den [kimmerischen] Bosporus. Von dort weiterziehend, kamen sie durch die Sitze vieler Völker. Sie kämpften gegen die Barbaren, auf die sie trafen, bis sie die Mündung der Donau erreichten und Gesandte zu Justinian sandten, um zu verlangen, daß sie aufgenommen würden. Als der Kaiser sie großzügig aufnahm, erlangten sie von ihm, daß sie ihr Wohngebiet haben sollten in der Landschaft Mysien in der Stadt Durostolon, die heute Dristra heißt. Und so wurden sie aus Armen zu Reichen, und sie dehnten sich über ein weites Gebiet aus. Und sie wurden als vergeßlich und undankbar befunden. Sie begannen, die Rhomäer zu unterdrücken, Thrakier und Makedonier zu Sklaven zu machen. Sie griffen sogar die Kaiserstadt selbst an und verwüsteten erbarmungslos deren Umgebung. Sie nahmen auch Sirmium ein, eine ausgezeichnete Stadt in Europa, die in Bulgarien liegt und heute Striamos heißt; vorher wurde sie von den Gepiden beherrscht, denen der Kaiser Justinus sie geschenkt hatte. Deswegen nun wurden unehrenhafte Verträge von den Rhomäern mit ihnen errichtet; sie versprachen, ihnen einen jährlichen Tribut von

80000 Goldstücken zu entrichten. Unter dieser Bedingung sagten die Awaren zu, sich friedlich zu verhalten.

Als nun Maurikios das Szepter übernahm im Jahre 6090, schickten die Awaren Gesandte zu ihm und verlangten, daß zu den 80000 Goldstücken, die sie von den Rhomäern erhielten, weitere 20000 hinzugefügt würden. Der Kaiser, der nach Frieden trachtete, akzeptierte dies, aber auch dieser genau formulierte Vertrag hielt nicht länger als zwei Jahre vor. Denn der Khagan, ihr Führer, ersann jedesmal einen anderen Vorwand und stellte übermäßige Forderungen, um einen Anlaß zum Kriege zu finden und um den Vertrag aufzusagen, so als ob er nicht in allen Dingen Gehör gefunden hätte. Daher fand er die Stadt Singidunum in Thrakien unverteidigt vor und eroberte sie unversehens, ebenso später Augusta und Viminacium, eine große Insel in der Donau. Ebenso eroberte er Anchialos, das heutige Messina in Mazedonien, und er brachte viele andere Städte, die zu Illyrien gehören, in seine Gewalt. Alles Land ausplündernd, gelangte er bis in die Vorstädte von Byzanz. Er drohte sogar, die Große Mauer zu zerstören, einige wenige von ihnen aber überquerten die Meerenge von Abydos, verheerten die Landschaften Asiens und kehrten dann wieder um. Der Kaiser sandte den Patrizier Elpidios, begleitet von Komentiolos, als Unterhändler zum Khagan und gestand eine Erhöhung des Tributes zu, und unter dieser Bedingung gelobte der Barbar, Frieden zu halten. Kurze Zeit hielt er Ruhe, dann brach er wiederum den Vertrag und verheerte aufs schrecklichste die Landschaft Skythien und Mösien, wobei er zahlreiche Wachttürme zerstörte. Bei einem anderen Vorstoß unterwarf er sich ganz Thessalien und ganz Hellas sowie Alt-Epirus, Attika und Euböa. Sogar die Peloponnes griffen sie an und nahmen sie mit Heeresmacht weg; sie vertrieben und erschlugen die vornehmen und hellenischen Einwohnerschaften und siedelten sich selbst dort an.

Alle aber, die ihren bluttriefenden Händen zu entfliehen vermochten, zerstreuten sich, der eine hierhin, der andere dahin: Die Bürgerschaft von Patras siedelte über in das Gebiet von Rhegium in Kalabrien, die von Argos auf die Insel, welche Orobe heißt, die Korinthier aber siedelten auf die Insel über, die Aegina heißt. Zu der Zeit verließen auch die Lakedämonier ihr Vaterland, die einen setzten zu Schiff nach der Insel Sizilien über – zum Teil sind sie noch heute dort, an einer Stätte, die Demenna heißt; sie nennen sich nicht mehr Lakedämonier, sondern Demenniter und bewahren auch den eigenen lakonischen Dialekt –, andere aber fanden eine unzugängliche Stätte vor der flachen Meeresküste, und da erbauten sie eine befestigte Stadt, die sie Monemvasia, »die mit einem Zugang«, nannten, weil sie denen, die in sie hineingelangen wollen, nur einen einzigen Eingang darbietet. In dieser Stadt ließen sie sich zusammen mit ihrem eigenen Bischof nieder. Die Hirten aber von den Herden und die Ackerleute siedelten sich in den dortherum gelegenen zerklüfteten Gegenden an, die schließlich als Tzakonien bezeichnet wurden. – Die Awaren, die so die Peloponnes eroberten und besiedelten, behaupteten sich dort 218 Jahre lang, ohne dem Kaiser der Römer oder jemand anderem untertan zu sein, nämlich vom Jahre 6096 nach Erschaffung der Welt, welches das sechste Jahr im Kaisertum des Maurikios war, bis zum Jahre 6313, welches das vierte Jahr im Kaisertum Nikephoros' des Älteren war, der den Staurakios zum Sohne hatte.

Da nur der östliche Teil der Peloponnes, von Korinth an und bis nach Malea hin, wegen seiner zerklüfteten und unzugänglichen Beschaffenheit von dem slavischen Volke frei war, so wurde ein Kommandeur der Peloponnes vom Kaiser der Rhomäer in diesem Teile eingesetzt. Einer dieser Heerführer, der aus Klein-Armenien hergekommen war, aus dem Geschlecht der sogenannten Skleroi, nahm den Kampf mit dem slavischen Volke auf; er unterwarf sie, und schließlich vernichtete er sie. Dann bot er denen, die von alters her dort Einwohner gewesen waren, an, das ihnen Gehörige wiederherzustellen. Als der erwähnte Kaiser Nikephoros dies zu seiner großen Freude erfuhr, da gebot er mit Bedacht, die Städte des Landes zu erneuern, die Kirchen wieder aufzubauen, die die Barbaren zerstört hatten, und die Barbaren selbst zu Christen zu machen. Also forschte er nach dem Orte, wo die [Bürger] von Patras als Fremde verweilten, und durch sein Edikt stellte er sie auf ihrem ursprünglichen Grund und Boden wieder her, zusammen mit ihrem eigenen Bischof, der damals den Namen Athanasius führte, und er gewährte den [Bürgern] von Patras die Metropolitanrechte, da die Stadt früher den Titel eines Erzbistums geführt hatte. Auch baute er ihre Stadt und die heiligen Kirchen Gottes von den Grundfesten an wieder auf, als Tarasios, unser heiliger

Vater, noch Patriarch war. Auch die Stadt der Lakedämonier baute er, auch sie vom Grunde her, wieder auf, und darin siedelte er eine gemischte Bevölkerung an, nämlich Kaphiren und Thrakesier und Armenier und andere, die man aus verschiedenen Plätzen und Städten dort zusammenführte. Er erhob die Stadt gleichfalls zum Erzbistum und verfügte, daß sie der Metropole von Patras unterstehen sollte. Dazu errichtete er noch zwei weitere Bistümer, nämlich Methone und Korone. Daher wurden auch die Barbaren mit Gottes Hilfe und Gnade bekehrt und getauft und dem Glauben der Christen zugeführt, zum Ruhme und zur Gnade des Vaters und des Sohnes und des Heiligen Geistes und jetzt und immerdar und in Ewigkeit, amen.

Großgrundbesitz und Bauerntum in der Spätantike, 591–592

Die politisch führende Schicht des römischen Kaiserreiches hatte sich immer aus Großgrundbesitzern zusammengesetzt, deren oft über viele Provinzen verstreuter Grundbesitz zahlreiche betrieblich selbständige Einzelwirtschaften umfaßte. Die einzelnen Betriebe waren anfangs von Sklaven geleitet und bearbeitet worden, aber Mangel an Menschen hatte die Besitzer gezwungen, im Laufe der Kaiserzeit die Sklavenwirtschaft aufzugeben. Statt dessen hatte man die Betriebe und ihre Wirtschaftsflächen in so viele Bauernhöfe aufgeteilt, wie man brauchte, um die gesamte Fläche in Anbau zu erhalten, wenn auf jedem Hofe eine Bauernfamilie lebte, die die erforderlichen Arbeitskräfte stellte. Da die Bauern Kinder aufzogen, brauchten die Herren ihnen nur das Erbrecht an den Höfen zu gewähren, um sich über die Generationen hinweg die nötige Zahl der Arbeiter zu sichern. So entstand der Kolonat: eine Bauernschaft, die von Rechts wegen frei war, daher Pachtverträge sowohl abschließen als auch kündigen konnte, freilich auch dem Kaiser Steuern und Wehrdienst schuldete, die aber kein volles Grundeigentum, sondern nur ein erbliches Pachtrecht am Boden besaß und daher dem Grundherrn Abgaben entrichten mußte. Diese Abgaben bestanden aus Geld, auch aus Naturalien, aber noch nicht aus regelmäßigen Arbeitsdiensten, für die der Grundherr noch keine Verwendung hatte. Man bezeichnet diese Form der Grundherrschaft (im Gegensatz zu der im 7. und 8. Jahrhundert im fränkischen Reiche neu geschaffenen Form des Domanialbetriebes) als Rentengrundherrschaft. Die Lage der Kolonen war übel, da sie vor dem kaiserlichen Steuereinnehmer nur beim Grundherrn und vor dem Grundherrn nur beim Kaiser Schutz fanden und diesen Schutz stets teuer erkaufen mußten.

Der Grundbesitz der römischen Kirche war in Patrimonien gegliedert, deren Leitung die Päpste früher meist einflußreichen Laien der betreffenden Provinz übertragen hatten; Papst Gregor der

Große setzte nur noch Diakone der römischen Kirche zu Verwaltern (rectores) ein. Zu seiner Zeit gab es Patrimonien in Gallien, Dalmatien, Ligurien, Tuszien, Sardinien, Corsica, Samnium, an der Via Appia, in Campanien, Bruttien, Calabrien, Sizilien und Afrika. Die Rektoren mußten dem Papste alljährlich über Einnahmen und Ausgaben Rechnung legen und den Überschuß der Erträge in Geld nach Rom abliefern. Die Patrimonien setzten sich aus landwirtschaftlichen Großbetrieben (fundi, massae, villae), aus kleinbäuerlichen, von Kolonen bewirtschafteten Betrieben sowie aus einzelnen Grundstücken zusammen. Alle diese Teile nutzte der Rektor, indem er sie verpachtete: die Großbetriebe, zu denen häufig ihrerseits abhängige Kolonenwirtschaften gehörten, an mächtige und kapitalstarke Großpächter, die langfristige, auf drei Generationen ausgedehnte Verträge erhielten und dafür keine volle Pacht, sondern nur einen Anerkennungszins entrichteten, die Kleinbetriebe und Grundstücke an bäuerliche Pächter, die freier oder unfreier Herkunft waren und die volle Pacht entrichten mußten. Alle Abgaben wurden in Geld entrichtet; die Arbeit, sie einzuziehen, konnte der Rektor auf angestellte Aktoren übertragen, oder er konnte sie wiederum verpachten.

Papst Gregor I. beantwortete im Mai 591 und im Juli 592 eine Reihe von Fragen, die der Verwalter des sizilischen Patrimoniums ihm zur Entscheidung vorgelegt hatte. Wir wählen daraus aus, was sich auf die Güterverwaltung und die Lage der Bauern bezieht. Der Text ist wegen der stark kontextgebundenen Gedankenführung nicht immer eindeutig übersetzbar; insbesondere läßt sich unter dem Begriff Pächter nicht immer zwischen Großpächter, Kolonen und Pächter der bäuerlichen Abgaben unterscheiden. Trotzdem wird deutlich, in welcher Weise Großpächter und Abgabenpächter die Bauern übervorteilten und bedrückten und daß Gregor seine Bauern nicht nur vor diesen Übergriffen, sondern auch vor denen der kaiserlichen Steuererheber und Getreideaufkäufer (der Kaiser ernährte die Bevölkerung Roms mit sizilischem Getreide) zu schützen versuchte. Dabei war es hilfreich, daß der Kaiser Gregor selbst zum Leiter der römischen Getreideversorgung bestellt hatte.

1. Papst Gregor I. an den Subdiakon Petrus, Verwalter der päpstlichen Güter in Sizilien, Mai 591 und Juli 592: Gregorii I papae registrum epistolarum I 42. II 38 (MGH Epp. I p. 61–69, 133–139).

I 42. Wenn wir deinen bevollmächtigten Boten so spät entlassen haben, so konnten wir, befangen in den Anforderungen des Osterfestes, ihn um nichts rascher freigeben. Alle Punkte aber, in denen du für eine Anzeige gesorgt hast, haben wir genau untersucht, und nachstehend wirst du sehen, wie wir entschieden haben.

Wir erfahren, daß die Bauern der Kirche bei den Getreidepreisen schwer belastet werden, so daß die festgesetzte Summe ihnen beim Ankauf in Zeiten des Überflusses nicht eingehalten wird, und wir wollen, daß gemäß den amtlichen Preisen, ob das Getreide nun weniger oder reichlicher gedeihe, ihnen gegenüber das Kaufmaß eingehalten werde. Wir wollen aber, daß das Getreide, das durch Schiffbruch verloren geht, gänzlich angerechnet werde, jedoch so, daß von dir keinerlei Nachlässigkeit beim Versenden verursacht werde, damit, wenn die Versendungszeit verpaßt wird, kein Schaden aus deinem Fehler entstehe. Wir haben es aber als sehr ungerecht und unbillig angesehen, daß von den Bauern der Kirche wegen der Scheffelsteuern etwas erhoben worden ist, so daß sie gezwungen werden, es zu einem größeren Hohlmaß abzugeben, als in die Scheuern der Kirche geliefert wird. Daher schreiben wir mit dieser jetzigen Ermahnung vor, daß zu mehr als 18 Scheffeln das Hohlmaß niemals Getreide von den Bauern der Kirche entgegengenommen werden darf, es sei denn vielleicht, da wäre etwas, was darüber hinaus die Schiffer gewohnheitsmäßig erhalten, was, wie sie bezeugen, in den Schiffen verlorengeht.

Auch erfahren wir, daß auf manchen Gütern der Kirche eine sehr ungerechte Abgabe gefordert wird, so daß [die Pächter] das Pfund zu 73 ½ Solidi, was zu behaupten unrecht ist, [von den Bauern] fordern, und auch dies ist [ihnen] noch nicht genug, sondern wie es heißt, fordern sie noch etwas mehr aus schon vieljähriger Gewohnheit. Dies verabscheuen wir rundheraus, und wir wollen, daß es im Kirchengut von Grund aus abgeschafft werde. Deine Erfahrung aber erwäge, ob etwas außerdem noch in Geld oder an anderen geringeren Abgaben, und ob es über vernünftige Billigkeit hinaus den Bauern abgenommen wird, und bringe alles auf eine Zahlungssumme, damit die Bauern so, wie ihre Kräfte es ertragen, die gesamte Zahlung und das Pfund je 72 wiegend entrichten, und weder weitere Siliquen außerhalb des Pfundes noch ein größeres Pfund, noch Belastungen über ein größeres Pfund hinaus erbringen müssen, sondern damit es nach deiner Abschätzung, so wie der Sachverstand hinreicht, zu einer Gesamtzahlung komme und demnach keinerlei schändliche Forderung erpreßt werde. Damit aber nach meinem Tode diese selben über das Pensum hinaus auferlegten Lasten, die wir zurückgezogen haben und in eine Hauptzahlung haben eingehen lassen, wiederum in irgendeiner Weise neu erfunden und daraufgelegt werden und die Gesamtzahlung [nicht] erhöht und die Bauern [nicht] gezwungen werden, die Zusatzlasten obendrein zu zahlen, so wollen wir, daß du Sicherheitsurkunden derart über die Zahlungen ausstellest, daß du darin wörtlich ausdrückest, eine so und so hohe Zahlung müsse jeder einzelne leisten, unter Verwerfung aller Siliquen, Belastungen oder Abgaben in Gran. Was aber aus diesen Kleinigkeiten zum Vorteil des Güterverwalters aufkam, so will ich, daß dies kraft gegenwärtigen unseren Befehls aus der Gesamtzahlung zu deinem Vorteil aufkommen soll.

Vor allem wollen wir, daß du sorgfältig darauf achtest, daß keine unrechten Gewichte bei Erhebung der Zahlungen eingesetzt werden. Wenn du dergleichen findest, zerbrich sie und ersetze sie durch neue und richtige, weil auch mein Sohn, der Diakon Servusdei, schon solche gefunden hat, die ihm nicht gefielen, aber er hatte keine Vollmacht, sie auszutauschen. Denn wir wollen, daß über die gerechten Gewichte hinaus, außer den Ungeldern und Erheber-Gebühren, nichts anderes von den Kolonen der Kirche erhoben werde.

Außerdem haben wir erfahren, daß die erste Rate der Grundsteuer unsere Bauern schwer bedrückt, weil sie, bevor sie ihre Früchte verkaufen können, die Steuern zu zahlen gezwungen werden. Da sie keine Ersparnisse haben, um sie daraus zu entrichten, nehmen sie bei den Steuerbehörden Darlehen auf, und für diese Wohltat zahlen sie schwere Zinsen. So kommt es, daß sie von schweren Ausgaben bedrückt werden. Daher befehlen wir mit dieser Anmahnung, daß alles, was sie möglicherweise als Darlehen aus diesem Grunde von Fremden aufgenommen haben, von deiner Sachkundigkeit dem Fiskus zurückgegeben und von den Bauern der Kirche allmählich, wie sie dazu imstande sein werden, wieder eingezogen werde, damit sie nicht aus vorzeitiger Bedrängnis das, was ihnen später bei der Ablieferung nützlich sein würde, vorher unter Zwang zu billig verkaufen und den Speichern [der Kirche] gar nicht mehr nützlich sind.

Auch ist uns zur Kenntnis gekommen, daß von den Eheschließungen der Bauern maßlose Gebühren erhoben werden. Hierüber ordnen wir an, daß die ganze Heiratsgebühr die Summe von 1 Solidus keineswegs übersteigen darf, und wenn einige Ärmere da sind, so brauchen sie noch weniger zu geben; wenn einige aber reicher sind, darf die Summe des erwähnten Solidus keinesfalls überschritten werden. Wir wollen, daß diese Heiratsgebühr keinesfalls in unsere Rechnung eingetragen werde, sondern dem Vorteil der Pächter zufließe.

Auch haben wir erfahren, daß, als manche Pächter starben, ihre Verwandten nicht als Erbfolger zugelassen wurden, sondern daß ihre Habe zugunsten der Kirche eingezogen wird. In dieser Sache bestimmen wir, daß Verwandte der Verstorbenen, die im Besitze der Kirche leben, ihnen als Erben nachfolgen sollen und daß nichts vom Vermögen der Verstorbenen eingezogen werde. Wenn aber einer unmündige Söhne hinterläßt, so sollen für die Zeit, bis sie alt genug sind, um ihr Vermögen selbst zu verwalten, vernünftige Leute ausgewählt werden, denen das Vermögen ihrer Verwandten zur Verwahrung zu übergeben ist.

Auch haben wir erfahren, daß, wenn jemand aus der Familie sich vergangen hat, dies nicht am Täter, sondern an dessen Vermögen gestraft wird. Hierüber ordnen wir an, daß, wer immer etwas verbricht, die Schuld an ihm selbst gestraft werde, wie es angemessen ist. Von seinem Vermögen aber darf nichts weggenommen werden, außer vielleicht einer Kleinigkeit, die dem Nutzen des Vollstreckers zufließen mag, der etwa zu ihm entsandt worden ist.

Auch haben wir erfahren, daß, wenn ein Pächter seinem Kolonen etwas zu Unrecht wegnimmt, dieses zwar dem Pächter abverlangt, nicht aber dem zurückgegeben wird, dem er es weggenommen hat. Hierüber ordnen wir an, daß alles, was jemandem aus der Familie weggenommen ist, dem Geschädigten zurückgegeben und nicht zu unseren Gunsten einbehalten werde, damit nicht wir selbst Urheber der Gewalttat zu sein scheinen.

Ferner wollen wir, daß, wenn du etwa jemanden, der im Gehorsam deiner Sachkundigkeit steht, in irgendwelchen Angelegenheiten, die vorfallen, nach außerhalb des Patrimoniums sendest, dieser deswegen nur geringe Mittel erhalten soll, jedoch so, daß es für ihn ausreicht; denn wir wollen nicht, daß die Kirchenkasse mit schimpflichem Gewinn befleckt werde.

Auch gebieten wir, daß deine Sachkundigkeit nach Kräften darauf achte, daß Pächter auf Großgütern der Kirche niemals um ein Kaufgeld bestellt werden, damit nicht, weil man das Kaufgeld gewinnen will, die Pächter häufig gewechselt werden. Was anders wäre die Folge solcher Wechsel, als daß die Kirchengüter niemals pfleglich angebaut werden? Aber auch die Pachturkunden selbst sollen so moderiert werden, wie die Pachtsumme etwa sein mag. Wir wollen, daß du als kleine Landgüter und Kellerinventar nicht mehr von den Kirchengütern annehmest als so viel, wie üblich ist. Die Deinen aber, deren Einkauf wir befohlen haben, mögen von Auswärtigen gekauft werden.

Es ist uns aber zur Kenntnis gelangt, daß dem Pächter Petrus von der Subpatriana 3 Pfund Goldes zu Unrecht weggenommen worden sind. Wegen dieser Sache befrage genau den Defensor Fantinus, und wenn sie handfesterweise zu Unrecht und grundlos weggenommen wurden, so gib sie ohne irgendwelchen Verzug zurück.

Auch haben wir erfahren, daß die Bauern die Grundsteuer, die sie bereits entrichtet hatten und die Theodosius nicht abgeliefert hatte, abermals gegeben haben, so daß sie doppelt belastet worden sind. Das ist deswegen geschehen, weil sein Vermögen für die Schulden der Kirche nicht ausreichte. Aber weil wir durch unseren Sohn, den Diakon Servusdei, unterrichtet worden sind, daß aus den Sachen in seinem Vermögen dieser Schaden in befriedigender Weise wieder eingebracht werden kann, wollen wir, daß den Bauern 507 sol. ohne jeden Abzug zurückgegeben werden, damit sie nicht offensichtlich doppelt belastet werden. Wenn aber außer dem Schaden der Bauern noch 40 sol. von den Sachen des Theodosius übrigbleiben, von denen es heißt, du habest sie bei dir, so wollen wir, daß sie seiner Tochter zurückgegeben werden, damit sie ihre Sachen wieder einlösen kann, die sie als Pfand gegeben hatte. Auch wollen wir, daß ihr der Becher ihres Vaters zurückgegeben werde...

Lies dies alles noch einmal sorgfältig durch und stelle alle deine wohlbekannte Nachlässigkeit hintan. Meine Erlasse, die ich an die Bauern gerichtet habe, lasse auf allen Großgütern verlesen, damit sie wissen, wie sie sich gegen Gewalttaten kraft unserer Autorität verteidigen müssen, und es sollen ihnen die Ausfertigungen oder Abschriften davon übergeben werden. Achte darauf, daß du alles ohne Verminderung behütest, weil ich in den Dingen, die ich dir zwecks Erhaltung der Gerechtigkeit schreibe, absolviert werde und du schuldig wirst, wenn du sie versäumst. Denke an den kommenden schrecklichen Richter, möge wegen seiner Ankunft deine Umsicht jetzt erzittern, damit sie sich alsdann ohne Grund fürchte, wenn vor ihm Himmel und Erde erbeben. Du hast gehört, was ich will, sieh zu, was du ausrichtest.

II 38. Durch Anzeige des Defensors Romanus habe ich erfahren, daß das Kloster der Mägde Gottes auf dem Gute Monostheum seitens unserer Kirche wegen Villa-nova, einem Gute seines Eigentums, Gewalt erlitten hat; es heißt, das Gut sei dem Kloster hinterlassen worden. Wenn das so ist, so gebe deine Sachkunde ihnen das Gut zurück und erstatte die Erträge von zwei Jahren, die du eingezogen hast. Weil aber viele von den Juden auf den Gütern der Kirche wohnen, so will ich, daß, wenn welche von ihnen Christen werden wollen, ihnen einiges von den Abgaben erlassen werde, damit sich von dieser Wohltat verlockt auch andere zu solchem Bestreben erheben.

Die Kühe aber, die schon vor Alter unfruchtbar sind, und die männlichen Rinder, die offenbar überhaupt unnütz sind, müssen verkauft werden, damit wenigstens ihr Erlös zu einigem Nutzen erwachse. Die Herden von Stuten aber, die wir in ziemlich nutzloser Weise halten, sollen, so will ich es, ganz aufgelöst und nur 400 Fohlen zur Vermehrung beibehalten werden; von diesen 400 sollen [die Hengste] einzeln den Pächtern, [die Stuten] einzeln einem Bauernhofe gegeben werden, damit sie von ihnen jährlich einiges abliefern, denn es ist ziemlich hart, daß wir jährlich 60 sol. für die Hirten ausgeben und keine 60 den. von diesen Herden erhalten. Also handle deine Sachkunde so, daß einige [Herden] auf alle

Pächter, wie wir gesagt haben, verteilt werden, die anderen löse auf und verwandle in Bargeld. Die Hirten aber ordne den Gütern zu, damit sie aus dem Ackerbau einigen Nutzen bringen können. Sämtliche Erzgeräte aber, die in Syracus oder Palermo der Kirche gehören mögen, sind zu veräußern, bevor sie vor Alter völlig zugrunde gehen...

Wenn die kaiserlichen Leibwachen kommen, die, wie ich höre, dort bereits Rekruten ausheben, so beauftrage deinen Stellvertreter, ein kleines Geschenk anzubieten, um sie sich gutwillig zu machen. Gib aber auch dem Amte des Prätors etwas nach dem alten Brauche, bevor du herkommst, aber durch die Hand dessen, den du zurückläßt, um ihm die Gunst der Behörde zu verschaffen. Und damit wir ihnen keineswegs als unmenschlich erscheinen, so befiehl deinen Stellvertretern, daß sie das in allem erfüllen, was ich deiner Sachkunde durch Mandat befohlen habe, daß es bestimmten einzelnen Personen und Klöstern zu geben sei. Aber die 300 sol., die ich durch dich den Armen habe zukommen lassen, sollen, meine ich, nicht ihrem Belieben überlassen werden...

2. Papst Gregor I. beauftragt den Notar Pantaleo, den Betrug der Pächter an den Bauern der sizilischen Kirchengüter wiedergutzumachen, Juni 603 (Greg. I Reg. Epp. XIII 37).

Deine Sachkundigkeit ist des besonderen Eides eingedenk, den sie auf den allerheiligsten Leib des seligen Apostels Petrus geleistet hat; durch ihn abgesichert, haben auch wir dir das Prüfungsverfahren gegen die Kirchengüter des Bezirks von Syracus aufgetragen. Daher mußt du dein Gelübde und die Furcht vor dem seligen Apostel Petrus stets vor Augen haben und so handeln, daß du weder von den Menschen im jetzigen Leben noch vom allmächtigen Gott im Jüngsten Gericht getadelt werden kannst. Aus der Erzählung nun unseres Chartularius Salerius haben wir erfahren, daß du den Scheffel, zu dem die Kolonen der Kirche das Getreide abzugeben gezwungen wurden, zu 25 Sestern vorgefunden hast. Dies haben wir in jeder Weise verflucht, und es hat uns geschmerzt, daß du dieses Prüfungsverfahren spät angestellt hast. Daß du aber meldest, du habest diesen Scheffel zerbrochen und einen gerechten angefertigt, das hat uns erfreut. Aber weil sich der genannte Chartular bemüht hat, auch die Summe uns anzuzeigen, welche von den

Betrügereien der Pächter bei deiner Sachkundigkeit bereits aus zwei Territorien eingezogen worden ist, so denken wir so, wie wir es begrüßen, daß du es nach Zerstörung des ungerechten Scheffels eifrigerweise getan hast, auch über die vergangenen Sünden, damit nicht etwa das, was die Pächter betrügerischerweise den Bauern weggenommen haben, an uns weitergehe und wir alsdann die von jenen begangenen Sünden auf uns ziehen. Und daher wollen wir, daß mit aller Treue, aller Reinheit, nachdem die Furcht vor dem allmächtigen Gott beachtet und die Strafgewalt des seligen Apostels Petrus in Erinnerung gerufen worden ist, deine Sachkundigkeit in jeder einzelnen Domäne die armen und bedürftigen Kolonen aufschreibe und mit den in den Betrügereien aufgefundenen Geldern Kühe, Schafe und Schweine kaufe und diese an die einzelnen allzu armen Kolonen austeile. Wir wollen, daß du dies mit Rat des ehrwürdigsten Herrn, Bischof Johannes' [von Syracus], und des Chartulars Adrian, des Güterverwalters, ausführest. Wenn es aber um guten Rates willen nötig ist, muß auch mein Sohn, Herr Julian, so zugezogen werden, daß es niemand sonst erfährt, sondern ganz geheim bleibe. Ihr also beratet in dieser Weise bei euch, ob diesen armen Kolonen etwa an Gold oder an Sachvermögen dieselbe Unterstützung gegeben werden muß. Was immer ihr aber gemeinsam feststellen möget, zunächst fertige die Beschreibung an, wie ich zuvor gesagt habe, und danach lasse an die einzelnen nach dem Grade ihrer Armut austeilen. Denn wie der Lehrer der Völker bezeugt, »habe ich alles in Überfluß«; ich suche kein Geld, sondern Lohn. Handle also so, daß du mir am Tage des Gerichts von diesem Belohnungsverfahren, das deiner Sachkundigkeit anvertraut worden ist, den Gewinn vorweisest, den du gemacht hast. Wenn du dies reinlich, getreulich und eifrig erledigt hast, wirst du es sowohl hienieden in deinen Söhnen zurückerhalten als auch hernach in der Prüfung des ewigen Richters als volle Vergeltung gewinnen.

Großgrundbesitz und Königsmacht im fränkischen Reich, 586–616

Testament des Bischofs Berthramn von Le Mans: M. Weidemann, Das Testament des Bischofs Berthramn von Le Mans vom 27. März 616 (Römisch-Germanisches Zentralmuseum, Monographien Bd. 9), Mainz 1986.

Berthramn war vermutlich um 540 geboren. Im Jahre 586 wurde er als Archidiakon der Bischofskirche in Paris zum Bischof der Stadt Le Mans gewählt, in deren Gebiet er väterliches Erbgut besaß. Die Herrschaft im Merowingerreiche war damals unter den Nachkommen König Chlothars I. geteilt; Paris und Le Mans gehörten zum Reichsteil Neustrien, dessen König Chilperich 584 gestorben war. Die Witwe Fredegunde hatte sich und den erst vier Monate alten Thronfolger Chlothar (II.) unter den Schutz König Gunthramns, Herrschers im benachbarten Reichsteil Burgund, gestellt. Bei seiner Wahl zum Bischof leistete Berthramn daher den Treueid sowohl auf Gunthramn wie auf Chlothar, und es war ausgemacht, daß die Stadt Le Mans nach Gunthramns Tod an Chlothar fallen sollte. Als jener aber im März 592 starb, erkannte sein Erbe Childebert II. von Burgund diese Abmachung nicht an; er besetzte Le Mans, vertrieb Berthramn, weil dieser den Treueid für Chlothar II. nicht brechen wollte, und gab das Bistum dem Berthegisel. Erst bei Childeberts Tode im März 596 erlangten Chlothar II. die Stadt und Berthramn das Bistum zurück. Als der König im Jahre 600 den Söhnen und Erben Childeberts im Kampfe unterlag, wurde Berthramn ein zweites Mal aus Le Mans vertrieben. Diese Verbannung dauerte bis 605. Mit dem Bistum hatte Berthramn jedesmal auch seinen Grundbesitz verloren; die siegreichen Könige nämlich pflegten die Güter ihrer Gegner einzuziehen und damit ihre eigenen Anhänger zu belohnen; Berthramns Geschichte zeigt sehr deutlich diesen Zusammenhang zwischen Grundbesitz und Herrschermacht: Ein König, der diejenigen, die für ihn kämpften, nicht belohnen konnte, verlor rasch jedes Ansehen, jeden Anhang und damit jegliche Machtmittel. Seit dem Jahre 605 und insbesondere seit 613, als sein König nach Aussterben der anderen merowingischen Linien als einziger König im Reiche übriggeblieben war, konnte Berthramn den verlorenen Besitz wiedergewinnen und vieles neu hinzuerwerben. Als er im Jahre 616 sein Testament errichtete, verfügte er über mehr als 120 Besitztitel in wenigstens 20 Stadtgebieten Neustriens, Aquitaniens, Burgunds und der Provence. Er starb am 30. Juni 623 als einer der reichsten Grundbesitzer seiner Zeit.

In mehreren Verfügungen des Testamentes berichtet Berthramn vom Schicksal des Besitzes seiner Mutter, die vermutlich einer vornehmen westgotischen Familie entstammte und in der Zeit geboren war, als die Franken, die im Jahre 507 in der Schlacht bei Vouillé Sieger geblieben waren, die westgotische Landschaft Aquitanien besetzten. Denn da sie damals Waise und als solche ohne Schutz gewesen war, hatten die eindringenden Parteigänger des fränkischen Königs es leicht gehabt, sich ihrer Güter zu bemächtigen. Berthramn nennt den Franken Childegern und den Romanen Maurilio als zweifellos vom Könige bevollmächtigte Okkupanten, zu denen gewiß auch Berthramns Vater Beziehungen hatte, vielleicht mit der Besonderheit, daß er später die rechtmäßige Erbin heiratete und damit die Aneignung zusätzlich rechtfertigte. Aber auch ohnedem war die Okkupation im eroberten Lande rechtmäßig; man sieht es daran, daß Berthramn verlorene Güter seiner Mutter nur durch Kauf, nirgendwo aber auf dem Rechtswege wiedergewinnen konnte; die Bischofskirchen von Bordeaux und Angoulême ließen sich nicht einmal auf einen Rückkauf ein.

Berthramns Testament bietet uns zugleich die älteste vollständig erhalten gebliebene Beschreibung eines Güterkomplexes von der Größe, die den Inhaber zu einem politisch einflußreichen Mitgliede der die Königsherrschaft tragenden Aristokratie machte. Als Erben setzte Berthramn die Bischofskirche St. Marien in Le Mans und die Basilika St. Peter und Paul ein, die er vor den Mauern der Stadt gegründet und zu seiner Grablege bestimmt hatte. Die Bischofskirche besaß zu seiner Zeit etwa 20 im Bistum gelegene Besitztitel, war also wohlhabend, nicht aber reich. Dies wurde sie indes mit Berthramns Tod; gestützt auf die ererbten Güter, konnten ihre Bischöfe in der zweiten Hälfte des 7. Jahrhunderts zwischen Seine und Loire eine unvergleichliche Machtstellung aufbauen. Was Berthramns Güterverwaltung anlangt, so waren die mehr als 74 Gutshöfe (villae) und die mindestens 13 Wirtschaftshöfe oder Vorwerke (colonicae), über die er im Testament verfügte, offenbar selbständige Betriebe, die ihre Produkte auf den Lokalmärkten verkauften und den Erlös an Berthramn abführten. Darauf wird Berthramns Fähigkeit, seinen Besitz durch Zukauf ständig zu vermehren und im Testament noch über mindestens 1000 sol. bar zu verfügen, beruht haben. Eine Auswahl aus den insgesamt 71 Verfügungen des Testaments soll die wichtigsten Besitzformen und Schicksale der Bestandteile dieser »Rentengrundherrschaft« beleuchten.

Im Namen unseres Herrn Jesus Christus und des Heiligen Geistes. Am 27. März, als der höchst ruhmreiche Herr Chlothar im 32. Jahre als König regierte, habe ich, Berthramn, wiewohl ein unwürdiger Sünder, so doch Bischof der heiligen Kirche in Le Mans, nach Gottes Willen gesund an Sinnen und Körper und aus gesundem Ratschlage, weil ich die Zufälle menschlicher Gebrechlichkeit fürchte, mein Testament errichtet und meinen Sohn Ebbo als Notar gebeten, es nach meinem Diktat zu schreiben. Wenn dieses mein Testament aus irgendeinem zufälligen Grunde nach römischem Recht oder Hofgerichtsrecht oder weil ein neues Gesetz dazwischenkommt, nicht gültig werden kann, so will ich, daß es in Vertretung eines Testamentszusatzes so gelte, als ob kein Testament bestünde. Wenn also ich, der obengenannte Sünder Berthramn, die irdische Welt verlasse und das natürliche Zeitmaß erfülle, dann sollst du, o heilige Kirche in Le Mans, zusammen mit der heiligen und ehrwürdigen Basilika der Herren und Apostel Petrus und Paulus, die ich außerhalb der Stadt auf meine Kosten zum Schutze der Stadt und zum Heile des Volkes erbaut habe, nach mir Erben sein, und ich bestimme und befehle, daß ihr meine Erben sein sollt, und alle anderen sollen enterbt sein. Deshalb beauftrage ich die Treue meiner Erben, daß alles gegeben, ausgeführt und geleistet werde, was ich jemandem in diesem meinem Testament anweise, vermache oder zu geben befehle. Personen aber, die ich freizulassen gebiete, Männer oder Frauen, die sollen alle frei sein[1]. Und der berühmte und erlauchte Herr König Chlothar, dem Gott tausendfach das ewige Seelenheil gewähre, hat mir sein mit eigner Hand rechtmäßig bekräftigtes Reskript gegeben und freies Entscheiden gewährt, damit ich aus eigner Vollmacht über alles, was ich von den Eltern ererbt oder durch seine Freigebigkeit erhalten und was ich etwa gekauft habe oder mit Gottes Hilfe noch kaufen werde, mit welcherart Gütern und Menschen auch immer ich mein Vermögen noch werde mehren können, sowohl zum Heil meiner Seele wie zugunsten meiner Verwandten und Getreuen nach meinem Willen verfügen kann[2].

10. Obwohl jedermann bekannt ist, wie ich nach dem Tode weiland König Gunthramns meinem Herrn, dem König Chlothar, einen unlösbaren Eid darauf geleistet habe, daß die Stadt Le Mans rechtmäßig nach dem Hinscheiden Herrn Gunthramns aus der Erbschaft seines Vaters, des weiland Königs Chilperich frommen Gedächtnisses, [an ihn] gelangen müsse, so ist doch als Folge von Begehrlichkeit eben diese Stadt ihm weggenommen worden, und auch am Rest seines Reiches hat er vielen Schaden erlitten. Aber weil mich mein Eid absolut fesselte, so daß ich von ihm unter keinen Umständen abfallen durfte, so wurde es mir nicht schwer, Bischofssitz und Vermögen, sowohl das der heiligen Kirche wie auch das eigene, aufzugeben, anstatt daß ich, was ferne sei, als Meineidiger befunden wurde. Aber weil ich aus Liebe zu diesem Fürsten in der Gesinnung mit ihm eins blieb sowohl bei seiner ersten wie bei der späteren Beraubung, die er zu Unrecht erlitt, so war es für den Fürsten eine Notwendigkeit, uns irgend etwas zuzuteilen, wovon sowohl wir wie unsere armen Leute den Lebensunterhalt aufbringen durften; möge es ihm der himmlische König an unserer Stelle vergelten! Denn wir haben als armer Mann weder Gold noch Silber, wovon wir dir, o allerruhmvollster Herr Chlothar, die guten Werke erstatten könnten; vielmehr nehmen wir es uns heraus, in diesem unserem Testamente eurer Hoheit mit dem zu ge-

1 Epistolae, von ihm ausgestellte Freilassungsbriefe, erwähnt Berthramn in den Verfügungen Nr. 67 und 69. Er unterstellte die Freigelassenen der Schutzherrschaft der Bischofskirche oder der Basilika St. Peter und Paul.

2 Ohne diese Erlaubnis hätte der König erneut über die Güter verfügen können.

denken, was eure Berühmtheit uns übertragen hat. Deshalb übertragen wir eurem Königtum [etwas] von den Geschenken, deretwegen ihr uns durch euer Reskript, das mit der Kraft eurer Hand bestärkt worden ist, die Erlaubnis erteilt habt zu tun, was wir wollten, nämlich die Gutsdörfer Meulan und Gaillon mit dem gesamten Rodebezirk[3] und anliegenden Grundstücken und allem, was hinfort etwa für uns durch Rodung gewonnen wird: dies möge eure Hoheit entgegennehmen zu eurer Verfügung.

17. Den Weinbauernhof, der Fonteney[-en-Parisis][4] heißt, den [mir] dort der ruhmreiche Herr König Chlothar als sein Geschenk zugestanden hat, wo der verstorbene Laie Eusebius[5] Weingärten angepflanzt hat und wir hernach Sklaven eingesetzt haben: Diesen Betrieb mit allem Zubehör, das offenkundig dazugehört, soll gänzlich und vollständig die heilige Basilika der Herren Petrus und Paulus in ihre Herrengewalt nehmen; und die Hälfte der Weingärten darf mein Großneffe Leuthramn mit seiner Ehefrau auf ewig besitzen.

24. Ich bestimme, daß das Haus binnen den Mauern der Stadt Paris, das bekanntlich von dem verstorbenen Eusebius erbaut und besessen und mir von dem erlauchten Herrn, König Chlothar, eingeräumt worden ist, zwischen der heiligen Kirche von Le Mans und der heiligen Basilika, meinen Erben, so, daß sie es zu gleichen Teilen besitzen, [aufgeteilt werde], und zwar so, daß die Miete, die von den bekanntlich unten in dem Hause befindlichen Läden alljährlich zu erwarten ist, für die Beleuchtung in der heiligen Kirche von Le Mans und der genannten Basilika der Herren Petrus und Paulus verwendet werde. Und die vor der Stadt gelegenen Grundstücke sollen sie gleichfalls gemeinsam besitzen. Wir wollen, daß beachtet werde, daß meine Erben, die heilige Kirche in Le Mans

3 Beide Orte im dép. Yvelines, arr. Mantes-la-Jolie. Zum Wort Rodebezirk, lat. terminus, siehe unten, Anm. 19.

4 Dép. Seine-et-Oise, arr. Montmorency, cant. Luzarches.

5 Sicher identisch mit dem in Verfügung Nr. 24 genannten Ladenbesitzer und vermutlich identisch mit dem syrischen Kaufmann Eusebius in Paris, den König Gunthramn 591 als Laien zum Bischof von Paris erhob und der dem König dafür reiche Geschenke machte. Aus der Hand des Nachfolgers dieses Königs gelangte der Hof an Berthramn.

und die Basilika der Herren Petrus und Paulus, alles, was am Tage meines Todes in dem obengenannten Hause in Paris [vorhanden sein mag], sei es in eins [verpackt] oder in beliebigen Dingen, soweit es offenkundig unser Eigentum ist, zu gleichen Teilen unter sich aufteilen sollen.

25. Beinahe hätte ich es vergessen, aber von Gottes Gnade inspiriert, erinnere ich mich an die Weingärten neben der Arena[6], denn ich habe sie aus völliger Brache neugewonnen und zusammengefaßt von der Arena bis zu der Straße, die um diese Einhegung herumführt; jeder kann sehen, daß die heilige Basilika der Herren Petrus und Paulus sie derzeit in Besitz hat. Ebenso die Weingärten und Wiesen und das Land, welches rechts der Straße [von Le Mans] nach Pontlieue liegt und das ich von meinem ehrwürdigen Bruder, Abt Eoladius, gekauft habe; es liegt bekanntlich in der Vorstadt dieser Basilika, samt dem Bruchwalde, den ich von meinem Bruder, Abt Leusius, für 40 Solidi gekauft habe, und den Kämpen, die wir mit diesem Abte ausgetauscht haben; sie liegen am Flußbett der Sarthe, nebst einer Wiese bei der Mündung [der Huisne in die Sarthe]. Dies alles zur Gänze, mit den Knechten, die ich dort angesetzt habe oder mit Christi Segen noch werde ansetzen können, und so, wie es die heilige Basilika in Gottes Namen jetzt besitzt, soll sie auf ewig in ihrer Gewalt haben. Ebenso will ich, daß die Hälfte des Vorwerkes Ganelon[7], die ich namens der heiligen Basilika von Bero gekauft habe, und die andere Hälfte, die die erlauchte Frau Egydia dieser heiligen Stätte nach Schenkungsrecht übertragen hat, zur Gänze, so wie es jetzt unter Christi Herrschaft im Besitz der Basilika ist, in Ewigkeit darin verbleibe.

Und weil jedermann weiß, wie [der Gegenbischof] Berthegisel nach falscher Ordnung und gegen die Bestimmungen der Canones seinen Bischofsstuhl erstiegen und im Übermaße den Gütern [der Bischofskirche] St. Marien, und meinen eigenen für jene, den schwersten Schaden erregt hat, so sei auch zu wissen, daß er nicht

6 Die römische Arena vor den Mauern der Stadt Le Mans.

7 Heute Sougé-le-Ganelon, dép. Sarthe, arr. Le Mans, cant. Fresnay-sur-Sarthe.

so, wie er es schuldig war, alles, sondern nur eine Kleinigkeit für mein Eigengut zurückerstattet hat, das er in übler Weise zerstreut hatte. Die Höfe[8], die er mit Verkaufsurkunde zurückgab, sind Barillé[9] und Etival[10] samt Häusern, wovon er und seinen Anteil insgesamt verkaufte. Aber hernach, als der ruhmreiche Herr Chlothar zum zweiten Male aus seinem Reiche vertrieben war und ich selbst abermals als armer Mann in Gefangenschaft war und sich derweilen der unsägliche Berthegisel wiederum verwüstend der Kirche bemächtigte und in deren Archiv die Urkunde fand, die er vorher ausgestellt hatte, da ließ er sie mit Feuer verbrennen, und so wird jener furchtbare und schreckliche [Welten-]Richter um seiner Güter willen mit ihm ins Gericht gehen. Und nachdem mit Gottes Willen unser Herr mit seinem erlauchten Vetter, König Theudebert [II.], Frieden geschlossen und freiwillig einen Teil seines Reiches zurückerhalten hatte, da haben wir diese Höfe gegen seinen Willen wieder in unsere Gewalt gebracht; ich aber vermache Barillé und Etival mit Häusern, Knechten, Weingärten, Gehölzen, Wiesen, Gewässern und Wasserläufen und deren Recht[11] sowie alles Vieh der heiligen Basilika der Herren Petrus und Paulus.

Auch habe ich ein Haus fertiggestellt, das ich innerhalb der Stadtmauer rechts an der Rückseite [der Bischofskirche] aus eigenen Mitteln erbaut habe, wo es [als Gasthaus] für Betende zu Ehren des heiligen Erzengels Michael erbaut ist; es war mein Wille, daß auch dieses Haus der Basilika der Heiligen Petrus und Paulus gehören sollte. Als wir zusammen mit dem Herrn König Chlothar um unserer Treue und seiner Liebe willen vertrieben waren, ist ein Backhaus der Kirche vor diesem Hause erbaut worden; deswegen ist hier jetzt die Armenfürsorgestelle der Kirche, die ich darin eingerichtet habe. Demütig bitte ich meinen Herrn, den Bischof, der mein Nachfolger sein wird, daß jederzeit die Armenfürsorge, so wie sie bis jetzt zu meiner Zeit Unterstützungen geleistet hat, auch

8 Lat. locella, selbständige Betriebseinheiten, deren Verfassung unerkennbar bleibt.

9 In Gem. Rouillon, dép. Sarthe, arr. Le Mans, cant. Le Mans-Sud-Ouest.

10 Etival-lès-le-Mans, dép. u. arr. wie oben, cant. La Suze-sur-Sarthe.

11 Möglicherweise ist Immunität gemeint.

weiterhin stets aus Mitteln der heiligen Kirche erhalten werde, und das andere Haus diene zur Herberge von Bischöfen und Gottesleuten, die in der Kapelle St. Michaels beten wollen, weil sich dort Wunderkräfte gezeigt haben und sie in allem zu verehren und anzubeten ist. Wir bitten den Bischof, unseren Herrn und Nachfolger, und beschwören ihn bei dem dreieinigen Gotte, daß er von den Gutshöfen, die ich der heiligen Kirche durch dieses Schriftstück und Testament vermacht habe, sie seien zu meiner Zeit erworben oder in den Besitz der heiligen Kirche gelangt, und zwar von und auf allen die Zehnten von Korn, Wein, Käse, Speck: alle diese Zehnten alljährlich in jenem Hause beim heiligen Erzengel Michael zusammentragen lasse, so wie es zu unserer Zeit geschehen ist; und den Armen und Pilgern werde daraus der Unterhalt gereicht, denn dann wird die heilige Kirche keinen Schaden erleiden, und das, was wir, die wir, wiewohl unwürdig, jede denkbare Stätte dem Priestertum offenkundig zugewiesen haben, mit Gottes Willen zur Unterstützung der Armen verwenden wollten, wird von euch unablässig so aufrechterhalten werden.

Der Basilika der Heiligen Petrus und Paulus aber [vermachen wir] einen Hof mit Häusern, die der verstorbene Priester seligen Andenkens Romulus zu Le Mans in der Stadt besaß, und ein Haus, das er zu meinen Zeiten über der Mauer erbaut hat, wobei wir ihm behilflich waren, was alles wir hernach seinem Neffen abgekauft haben: Diese Häuser soll die heilige Basilika gleichwie von jetzt an in Gottes Namen besitzen, derart, daß sie alles, was dazu gepflügt worden ist oder vor meiner Zeit dazugehört hat, in Gänze und vollständig ohne irgend jemandes Widerspruch auf ewig in Besitz haben kann.

31. Den Gutshof Parigné[-le-Pôlin][12], der bei der Brücke von Cluanne[13] liegt und den ich von weiland Dolanus gekauft habe mittels Kaufs im Namen der Heiligen Petrus und Paulus bzw. ihrer Basilika, mit deren Bau ich damals schon begonnen hatte, und den ich hernach dieser heiligen Basilika vermacht habe: Ich will, daß

12 Dép. Sarthe, arr. Le Mans, cant. La-Suze-sur-Sarthe.

13 Brücke über die Sarthe, mit deren Verfall auch der Ort Cluanne (o. ä.) untergegangen ist.

sie ihn auf ewig besitzen soll samt den dazugehörigen Vorwerken[14].

34. Der Gutshof Plassac[15], der im Territorium von Bordeaux bei dem Kastell Blaye und über dem Tal der Garonne liegt, ist zwar lange Zeit im Besitz meiner Vorfahren gewesen, er ist aber wegen der königslosen Zwischenzeiten und der Jugend meiner Mutter ihrem Eigentumsrecht entzogen und von Aunulf, dem Sohne des Maurilio, der ihn sich angeeignet hatte, mit der Urkunde über sein Testament, obwohl es unrecht war, den heiligen Kirchen in Bordeaux und Tours und Angoulême, das Ganze in zwei aus dem Gutshofe [ausgeschiedenen] Teilen, vermacht worden; ein weiteres Drittel hatte Aunulfs Bruder Arnulf in Besitz. Deswegen gab es einen Rechtsstreit zwischen uns und ihm über den genannten Gutshof, aber er erkannte an, daß er uns von Rechts wegen zustünde, und vor den Bischöfen, die offenkundig zwei Drittel von dem Gutshof besaßen, gab er uns wegen des gegenwärtigen Drittels von der Gesamtheit dieses Gutes [unser Recht] zurück, und er übergab uns darüber eine von seiner Hand bekräftigte und von den genannten Bischöfen bestätigte Urkunde, die wir in Besitz haben sollten. Aber da uns die Liebe zu Gott derart gefangenhält, daß wir nicht gegen die heilige Kirche vorgehen, so können wir doch vielleicht, mit Gunst meiner [königlichen] Herren und [bischöflichen] Brüder, dieses Gut zurückkaufen. Aber weil Herr Agericus, Bischof [von Tours], den Anteil, der dem heiligen Martin gehörte, uns verkauft und den Verkauf zusammen mit seinen Kanonikern abgeschlossen hat, der 60 sol. gemäß seiner Schätzung wert war, so haben wir dies bar bezahlt und damit unseren Rechtsstreit beendet. Wir wollen, daß du, meine Erbin, o heilige Kirche von Le Mans, das Gut besitzen sollst. Und wenn wir noch ferner zu dem Gute von den Herren Bischöfen von Bordeaux oder Angoulême [Teile] zurückkaufen können, dann sollst du das Ganze in Vollständigkeit in deine Gewalt zurückfordern.

14 Lat. colonicae, die hier eindeutig als zu einem Gutshof, lat. villa, gehörige Nebenbetriebe erscheinen. In anderen Verfügungen bestehen sie als selbständige Betriebe unabhängig von einem Gutshof. Vielleicht ist dies ein jüngerer Zustand und Zeichen für die Auflösung älterer villae.

15 Dép. Gironde, arr. und cant. Blaye.

35. Der Wirtschaftshof Vincentiane[16] war Besitz meiner Herrin und Mutter, und wir hoffen in Gottes Namen, ihn bald wieder zu besitzen. Er liegt bekanntlich unmittelbar beim Wirtschaftslande [des Gutshofes] Plassac[17], und ich will, daß er der Basilika der Heiligen Peter und Paul mitsamt Sklaven, Weinbergen und Feldern geschenkt sei. Der Gutshof Floirac entre deux mers[18], der meinen Vorfahren gehörte und den meine Mutter hernach, weil sie Waise war, verloren hat, ist von Childegern kraft rechter Unordnung besessen worden; eine Hälfte dieses Gutshofes mit Sklaven, Häusern, Weingärten, Holzungen und der gesamten Gemarkung und ihr anliegenden Teilen[19] habe ich von Berthramn oder Betto[20], dem Sohne jenes Childegern, gegen bare Bezahlung zurückgekauft. Ich will, daß dieser Gutshof, der meinen Vorfahren gehört hat, auf ewig der Basilika der Heiligen Peter und Paul eigen und untertan sei.

36. Das Haus aber innerhalb der Mauern der Stadt Bordeaux, das wir, ich und mein Bruder Ermenulf, mit eignen Mitteln zurückgewonnen haben, dieses Haus soll, so ordnen wir an, samt zugekauftem [Inventar] und Zubehör und Besserung unserem allerliebsten Neffen Sigechelm zukommen, damit er es innehabe und besitze und seinen Nachkommen als Besitz hinterlasse. Und wir ordnen an, daß jederzeit, solange sie alle leben, sooft Boten von den Herren und ehrwürdigen [Bischöfen] der heiligen Kirche in Le Mans und der Basilika der Heiligen Peter und Paul dorthin kommen, um Fisch einzukaufen, sie stets in diesem Hause Unterkunft finden und darin alles, was sie brauchen, einkaufen sollen.

16 Vermutlich heute Saint-Paul in der Nähe von Plassac.

17 Dép. Gironde, arr. und cant. Blaye.

18 Dép. Garonne, arr. Carbon-Blanc, wo sich noch heute eine der besten Weinlagen von Bordeaux befindet.

19 Gemarkung, lat. terminus, und anliegende Teile, lat. adiacentia. Was damit gemeint ist, bleibt unklar.

20 Bf. Berthramn von Bordeaux, Vetter des Testators, der diesen seinerseits zum Testamentsvollstrecker eingesetzt hatte. Bei der Testamentseröffnung 585 scheiterte Berthramn von Le Mans am Widerspruch von Mutter und Schwester des Erblassers. Darüber berichtet Bischof Gregor von Tours in seiner »Fränkischen Geschichte« 8,22. 9,33. 10,12.

50. Der Gutshof Voiron[21], den mir der ruhmreiche Herr König Chlodwig als sein Geschenk wegen der Güter [gegeben hat], die uns Egulf und Arnoald[22] kraft übler Ordnung entzogen und verwüstet haben, obwohl uns der fromme König deswegen bereits mehreres gegeben hatte: Aber wegen seines Gebotes[23] habe ich dies der Metzer Kirche zu Ehren des [Heiligen] Herrn Stephanus erlassen, und diesen Gutshof habe ich bei meinem Herrn und Bruder Arnulf[24] erbeten, so daß er diejenigen Gutshöfe, die Egulf und Arnoald erlangt hatten, behalten, wir aber den Gutshof Voiron auf ewig innehaben und freie Gewalt haben sollten, nach unserem Willen darüber zu verfügen. Daher will ich, daß dieser Gutshof sowohl zum Lohne des Herrn Königs als auch zu unserem eigenen und weil die Basilika St. Peter und Paul nur wenige Weingärten hat – daß also an jener Stätte dieser Gutshof mit allem seinem Rechte[25] und dem dabeiliegenden Zubehör gänzlich und unversehrt auf ewig dir gehören soll, o heilige Basilika St. Peter und Paul, wo nach meinem Wunsche mein Leib begraben werden soll. Den Gutshof Nociogilus aber, der im Stadtgebiet von Poitiers über dem Flußbett der Loire liegt und den mir dort Beatus, Enkel des Babo und Sohn des Theudald, aus seinem Muttererbe im Wege der Schenkung überlassen hat, sollst du, o heilige Basilika St. Peter und Paul, nach meinem Tode kraft dieses Befehls erhalten.

51. Die Gutshöfe Roussigné und Marolles bei Marolles-les-Brault[26], die aus dem Prozeß gegen Nuntia wegen Gütern der heiligen Kirche, die er stark verwüstet hat, an mich gekommen sind und die uns der ruhmreiche Herr König Chlothar nach Nuntias Tod zugestanden hat, sollst du, o heilige Kirche, meine Erbin, erhalten; so befehle ich.

21 Dép. Isère, arr. Grenoble.

22 Bischöfe zu Metz ca. 581–601 und ca. 601–613. Sie hatten vor 613 aus unbekannten Gründen Eigengut Berthramns im Stadtgebiet von Soissons beschlagnahmt.

23 Der König hatte ihm Voiron mit der Auflage geschenkt, dafür auf die konfiszierten Güter zu verzichten.

24 Bischof von Metz ca. 614–629.

25 Vielleicht ist vom Könige verliehene Immunität gemeint.

26 Dép. Sarthe, arr. Mamers; Roussigné in Gem. Saint-Aignan ebd.

53. Den Gutshof namens Thoire-sous-Contensor[27], und zwar sowohl den Anteil, den Nuntia daran gehabt hat und den jetzt wir kraft Gebotes[28] unseres Herrn, so wie Marolles und Roussigné, besitzen, als auch von dem Gutshof Thoire-sous-Contensor den Anteil, der dem Nuntia gehörte und jetzt in unsere Gewalt gekommen ist, das ist der Anteil, den Auderich und sein Neffe, Sohn seines Bruders oder seiner Schwester, uns verkauft haben[29], was wir alles miteinander verbunden haben, sollst du, o heilige Kirche, meine Erbin, erhalten; so befehle ich.

62. Die in Burgund gelegenen Gutshöfe, die uns unser ruhmreicher Herr Chlothar, der König, und die erlauchten Herren Rado und Warnachar, die Hausmeier[30], gegeben haben und die dem verstorbenen Leudegisel[31] gehört hatten: Ich will, daß ihr, o heilige Kirche von Le Mans und Basilika von St. Peter und Paul, meine Erben, den dritten Teil davon, der mir von diesen Gutshöfen nach gesetzlicher Ordnung zusammen mit jenen erlauchten Herren zusteht, als gleichen Anteil mit ihnen innehaben sollt. Und die Gutshöfe in der Provence, die jener fromme König zwischen mir und den erlauchten Herren Gundoland[32] und Chugus[33] wegen der Rechte des Aurelian[34] geteilt hat: Soviel wir davon im Rechtswege erlangen können, ohne uns zu versündigen, d. h. meinen Anteil an

27 Dép. Sarthe, arr. Mamers, cant. Saint-Paterne.

28 Während Berthramn in Nr. 51 sagt, der König habe ihm das Gut zugestanden, lat. concessit, heißt es hier, er besitze kraft Gebotes, lat. pro praeceptionem, womit der Befehl und die darüber ausgestellte Urkunde gemeint sind.

29 Gewiß infolge des gegen Nuntia oder dessen Erben erstrittenen Urteils.

30 Jener von 613 bis 617/18 in Austrasien, dieser von 613 bis 626/27 in Burgund. Da die Güter nicht einzeln aufgeführt sind, wird Berthramn eine vom König ausgestellte Schenkungsurkunde besessen haben.

31 Ein gleichnamiger Herzog (dux) amtierte um 577 bis 585, zur Zeit König Gunthramns, in Burgund und der Provence von Arles.

32 Von 613 bis 639 Hausmeier in Neustrien.

33 Seit um 617/18 Hausmeier in Austrasien, wohl als Nachfolger Rados.

34 Ein Patricius Aurilianus war vielleicht um 584/87 austrasischer Statthalter in der Provence. Aurelian führte offenbar zur Zeit, als Berthramn testierte, einen noch nicht abgeschlossenen Prozeß um die Güter, die der König Berthramn und zwei anderen Großen überwiesen hatte. Auch hierüber besaß Berthramn gewiß eine Königsurkunde.

diesen Gutshöfen, sollt ihr, meine Erben, mit jenen erlauchten Herren in eure Verfügungsgewalt zurückfordern.

63. Die Gutshöfe aber, die [ich] wegen des Prozesses gegen Nuntia in Poitiers und in der Herbauge[35], ebenso aber auch die anderen Gutshöfe, die ich zusammen mit Ghiso, meinem Mitpaten, im [Gebiet von] Cahors und Limoges [besitze] oder wo immer uns der unrechte Anteil des Nuntia hernach von Rechts wegen zurückgegeben worden ist, sollst du, mein geliebtester Mitpate Ghiso, wegen warm empfundener Liebe und gemeinsamer Patenschaft, zusammen mit eurem und unserem Neffen Thoring besitzen und zu gleichen Anteilen verteilen; so befehle ich.

[Eschatokoll:] Weil ich wünsche, die Entscheidung über meine Erwägungen in diesem Testament unverbrüchlich zu bewahren, deswegen beschwöre ich euch, ihr Herren und Bischöfe, bei dem heiligen Apostelamte, das ihr aus göttlicher Tradition empfangen habt, wo immer es nötig sein mag, meiner Basilika und dem Abte dieser Stätte immer hilfreich zu sein; belehret meinen Herrn Nachfolger mit solchem Rate, daß er von dem, was ich der heiligen Basilika zu Ehren der Herren Apostel Petrus und Paulus zur Rettung meiner Seele vermacht habe, nichts wegnehme noch bei irgendeiner Gelegenheit etwas davon unterschlagen dürfe, denn ich weiß, daß ich der heiligen Kirche keinen Schaden verursacht habe. Ebenso beschwöre ich euch alle, die ihr in dieser Welt die Macht habt, bei unseren Herren Königen etwas auszurichten, bei den Opfergaben unserer allermildesten Fürsten, wenn es nötig ist, diesem Testament niemals die Hilfe eures Schutzes zu verweigern.

Denn ich verkünde hiermit, daß jeden, der meinem Willen zuwiderzuhandeln versuchen will, die ewige Exkommunikation treffen soll und daß sich an ihm dasselbe Gottesgericht erweisen wird wie an dem von der Lepra getroffenen Naaman, und die Erde wird ihn verschlingen wie Dathan und Abiron, und so wird die Rache Gottes an ihm sichtbar werden, daß er erkenne, in dieser Welt übel gehandelt zu haben, und im Jüngsten Gericht niemals die Gnade der Vergebung erlange. Wenn gewisse Ligaturen und Schriftzüge, gewisse Buchstaben zuviel gesetzt sind oder fehlen, so habe ich

35 Dem nordwestlichsten Teile des Stadtgebietes von Poitiers.

dies gemacht oder machen lassen, während ich mir meinen Letzten Willen immer wieder vorlese und alles in jeder Einzelheit anerkenne oder korrigiere. Wie das Gesetz es vorschreibt, habe ich gemeint, es mit den Unterschriften und Siegeln sieben ehrbarer Männer bekräftigen zu müssen, und um der Gültigkeit des Ganzen willen habe ich auch geboten, daß die Stipulation angefügt werde. Geschehen zu Le Mans in der Stadt an dem Tage und in dem Jahre, wie oben angegeben. Ich, Berthramn, in Christi Namen, wiewohl als Unwürdiger, Bischof, habe mein Testament, das ich meinem Sohne Ebbo als Notar zu schreiben diktiert habe, durchgelesen und unterschrieben. Ich, Guntinus, gewesener Amtmann[36], habe auf Bitten Herrn Berthramns unterschrieben. Ich, Dado, habe auf Bitten Herrn Berthramns unterschrieben. [Mein] Zeichen: Ich, Gaerin, habe auf Bitten Herrn Berthramns unterschrieben. Ich, Ibbolenus, habe auf Bitten Herrn Berthramns unterschrieben. Ich, Gaddo, habe auf Bitten Herrn Berthramns unterschrieben. Zeichen: Ich, Hugo, gewesener Amtmann, habe unterschrieben. Ich, Ebbo, Notar, habe auf Befehl meines Herrn, des Bischofs Berthramn, und in dessen Gegenwart dieses Testament geschrieben, vorgelesen und unterschrieben, und ich habe das Tagesdatum vermerkt. Ebenso bitte ich, Bischof Berthramn, meinen Sohn, den Archidiakon, daß er, wenn mein Testament auf sein Betreiben hin eröffnet sein wird, es nach gesetzlicher Vorschrift in die Register der Stadtbehörden eintragen lasse, worin es stets unverbrüchlich Bestand haben soll.

36 Lat. honoratus, der ein den Vornehmen vorbehaltenes Ehrenamt, lat. honor, bekleidet hat.

Kaufmannschaft und Fernhandel in karolingischer Zeit, 716–866

Die neuen Bahnen, denen die europäische Sozialgeschichte seit dem Untergang des weströmischen Reiches gefolgt war, sind am deutlichsten daran zu erkennen, daß an die Stelle der römischen Söldnerheere wieder Heere von Wehrpflichtigen traten. Die germanischen Königreiche kannten eine allgemeine Wehrpflicht aller Freien, die freilich insofern beschränkt war, als der Krieger imstande sein mußte, sich selbst auszurüsten: Wem dazu die Mittel fehlten, der sah sich daher bald vom Verlust der Freiheit bedroht. Eine zweite, der Sozialgeschichte des Altertums unbekannte Erscheinung kommt hinzu: Es waren nicht mehr nur Landgüter, die Abkömmlichkeit und Wehrbarkeit gewährten, sondern auch bewegliche Vermögen, wie sie nur der Kaufmann, insbesondere der Fernhändler zu erwerben pflegte. Damit betrat eine soziale Gruppe die Bühne der Geschichte, die wenige Jahrhunderte später die politische Führung in den aufblühenden Städten erringen und Formen frühkapitalistischen Wirtschaftens verbreiten sollte, die schließlich in der Neuzeit zur allmählichen Entmachtung des grundbesitzenden Kriegertums führten.

Es gibt aus dem 8. und 9. Jahrhundert nicht allzu viele Nachrichten, die die Geschichte dieser neuen, noch keineswegs nur in den Städten ansässigen Berufsgruppe beleuchten. Neben Oberitalien war das fränkische Kerngebiet zwischen Seine und Niederrhein ihr wichtigstes Verbreitungsgebiet; hier spielten der Verkehr mit England, den die beteiligten Könige im Jahre 796 durch einen Handelsvertrag regelten, und die nichtstädtischen Verkehrsknotenpunkte, die man heute gern mit dem Kunstwort Wik bezeichnet, eine besondere Rolle. Die Nachrichten über den erwähnten, im Wortlaut nicht überlieferten Handelsvertrag werfen übrigens ein bezeichnendes Licht auf die dezentralisierte Führung der fränkischen Außenpolitik. Nur selten lernen wir einmal einen Kaufmann mit Namen kennen; dies dürfte der Fall sein bei Lantfrid zu Mainz, der in seinen Schenkungen an das Kloster Fulda zwar seinen Beruf nicht nennt, der indes Kaufmann gewesen sein muß, weil er Grundstücke nebst Werkstätten am Rheinufer, nämlich am Hafen bei den Kornhäusern, sowie ein bewegliches Vermögen in Gold und Silber besaß. Über die von Worms, Mainz und Köln aus nach Osten ziehenden Fernhändler unterrichtet uns ein Gesetz Karls des Großen aus dem Jahre 805, das die Verkehrskontrollen an der Slavengrenze ordnet; dasselbe Gesetz bestimmt, welche Summe die Besitzer beweglicher Habe, die nicht in Person den Wehrdienst leisteten, dem König zum Ersatz bezahlen sollten.

Die Abfindung war nicht deswegen nötig, weil die Kaufleute nicht wehrhaft gewesen wären; im Gegenteil, wer mit Waren oder Silber in die unsichere Fremde zog, der mußte sich selbst verteidigen können. Gern schloß er sich zu größerer Sicherheit mit anderen zu einer Fahrtgemeinschaft oder Hanse (»Schar«) zusammen, deren Genossen sich zu gegenseitiger Hilfe auf Leben und Tod verschworen. Die Befreiung vom Wehrdienst war eher eine Folge der berufsbedingten Abwesenheit vom Wohnorte, und dafür suchten die Kaufleute außer dem Schutze der Fahrtgenossen auch den des Königs. Wir kennen den Mustertext der Pässe, die der König den Beschützten ausstellte und die dort, wo Handelsverträge bestanden, auch außerhalb des Reiches wirksam waren. Als König Karl der Kahle, unfähig, die plündernden Normannen mit den Waffen abzuwehren, genötigt war, die Heimsuchung mit Geld abzukaufen, kam es zu Steuerforderungen, die Einblick in die soziale Schichtung der Zeit gewähren und wiederum die Kaufleute als eigene, den Grundbesitzern an Leistungsfähigkeit gleichstehende Berufsgruppe hervortreten lassen. – Folgende Texte belegen die Entwicklung:

1. Aus Willibalds »Leben des Bonifatius«, verfaßt zwischen 755 und 768: Vitae Sancti Bonifatii, rec. W. Levison (SS in us. schol.), Hannover–Leipzig 1905, S. 15f., 20f.

2. Gesetz König Aistulfs von Italien über das Waffenhalten, 750: Siehe im folgenden Abschnitt »Heermannen, Freie, Schutzbefohlene und Unfreie im Langobardenreich in Italien, 721–763«.

3. Aus den »Taten der Äbte von Saint-Wandrille«, verfaßt um die Mitte des 9. Jh.s: Gesta abbatum Fontanellensium, rec. S. Loewenfeld (SS in us. schol.), Hannover 1886, S. 46f.

4. Brief König Karls des Großen an König Offa von Mercien, 796: Alcuins Briefe Nr. 100, MGH Epp. 2 S. 144–146.

5. Schenkung des Lantfrid an das Kloster Fulda, 791: UB Fulda 1 S. 286 Nr. 190, UB Mainz 1 S. 35 Nr. 70.

6. Aus Kaiser Karls des Großen Kapitulare von Diedenhofen, 805: MGH Capit. 1 S. 122 Nr. 44c. 7 und 10.

7. Schenkung des Lantfrid an das Kloster Fulda, vor 813: UB Fulda 1 S. 317 Nr. 219, UB Mainz 1 S. 51 Nr. 100.

8a., b. Mustertexte für Pässe, die christlichen bzw. jüdischen Kaufleuten den Königsschutz gewähren, um 825: MGH Formulae S. 314 Nr. 37, S. 325 Nr. 52.

9a., b. Berichte über die Erhebung des Dänengeldes im westfränkischen Reiche, 860 und 866: Annales Bertiniani, rec. G. Waitz (SS in us. schol.), Hannover 1883, S. 53, 61.

10. Bericht über einen Handelsvertrag mit Dänemark, 873: Annales Fuldenses, rec. F. Kurze (SS in us. schol.), Hannover 1891, S. 78.

1. Schiffsverkehr zwischen England und dem Frankenreiche in den Jahren 716 bis 718.

[Zum Jahre 716] Während er auch, mit geistlicher Rüstung bewehrt und mit weltlichen Mitteln erhöht, keineswegs des Unterhalts für jedes von beiden Leben entbehrte, brach er [vom Kloster Nursling bei Winchester] auf, nachdem er zwei oder drei Brüder zu sich genommen hatte, deren leiblicher und geistlicher Unterstützung er bedurfte, und so gelangte er, nachdem endlose Regionen des Landes durchzogen waren, mit glücklichem Geleit der Brüder einziehend, zur Stätte, wo ein Markt für käufliche Güter war; bis heute wird sie mit altem Namen der Angeln und Sachsen Lundenwich [London] genannt. Und ohne daß ein langer Verzug der heimreisenden Schiffer entstand, betrat er in Schiffers Weise, und zwar wie ein neuer Fahrgast mit Zustimmung des Schiffsherrn, das Schiff, und nach Bezahlung des Fährlohnes gelangte er mit günstigem Blasen der Winde nach Dorstat.

[Zu 718] Sogleich sagte er den Brüdern [im Kloster Nursling] Lebewohl, er brach auf und zog durch weite Räume der Länder hin nach der Stätte, die mit dem bereits erwähnten Namen Lundenwich genannt wird, da er sein Gelübde erfüllt sah. Und rasch den Bord eines Schnellseglers ersteigend, begann er die unbekannten Pfade des Meeres zu versuchen; während die Schiffsleute tanzten und ein starker Nordwestwind wehte, stiegen die Segel empor, und bei vollem Winde und glücklicher Fahrt erblicken sie bald, und schon aller Gefahr des Schiffbruchs ledig, die Mündung des Flusses, der Cuent [Canche] heißt, und unversehrt gelangen sie aufs trockene Land. Aber auch das Lager schlugen sie auf in Cuentawich oder Quentowic, während sich zusammenströmend eine Menge von Kollegen versammelte.

2. Gesetz König Aistulfs von Italien über das Waffenhalten, 750: s. S. 111f.

3. Politische und kommerzielle Beziehungen des Frankenreiches zu England, 787–796.

Gervold aber, wie wir zuvor sagten, wird zum Leiter dieses Klosters Fontanella bestellt im Jahre der Fleischwerdung des Herrn 787, welches das 21. Jahr König Karls war... Und wirklich wird dieser Gervold für viele Jahre zum Verwalter über die Reichsgeschäfte eingesetzt, der in verschiedenen Häfen und Bischofsstädten Abgaben und Zölle einhebt, vor allem in Quentawich. Daher wird er dem sehr mächtigen Offa, Könige der Angeln und Mercier, bekannt und in Freundschaft eng verbunden. Noch heute sind Briefe erhalten, die von jenem an ihn, nämlich Gervold, gerichtet worden sind, darin er bezeugt, er sei sein teuerster Freund und Vertrauter. Denn vielmals hat er persönlich auf Befehl des unbesieglichen Königs Karl beim genannten Könige Offa Gesandtschaften verrichtet, zuletzt aber wegen der Tochter dieses Königs, die Karl der Jüngere zur Ehefrau verlangte; aber da jener darauf nur dann eingehen wollte, wenn Karls des Großen Tochter Berta seinem Sohne zur Ehe gegeben würde, so erregte sich der allmächtigste König beträchtlich, und er befahl, daß niemand von der Insel Britannien und vom Volke der Angeln Handels halber die Meeresküste in Gallien anlaufen dürfe. Aber durch Ermahnung und Bitten des vorerwähnten Vaters Gervold ist verhütet worden, daß dies geschehe.

4. Schreiben Karls des Großen an König Offa von Mercien über die gegenseitigen Handelsbeziehungen, 796.

Karl, von Gottes Gnaden König der Franken und Langobarden und Patricius der Römer, wünscht dem ehrwürdigen Herrn und teuersten Bruder Offa, König der Mercier, das Heil irdischer Wohlfahrt und ewiger Glückseligkeit in Christus. Vielen pflegt es zu nützen, zwischen königlichen Würdenträgern und der Welt erhabenen Personen auf Bundesweise in der Einmütigkeit des Friedens die Rechte der Freundschaft und die Eintracht heiliger Liebe aus tiefstem Gefühle des Herzens zu bewahren. Und wenn uns befohlen wird, die Knoten der Feindschaft durch herrschaftliches Gebot zu lösen, um wieviel mehr ist dann dafür zu sorgen, Bande der Liebe anzuknüpfen! Daher also, geliebtester Bruder, haben wir, eingedenk des alten Vertrages zwischen uns, diesen Brief an eure Ehrwürdigkeit richten lassen, damit das in der Wurzel des Glaubens befestigte Bündnis in der Frucht der Liebe erblühen möge. Da die Sendschreiben eurer Brüderlichkeit, die uns, freilich zu verschiedenen Zeiten, durch die Hände eurer Sendboten überbracht wurden, noch einmal verlesen worden sind, wollen wir die einzelnen Anträge eurer Autorität zutreffend und genugsam beantworten. Und so sagen wir zunächst Dank dem allmächtigen Gott wegen des ernsten katholischen Glaubens, den wir lobenswerterweise in euren Schreiben ausgebreitet finden; wir erkennen, daß ihr nicht nur der machtvollste Beschützer des irdischen Vaterlandes seid, sondern auch der ergebenste Verteidiger des heiligen Glaubens. Wegen der Pilger aber, die aus Liebe zu Gott und für ihr Seelenheil die Schwellen der seligen Apostel [in Rom] zu besuchen wünschen, haben wir wie einst gewährt, daß sie in Frieden ohne jegliche Bekümmerung ihres Weges ziehen und das Notwendige mit sich führen mögen. Aber wir haben festgestellt, daß sich manche betrügerischerweise Handels halber daruntermischen, die auf Gewinn ausgehen und nicht der Religion dienen. Wenn solche unter ihnen erfunden werden, so mögen sie an den passenden Orten die festgesetzten Zölle bezahlen. Die anderen mögen freigesprochen in Frieden reisen. Auch wegen der Kaufleute habt ihr uns geschrieben. Es ist unser Wille, daß sie auf Grund unseres Gebotes in unserem Reiche Schutz und Schirm in gesetzlicher Weise gemäß alter Handelsgewohnheit haben sollen. Und wenn sie an irgendeinem Orte mit unrechter Bedrückung angefallen werden, mögen sie uns oder unsere Richter anrufen, und alsdann werden wir befehlen, daß fromme Gerechtigkeit ergehe. In gleicher Weise auch den Unsern, wenn sie irgendein Unrecht unter eurer Gewalt erleiden, mögen sie das Gericht eurer Billigkeit anrufen, damit nicht zwischen den Unsern irgendwo eine Bekümmerung emporkommen möge. Wegen des Priesters Odbert, der von Rom zurückkam und aus Gottesliebe, wie er zu berichten pflegt, pilgern wollte, aber nicht kam, um uns anzuklagen, wisse eure Liebe, daß wir ihn mit den übrigen Vertriebenen, die aus Todesfurcht unter die Flügel unseres Schutzes geflüchtet sind, nach Rom geschickt haben, damit in Gegenwart des apostolischen Herrn [Papst Leos III.] und eures erlauchten Erzbischofs [Aethilhards von Canterbury] – wie eure Schreiben mitgeteilt haben, verpflichteten sie sich durch ein solches Gelübde – ihr Fall angehört und beurteilt werde, damit ein Richter nach Billigkeit bewirke, was das Einschreiten der Frömmigkeit nicht bewirkt hat. Was könnte für uns vorsorglicher ein, als daß eine Zensur der apostolischen Autorität einen Fall entschiede, in dem die Meinung der anderen nicht in Einklang ist? Die schwarzen Steine aber betreffend, deren Sendung eure Ehrwürdigkeit anmahnt, so komme ein Sendbote, der erwäge, was für welche euer Sinn begehrt. Und wo immer sie aufgefunden werden, wir werden gern befehlen, daß sie übergeben und daß beim Transport Hilfe geleistet werde. Aber so, wie ihr wegen der Länge der Steine euer Begehren mitgeteilt habt, so fordern auch die Unsern wegen Weite der Mäntel, daß ihr befehlen möget, daß sie so hergestellt werden, wie sie in alten Zeiten zu uns zu kommen pflegten. Auch möge eure Liebe wissen, daß wir einige Segnung über eure Dalmatiken und Pallien an die einzelnen Bischofssitze eures Reiches und dessen des Aedilred [Königs von Northumbrien] als Almosen für den apostolischen Herrn Hadrian [gest. am 25. Dez. 795], unseren Vater und euren Liebhaber, übersandt haben; wir bitten euch darum, sorgfältig anzuordnen, daß für seine Seele gebetet werde, nicht weil wir daran zweifelten, daß seine selige Seele in Frieden weile, sondern um unsere Treue und Liebe zu einem uns sehr treuen Freunde zu beweisen, so wie auch der selige Augustin vorgeschrieben hat, daß für jedermann die Fürbitten der kirchlichen Frömmigkeit zu geschehen hätten; er versichert uns, die Fürbitte werde dem Betenden zum Guten gereichen. Aber auch von dem Schatze menschlicher Dinge, den der Herr Jesus uns in selbstloser Frömmigkeit zugestanden hat, übersenden wir etwas an die Metropolitan- und Bischofsstädte. Auch möchten wir eurer Liebe zu Freude und um dem allmächtigen Gott zu danken, einen Gürtel und ein hunnisches Schwert und zwei syrische Pallien übersenden, damit überall im christlichen Volke die göttliche Güte gepredigt und der Name unseres Herrn Jesus Christus gepriesen werde in Ewigkeit. Für uns und unsere Getreuen, nein, auch für das ganze christliche Volk lasset ständige Fürbitten verrichten; darum bitten wir, damit die allersanfteste Güte das Reich der heiligen Kirche zu schützen, zu erhöhen und auszubreiten bereit sein möge. Der allmächtige Gott möge, geliebtester Bruder, bereit sein, die Hoheit eurer Würde zum Schutze seiner heiligen Kirche in langwährendem Gedeihen unversehrt zu bewahren.

5. Lantfrid schenkt dem Kloster Fulda ein Grundstück vor Mainz und bewegliches Vermögen, 791.

In Christi Namen. Ich, Lantfrid, wegen der Sehnsucht nach dem ewigen Leben und zur Vergebung der Sünden, schenke und übergebe für das Kloster des heiligen Erlösers dem heiligen Bonifatius, dem hochberühmten Märtyrer – dieses Kloster liegt im Buchenlande über dem Flusse Fulda, und jeder weiß, daß dort der ehrwürdige und glaubensfrohe Abt Baugulf mit einer großen Schar Mönche demutsvoll Gott dient –, wie oben gesagt ist, übergebe ich eine Hofstätte außerhalb der Mauern der Stadt Mainz, bebaut mit Häusern und Gebäuden, die folgendermaßen ringsherum begrenzt ist: Auf einer Seite liegt die Seite des heiligen Clemens, auf der anderen Seite die des heiligen Petrus, auf der dritten Seite die des heiligen Theomast, auf der vierten Seite der Rheinstrom: Und alle meine Unfreien (bis auf zehn und eine Dienerin mit ihrem Kinde, die ich zunächst noch auslasse) und all mein selbsterarbeitetes Vermögen, sei es an Gold oder Silber oder anderem Metall oder sonstigem Gut, was immer es sei und wie man es nennen mag, übergebe ich insgesamt und unversehrt dem obengenannten Heiligen, und zwar unter der Bedingung, daß nach meinem Tode das vorgenannte Vermögen übergeben sein soll und bestätigt zu meinem

Seelgerät, das ihr und eure Nachfolger genießen sollt; es fernerhin zu besitzen sollt ihr auf ewig unwidersprochene und unanfechtbare Vollmacht haben. Mit dem Halme befestigt. Geschehen beim Kloster Fulda, im 23. Regierungsjahre Karls, des ruhmreichen Königs der Franken, am 15. September. – Ich, der unwürdige Priester Asger, habe diese Urkunde gefertigt und mit den Zeugen befestigt. + Zeichen Lantfrids, der diese Traditionsurkunde verlangt und ihre Abfassung erbeten hat. + Wolframs. + Hrabans. + Ansprachts. + Siegfrieds. + Gerhards. + Frottens. + Fruorits. + Gerbrachts. + Gerhelms. + Gundrams. + Reginfrids. + Theofrids. + Hartwins.

6. Verordnungen Karls des Großen über den Handel mit den Slaven und über Ablösung der Wehrpflicht durch Geld, 805.

Über die Kaufleute, die in die Gebiete der Slaven und Awaren ziehen, wie weit sie mit ihren Waren vorrücken dürfen: nämlich im Gebiet von Sachsen bis nach Bardowick, wo Hredi darauf sehe, und nach Schezla, wo Madalgaud darauf sehe, und bei Magdeburg sehe Aito darauf, und bei Erfurt sehe Madalgaud darauf, und bei Hallstatt sehe ebenfalls Madalgaud darauf; bei Forchheim und bei Bremberg (oder: Pfreimt) und bei Regensburg sehe Audulf darauf, und bei Lorsch Warnar. Und daß sie keine Waffen und Brünnen zum Verkauf führen sollen; wenn man aber findet, daß sie sie führen, daß ihnen dann alle ihre Habe weggenommen werde, und zwar die Hälfte zugunsten des Palastvermögens, die andere Hälfte aber werde unter die erwähnten Königsboten und den Entdecker verteilt.

Wegen des Heerbannes wollen wir, daß unsere Königsboten ihn in diesem Jahre getreulich einbringen sollen, ohne irgendeine Person zu begünstigen, zu bedanken oder zu schrecken, gemäß unserem Befehl; nämlich daß sie von einem Manne, der 6 Pfund in Gold, Silber, Brünnen, Metallgerät, unzerschnittenen Tuchen, Pferden, Rindern, Kühen oder anderem Vieh besitzt – und Ehefrauen oder Kinder sollen nicht deswegen ihrer Kleider beraubt werden –, den gesetzmäßigen Heerbann nehmen, nämlich 3 Pfund. Wer aber nicht mehr besitzt in den vorgeschriebenen geltenden Werten als 3 Pfund, von dem soll man 30 sol. eintreiben. Wer aber nicht mehr hat als 2 Pfund, 10 sol. Wenn er aber eines hat, 5 sol., so daß er sich wiederum ausrüsten kann zum Dienste Gottes und zu unserem Nutzen. Und unsere Königsboten sollen verhüten und sorgfältig nachforschen, daß sie nicht durch irgendeine arge List unsere Gerechtigkeit hinterziehen, indem sie sie einem anderen übergeben oder anvertrauen.

7. Lantfrid schenkt dem Kloster Fulda eine Hofstätte vor Mainz, vor 813.

In Christi Namen. Ich, Lantfrid, schenke und übergebe zu meinem Seelgerät, damit ich es verdiene, Vergebung meiner Sünden zu erlangen, in der berühmten Stadt, welche Mainz genannt wird, die Hofstätte oder »houastat« und alles Gebäude, was dort errichtet ist und meines Eigentums ist, neben dem Orte, welcher in der Mundart der dortigen Siedlungsgenossen oder der allgemeinen Volkssprache »bei den Rachaten« [Kornhäusern] heißt, am Ufer des Rheinstromes. Dies übergebe ich, wie oben gesagt, zum Kloster des heiligen Märtyrers Bonifatius, das Fulda heißt, wo der berühmte und ehrwürdige, gottergebene Abt Baugolf mit einer großen Schar Mönche Gott dient, wie jedermann weiß. Und so wird allerseits die obengenannte Hofstätte begrenzt: Auf einer Seite stößt die Straße des Königs an, auf der anderen Seite die des heiligen Martin, auf der dritten die des Gernand, Hagens Sohn. Diesen schon oben genannten Platz mit jeglicher Werkstätte, die darauf steht, was mein Eigentum ist, übergebe ich also dem oben angegebenen Kloster nach meinem Tode und nach dem Tode meines Bruders Theotfrid, so daß der von uns beiden, welcher den anderen überlebt, dieses Gut innehabe durch eine Leihe bis zum Ende seines Lebens. Nach unserem Tode aber, wie eben gesagt, sollt ihr oder eure Nachfolger unwidersprochene und unanfechtbare Vollmacht haben, das Gut ewig zu nutzen und zu besitzen. Geschehen im Kloster Fulda am 20. Dezember [ohne Jahr]. + Zeichen Lantfrids. + Wolframs. + Markolts. + Sigihards. + Siegfrieds. + Albgers. + Wignands. + Muothers. + Erkenbrechts. + Hugos. + Tuldhers.

8a., b. Kaiser Ludwig der Fromme nimmt ungenannte christliche Kaufleute und den Juden Abraham aus Saragossa in den Königsschutz auf, 828 und ohne Jahr.

[a] Befehl für die Kaufleute. Allen unseren Bischöfen, Äbten, Herzögen, Grafen, Gastalden, Vikaren, Zentenaren, Amtleuten, Grenzwachen und reisenden Königsboten und unseren sonstigen Getreuen, die in den Gebieten Frankens, Burgunds, der Provence, Septimaniens, Italiens, Tusziens, Rätiens, Bayerns und des Slavenlandes umherziehen, sei kund, daß unsere hier anwesenden Getreuen im Jahre der Fleischwerdung des Herrn Jesu Christi 828, nach desselben barmherziger Gnade dem 15. Jahre unseres Kaisertums, sich unseren Blicken präsentiert haben, und wir haben sie unter den Spruch unseres Schutzes sehr gern aufgenommen und wünschen sie, so Gott will, hinfort darin zu behalten, derart, daß sie hinfort in jedem Jahre oder nach erfülltem Ablauf zweier Jahre in der Mitte des Monats Mai zu unserer Pfalz kommen und daß jeder einzelne von ihnen gemäß seinen und unseren Geschäften getreulich zu unserer Kammer zu dienen sich bemühe und diese Urkunde unserer Autorität vorweise. Ferner aber bestimmen und befehlen wir durch die vorliegende unsere Anordnung, daß weder ihr noch eure Dienstleute oder Nachfolger, noch unsere reisenden Boten euch anmaßet, jene unsere gedachten Getreuen wegen etwelcher unerlaubter Gelegenheiten zu belästigen oder ihnen Schikanen zu verursachen oder von ihren Sachen etwas gegen das Recht wegzunehmen oder zu mindern oder ihre Schiffe gleichsam wie für unseren Dienst aufzubringen oder Fuhrdienst leisten zu lassen oder den Heerbann oder in anderer Weise Bänne von ihnen zu fordern oder einzutreiben. Sondern es sei ihnen erlaubt, wie den Juden, den Interessen unseres Palastes getreulich zu dienen, und wenn sie Fahrzeuge, mit Christi Gunst, in unsere Reiche zu ihrem und unserem Nutzen Handels halber bringen wollen, so sollen sie die Erlaubnis dazu haben, und ihr sollt ihnen keinen Aufenthalt, weder an den Klausen noch an anderen Orten, bereiten oder mit eurer Zustimmung von anderen bereiten lassen. Zoll aber, ausgenommen zu unserem Bauwesen in Quentowik und Dorestad und an den Klausen, wo zu unserem Bauwesen der Zehnte gefordert wird, soll nirgendwo von ihnen gefordert werden. Wenn aber irgendwelche Klagen gegen sie und ihre Leute aufgekommen

sind, die sie in ihrem Lande ohne schweren und unrechten Nachteil nicht aburteilen können, so sollen sie bis auf unsere Gegenwart oder die ihres Meisters, den wir darüber und über andere Kaufleute setzen, suspendiert und aufbewahrt werden, damit sie nach der Ordnung des Rechtes ein endgültiges Urteil erhalten.

[b] Allen unseren Bischöfen, Äbten, Grafen, Vizegrafen, Zentenaren und sonstigen Dienstleuten sei bekannt, daß dieser Jude hier namens Abraham, der in der Stadt Saragossa wohnt, vor unser Angesicht gekommen ist und sich in unsere Hände begeben hat und daß wir ihn unter das Gebot unseres Schutzes aufgenommen haben und darunter halten. Daher haben wir befohlen, daß für ihn die gegenwärtige Urkunde angefertigt werde, durch die wir verfügen und befehlen, daß weder ihr noch eure Leute und Nachfolger euch jemals anmaßet, den gedachten Juden bei irgendwelchen unrechten Gelegenheiten zu beunruhigen oder ihm Unrecht anzutun oder irgend etwas von den ihm gehörenden Sachen oder von seinem Kaufmannshandel wegzunehmen oder es zu beschädigen, noch auch Zoll oder Vorspannpferde oder Gebühren für Aufenthalt, Durchreise oder Benutzung und Unterhalt von Wegen und Anlegeplätzen oder auch Begrüßungsgeschenke von ihm zu fordern; vielmehr soll es ihm gestattet sein, unter unserer Schutzherrschaft und Verteidigung ruhig zu leben und uns zugunsten unseres Palasthaushaltes getreulich zu dienen, ohne daß jemand ihm rechtswidrige Hindernisse bereitete. Auch sei es ihm erlaubt, nach seinem jüdischen Recht zu leben und Christenmenschen zur Verrichtung seiner Arbeiten in Lohn zu nehmen, ausgenommen am Sonntag und an Festtagen. Und wenn ein Christ eine Forderung oder einen Rechtsstreit gegen ihn hat, dann soll er drei geeignete christliche Zeugen und drei ebenso geeignete Juden zu seinem Zeugnis beibringen und mit ihnen seine Klage wahrmachen. Wenn aber er eine Forderung oder einen Rechtsstreit gegen einen Christen hat, so führe er geeignete christliche Zeugen zum Zeugnis für sich an und überwinde ihn mit diesen. Wenn aber einer von jenen, er sei Christ oder Jude, die Wahrheit verhehlen will, dann soll der Graf der betreffenden Stadt in einem wahrhaften und gerechten Inquisitionsverfahren veranlassen, daß jeder gemäß seinem Rechte die Wahrheit sage. Es sei ihm auch gestattet, fremde Sklaven zu kaufen und sie, freilich nur innerhalb unseres Reiches, wie-

der zu verkaufen. Wenn ferner irgendwelche Klagen gegen ihn oder seine Leute, die offenkundig von ihm rechtmäßig zu vertreten sind, aufkommen oder erhoben werden, derart, daß sie ohne schweren und ungerechten Schaden in dem Lande nicht zu Ende geführt werden können, so sollen sie bis zur Zeit unserer Anwesenheit suspendiert und in der Schwebe gehalten werden, damit sie dann gemäß dem Gesetz ein Endurteil erhalten. Und damit diese Urkunde als um so wahrer von allen anerkannt und um so sorgfältiger beachtet werde, haben wir sie nach unserer Gewohnheit unterschreiben und mit unserer Bulle besiegeln lassen.

9a., b. Erhebung des Dänengeldes im westfränkischen Reiche von Hufen, Priestern und Kaufleuten, 860 und 866.

[a] König Karl befiehlt, veranlaßt durch das eitle Versprechen der an der Somme sitzenden Dänen, daß eine Steuer erhoben werde von den Schätzen der Kirchen und von allen Hufen und Kaufleuten, selbst den armen, derart, daß auch deren Häuser und alle Geräte geschätzt und davon der festgesetzte Zins eingetrieben werden sollte. Denn diese Dänen hatten versprochen, wenn er ihnen 3000 Pfund Silbers nach geprüftem Gewichte bezahlte, würden sie gegen die an der Seine stehenden Dänen vorgehen und sie entweder von dort vertreiben oder töten... Da den an der Somme sitzenden Dänen der vorgenannte Tribut nicht gegeben wurde, gehen sie nach Empfang von Geiseln zu Schiff zu den Angelsachsen.

[b] Die Normannen fahren den Lauf der Seine hinauf bis zur Burg Melun, und Karls Scharen ziehen von beiden Ufern dieses Flusses heran, und nachdem die Normannen von den Schiffen und auf die Schar losgegangen sind, die als die größere und tapferere erschien, deren Führer Robert und Odo waren, da jagten sie sie ohne Kampf in die Flucht, und mit von Beute überladenen Schiffen kehren sie zu ihren Genossen zurück. Karl schließt mit diesen Normannen einen Vertrag auf 4000 Pfund Silber ihres Gewichts, und nachdem eine Steuerzahlung durch sein Reich hin angesagt worden ist, um diesen Tribut zu bezahlen, da werden von jeder Freienhufe 6 den. und von jeder Unfreienhufe 3 und von jedem Beisassen 1 den., von je zwei Häuslern 1 den. und der Zehnte von allem, was die Kaufleute zu besitzen schienen, eingetrieben; aber auch von den Priestern wird gemäß dem, was ein jeder besaß, eine

Steuer eingetrieben, und von allen Franken werden die Heerbänne entgegengenommen. Später nimmt man noch von jeder Hufe, sowohl der Freien- wie der Unfreienhufe, 1 den., und schließlich trug noch zweimal jeder von den Großen des Reiches gemäß dem, was er an Lehen besaß, zusammengebracht sowohl in Silber als auch in Wein, zur Bezahlung des Gewichtes bei, das den Normannen zugesagt worden war. Auch sind außerdem die Sklaven, die von den Normannen erbeutet worden, ihnen aber nach dem Vertragsschluß entflohen waren, entweder zurückgegeben oder nach ihrem Belieben abgekauft worden; und wenn einer der Normannen getötet worden war, so ist für ihn das geforderte Wergeld bezahlt worden.

10. König Ludwig der Deutsche schließt mit Dänemark einen Handelsvertrag ab, 873.

Nach Ablauf der Fastenzeit und der Osterwoche zog der König von Frankfurt nach dem Königshof Bürstadt bei Worms; dort hielt er einen Reichstag ab, wo er seine Söhne Ludwig und Karl zu Richtern über eines jeglichen Klägers Begehren einsetzte, mit der Weisung, alles seinem eigenen Urteil vorzubehalten, was sie nicht selbst entscheiden könnten. So geschah es, daß die Klagen der von allen Seiten eintreffenden Leute nach dem Gesetz beigelegt wurden und jeder frohen Herzens nach Hause ging. Dahin kamen auch Gesandte des Dänenkönigs Siegfried, um Frieden zu schließen in dem Grenzgebiet, das zwischen Dänen und Sachsen liegt, und damit die Kaufleute beider Königreiche, die es von beiden Seiten aus passierten und ihre Waren hindurchführten, in Frieden kaufen und verkaufen könnten. Und der König versprach, daß dies alles von seiner Seite gutgeheißen sein werde.

Heermannen, Freie, Schutzbefohlene und Unfreie im Langobardenreich in Italien, 721–763

Die Langobarden, deren Vorfahren seit 568 den größten Teil der Poebene und Toskana und Spoleto erobert hatten, stellten noch im 8. Jahrhundert die große Menge der zum Wehrdienst und zur Gerichtsfolge verpflichteten freien Männer (arimanni ›Heermannen‹, lat. exercitales), obwohl nun die Zugehörigkeit zum Heere und der Umfang der Selbstausrüstung nach der wirtschaftlichen Lage der einzelnen bestimmt wurden (Nr. 5), so daß auch die wenigen Grundbesitzer romanischer Herkunft, deren Vorfahren nicht infolge der Einquartierung der Heermannen verarmt waren, erfaßt wurden. Indes bildeten die Langobarden selbst keine sozial einheitliche Schicht mehr. Viele waren im Gange der Erbteilungen oder durch Unglück verarmt und hatten nach germanischem Brauche unfreie Hintersassen werden müssen; freie Frauen, die keinen ebenbürtigen Ehemann fanden, mußten Unfreie heiraten und sich alsdann deren Herren als Schutzbefohlene unterwerfen (Nr. 1, 4). Andere verarmte Freie erstrebten eine Versorgung im Kirchendienst (Nr. 3), und typisch germanischen Geistes ist es, wenn ein Vater seinen unmündigen Sohn Gott zum Opfer bringt, indem er ihn ins Kloster steckt (Nr. 9). Im Süden des Reiches, wo keine langobardische Landnahme stattgefunden hatte, finden wir daneben weiterhin römische Rechtsverhältnisse, die den armen Leuten auch dann, wenn sie fremden Boden bearbeiten mußten, den Status freier Pächter ließen (Nr. 6); hier gab es auch immer noch die Domänengroßpacht oder Emphyteuse, die den Großen den Zugriff auf das Kirchengut offenhielt (Nr. 7). Die Großen führten gerne noch den spätrömischen Titel Clarissimus, den einst die Mitglieder des römischen Senats getragen hatten (Nr. 2, 7), und wenn die Heermannen vereinzelt als Bürger bezeichnet werden (Nr. 1, 3, 7 Anm. 4), so bedeutet das nicht mehr, als daß sie im Landgebiet einer Stadt begütert und zur Teilnahme an deren Gerichtsversammlung berechtigt und verpflichtet waren. Nicht mit Land ausgestattete Sklaven erscheinen selten in den Quellen (Nr. 2). Der Zivilprozeß, der im Mittelalter stets die Eigenart der öffentlichen Ordnung im Alltag und die friedliche Wirksamkeit des Staates besonders hell beleuchtet, zeigt eine Verbindung des römisch-rechtlichen Tatsachenbeweises mit germanischer Mündlichkeit der Zeugnisse und Entscheidung durch Beweiseid (Nr. 8). Die weite Verbreitung notariell ausgefertigter Privaturkunden zeigt, daß die Reste des Erbes der Antike in Italien kräftiger überlebten als jenseits der Alpen. Ihre Zeugenlisten sind wichtige sozialgeschichtliche Quellen.

1. Anstruda begibt sich in die Munt der Herren, deren Unfreien sie geheiratet hat, 12. Mai 721: CDL 1 S. 105 Nr. 29.

Während unser Herr Liutprand, der sehr erhabene Mann, als König in Italien regierte, im neunten Jahre seiner Frömmigkeit, am 12. Tage des Monats Mai in der 4. Indiktion. Ich, Vitalis, Religiose und Subdiakon, Exceptor der Stadt Piacenza, aufgefordert und gebeten von Frau Anstruda, habe [dies] geschrieben, jedoch da sie anwesend war und mir in Gegenwart der Zeugen, die mit ihrer eigenen Hand unten das Zeichen des heiligen Kreuzes machen, [folgendes] diktiert[1]: So steht fest, daß ich empfangen habe und in diesem Augenblick drei Goldsolidi an der Zahl empfange von Sigirad und Arochis, ergebenen Männern und Brüdern, Bürgern von Castelseprio, die in einem Orte wohnen, der Campione [bei Como] heißt, als Mundium[2] für meinen Stand, deswegen, weil ich euren Sklaven zur Ehe genommen habe, aber freilich unter der Bedingung, daß [sie] vom heutigen Tage an im Schutze der vorgeschriebenen Sigirad und Arochis verbleibe, so wie deren andere Schutzbefohlene, und daß sich die bereits genannte Anstruda niemals zu irgendeiner Zeit ihrer Schutzherrschaft entziehen darf, sondern, wie wir oben gesagt haben, muß ich von heute an Zeit meines Lebens stets in der Schutzherrschaft des Sigirat und Arochis und ihrer Erben verbleiben. Und wenn aus dieser Ehe Söhne

1 Der Notar wechselt mehrfach zwischen direkter und indirekter Rede.

2 Das latinisierte germanische Wort ist in deutsch ›Vormundschaft‹ enthalten. Hier bezeichnet es den Kaufpreis für die Schutzherrschaft. Die Urkunde sagt nicht, welche Leistungen (Dienste, Abgaben) des Beschützten ihm gegenüberstanden.

oder Töchter hervorgehen werden, so sollen die männlichen immer in eurer Schutzherrschaft verbleiben, die weiblichen aber, wenn solche geboren werden, geben jede, wenn sie zu einem Ehemanne hingehen, ihr Mundium kopfweise so, wie es für ihre vorgenannte Mutter gegeben worden ist. Und wenn sich vielleicht einmal die schon oft genannte Anstruda der Schutzherrschaft jener Vorgeschriebenen entziehen wollte, so soll sie das Recht dazu nicht haben, sondern von heute an soll sie dem vorgenannten Sigirad und Arochis oder deren Erben zu jeder Zeit, da sie abziehen will, euch oder euren Erben zehn Goldsolidi büßen, und diese Urkunde soll in ihrer Geltungskraft verbleiben. Verhandelt in der Augusta Piacenza.

+ Zeichen + der Hand der Anstruda, die gebeten hat, daß diese Schutzurkunde wegen ihres Standes gemacht werde.

+ Zeichen + der Hand des Autharenus, ehrbaren Mannes, ihres Vaters, der zustimmt.

+ Zeichen + der Hand des Benedictus, Religiosen und Klerikers, als Zeugen.

+ Zeichen + der Hand des Gaifrit, ergebenen Mannes, Sohns des weiland Luponus de Marinasco, als Zeugen.

+ Ich, Godefrid, Kleriker, habe diese Urkunde über den angenommenen Schutzpreis auf Bitten der Anstruda und ihres Vaters Autharenus als Zeuge unterschrieben.

+ Ich, Faustinus, ehrbarer Priester, ... [usw. wie eben].

+ Ich, Heldo, ehrbarer Priester, ... [usw. wie eben].

+ Ich, der obige Vitalis, Religiose und Subdiakon, Schreiber dieser Urkunde, habe [sie] nach der Übergabe vervollständigt und gegeben.

2. Ermetrud verkauft mit Zustimmung ihres Vaters einen Sklaven, 6. Juni 725: CDL 1 S. 126 Nr. 36.

Während unser Herr Liutprand, der sehr erhabene Mann, als König im 13. Jahre regierte, am achten Tage vor den Iden des Juni in der 8. Indiktion, glückauf! Ich, Faustinus, Notar der königlichen Gewalt, habe diese Verkaufsurkunde geschrieben, darum ersucht von der ehrbaren Frau Ermetrud, Tochter des Laurentius, mit Zustimmung und Bewilligung ihres Vaters, als Verkäuferin; und sie bekennt, von dem Clarissimus Toto zwölf neue Goldsolidi erhalten zu haben, so wie sie [sie] in diesem Augenblick erhält als ausgemachten Preis für einen Burschen namens Satrelanus, oder mit welchem anderen Namen er benannt sein mag, der von Abstammung Gallier ist. Und sie hat bekannt, daß er ihr in väterlicher Nachfolge zugekommen ist. Sie verspricht gemeinsam mit ihrem vorgeschriebenen Vater, ihn, diesen Jungen, vom heutigen Tage an für den Käufer gegen jedermann zu verteidigen[3], und wenn er angesprochen und erstritten werden sollte und sie ihn überhaupt nicht gegen jedermann verteidigen können, sollen sie seinem Käufer die Solidi doppelt zurückgeben, womit die Sache dann gebessert ist. Geschehen zu Mailand am Tage, im Regierungsjahre und in der 8. Indiktion, wie oben geschrieben, glückauf!

Zeichen + der Hand der Ermetrud, ehrbaren Frau und Verkäuferin, die bekannt hat, daß sie gutwillig den obengeschriebenen Jungen, den Franken, mit Willen ihres Vaters verkauft habe, und die begehrt hat, daß diese Verkaufsurkunde gemacht werde.

Zeichen + der Hand des Laurentius, ehrbaren Mannes, ihres Vaters, der dem Verkauf zustimmt.

Zeichen + der Hand des Theotpert, ehrbaren Mannes und »lurigarius«, Sohns des weiland Johannacus, Verwandten der Verkäuferin, in dessen Gegenwart sie laut gesagt hat, daß sie keine Gewalttat erleide, und der zustimmt.

Zeichen + der Hand des Ratchis, ehrbaren Mannes und Franken, als Zeugen.

+ Ich, Antoninus, ergebener Mann, habe diese Verkaufsurkunde auf Bitten der Ermetrud, ehrbaren Frau, und ihres zustimmenden Vaters als Zeuge unterschrieben.

+ Ich, der obige Faustinus, Schreiber dieser Verkaufsurkunde, habe sie hernach übergeben und ausgehändigt.

3 Der sog. Gewährenzug des germanischen Rechts: Wenn ein Dritter Ansprüche auf die Sache erhebt, muß der Verkäufer den Käufer ihm gegenüber vertreten.

3. Radoald bittet den Bischof von Novara um Einweisung in einen Altar, den er beschenkt, 3. Dez. 729: CDL 1 S. 147 Nr. 44.

+ Dem heiligen Herrn und unserem durch Verdienste allerseligsten und den Verdiensten der Apostel gleichzusetzenden Vater Graziosus, dem Bischof, der den Stuhl des seligen Gaudentius innehat. Ich, Radoald, ergebener Mann, euer Sohn, Einwohner im Dorfe Gausingus, habe in der Kapelle des seligen Michael oder bei dessen Altar, der in der Kirche, wo der Altar des seligen Heiligen Martinus ist, aufgestellt ist, anwesend vor Zeugen gesagt: »Gepriesen sei der Herr, der will, daß alle Menschen erlöst werden und zur Erkenntnis der Wahrheit kommen, und der uns euch als Hirten gegeben hat, damit wir würdig sind, durch eure Predigt zum ewigen Leben zu gelangen.« Deshalb, o Herr Vater, bitte ich eure Heiligkeit, daß du mir in der schon genannten Kapelle den Altar zueignen müssest auf den Namen des schon genannten seligen Michael; und ich übertrage dorthin gemäß meiner Geringfügigkeit ein Stückchen Land, das mit sechs Scheffeln zu besäen ist, in drei Teilen: Zwei Scheffel sind auf einen zu verwenden, zwei auf den anderen, zwei auf den dritten, zusammen werden es sechs Scheffel, und davon sollen an jener ehrwürdigen Stätte die Lichter gemacht werden, jedoch so, daß diese ehrwürdige Stätte auf ewig unter eurem Schutz und Herrschaft oder Weihe stehen muß und unter euren Nachfolgern. Die von mir gemachte Bittschrift aber habe ich vorlesen lassen und mit dem Zeichen des heiligen Kreuzes bekräftigt und euch in den Schrein der heiligen Kirche zur Aufbewahrung übergeben. Geschehen in der Stadt Novara am dritten Tage des Monats Dezember, im 18. Jahre des Königtums des Königs Liutprand, in der 13. Indiktion, glückauf!

Zeichen + der Hand des Radoald, ergebenen Mannes, der die Fertigung dieser Urkunde begehrt hat und dem sie vorgelesen worden ist.

Zeichen + der Hand des Rotpert, Bürgers von Novara, als Zeugen.

Zeichen + der Hand des Liutpert, ergebenen Mannes, als Zeugen.

Zeichen + der Hand des Lupecinon, ergebenen Mannes aus demselben Dorfe, als Zeugen.

Ich, Lautchis, Notar, habe die Urkunde geschrieben, darum ersucht von Radoald, und nach der Übergabe vervollständigt und gegeben.

4. Johannacus empfängt den Preis für die Vormundschaft über seine Schwester, die einen Unfreien geheiratet hat, 30. Jan. 735: CDL 1 S. 175 Nr. 53.

+ In Christi Namen. Während unser Herr Liutprand, der sehr erhabene Mann, als König regierte, im 23. Jahre seines Königtums, am 30. Januar in der 3. Indiktion, glückauf! Ich, Lazarius, Religiose und Kleriker der Basilika St. Johannis in Biasco [bei Ticino], habe diese Urkunde über empfangenes Mundium geschrieben, darum gebeten und ersucht von Johannacus, ergebenem Manne, Sohn des weiland Laurentius, wohnhaft im Dorfe Cadro [bei Lugano]. Es steht fest, daß er empfangen hat, so wie er jetzt vor Zeugen empfängt von dir, Sigerad, und von Arichis, Gebrüdern, empfangen hat [!] zwei Goldsolidi an der Zahl und einen Drittelsolidus als ausgemachten Preis der Herrschaft für eine Unfreie namens Scolastica, Tochter des Laurentius, und diese hat den Unfreien Ursio sich zum Ehemann genommen. Und dafür verspreche ich, der obige Johannacus, diese obengeschriebene Scolastica, meine Schwester, gegen jedermann zu verteidigen, sowohl gegen königliche wie gegen jedermanns Klage; und wenn ich oder meine Erben die obengeschriebene Scolastica gar nicht verteidigen können, dann freilich werde ich, Johannacus, oder meine Erben euch, dem Sigerad und dem Arichis und euren Erben, das doppelte Mundium büßen, oder die Unfreie mit ihren Nachkommen, und die Urkunde über das empfangene Mundium soll in ihrer Geltungskraft verbleiben, nachdem die Bedingung durch feierliches Gelöbnis eingelegt worden ist[4]. Die Urkunde ist gemacht worden auf dem Gute Campione [bei Como] am Tage, im Regierungsjahre und Indiktion, wie oben geschrieben. Glückauf!

4 Die Begriffe Bedingung und Gelöbnis entstammen dem ältesten römischen Recht, das für den Vertragsabschluß bestimmte förmliche Reden und Antworten der Vertragspartner vorgeschrieben hatte. Dieser Formalismus war bereits im 2. Jh. außer Gebrauch gekommen. Es ist typisch für die Bildung der Urkundenschreiber, daß sie den Hinweis auf ihn in einer unverstandenen

Zeichen + der Hand des Johannacus, der diese Urkunde über empfangenes Mundium hat machen lassen und dem sie vorgelesen worden ist.

Zeichen + der Hand des Petrunis von Bissone [bei Lugano] ergebenen Mannes, als Zeugen.

Zeichen + der Hand des Odunus von Morcote [bei Lugano], ergebenen Mannes, als Zeugen.

Zeichen + der Hand des Dominicus de Cadelo, ergebenen Mannes, als Zeugen.

+ Ich, der obige Lazarius, Religiose und Kleriker, gebeten von Johannacus, habe [dies] geschrieben und unterschrieben, nach Übergabe vervollständigt und gegeben.

5. Gesetz König Aistulfs über die Pflicht der Krieger, sich selbst auszurüsten, 750: Die Gesetze der Langobarden, übertragen und bearbeitet von F. Beyerle, Weimar 1947, S. 358–361.

Von Leuten, welche einen Panzer haben können, [gleichwohl] aber keinen haben, oder auch kleineren Leuten, welche ein Pferd und Schild und Lanze sich [wohl] halten könnten, [gleichwohl] aber sie nicht halten. Auch daß solche Leute, die nichts [derart sich] halten können noch auch halten, um zum Aufgebot zu ziehen: [daß diese] Schild und Köcher [dennoch] haben sollen.

Es stand [allgemein] fest, daß einer, der sieben Gutshöfe hat, auch seinen Panzer mitsamt seiner übrigen Ausrüstung haben soll; auch soll er Pferde halten. Und wer noch mehr hat, soll [jeweils] der Zahl entsprechend Pferde und sonstige Ausrüstung halten.

Ferner beschloß man: Diejenigen, die keine Gutshöfe besitzen, wohl aber 40 Juchart Land, die sollen ein Pferd, Schild und Lanze haben.

Ferner wegen der minder[begüterten]: Da dünkte es den Herrscher [richtig], daß sie [dann], wenn sie einen Schild halten können, auch Köcher, Pfeile und Bogen halten sollen.

Ferner, was jene [anderen] anlangt, die Handel treiben und ver-

und rechtlich bedeutungslosen Formel noch immer festhielten. Ähnlich steht es mit den Begriffen Vervollständigen und Übergeben bzw. Übergabe in den Unterschriften.

mögend sind: Die größeren, mächtigeren sollen Panzer, Pferde, Schild und Lanze halten. Die ihnen nachstehen, sollen Pferde, Schild und Lanze haben. Die minder[begüterten] aber sollen Köcher, Pfeile und Bogen führen

6. Bonuald und Radulus, unfähig, Grundzins und Steuern zu zahlen, nehmen ihren Mutterbruder als Miterben an, 754: Il Regesto di Farfa 2 S. 45 Nr. 36.

Im Namen Gottes, des Herrn, unseres Erlösers Jesu Christi. Als Herr Aistulf, hervorragendster König, regierte, im fünften Jahr seines Königtums in Gottes Namen, im Monat Juli in der 7. Indiktion. Also steht fest, daß wir, Bonuald und Radulus, Gebrüder, in Anbetracht unserer Jugend und weil wir unseren Herren den Zins und die Fuhrdienste von unserem geringen Anteil keineswegs entrichten können, mit Erlaubnis und auf Befehl Herrn Fulcoalds, Abtes des Klosters der heiligen Mutter Gottes und ewigen Jungfrau Maria [in Farfa], in dessen Hofe namens Fornicata wir offenkundig wohnen, und ferner mit Erlaubnis Herrn Fulculus' und Herrn Maurus', an deren Hofe, nämlich in Casula, wir unseren Anteil innehaben, dich, Martianulus, Bruder unserer Mutter, in dieses unser bißchen Vermögen als Bruder annehmen, und wir wollen, daß du in einem Dritteil Erbe seiest, und zwar in der Absicht, daß du die Fuhrdienste und Zinse mit uns gemeinsam entrichten mußt, und wenn wir irgendwann einmal die Grundstücke, Wein- und Ölgärten, Kultur- und Ödland, liegendes und bewegliches Gut sowohl von Fornicata wie auch von Casula teilen wollen, du wie unser leiblicher Bruder alles und aus allem, wie wir oben gesagt haben, mit uns teilen sollst.

7. Gundwald übernimmt die Verwaltung eines Großgutes des Klosters Farfa, 17. Okt. 757: Il Regesto di Farfa 2 S. 48 Nr. 40.

Im Namen Gottes, des Herrn, unseres Erlösers Jesu Christi. Zu Zeiten Herrn Alboins, berühmten und höchsten Herzogs des Volkes der Langobarden, und des erhabenen Mannes Hizo, Gastalden[5]

5 Verwalter des Königsgutes und Vertreter des Königs, als solcher Schutzherrr der Bürger gegenüber dem Herzog.

der Stadt Rieti, im ersten Jahre, am 17. Oktober in der 11. Indiktion. Ich, Gundual, Sohn des Hilbremund, Einwohner der Stadt Rieti, bekenne, daß ich von euch, Fulcuald, Abt des Klosters St. Marien, und von der ganzen Vereinigung eures Klosters euren Hof im Gebiet von Germanicia zur Verwaltung übernommen habe mit allen Bauern, die zu diesem Hofe gehören, jedoch so, daß ich euch, solange es euch gefällt, daß ich eure Verwaltung auf diesem benannten Hofe innehaben soll, ohne jede Nachlässigkeit und Betrug dienen soll. Und niemals darf ich in irgendeiner Sache wider euch und wider euren Willen handeln, sondern in allem muß ich, wie ich gesagt habe, gleichmäßig und getreulich ohne Nachlässigkeit und Betrug für euch arbeiten. Und die wie auch immer beschaffenen Rechtssachen, die auf diesem Hofe betrieben werden müssen, sowohl über Grundstücke wie über Familien und Häuser, die diesem Hofe entzogen worden sind, muß ich gleichmäßig und getreulich betreiben und androhen, als ob es meine eigenen Rechtsansprüche wären. Wenn ich euch aber in etwas, was fern sei, Nachlässigkeit und Betrug zufüge oder wo auch immer gegen euren Willen handle und eure Rechte nicht gleichmäßig einfordere oder euch in irgend etwas ungehorsam werde und wenn dies erwiesen wird, dann werde ich euch und eurem Kloster, ich oder meine Erben, 300 sol. aus gutem Golde büßen, und mein jetziges Versprechen soll in seiner Geltung bleiben, solange es euch gefällt. Diese Urkunde aber meines Versprechens habe ich öffentlich geschrieben und den Zeugen zur Bekräftigung vorgelegt. Geschehen auf dem obengeschriebenen Hofe in Germanicia, in obengeschriebenem Monat und Indiktion. Ich, Gundual, Clarissimus, habe diese Urkunde über die von mir gemachte Willenserklärung und Versprechen vorgelesen und unterschrieben und die Zeugen gebeten, zu unterschreiben oder ihr Handzeichen darunterzusetzen.

\+ Handzeichen des Scharmannes Sindo als Zeugen.

\+ Handzeichen des Heermannes Baruncio als Zeugen.

\+ Handzeichen des Heermannes Guino als Zeugen.

\+ Handzeichen des Aidulf als Zeugen.

\+ Ich, Barosio, wiewohl unwürdig, Mönch, habe diese Urkunde mit meiner Hand unterschrieben, gebeten von Gundual.

\+ Ich, Sigeran, wiewohl unwürdig, nur mit dem Namen Mönch

gerufen, habe diese Versprechungsurkunde auf Bitten Gundualds als Zeuge unterschrieben.

\+ Ich, Johannes, unwürdiger und demütiger Sünder, lediglich Mönch mit Namen, habe diese Versprechensurkunde, von Gunduald gebeten, als Zeuge unterschrieben.

\+ Handzeichen des Heermannes Rampho als Zeugen.

\+ Ich, Palumbus, wie oben, unwürdiger Priester, Schreiber dieser Versprechensurkunde, die ich als hernach übergebene vervollständigt und ausgehändigt habe.

8. Urteil des Herzogsgerichts im Güterstreit zwischen Kloster Farfa und Campulus, April 761: Il Regesto di Farfa 2 S. 51 Nr. 45.

Im Namen des allmächtigen Gottes. Als ich, der ruhmreiche Herzog Gisulf, gemeinsam mit unseren Richtern in unserer Stadt Rieti residierte, um über die Klagen einzelner Männer zu entscheiden, da kamen vor unsere Person die Mönche Varosus und Adruald vom Kloster St. Marien, die mit Erlaubnis ihres Abtes Halanus eine Klage des Klosters einbrachten, denn sie hatten Wechselreden mit Campulus, einem Manne von Rieti, über den Gutshof, der Mallianus heißt. Und dort deputierte der Herr[6] selbst seine Richter, die die Wechselreden beider Seiten anhören sollten, nämlich Claudius und Aldo, Schultheißen, den Notar Dagarius, Guala, Hisemund, Schultheißen, Aduald, Schultheißen, und andere Dabeistehende.

Und dort versicherten der vorgenannte Varosus und Adruald, die Mönche, und sagten: Als uns Eudo in Schuld verfallen war und uns für den Diebstahl, mit dem er uns ein Pferd wegnahm, hätte 100 sol. büßen müssen, da hat er uns anstatt dieser Buße bei unentschiedenem Verfahren in Anwesenheit von Zeugen seinen Gutshof übergeben, der Mallianus heißt, mit dem Hause, dem Gottesdiensthause oder Kirche und dem Gutsbetrieb des Hauses und insgesamt allem, was zu diesem Gutshofe gehört. Darüber haben wir Zeugen, nämlich den Schultheißen Hisemund, dessen Bruder Teudemund, den Verwalter Gunduald und Hauto, die

6 Herzog Gisulf, den der Schreiber zunächst in direkter Rede sprechen ließ.

wissen, wie dieser Gutshof uns übergeben und unser Besitz geworden ist.

Hierauf antwortete jener Campulus und sagte: Über diesen Gutshof, von dem ihr redet, hat jener Eudo, bevor euch der Gutshof abgetreten worden war, auch mir anstatt der Buße für ein Pferd, das er geraubt hat, eine Pfandschaft von 100 sol. gegeben und einen Bürgen gestellt, und dieser Bürge hat mir anstatt des Pfandes zwei Wirtschaftshöfe von dem obengeschriebenen Gutshof übergeben, und anstatt der erwähnten Buße, die er mir hätte leisten müssen, habe ich diese Höfe in Besitz.

Als nun wir, die Richter wie oben, diese ihre Wechselrede vernommen hatten, fragten wir die Mönche, zu welcher Zeit sie den Gutshof tradiert erhalten hätten, und sie sagten uns: Zu der Zeit, als Picco erschlagen wurde, in der 12. Indiktion[7], ist uns dieser Gutshof so übergeben worden, und hier sind unsere Zeugen wie oben; sie wissen, daß es so gewesen ist, wie wir sagen. Weiter nun wurden von uns, den Richtern, diese Zeugen befragt, nämlich Hisemund, der Schultheiß, Teudemund, sein Bruder, der Verwalter Gunduald und Hauto, und sie berichteten in unserer Gegenwart so: daß mit unserem Wissen zu jener Zeit der Gutshof durch einen gewissen Eudo dem Kloster der heiligen Mutter Gottes Maria übergeben worden ist.

Weiter haben wir den bereits erwähnten Campulus aufgefordert, daß auch er uns sagte, zu welcher Zeit er jene Höfe anstatt der Buße tradiert erhalten habe, und er sagte uns: daß mir im vergangenen Monat Mai in der 13. Indiktion, zur Zeit des Herzogs Herrn Gisulf, diese Höfe durch meine Bürgen so übergeben worden sind.

Als wir alles der Reihe nach untersucht hatten, erkannten wir als Wahrheit der gewissen Sache, daß das Kloster den Gutshof und die Höfe, die ihm früher übergeben worden waren, bei unentschiede-

7 Eine von Kaiser Justinian I. gesetzlich vorgeschriebene Jahresbezeichnung unbekannter Herkunft, die die Jahre in einem fünfzehnjährigen Zyklus zählte, mit Jahresbeginn am 1. September. Die Anzahl der verflossenen Zyklen wird nicht genannt, sondern nur die Zahl des Jahres im laufenden Zyklus. Die 12. Indiktion vom 1. Sept. 758 bis 31. Aug. 759, die 13. ebenso von 759 bis 760.

nem Rechtsstreit erhalten hatten, und die bereits genannten Zeugen legten ihr Zeugnis ab. Wir haben so geurteilt, wie es uns recht zu sein offenbar geworden ist, daß fünf Verwalter von Seiten des Klosters, welche es auswählen wollte, unter Eid dem Campulus sagen sollten: Deswegen, weil wir den Gutshof früher von Eudo bei unentschiedenem Rechtsstreit tradiert erhalten haben, so wie unsere Zeugen es bezeugt haben, muß er auch nach den Gesetzen unser sein. Und in dieser Ordnung haben wir die Mönche dem Campulus Sicherheit geben lassen über diesen Eid, und daher haben sich als Bürgen Aduald, Schultheiß, [!] zwischen sie gestellt. Zu derselben Stunde haben wir die Höfe der Partei des Klosters zurückgeben lassen, und Campulus, der diese Höfe später übernommen hatte, sollte für sich dieses Anspruches stillschweigen und zufrieden sei. Und damit ist der Prozeß so beendet worden, daß er hinfort nicht wieder in Gang gesetzt werden kann. Sondern hinfort und immer sollen beide Seiten in dieser Abwägung verharren.

Diese Notiz aber von dem Urteil habe ich, Stephan, auf Gebot des Notars Dagarinus geschrieben im zweiten Jahre in Gottes Namen des Herzogtums Herrn Gisulfs, des ruhmreichen Herzogs, im Monat April in der 14. Indiktion. Geschehen in Rieti.

9. Auderisius von Rieti trägt dem Kloster Farfa seinen Sohn auf und stattet es aus, August 763: Il Regesto di Farfa 2 S. 57 Nr. 54.
Im Namen Gottes des Herrn, unseres Erlösers Jesu Christi. Während unsere Herren Desiderius und Adelchis, sein Sohn, die allerfrömmsten Könige, regierten, im siebten und vierten Jahre durch Gottes Gnade ihres Reiches, aber auch zu Zeiten des Theodicius, ruhmreichen und höchsten Herzogs, im Monat August während der 1. Indiktion. Also steht fest, daß ich, Auderisius von Rieti, um Lohnes und Erlösung meiner Seele willen dem Kloster der heiligen Gottesmutter Maria und dir ehrwürdigem Herrn, o Abt Halanus, und der ganzen Versammlung dieses Klosters zugestanden und in ewiger Tradition aufgetragen habe, nämlich den fünften Teil von allen meinen beweglichen und unbeweglichen Vermögensstücken, und auch den sechsten Teil meines Sohnes Haunepert insgesamt an beweglichen und unbeweglichen Gütern, und diesen meinen Sohn bringe ich in diesem Kloster der Herrenmutter Maria dar, damit er

dort in diesem heiligen Kloster ein mönchisches Leben führen müsse, zusammen mit meinem und meines vorgenannten Sohnes Anteil vom Bethause des seligen Erzengels Michael, das ich selbst auf meinem eigenen Gute von Grund auf erbaut habe, ausgenommen die vier Teile meines restlichen Vermögens, die wir unseren vier Söhnen, nämlich Gualtarinus, Aunelahis, Troctichis und Asuald, vorbehalten haben, damit ein jeder nach den Gesetzen seinen Anteil von allen, wie ich gesagt habe, meinen Vermögensstücken erhalte, außer, wie wir schon gesagt haben, meinem Anteil und dem meines schon genannten Sohnes, die wir offenkundig nach den Gesetzen innehaben. Und was ich hinfort noch erwerben können mag, das soll bei dieser heiligen Stätte beständig verbleiben, so daß ich, solange ich lebe, diese zwei Anteile durch Nießbrauch in meiner Besitzgewalt ohne Veräußerungsrecht behalte. Nach meinem Tode aber soll alles mit meinem Sohne Haunepert in die Gewalt des Klosters zurück– und eurer Ehrwürdigkeit oder dem Abte, der zu der Zeit da sein wird, zufallen, so daß von dem Tage an dieses Kloster unsere ganze vorstehende Schenkung beständig besitze und von keinem meiner Erben widersprochen werde. Daher haben wir zur Sicherheit dieser heiligen Stätte den Notar Dagarius aufgefordert zu schreiben. Geschehen auf dem herrschaftlichen Hofe in Musileum, in obengeschriebenem Monat und Indiktion, glückauf!

\+ Ich, Hauderis, habe in diesem von mir gemachten urkundlichen Testament mit meiner eigenen Hand unterschrieben.

\+ Ich, Aurimo, Notar der Stadt Assisi, von Hauderis gebeten, habe mit meiner eigenen Hand unterschrieben.

\+ Ich, Anselmus, von Hauderis gebeten, habe diese Urkunde mit meiner Hand unterschrieben.

\+ Ich, Leopardus von Assisi, habe diese Urkunde, von Hauderis gebeten, mit meiner eigenen Hand als Zeuge unterschrieben.

\+ Ich, Hauto, Schultheiß von Fulginea, habe diese Urkunde, von Hauderis gebeten, mit meiner eigenen Hand als Zeuge unterschrieben.

Die volksrechtliche Verfassung des Karolingerreiches und ihre Auflösung durch das Lehnswesen, 743–813

Die Herrschaft der Karolinger als Hausmeier und seit 751 als Könige der Franken beruhte darauf, daß die freien Männer des Volkes sie zu ihren Führern erwählten und ihnen beim Antritt der Regierung Gehorsam gelobten oder huldigten. Indes hatte die Huldigung nicht die verpflichtende Kraft eines Treueides, und sie hatte keinen repräsentativen Charakter, d. h. niemand wurde dadurch dem Könige zum Gehorsam verpflichtet, daß ein anderer Mann seiner Familie oder seiner Heimat dem Herrscher huldigte. Diese Mängel wurden sichtbar, als im Jahre 786 in Thüringen ein Aufstand gegen König Karl ausbrach, dessen Träger sich gegenseitig Treue schworen unter Berufung darauf, daß sie niemals dem Könige einen Treueid geleistet hätten. Um die volksrechtlichen Grundlagen seiner Herrschaft zu befestigen, verfolgte der König seither das Ziel, durch seine Königsboten von allen freien Männern einen ausdrücklichen Treueid einzuholen, den man heute gewöhnlich als Untertaneneid oder allgemeinen (volksrechtlichen) Treueid bezeichnet.

Der strategische Bedarf des fränkischen Großreiches an schnell und über weite Strecken beweglichen Truppen und technische Fortschritte wie die Verbreitung des Steigbügels, der dem berittenen Krieger den Kampf mit dem Schwerte vom Sattel aus gestattete, hatten die Karolinger bereits als Hausmeier in der ersten Hälfte des 8. Jahrhunderts dazu veranlaßt, ein Reiterheer zu bilden. Die Kosten für Pferd, Rüstung und Waffen waren indes so hoch, daß arme Leute sie nicht aufbringen konnten; es erforderte den Besitz mindestens einer Kleingrundherrschaft, eines Fronhofes mit nicht unter zwölf abhängigen Bauernhöfen, damit ein Mann genug Einkünfte besaß, um sich als Reiterkrieger auszurüsten. Das für die Ausgabe solcher Rittergüter nötige Land konnten die Karolinger nur zum Teil aus dem Reichs- oder Krongut aufbringen. Da das Heer auch dem Schutze der kirchlichen Grundherren vor den heidnischen Arabern und Sachsen diente, beschafften sie es sich in großem Um-

fange aus den Gütern der Kirchen, indem sie Bischöfen und Äbten befahlen, bestimmte, zuvor kirchlichen Zwecken dienende Güter den von ihnen benannten Mannen in Leihe zu geben; der Beliehene hatte dafür der Kirche ein Zehntel des Ertrages (man sagte: den Neunten, nämlich das neunte Zehntel der Einkünfte nach dem allgemeinen Kirchenzehnten) und dem Herrscher den Heerdienst zu leisten.

Aus dieser Leihe von Königs- und Kirchengut entwickelte sich das Lehnrecht, als ein Recht der Verträge, die freie Männer unter sich über die beiderseitigen Befugnisse und Pflichten abschlossen: Der Lehnsherr (senior, dominus) lieh dem Lehnsmanne ein Landgut, daran er sich das Obereigentum vorbehielt, und gewährte ihm damit den Lebensunterhalt und dazu Schutz und Fürsorge in den Notlagen des Daseins; der Mann (homo, vassus, vasallus) gelobte ihm dafür als Gegenleistung Gehorsam und Dienst sowohl in politischen wie in kriegerischen Konflikten (Rat und Tat): Denn nur gestützt auf solche Dienste konnte der Herr seinerseits die Pflichten erfüllen, die er übernahm. Der Vertrag kam zustande, indem sich der Mann in die Gewalt des Herrn ergab (commendatio, Mannschaft) und ihm den Treueid (fidelitas) leistete, während der Herr den Mann in den Besitz des Leihegutes einsetzte. Der Grundgedanke des Lehnrechts war vollendet, sobald Landleihe und Treueid nicht mehr als verschiedene Rechtsgeschäfte, sondern als die untrennbaren Hälften eines einzigen Aktes aufgefaßt wurden. Nun gab es keine ritterlichen Landleihen ohne Treueide und keine Treueide ohne Landleihen mehr.

Ebenso wie die gegenseitige Treueidleistung bei Verschwörungen kollidierte die im Lehnrecht begründete Treue mit der volksrechtlichen Treupflicht des Untertaneneides. Der freie Mann, welcher Vasall eines Großgrundbesitzers, Bischofs oder Grafen war, stellte die Treue zu seinem Lehnsherrn höher als die in der bloßen Huldigung oder im allgemeinen Treueid begründete Treue zum Könige, denn diese volksrechtliche Treue war nicht mit Landleihe verbunden, brachte dem Manne also keinen unmittelbaren materiellen Vorteil. Die Karolinger selber nutzten dies aus, als sie damit begannen, wegen der besonderen Gehorsamspflicht, die der Lehnseid begründete, auch die Herzöge und Grafen, die eigentlich ihre Amtleute sein sollten, zu Vasallen zu machen; das älteste bezeugte Bei-

spiel dafür ist der Fall des Herzogs Tassilo von Bayern. Die Folge war, daß die Belehnung der Herzöge und Grafen mit dem Amtsgute (den Grundherrschaften, deren Ertrag sie für die Amtszwecke verwandten) in den Mittelpunkt der Ernennung trat und das Amt selber mit seinen Pflichten als dessen bloßes Zubehör aufgefaßt wurde. So kam es, daß man schließlich neben den ritterlichen Kleingrundherrschaften auch die königlichen Ämter wie Lehen behandelte.

Als Quellen, um die Entwicklung des Lehnswesens zu verfolgen, stehen uns außer dem Bericht der Reichsannalen über Herzog Tassilo die Kapitularien zur Verfügung. So heißen die insbesondere von den karolingischen Herrschern als Regierungsmittel benutzten Satzungen oder Gesetze, deren Text gewöhnlich in Artikel (capitula) eingeteilt war und die die unterschiedlichsten, zu einem bestimmten Zeitpunkt der Regelung bedürftigen Gegenstände betreffen konnten. Die Könige pflegten darüber bei Hofe mit den anwesenden Bischöfen und Großen zu beraten, ohne daß man diese Berater als Repräsentanten des Volkes ansehen kann; es gab kein festgelegtes Verfahren für die Schaffung der Kapitularien. Veröffentlicht wurden sie im Reiche durch Königsboten, die die Texte in den Grafengerichten, wo sich das Volk versammelte, in die Volkssprache übersetzt verlasen. In dieser Quellengattung kommt ein Wille zu zentraler, beständiger und rechtsgebundener Regierung zum Vorschein, der, obwohl die Erfolge zweifelhaft sind, immer als ein besonderes Ruhmesblatt der Karolingerdynastie gegolten hat. Mit ihr ging dieser Wille am Ende des 9. Jahrhunderts unter, um erst drei Jahrhunderte später allmählich wieder aufzuleben.

1. Gesetz des Hausmeiers Karlmann über die Ausgabe von Kirchengütern zu Kriegerlehen auf Befehl des Königs. Lestinnes, 1. März 743: MGH Capit. 1 S. 26 Nr. 11 c. 2.

Auch haben wir festgesetzt mit dem Rate der Knechte Gottes und des christlichen Volkes, wegen der drohenden Kriege und Verfolgungen [seitens] der übrigen Heidenvölker, die in unserem Umkreise sind, daß wir unter Prekarien[-] und Zins[recht] einen Teil des kirchlichen Gutes zur Beihilfe für unser Heer mit Nachsicht Gottes auf einige Zeit behalten sollen unter der Bedingung, daß in jedem Jahre von jeder Hofstelle[1] ein Schilling, das sind 12 Denare, an die Kirche oder an das Kloster gegeben werden, derart, daß, wenn der stirbt, dem das Gut geliehen worden ist, die Kirche mit ihrem Gute wieder ausgestattet werde[2]. Und wenn die Not wiederum erzwingt, daß der Fürst [es] befiehlt, so werde die Prekarie erneuert und als neue beurkundet. Und durchaus werde beachtet, daß die Kirche oder die Klöster, deren Gut als Prekarie dargeliehen worden ist, keinen Mangel und keine Armut erleiden; wenn aber Armut es erzwingt, werde der gesamte Besitz der Kirche und dem Gotteshaus zurückgegeben.

2. Gesetz des Hausmeiers Pippin über die Reform der Bistümer und Klöster und über die Pflichten ihrer Vasallen. Soissons, 2. März 744: MGH Capit. 1 S. 28 Nr. 12, praef., c. 2–3.

Im Namen Gottes [und] der Trinität. Im Jahre 744 nach der Fleischwerdung des Herrn, in den Nonen des März und am 14. Monde, im zweiten Jahre Childerichs, Königs der Franken. Ich, Pippin, Herzog und Fürst der Franken. Da es den meisten nicht unbekannt ist, daß wir im Namen Gottes mit Zustimmung der Bischöfe oder Priester und mit Rate der Knechte Gottes und [mit] den Grafen und Großen der Franken uns bei der Bischofsstadt Soissons zu unterreden [und] eine Synode oder Konzil zu machen beschlossen haben, so haben wir es in Gottes Namen auch so gemacht.

Deswegen haben wir mit Rat meiner Priester und Großen für die Bischofsstädte gesetzliche Bischöfe aufgestellt und verordnet. Deswegen setzen wir über sie als Erzbischöfe Abel [zu Reims] und Ardobert [zu Soissons], damit sowohl die Bischöfe wie das andere Volk sie oder ihre Gerichte in jedem kirchlichen Notfalle anrufen. Der Stand der Mönche und Mägde Gottes soll gemäß der heiligen Regel beständig fortdauern. Und wegen der untervergabten Kirchengüter soll man die Mönche und Mägde Gottes trösten, daß sie

1 Papst Zacharias gibt diese Stelle in einem Brief an den Missionsbischof Bonifatius mit den Worten »von jedem Ehepaare unfreier Leute« wieder.

2 Die Leihe war also nicht erblich. Als Prekarie hatte man in spätrömischer Zeit eine Leihe bezeichnet, die der Grundherr jederzeit hatte kündigen können.

zu ihrer Notdurft genugtun, und wenn etwas übrigbleibt, werde davon der [Prekarien-]Zins erhoben. Und die rechtmäßigen Äbte sollen keine Heerfolge leisten, außer daß sie lediglich ihre Vasallen hinschicken. Und alle Kleriker sollen ohne Frauen leben und kein weltliches Kleid tragen und bei den Hunden und Jagden nicht mitmachen noch Jagdfalken tragen.

Ebenso haben wir entschieden, daß die weltlichen Vasallen gesetzlich leben und nicht mit verschiedenen Frauen leben und in den Kirchen keine Meineide billigen noch falsche Zeugnisse ablegen und die Kirche Gottes in jeder Notlage behüten sollen. Und jeder Priester, der in dem Pfarrbezirk ist, soll dem Bischof gehorsam und untertan sein und stets am Gründonnerstage dem Bischof von seinem Dienste Rechnung und Ordnung ablegen und das Salböl erbitten. Und wenn der Bischof nach kanonischem Recht in dem Pfarrbezirk herumreist, um das Volk zu konfirmieren, sollen die Bischöfe oder Äbte oder Priester bereit sein, den Bischof aufzunehmen zu Hilfe [seiner] Notdurft.

3. Berichte der fränkischen Reichsannalen über die Unterwerfung und Belehnung Herzog Tassilos von Bayern, 748–787: Annales regni Francorum, recognovit F. Kurze (MGH SS in us. schol.), Hannover 1895, zu 748, 757, 763, 781, 787.

748. Grifo [aufständischer Stiefbruder des Hausmeiers Pippin] zog aus Sachsen ab und kam auf der Flucht nach Bayern. Er unterwarf sich dieses Herzogtum und brachte [Pippins Schwester] Hiltrud mit Tassilo in seine Gewalt. Zu diesem kam [Graf] Swidger als Helfer des genannten Grifo. Als Pippin dies hörte, zog er mit seinem Heere dorthin und unterwarf sich alle oben Genannten. Den Grifo führte er mit sich fort, ebenso Lantfrid [Herzog der Alamannen]; Tassilo setzte er aus Gnaden in das Herzogtum der Bayern ein...

757. Und König Pippin hielt seine Reichsversammlung mit den Franken in Compiègne ab. Dorthin kam Tassilo, der Herzog der Bayern. Er ergab sich mit Händen in die Lehnsmannschaft und schwor viele und unzählige Eide, indem er die Hände auf die Reliquien der Heiligen legte, und versprach König Pippin und dessen vorgenannten Söhnen, Herrn Karl und Karlmann, die Treue als Lehnsmann geraden Sinnes und in fester Ergebenheit nach dem

Recht, so wie ein Lehnsmann gegenüber seinen Herren sein soll. So bekräftigte es der genannte Tassilo auf den Leib der Heiligen Dionysius, Rusticus und Eleutherius und des Heiligen Germanus und des Heiligen Martin, daß er es alle Tage seines Lebens so bewahren werde, wie er es mit den Eiden versprochen hatte, und so bekräftigten es auch seine Mannen von vornehmer Geburt, die ihn begleiteten, wie erzählt worden ist, an den oben genannten und an vielen anderen Stätten.

763. König Pippin hielt seinen Reichstag in Nevers ab, um den vierten Heerzug nach Aquitanien anzutreten. Dort brach Tassilo, der Herzog der Bayern, die Eide und alles, was er versprochen hatte. In böser Absicht entfernte er sich, und er verwarf alle Wohltaten, die König Pippin, sein Oheim, ihm erwiesen hatte. In betrügerischer Absicht entzog er sich [ihm] und ging nach Bayern, und niemals wieder wollte er dem vorgenannten Könige ins Auge sehen.

781. [König Karl] trat die erwähnte Reise an und feierte Ostern in Rom... Und da wurden von dem vorgenannten Papste [Hadrian] zwei Boten, nämlich die Bischöfe Formonsus und Damasus, zu Herzog Tassilo entsandt, zusammen mit den Boten des Herrn Königs Karl, einem Diakon namens Rikulf und dem Obermundschenken Eberhard, um ihn zu ermahnen und zu beschwören, er möge seiner alten Eide eingedenk sein und nur so handeln, wie er es einst unter Eid zugunsten des Herrn Königs Pippin und des großen Herrn Königs Karl und der Franken versprochen hatte. Und da willigte Tassilo, Herzog der Bayern, ein, daß er vom Herrn König Karl Geiseln nehmen und dann vor seine Person kommen würde. Darauf ging der vorgenannte Herr König ein. Und der vorgenannte Herzog begab sich vor das Angesicht des allerfrömmsten Königs bei der Stadt Worms. Da erneuerte er die Eide und stellte zwölf auserlesene Geiseln dafür, daß er alles einhalten werde, was er dem Herrn Könige Pippin unter Eid versprochen hatte, im Falle des vorgenannten Königs Karl und seiner Getreuen. Die Geiseln wurden auf dem Königshof Quierzy aus der Hand Bischof Sinberts [von Regensburg] übernommen. Aber nicht sehr lange hat der genannte Herzog Tassilo die geleisteten Versprechen gehalten.

787. ... [König Karl] befahl dem Tassilo, alles zu erfüllen gemäß dem Gebot des Papstes und wie es Recht wäre, weil er unter Eid

versprochen hatte, in allen Dingen dem Herrn Könige Karl und dessen Söhnen und den Franken gehorsam und treu zu sein und vor sein Angesicht zu kommen. Das wies er zurück und verschmähte es zu kommen. Da sah der Herr König Karl zusammen mit den Franken auf sein Recht, und er begann, gegen die Lande Bayerns mit seinem Heere ins Feld zu ziehen... Da sah Tassilo sich von allen Seiten umzingelt, und er sah, daß die Bayern alle lieber dem Herrn König Karl als ihm treu wären und das Recht des genannten Herrn Königs erkannt hätten und lieber mit dem Rechte als dawider sein wollten; von allen Seiten bedrängt, kam Tassilo in eigener Person, um sich mit Händen in die Hände des Herrn Königs Karl in Lehnsmannschaft zu übergeben. Er gab das Herzogtum zurück, das Herr König Pippin ihm anvertraut hatte[3], und bekannte, in allen Dingen gesündigt und übel gehandelt zu haben. Dann erneuerte er abermals die Eide[4] und stellte zwölf auserlesene Geiseln und als dreizehnte seinen Sohn Theodo. Nach Empfang der Geiseln und der Treueide [von allem Volke][5] ist dann der vorgenannte ruhmreiche König nach Franken zurückgekehrt.

4. Gesetz König Pippins über Ehescheidungen der Vasallen, 758/768: MGH Capit. 1 S. 39 Nr. 16 c. 9.

Wenn jemand unter dem Zwange einer unausweichlichen Notlage in ein anderes Herzogtum oder eine andere Provinz entflieht oder seinem Lehnsherrn, dem er die Treue nicht ableugnen darf, nachfolgt, und wenn seine Ehefrau, obwohl sie dazu imstande und berechtigt ist, ihm aus Liebe zu ihren Verwandten oder ihren Gütern nicht folgen will, so soll sie während der ganzen Zeit, solange ihr

3 Vielleicht bestritt er die Auffassung, er besäße es zu Lehen, und behauptete, es sei ihm nach Volksrecht als Amt übertragen worden.

4 Wohl den Treue- und den Lehnseid, denn aus den Vorgängen des folgenden Jahres ergibt sich, daß Karl ihm das zurückgenommene Herzogtum erneut, aber nun als Lehen übertragen hat.

5 Ein anderes Annalenwerk sagt ausdrücklich: Nachdem das Volk des Landes (gemeint ist das bayerische Gefolge des Herzogs) durch Eid gefestigt worden war. Es leistete also über den Herzog hinweg dem Könige einen Untertaneneid. Um diesen nicht zu verletzen, fiel das Volk im Jahre 788 von Tassilo ab, als dieser eine neue Empörung anzettelte. König Karl konnte ihn daraufhin wegen Treubruchs absetzen und ins Kloster stecken.

Ehemann, dem sie nicht Folge geleistet hat, am Leben ist, stets unverheiratet bleiben. Ihr Ehemann aber, der aus zwingender Not an eine andere Stätte geflohen ist, darf, wenn er nicht enthaltsam zu sein vermag, mit Bußleistung eine andere Ehefrau nehmen.

5. Gesetz König Karls über Vasallen, die zugleich Immunitätsrichter sind, und über die Pflichten der Kirchenvasallen, Herstal 779: MGH Capit. 1 S. 46 Nr. 20 c. 9 der gewöhnlichen und c. 14 der erweiterten italischen Fassung.

Über Räuber von innerhalb der Immunitäten[6]: daß deren Richter sie vor die Gerichte der Grafen bringen sollen. Wer das nicht tut, der verliere Lehen und Amt. Ebenso sollen unsere Vasallen, wenn sie das nicht erfüllen, Lehen und Amt verlieren. Und wer kein Lehen hat, der zahle die Bannbuße.

Wegen der Kirchengüter, die bis jetzt auf Befehl des Königs weltliche Herren zu Lehen gehabt haben: Diese sollen sie auch weiterhin so innehaben, wenn sie nicht auf Befehl des Königs denselben Kirchen wieder zugewiesen worden sind. Und wenn daraus bis jetzt zu Händen der Kirche der Zehnte und der Neunte abgeliefert worden ist, so soll er es auch von jetzt an in Zukunft werden, darüber hinaus aber soll man der Kirche von 50 Höfen 1 sol., von 30 ½ sol., von 20 ⅓ sol. abgeben. Und wer bis jetzt einen anderen Zins entrichtet hat, der soll hinfort so leisten, wie er es bisher getan hat. Und wo bis jetzt kein Zins gegeben worden ist, obwohl das Gut einer Kirche gehört, da soll es veranlagt werden, und wo es nicht schriftlich festgelegt ist, da geschehe dies. Und man unterscheide zwischen Prekarienleihen, die auf königlichen Befehl gemacht worden sind, und solchen, die die Bischöfe, Äbte und Äbtissinnen nach eigenem Ermessen und Entscheiden ausgeben, damit es ihnen freistehe, die von ihnen zu Lehen ausgetanen Güter, wann immer es ihnen gefällt, zu Händen ihrer Kirche

6 Grundherrschaften, die das vom Könige verliehene Vorrecht besitzen, daß die königlichen Grafen sie nicht betreten dürfen, um dort Amtshandlungen vorzunehmen. Damit blieb es den Grundherren überlassen, anstatt der Grafen tätig zu werden.

wieder zurückzunehmen, und damit sie bewirken, daß jeder Lehnsmann der Sache Gottes zur Ehre Gottes getreulich und zuverlässig diene.

6. Gesetz König Karls über die Ablegung des allgemeinen Untertaneneides vor den Königsboten, 792/793: MGH Capit. 1 S. 66 Nr. 25.

Über die einzelnen Kapitel, womit der Herr König seinen Boten vorgeschrieben hat, wie sie die Eide abhören und veranlassen müssen.

Weswegen diese Eide notwendig sind, das sollen sie ordentlich nach alter Gewohnheit auseinandersetzen lassen: weil nämlich jetzt die treulosen Mannen große Verwirrung in dem Reich des Herrn Königs Karl erregen wollen und weil sie Anschläge gegen sein Leben geplant und bei der Untersuchung gesagt haben, daß sie ihm die Treue nicht beschworen hätten.

Wie dieser Eid geschworen werden muß von Bischöfen, Äbten, Grafen, königlichen Vasallen, Pröpsten, Archidiakonen und Kanonikern.

Kleriker, die offenkundig nicht strenge dem Namen der Mönche nachleben oder die irgendwo die Regel Sankt Benedikts ordnungsgemäß befolgen, sollen nur ein wörtliches Versprechen in Wahrheit ablegen; darüber sollen die Äbte unserem Herrn besonders berichten.

Ferner sollen Vögte[7] und Vikare und Zentenare[8] und die außerhalb von Konventen erfaßten Priester und überhaupt alles Volk, vom Knabenalter der Zwölfjährigen bis zum Greisenalter alle, die zu den Gerichtsversammlungen gekommen sein mögen oder den Befehl von Lehnsherren erfüllen und bewahren können, es seien Gauleute oder Mannen der Bischöfe, Äbtissinnen oder Grafen oder Mannen sonstiger [Herren], auch Kolonen oder Sklaven auf Königs- oder Kirchengut, die als Amtleute Lehen und Dienstämter[9] innehaben oder in Vasallenweise bei ihren Herren beamtet

7 Amtleute der mit Immunität ausgestatteten Grundherren.

8 Dem Grafen unterstehende Richter.

9 Der König und die Grundherren setzten Unfreie für Verwaltungsaufgaben ein. Diese konnten keinen Lehnseid leisten, denn nur Freie waren lehns-

sind und Pferde, Waffen, Schild, Lanze, Lang- oder Kurzschwert besitzen können: – die sollen alle schwören. Und die Königsboten sollen Namen oder Anzahl derer, die geschworen haben, in einem Verzeichnis mit sich herbringen; ebenso die Grafen getrennt für die einzelnen Zentenen sowohl von denen, die in dem Gau geboren sind und daher Gauleute sein mögen, wie auch von denen, die sich anderswo als Vasallen [einem Herrn] ergeben haben. Und wäre da einer, der arglistig aus der Grafschaft entflieht und sich wegen dieses Eides in eine andere Grafschaft begeben hat oder aus Stolz nicht schwören will, die sollen sie in besonderen Verzeichnissen zu melden wissen; diese Leute sollen sie entweder durch Treubürgen [zu uns] senden, oder wenn sie keine Treubürgen finden, die jene vor das Angesicht des Königs führen, so sollen sie sie gefangenhalten. Wenn sie aber in einem bestimmten Nachbarnverbande Wohnung nehmen wollen, dann sollen sie den Eid so wie die anderen leisten. Wenn aber jemand einen Flüchtling entdeckt, so melde er es dem Herrn König durch die Königsboten.

7. Gesetz König Karls über die Getreidepreise und über die Pflicht der Vasallen, für ihre Hörigen zu sorgen, Frankfurt 794: MGH Conc. 2,1 S. 165 Nr. 19G.

Unser allerfrömmster Herr König hat mit Zustimmung der heiligen Synode festgesetzt, daß niemand, er sei Kirchenmann oder Laie, jemals Korn teurer verkaufen darf, es sei in Zeiten des Überflusses oder in solchen des Mangels, als den öffentlichen und neuerdings festgesetzten Malter: vom Malter Hafers einen Pfennig, vom Malter Gerste zwei Pfennige, vom Malter Roggen drei Pfennige, vom Malter Weizen vier Pfennige. Wenn er es aber in Brot verkaufen will, so muß er zwölf Brote aus Weizen, die jedes 2 Pfunde halten, für einen Pfennig geben, aus Roggen fünfzehn vom gleichen Gewicht für den Pfennig, aus Gerste zwanzig ebenso schwere, aus Hafer 25 ebenso schwere. Bei dem öffentlichen Getreide des Herrn Königs, wenn es verkauft wird, an Hafer 2 Malter

fähig. Ihr Verwaltungsdienst wurde daher dem der unfreien Bauern gleichgeachtet, die von ihrem Hofe Hand- und Spanndienste leisteten. Daher die Gegenüberstellung von Lehen und Dienstämtern.

für den Pfennig, an Gerste für den Pfennig einen, an Roggen für den Pfennig 2, an Weizen für den Malter 3 Pfennige[10]. Und wer von uns ein Lehen hat, der sehe aufs sorgfältigste darauf, so gut er mit Gottes Hilfe es vermag, daß keiner der Sklaven, die zu diesem Lehen gehören, Hungers sterbe; was aber den Bedarf dieses Hörigenverbandes übersteigt, das mag er frei verkaufen nach dem vorgeschriebenen Recht.

8. Gesetz Kaiser Karls über den Inhalt des volksrechtlichen Treueides, den jeder Freie den Königsboten zu leisten hat, 802: MGH Capit. 1 S. 91 Nr. 33 c. 2–9.

Über die Treue, die dem Herrn Kaiser zu geloben ist. Er hat vorgeschrieben, daß jeder Mann in seinem ganzen Reiche, er sei kirchlich oder Laie, jeder einzelne gemäß seinem Gelöbnis und seiner Aufgabe, wer früher die Treue ihm unter dem Namen des Königs gelobt hätte, jetzt dieses Gelöbnis unter dem Namen des Kaisers ablege; und die bisher dieses Gelöbnis nicht vollzogen haben, sollten alle bis zum zwölften Lebensjahre in gleicher Weise ablegen. Und daß es allen öffentlich überliefert werde, damit jeder einzelne verstehen könne, wie Wichtiges und wie vieles in diesem Eide begriffen ist, nicht nur, wie viele bisher geglaubt haben, die Treue zum Herrn Kaiser in bezug auf dessen Leben, und daß er keinen Feind in sein Reich wegen einer Feindschaft hereinhole und daß er keinerlei Treulosigkeit gegen ihn zustimme oder sie verschweige, sondern daß alle wissen sollen, daß dieser Eid folgenden Sinn in sich habe:

Erstens, daß jeder einzelne und die eigene Person sich bemühe, sich im heiligen Dienste Gottes gemäß Gottes Gebot und gemäß seinem Versprechen völlig zu bewahren gemäß seinem Verstand und seinen Kräften, weil der Herr Kaiser selbst nicht allen einzeln die nötige Sorge und Zucht zuwenden kann.

Zweitens, daß niemand, weder mit meineidiger noch mit irgend-

10 Der von Karl normierte Malter oder Scheffel, lat. modius, läßt sich als Hohlmaß zu 78,382 Liter bestimmen. Infolge der unterschiedlichen Volumengewichte der Getreidesorten konnte er jedoch verschiedene Gewichtsmengen enthalten. Die Höchstpreise setzen variable Füllungen des Malters und variable Brotgewichte voraus und sollten wohl nur die Preisrelationen zwischen den Getreidesorten festlegen.

einer anderen List oder Betrug, noch je um irgend jemandes Belobigung oder Belohnung willen, einen Unfreien des Herrn Kaisers oder eine Grenzmarke oder Land oder irgend etwas, das herrschaftlichem Recht untersteht, in irgendeiner Weise angreife oder es wage, diese zu hinterziehen oder zu verheimlichen; und daß niemand sich anmaße, seine flüchtigen Hörigen, die sich mit Unrecht und Betrug Freie nennen, zu verbergen oder zu entziehen mit Meineid oder anderer List.

Daß sich niemand herausnehme, den heiligen Kirchen Gottes und Witwen und Waisen und Fremden durch Betrug oder Raub etwas an Unrecht anzutun; weil der Herr Kaiser selbst, nach dem Herrn und dessen Heiligen, dazu bestellt ist, deren Beschützer und Verteidiger zu sein.

Daß niemand es wage, ein Lehen des Herrn Kaisers zu verwüsten und sein Eigentum daraus zu erbauen.

Daß sich niemand herausnehme, den Heerbann des Herrn Kaisers vorbeigehen zu lassen, und daß kein Graf so anmaßend sei, daß sie es wagten, irgendeinen von denen, die Heerdienst zu tun verpflichtet sind, daraus durch irgendeine Verteidigung von Verwandtschaft oder die Schmeichelei eines Geschenkes zu entlassen.

Daß niemand sich herausnehme, ein Gebot oder einen Befehl des Herrn Kaisers überhaupt in irgend etwas zu entkräften oder seine Ausführung zu erschweren oder zu behindern oder zu mindern, oder daß in anderer Weise etwas gegen den Willen oder seine Gebote geschehe. Und daß niemand es wage, seine Schuld oder Zins zu verweigern.

Daß niemand im Gericht gewohnheitsmäßig im Auftrage eines anderen das Wort führe und in unrechter Weise die Verteidigung des anderen durchkreuze, der weniger fähig ist, das Wort zu führen, sei es aus irgendeiner Begierde, sei es um der Berechnung seines Verstandes willen mit dem Eifer, rechtes Gericht zu hindern oder die weniger mächtige Berechnung des anderen zu unterdrükken. Sondern jeder soll in eigener Sache den Zins oder den schuldigen Grund angeben, ausgenommen ein Kranker oder der Rechenschaft Unkundiger: Für diese sollen die Königsboten oder Oberen, die in dem Gericht sind, oder der Richter, der den Grund dieser Rechenschaft kennt, mit dem Gericht verhandeln, oder wenn es nötig ist, werde eine solche Person für die Rechenschaft gewählt, die den Beifall aller hat und die in dieser Sache gut Bescheid weiß; dies aber soll durchaus im Einvernehmen mit den Königsboten oder Oberen geschehen, die anwesend sind. Dies soll in allem gemäß der Gerechtigkeit [und] dem Gesetz geschehen, und niemand soll irgend die Macht haben, durch Prämie, Belohnung oder irgendeine List böser Schmeichelei oder Eintreten für die Verwandtschaft die Gerechtigkeit zu behindern. Und daß keiner einem anderen etwas zu Unrecht zugestehe, sondern alle mit ganzem Eifer und Willen bereit seien, die Gerechtigkeit zu vollenden.

Alles dies zuvor Gesagte muß nämlich bei dem kaiserlichen Eide beobachtet werden.

9. Wortlaut des Eides, der die Untertanentreue derjenigen des Vasallen gleichstellt, 802: MGH Capit. 1 S. 99 Nr. 34 Anhang.

Mit diesem Eide verspreche ich, daß ich von heute an in Zukunft Herrn Karl, dem allerfrömmsten Kaiser, dem Sohne König Pippins, und der Königin Bertha treu sein werde aus reinem Herzen ohne Betrug und bösen Hintersinn von meiner Person zu seiner Person und zum Herrenamte seines Königtums, so wie es von Rechts wegen ein Vasall seinem Herrn sein muß, so wahr mir Gott und diese Reliquien der Heiligen helfen, die hier beigesetzt sind, damit ich zeit meines Lebens aus eigenem Willen, soviel mir Gott dazu die Einsicht gibt, danach bestrebt und so gesinnt bleibe.

10. Gesetze Kaiser Karls über den Bruch des Lehnsvertrages seitens des Lehnsherrn und über genossenschaftliche Beistandspflicht der Vasallen, Aachen 802/803: MGH Capit. 1 S. 170 Nr. 77 c. 16,20.

Niemand verlasse seinen Lehnsherrn, nachdem er von ihm [ein Gut] im Werte von [mindestens] 1 sol. empfangen hat, ausgenommen, wenn der Herr ihn töten oder mit dem Stocke schlagen oder sein Weib oder seine Tochter schänden oder ihm sein Erbgut nehmen will.

Und wenn einer von unseren Getreuen gegen seinen Feind einen Kampf oder irgendeinen Streit austragen will und einen von seinen Standesgenossen herbeiruft, damit er ihm Hilfe leiste, und dieser will es nicht und verbleibt daher, ohne zu hören, dann soll ihm das Leihegut genommen werden, das er innehat, und es soll dem gegeben werden, der in seiner Standhaftigkeit und Treue ausgeharrt hat.

11. Gesetze Kaiser Karls über die Bewaffnung der Vasallen und über erlaubte und verbotene Eide. Diedenhofen 805: MGH Capit. 1 S. 122 Nr. 44 c. 6,9,10.

Wegen der Bewaffnung im Heere soll es, wie wir früher in einem anderen Kapitulare befohlen haben, so gehalten werden, und außerdem soll jeder Mann von 12 Hufen eine Brünne haben. Wer aber eine Brünne hat und sie nicht mit sich bringt, der soll alles Leihegut zusammen mit der Brünne verlieren.

Über den Eid: daß keinem anderen unter Eid Treue gelobt werde außer uns und je einem eigenen Senior, zu unserem Nutzen und dem seines Seniors; ausgenommen die Eide, die richtig gemäß dem Gesetz dem einen vom anderen schuldig sind. Und Kinder, die vorher wegen jugendlichen Alters nicht schwören konnten, sollen uns die Treue nur versprechen.

Über Verschwörungen aber: Wer sie zu machen wagt und unter Eid irgendeine Verschwörung bekräftigt, der soll aus dreifachem Grunde gerichtet werden. Erstens, wenn irgendwo etwas Böses dadurch verbrochen wird, sollen die Urheber der Sache getötet werden, ihre Helfer aber sollen einzeln einer vom anderen ausgepeitscht werden, und sie sollen sich gegenseitig die Nasen abschneiden. Sobald aber nichts Böses verbrochen worden ist, sollen sie sich ebenso untereinander auspeitschen und sich gegenseitig die Haare abschneiden. Wenn aber durch Handschlag eine Verschwörung bekräftigt worden ist: Wenn es Freie sind, sollen sie entweder mit geeigneten Eideshelfern schwören, daß sie es nicht wegen etwas Bösem getan haben, oder wenn sie dies nicht ausführen können, nach ihrem Stammesrecht büßen; wenn es aber Sklaven sind, sollen sie ausgepeitscht werden. Und daß hinfort in unserem Reiche keine derartige Verschwörung geschehen soll, weder mit noch ohne Eid.

12. Gesetz Kaiser Karls über die Aufteilung der Lehnsherrschaft unter seine Söhne, 806: MGH Capit. 1 S. 126 Nr. 45 c. 7–10.

Keiner der [drei Könige] nehme einen Mann seines Bruders an, der wegen irgendeines Anspruchs oder Verschuldens zu ihm flieht, ja nicht einmal Fürsprache lege er für ihn ein, denn wir wollen, daß jeder Mann, der gefehlt hat und eines Fürsprechers entbehrt, in dem Reiche seines Herrn entweder zu den heiligen Stätten oder zu Männern, die ein Amt versehen haben, Zuflucht nehme und dort eine gerechte Fürsprache gewinne.

Ebenso gebieten wir: Einen freien Mann, der seinen Herrn gegen dessen Willen verlassen hat und aus einem Reiche in ein anderes gezogen ist, soll dessen König nicht annehmen, noch soll er seinen Mannen gestatten, daß sie einen solchen Mann aufnehmen und sich anmaßen, ihn zu Unrecht bei sich zu behalten.

Daher beliebt uns anzuordnen, daß nach unserm Hinscheiden aus dieser Welt die Mannen eines jeden von ihnen Lehen ein jeder [nur] im Reiche seines Herrn und nicht eines anderen [Königs] empfangen soll, damit nicht daraus, wenn es anders wäre, irgendein Ärgernis entsteht. Sein Erbe aber soll ein jeder von diesen Mannen ohne jeden Widerspruch innehaben, in welchem Reiche auch immer der Zufall will, daß er es rechtmäßig erlange.

Jeder freie Mann soll nach dem Tode seines Herrn das Recht haben, sich innerhalb dieser drei Reiche jedem zu ergeben, dem er will; dasselbe ist dem erlaubt, der sich bisher noch niemandem ergeben hat.

13. Gesetz Kaiser Karls über die Pflicht der Königsboten, die Verwüstung der königlichen Lehen zu verhüten, 806: MGH Capit. 1 S. 131 Nr. 46 c. 6.

Wir hören, wie Grafen und andere Mannen, die offenkundig unsere Lehen innehaben, sich mittels dieses unseres Lehens Eigengüter erwerben und unsere Dienstleute von ihren Lehen zu diesen Eigengütern dienen lassen, und wie unsere Haupthöfe verwüstet zurückbleiben und mancherorts die Umwohnenden viele Übel erleiden.

14. Gesetz über die Heerfolgepflicht nach Volksrecht und nach Lehnrecht, 808: MGH Capit. 1 S. 136 Nr. 50 c. 1,5.

Jeder freie Mann, der 4 Hufen bestellten Landes als Eigengut oder von irgend jemandem zu Lehen hat, muß sich bereithalten und in eigener Person zum Heere kommen, und zwar mit seinem Lehnsherrn, sofern dieser mit auszieht, oder mit seinem Grafen...

Wegen unserer Schutzbefohlenen und derer der Bischöfe und Äbte, die entweder Lehen besitzen oder so viel Eigenland, daß sie davon gemäß unserem Gebot sehr wohl zum Heere ausrücken können: Sie sollen zum Heere kommen mit Ausnahme derer, denen wir erlaubt haben, zu Hause zu bleiben. Sollten Leute angetroffen werden, die sich gegen eine Summe [Geldes] losgekauft haben oder [nur] mit Erlaubnis ihrer Herren daheim geblieben sind, so sollen sie für [den Bruch] unseres Gebotes, wie oben angeordnet, zahlen und Bürgschaft leisten. Ihre Herren aber, die ihnen gestattet haben, zu Hause zu bleiben, oder deren Dienstleute, die von ihnen Geld genommen haben, sollen entsprechend für unseren Bann Strafe zahlen und Bürgschaft leisten, bis uns der Fall vorgetragen ist.

15. Gesetz Kaiser Karls über die Pflichten der Lehnsherren, Aachen 810: MGH Capit. 1 S. 152 Nr. 64 c. 17.

Über das gemeine Volk: Ein jeder zwinge seine Lehnsleute, damit sie immer besser den kaiserlichen Befehlen und Reskripten gehorchen und zustimmen.

16. Gesetz Kaiser Karls über die Verzeichnung der Lehen, 811/813: MGH Capit. 1 S. 176 Nr. 80 c. 5–7.

Daß unsere Königsboten, jeder in seinem Sprengel, sorgfältig erforschen und aufschreiben lassen sollen, was jeder einzelne an Lehen hat und wie viele auf Hofstellen gesetzte Mannen auf diesem Lehen.

Wozu diese Lehen verpflichtet sind und wer aus seinem Lehen Eigengut erworben oder gebaut hat.

Daß nicht nur die Lehen der Bischöfe, Äbte, Äbtissinnen und Grafen oder unserer Vasallen, sondern auch [die] unseres Fiskus aufgeschrieben werden sollen, damit wir wissen können, wieviel wir auch aus unserem [Gute] in jedes einzelnen Sprengel haben.

Die Anfänge des Kirchenstaates und die fränkische Schutzherrschaft über Rom, 754–824

Der Langobardenkönig Aistulf (749–756) verfolgte das Ziel, die Reste oströmischer Herrschaft in Italien zu beseitigen und das Land unter seiner Herrschaft zu vereinigen. Höchster Beamter des griechischen Kaisers war der Exarch in Ravenna, und dessen Kräfte waren gering, da er nur über lokale, sehr auf Selbständigkeit erpichte Milizen verfügte. So konnte Aistulf 751 Ravenna erobern und den Exarchat beseitigen. Aber nun stieß er auf den Widerstand Papst Stephans II. und des Heeres von Rom. Stephan fand einen mächtigen Bundesgenossen in dem fränkischen König Pippin, der die alte Dynastie der Merowinger gestürzt und die Usurpation des Thrones mit Hilfe der vom Papst gespendeten Königsweihe gerechtfertigt hatte. Stephan reiste als erster Papst ins Frankenreich und schloß 754 mit Pippin ein Bündnis, das ihm den Besitz der zuletzt vom Exarchen beherrschten Teile Italiens zusicherte; er dagegen verlieh Pippin den Titel Patrizius, den zuvor der Exarch geführt hatte, und zeigte damit, daß er im Exarchat an die Stelle des Kaisers treten wollte. Im Jahre 756 siegte Pippin über Aistulf und wies Stephan in den Besitz des Exarchats ein.

Die Päpste waren freilich genausowenig wie zuvor der Exarch imstande, die großen, das römische Heer bildenden Familien zu bändigen, die bei jeder Papstwahl versuchten, einen der Ihren auf den Stuhl Petri zu setzen, um das eigene Prestige und Vermögen zu mehren. So blieben die Päpste weiterhin auf die fränkische Unterstützung angewiesen. König Karl befreite sie 774 endgültig von der Langobardengefahr, indem er den letzten König besiegte und sich selbst zum König in Oberitalien machte. Karl wurde Patrizius der Römer und erneuerte die von Pippin ausgesprochene Schenkung des Exarchats, und am Weihnachtstage des Jahres 800 krönte Papst Leo III. seinen Schutzherrn zum Kaiser – die Zugehörigkeit Roms zum oströmischen Reiche war endgültig aufgehoben.

Die Verträge über die Begründung des späteren Kirchenstaates von 754 (sog. Pippinische Schenkung) und 774 sind nicht überliefert; wir kennen ihren Inhalt nur aus der parteilichen Darstellung in den amtlichen Lebensbeschreibungen der Päpste Stephan II. und Hadrian I. (Nr. 1, 2), deren Verfasser Kleriker des päpstlichen Palastes waren. Sicher ist, daß die Verträge von beiden Seiten verschieden interpretiert wurden; in ihnen liegt daher eine der Quellen für die bitteren Streitigkeiten, die von 1059 bis 1250 Kaiser und Päpste entzweit haben. Die Päpste gingen von der Staatsauffassung des römischen, bürokratisch verwalteten Reiches aus; sie betrachteten sich in Italien als Nachfolger des griechischen Kaisers und die fränkischen Herrscher, die sie zu Patriziern ernannten oder zu Kaisern krönten, als ihren Weisungen unterworfene und zu ihrem Schutz verpflichtete Amtleute. Pippin und Karl und ihre Nachfolger lebten dagegen in dem germanischen Herrschaftsgedanken, wonach der Beschützer zugleich Herr des wehrunfähigen Beschützten und berechtigt war, von ihm nach eignem Ermessen die Hilfsmittel zu erheben, deren er bedurfte, um ihn beschützen zu können. Die Herrschaft über den Exarchat galt ihnen als aus eigener Kraft und mit dem Schwerte gewonnen und nicht als vom Papste verliehen. So war der Konflikt unvermeidlich.

Kaiser Ludwig der Fromme (814–840) gab den römischen Forderungen zunächst weitgehend nach, indem er auf Eingriffe in die päpstliche Regierung des Exarchats verzichtete. Aber eigenmächtige Gewalttaten römischer Großer – im Jahre 823 wurden zwei hohe Würdenträger, der Primicerius Theodor und der Nomenklator Leo, im päpstlichen Palast geblendet und getötet – führten dazu, daß der Kaiser mit Papst Eugen II. 824 einen Vertrag abschloß, der die kaiserlichen Rechte klärte und stärkte. Wie in byzantinischer Zeit mußten die Römer die kaiserliche Bestätigung ihrer Wahl einholen, bevor sie einen neugewählten Papst weihen lassen konnten; zwei ständige Königsboten, deren einen der Papst bestimmte, sollten die Interessen des Kaisers und den Landfrieden gegenüber den selbstherrlichen Großen wahren. Von dem Vertragswerk sind das darüber im November 824 verkündete Gesetz und der Treueid des Papstes und der Römer erhalten (Nr. 3). Die Bestimmungen des Gesetzes haben bis ins 11. Jahrhundert nachgewirkt.

1. Bericht über die Schenkung König Pippins an den römischen Stuhl, 754: Mirbt-Aland, Quellen S. 260 Nr. 508.

Als aber König [Pippin] durch die Seinen von der Ankunft des allerseligsten Oberbischofs hörte, kam er nur allzu eilend herbei, um ihm entgegenzugehen... In seiner Pfalz an dem Orte, der Ponthion heißt, stieg er in etwa drei Meilen Enfernung von seinem Pferde, warf sich mit großer Demut auf die Erde, zusammen mit seiner Gattin, den Söhnen und den Großen, und empfing so den allerheiligsten Papst; auch eilte er an Stelle des Steigbügelhalters eine geraume Strecke neben ihm und seinem Sattel...

Dort [in der Pfalz] flehte der allerseligste Papst den erwähnten allerchristlichsten König unter Tränen an, daß er durch einen Friedensvertrag die Sache des seligen Petrus und der Republik der Römer ordnen möge. Dieser leistete sofort unter Eid demselben allerseligsten Papste Genüge, daß er allen seinen Befehlen und Mahnungen mit ganzen Kräften gehorchen und so, wie es mit ihm vereinbart worden wäre, den Exarchat von Ravenna und die Rechte oder Orte der Republik in jeder Weise zurückgeben werde...

Pippin aber, der bereits erwähnte König, wurde mit Ermahnung, Gunst und Gebet dieses ehrwürdigen Papstes beurlaubt und reiste nach dem Orte, der Quierzy genannt wird, und dort versammelte er alle Vornehmen seiner königlichen Herrschaft und hüllte sie ein in die heilige Ermahnung des so großen Vaters und beschloß mit ihnen, das auszuführen, was er einmal, von Christus begünstigt, gemeinsam mit diesem allerseligsten Papste entschieden hatte.

2. Bericht über die Schenkung König Karls an den römischen Stuhl, 774: Mirbt-Aland, Quellen S. 260 Nr. 509.

Am Donnerstag aber ging der vorerwähnte Papst mit seinen Richtern sowohl aus dem Klerus wie aus der Kriegerschaft hinaus in die Kirche des seligen Apostels Petrus und vereinigte sich in gleicher Weise mit dem König, um sich zu unterreden, und er flehte ihn inständig an und ermahnte ihn und bemühte sich, ihn durch väterliche Liebe dazu zu bringen, daß er jenes Versprechen in allen Punkten erfüllen wollte, das sein Vater seligen Gedächtnisses, der einstige König Pippin, und er selbst, der höchst ausgezeichnete

Karl, mit seinem Bruder Karlmann und allen Richtern der Franken dem seligen Petrus und dessen Stellvertreter heiligen Gedächtnisses, dem Herrn Stephan, dem jüngeren Papste, gegeben hatten, als er ins Frankenreich gereist war, wegen Abtretung verschiedener Städte und Territorien der Provinz Italien und deren Übergabe zu ewigem Besitz an den seligen Petrus und alle seine Stellvertreter.

Und als er sich dieses Versprechen, das im Frankenreich an dem Orte, der Quierzy heißt, gegeben worden war, hatte vorlesen lassen, gefiel ihm und seinen Richtern alles, was darin aufgeführt war. Und aus eigenem Willen, guten und geneigten Sinnes befahl der vorgenannte höchst ausgezeichnete und wahrhaft allerchristlichste König der Franken, Karl, daß ein anderes Schenkungsversprechen an Stelle des früheren hinzugeschrieben werde durch Etherius, seinen frommen und sehr klugen Kaplan und Notar. Darin gestand er dem seligen Petrus dieselben Städte und Territorien zu und versprach, daß sie dem gedachten Papste übergeben würden gemäß der verzeichneten Begrenzung, wie sie nachweislich in dieser Schenkung enthalten ist, nämlich von Luni mit der Insel Corsica weiter nach Suriono, von dort zum Monte Bardone, d. h. nach Vercetum, von dort nach Parma, von dort nach Reggio und von dort nach Mantua und Monselice, und zugleich den ganzen Exarchat von Ravenna, so wie er vor alters war, und die Provinzen Venetia und Istria und auch das ganze Herzogtum von Spoleto und Benevent.

Nachdem diese Schenkung gefertigt war und der allerchristlichste König der Franken sie mit seiner eigenen Hand bekräftigt hatte, ließ er alle Bischöfe, Äbte, Herzöge auch und Grafen in ihr unterschreiben. Dann legten sie sie zuerst auf den Altar des seligen Petrus und danach drinnen in seiner heiligen Reliquienkammer nieder, und so übergaben sowohl der König der Franken wie seine Richter sie dem seligen Petrus und dessen Vertreter, dem allerheiligsten Papste Hadrian, indem sie unter einem schrecklichen Eide versprachen, alles einzuhalten, was in dieser Schenkung festgelegt worden sei. Der allerchristlichste König der Franken ließ durch Etherius ein Duplikat dieser Schenkung schreiben, das er zu unverbrüchlicher Sicherheit und zu ewigem Gedächtnis seines Namens und des Reiches der Franken mit eigenen Händen drinnen auf die Reliquien des seligen Petrus unter die Evangelien, die dort geküßt werden, niederlegte. Ein anderes Exemplar dieser Schenkung, das die Kanzlei dieser unserer heiligen römischen Kirche geschrieben hat, nahm seine Erhabenheit mit sich fort.

3. Gesetz über den Kirchenstaat und die Papstwahl, 824: MGH Capit. 1 S. 322 Nr. 161.

Wir haben festgesetzt, daß alle, die in den besonderen Schutz des Herrn Papstes oder in den unseren aufgenommen worden sind, sich unverbrüchlich des erlangten Schutzes als gerechten bedienen sollen. Wenn aber jemand in irgendeiner Hinsicht dies verächtlich zu verletzen sich herausnimmt, so wisse er, daß er sich in Gefahr für sein Leben begeben wird. Denn auch dies bestimmen wir, daß diese Leute dem Herrn Papste in allen Dingen rechtmäßigen Gehorsam erweisen sollen, oder seinen Herzögen und Richtern, zu Herstellung der Gerechtigkeit. In diesem Kapitel geschehe das Erwähnte hinsichtlich der Witwen und Waisen des Theodorus und des Floro und des Sergius.

2. Wir untersagen, daß die Räubereien, die bisher zu geschehen pflegten, geschehen, weder zu Lebzeiten eines Papstes noch nach seinem Tode. Wenn aber jemand fernerhin dies tut, so wisse er, daß er durch gesetzliches Urteil zu verdammen ist. Wir wollen aber, daß das vorher Angerichtete durch unsere Verfügung in gesetzlicher Weise wiedergutgemacht wird.

3. Wir wollen, daß zur Wahl des Papstes niemand zu kommen sich vermesse, weder Freier noch Unfreier, der jenen Römern irgendein Hindernis bereiten wolle, denen allein seit alters durch Gesetz der heiligen Väter das gewöhnliche Recht zugestanden worden war, den Papst zu wählen. Wenn aber jemand gegen dieses unser Gebot zu handeln sich herausnimmt, so werde er dem Exil überantwortet.

4. Wir wollen, daß von seiten des Herrn Papstes und von uns Boten bestellt werden, die fähig sind, uns alljährlich zu melden, wie die einzelnen Herzöge und Richter dem Volke Recht schaffen und wie sie unser Gesetz beachten. Wir verfügen, daß diese Boten zuerst alle Schreie, die durch Nachlässigkeit der Herzöge und Richter [verursacht] erfunden werden, zur Kenntnis des Herrn Papstes bringen und dieser eines von beidem erwählen soll: Ent-

weder sollen sofort durch dieselben Boten diese Notfälle wiedergutgemacht werden, oder wenn nicht, so werde dies durch unseren Boten uns gemeldet, damit es durch unsere von uns entsandten Boten wiederum gutgemacht werde.

5. Wir wollen, daß das ganze römische Volk befragt werde, nach welchem Recht es leben will, damit es nach dem lebe, nach dem es bekannt hat, leben zu wollen. Und es werde ihnen verkündet, daß jeder einzelne dies wisse, sowohl Herzöge wie auch Richter und das übrige Volk: Wenn sie bei ihrer Gewalttat gegen dieses Recht handeln, sollen sie dem Recht, welches sie bekennen, durch des Papstes und unsere Verfügung unterliegen.

6. Wegen der rechtswidrig unter dem Vorwande, als ob eine Erlaubnis vom Papste erlangt worden sei, verwüsteten Kirchengüter und wegen derer, die bisher nicht zurückgegeben und gleichwohl in rechtswidriger Weise von der päpstlichen Gewalt überfallen worden sind, wollen wir, daß es durch unsere Boten wiedergutgemacht werde.

7. Wir untersagen, daß Beutezüge innerhalb unseres Gebietes fernerhin unterbleiben sollen, und wir verordnen, daß die, die gemacht worden sind, nach dem Gesetz von beiden Seiten wiedergutgemacht werden sollen. Desgleichen wollen wir, daß weitere Ungerechtigkeiten von beiden Seiten wiedergutgemacht werden.

8. Es hat uns beliebt, daß alle Richter oder die, die allen vorzustehen haben, durch die die richtende Gewalt in dieser Stadt Rom geübt werden muß, vor unsere Person kommen, denn wir wollen ihre Zahl und ihre Namen wissen und ihnen einzeln über den ihnen anvertrauten Dienst Belehrung erteilen.

9. Schließlich werde angemahnt, daß jeder Mann so, wie er Gottes und unsere Gnade zu besitzen begehrt, in allen Dingen diesem Papste Gehorsam und Verehrung darbringen soll.

[Eidesformel.] Ich, so-und-so, verspreche bei dem allmächtigen Gott und bei diesen heiligen vier Evangelien und bei diesem Kreuze unseres Herrn Jesu Christi und beim Leichnam des allerseligsten Apostelfürsten Petrus, daß ich von diesem Tage an inskünftig unseren Herren, den Kaisern Ludwig und Lothar, zeit meines Lebens treu sein werde nach meinen Kräften und meiner Einsicht, ohne Betrug und Hinterlist, vorbehaltlich der Treue, die ich dem Herrn Papste versprochen habe; und daß ich nicht zustimmen werde, daß bei diesem römischen Stuhle die Papstwahl anders als kanonisch und gerecht vor sich gehe, gemäß meinen Kräften und meiner Einsicht, und der, der erwählt worden ist, soll mit meiner Zustimmung nicht eher zum Papste geweiht werden, als bis er einen solchen Eid in Gegenwart der Boten des Herrn Kaisers und des Volkes mit dem Schwure ablegt, wie ihn der Herr Papst Eugen freiwillig auf die Erhaltung aller [Verhältnisse] schriftlich getan hat.

Rechtspflege im fränkischen Reich: Hofgericht, Königsboten, Grafengerichte, 802–834

Die ständische Schichtung der Gesellschaft in Adel und Bauern, Mächtige und Arme, Große und Volk stellte die mittelalterliche Staatskunst vor ein nahezu unlösbares Problem, weil Könige (und Päpste) ihre Vertretung in den Provinzen den dort mächtigen Familien überlassen mußten und nicht verhindern konnten, daß diese sich die Herzogs-, Grafen-, Bischofs- und Abtsstellen appropriierten. Erst seit dem 13. Jahrhundert ergab sich die Möglichkeit, eine aus besoldeten Beamten bestehende Bürokratie und die Bürgerschaften der Städte als Gegengewichte gegen den Adel einzusetzen; bis dahin konnten die Herrscher die eigenmächtigen Lokalgewalten nur durch die Entsendung von Gewalt- oder Königsboten, Legaten, reisenden Richtern mit besonderer Vollmacht kontrollieren. Wie der König (oder Papst) selber nahmen diese Boten Beschwerden der Bedrückten und Armen über die Grafen, Bischöfe und Großen entgegen. Besonders wirksam, wenn auch nicht dauerhaft, hat Kaiser Karl der Große das Institut der Königsboten im fränkischen Reiche ausgebaut, die Willkür der Grafen beschnitten und die Blutrache als wildeste Form außergerichtlicher Selbsthilfe bekämpft (Nr. 1, 3).

Insbesondere sollten die Königsboten solche Streitigkeiten vor den Kaiser bringen, für die die Richter in ihren Stammesrechten keine Normen vorfanden. Berühmt ist das Weistum, das Karl aus solchem Anlaß wegen der Mischehen zwischen unfreien Hintersassen, die dem Hofgericht ihres Grundherrn unterstanden, und freien Pächtern, die das Grafengericht aufsuchten, gegeben hat, weil es die vor der gesellschaftlichen Wirklichkeit freilich machtlose Rechtsüberzeugung bekundet, daß die vielfachen Abstufungen geminderter Freiheit von Übel wären (Nr. 2). Wir wissen nicht, ob der Kaiser bereits erkannt hatte, daß sie die vom Altertum ererbte Sklaverei von innen her auflösten und dem unterdrückten Volke den Weg zur Freiheit und Freizügigkeit eröffneten.

Daß die Rechtsmeinungen des Kaisers freilich wenig Aussicht darauf hatten, gültig zu werden, da auch die Königsboten an die Weistümer der Gerichtsversammlungen und damit an die verschiedenen Stammesrechte gebunden waren, zeigt eine Wundergeschichte aus dem Kloster Fleury an der Loire bei Orléans, die der Mönch Adrevald (um 820–875) erzählt, um die Macht des Klosterheiligen St. Benedikt zu beweisen (Nr. 4). Sie schildert die allmähliche Meinungsbildung in der Gerichtsversammlung und belegt zugleich die Konkurrenz des fränkisch-salischen mit dem römisch-kirchlichen Prozeßrecht. Adrevald ergriff für das vergleichsweise irrationale salische Recht Partei, weil es der volkstümlichen Vorstellung von der Macht des Heiligen den größeren Spielraum gewährte: ein Konflikt zwischen Aberglauben und Vernunft?

1. Aus Karls des Großen allgemeinem Kapitulare über die Königsboten, 802: MGH Capit. 1 S. 91 Nr. 33.

Erstes Kapitel: Über die vom Herrn Kaiser eingesetzten Königsboten. Unser durchlauchtigster und allerchristlichster Kaiser, Herr Karl, also hat aus seinen Großen die vorsichtigsten und weisesten Männer, sowohl Erzbischöfe wie sonstige Bischöfe und zugleich ehrwürdige Äbte und fromme Laien, ausgewählt und in sein gesamtes Königreich entsandt, und durch sie hat er allen Nachfolgenden gemäß dem rechten Gesetz zu leben gestattet. Wo sie aber [finden, daß] irgend etwas anders als richtig und gerecht im Gesetz festgesetzt ist, das, so hat er befohlen, sollen sie mit höchster Sorgfalt ermitteln und ihm melden, denn er wünscht es, so Gott will, zu bessern. Und niemand wage es, durch seine Intelligenz oder Verschlagenheit das geschriebene Gesetz [zu umgehen], wie viele pflegen, oder sich selbst seine Gerechtigkeit zu verschaffen, noch sei jemand gewaltig weder über Kirchen noch Arme noch Witwen noch Waisen noch irgendeinen Christenmenschen. Sondern alle sollten in allem gemäß Gottes Gebot in gerechten Absichten und gerechtem Gericht leben, und jeder einzelne solle in seiner Aufgabe, seinem Berufe einträchtig verbleiben. Hieran ist zu ermahnen: Die Kanoniker sollten das kanonische Leben ohne Händel um schändlichen Gewinn völlig beobachten, die Klosterfrauen unter sorgfältiger Bewachung ihr Leben bewachen, die Laien und Weltgeistlichen sich ihrer Gesetze richtig bedienen ohne üblen Betrug, alle gegenseitig in Liebe und Frieden vollkommen leben.

Und die Königsboten sollen sorgfältig nachforschen, wo immer irgendein Mann geklagt hat, daß ihm von jemandem Unrecht geschehen sei, so wie sie wünschen, sich des allmächtigen Gottes Gnade zu erhalten und die ihm gelobte Treue zu bewahren, so daß sie allgemein in allen Dingen überall, es sei in den heiligen Kirchen Gottes oder auch bei Armen, Waisen und Witwen und allem Volke, Gesetz und Gerechtigkeit vollkommen gewähren gemäß dem Willen Gottes und der Furcht vor ihm. Und wenn irgend etwas von der Art vorliegt, daß sie selbst es mit den Grafen der Provinz nicht bessern und zur Gerechtigkeit zurückführen konnten, so sollen sie dies ohne jede Zweideutigkeit mit ihren kurzen Berichten zu seiner Aburteilung an uns zurückbringen. Und durch keines Mannes Schmeichelei oder Belohnung, auch nicht durch Rücksicht auf jemandes Verwandtschaft oder durch Furcht vor Mächtigen werde von irgendwem die Gerechtigkeit auf dem geraden Wege behindert.

25. Grafen und Zentenare sollen erzwingen, daß volle Gerechtigkeit geschehe, und solche Helfer in ihren Diensten haben, auf die sie sicher vertrauen können, die Gesetz und Gerechtigkeit getreulich beachten, die Armen keineswegs bedrücken, die Diebe, Räuber, Mörder, Ehebrecher, Bösewichte und Zauberer oder Wahrsager und alle Rechtsbrecher um keiner Schmeichelei oder Lohnes willen und unter keinerlei Bedeckung geheimzuhalten wagen, sondern vielmehr zu offenbaren, damit sie nach dem Gesetz gebessert und gezüchtigt werden, damit durch Gottes Freigebigkeit alle diese Übel von dem christlichen Volke genommen werden.

26. Die Richter sollen nach dem geschriebenen Gesetz gerecht urteilen und nicht nach ihrem Ermessen.

32. Tötungen, durch die eine Menge christlichen Volkes zugrundegeht, befehlen wir in jedem Zusammenhange zu unterlassen und zu verbieten... Damit jedoch die Sünde nicht noch wachse, damit keine Riesenfeindschaft unter Christen entstehe, wo durch Zureden des Teufels [weitere] Tötungen vorfallen, soll der Schuldige sofort zu seiner Besserung eilen und mit aller Schnelligkeit die vollbrachte Untat bei den Verwandten des Getöteten durch eine angemessene Sühne bessern. Und dies befehlen wir strenge, daß die Verwandten des Getöteten es keineswegs wagen sollen, die

Feindschaft wegen der begangenen Untat zu vermehren und dem, der darum bittet, die Herstellung des Friedens zu verweigern, sondern nach geleisteter Treue die angebotene Buße anzunehmen und dafür ewigen Frieden zu geben. Der Schuldige aber soll keinen Verzug der Buße machen. Wenn aber dieses Größte der Sünden geschieht, daß jemand Brüder oder seinen Verwandten tötet, da soll er sofort die ihm auferlegte Kirchenbuße auf sich nehmen, und zwar so, wie sein Bischof es für ihn anordnet, ohne jede Spitzfindigkeit, sondern er strebe, mit Gottes Hilfe seine Heilung zu vollenden, und büße den Getöteten gemäß dem Gesetz und versöhne sich durchaus mit allen seinen Verwandten, und niemand wage nach geleisteter Treue deswegen irgendeine Feindschaft zu erregen. Wer es aber verschmäht, eine würdige Besserung zu machen, der werde seines Erbes beraubt bis zu unserem Gericht.

2. Karl der Große erklärt, daß es keine Minderfreiheit geben könne, um 801–814: MGH Capit. 1 S. 145 Nr. 58 c. 1.

Rechtsbelehrungen, die einem Königsboten erteilt worden sind. Es war freilich im ersten Fragepunkt enthalten, ob, wenn der Knecht eines Herrn eine Pächterstochter zur Ehefrau genommen hat, die Kinder des Paares der Pächterstochter oder dem Knecht zugehören sollten. Bedenke doch nur, wenn sich dein eigener Knecht die eigene Magd eines anderen beigesellt oder der eigene Knecht eines anderen deine eigene Magd zur Ehefrau genommen hat, wem von euch dann deren Nachkommenschaft angehören muß, und so mache es mit den Obigen! Denn es gibt weiter nichts als frei oder unfrei.

3. Aus Karls des Großen Kapitulare über Abhaltung der Gerichte, 811–813: MGH Capit. 1 S. 176 Nr. 80.

2. Daß jegliche Bischöfe, Äbte, Grafen und Mächtigen, wenn sie einen Anspruch unter sich haben und sich nicht friedlich vertragen wollen, den Befehl erhalten, vor unsere Person zu kommen, und daß ihr Streit nicht irgendwo anders geschieden werde noch deswegen die Rechte der Armen und weniger Mächtigen zurückbleiben. Auch soll sich unser Pfalzgraf nicht herausnehmen, die besonders mächtigen Klagen ohne unseren Befehl zu beenden,

sondern er soll wissen, daß er nur zur Verfügung stehen darf, um die Rechte der Armen und weniger Mächtigen herzustellen.

4. Daß kein Mann im Gerichtstermin des Zentenars weder zum Tode noch zum Verlust seiner Freiheit, noch zur Herausgabe von Gütern oder Sklaven verurteilt werde, sondern dies vor der Person entweder des Grafen oder unserer Gewaltboten abgeurteilt werde.

8. Wir wollen, daß wegen der Gerichte, die bis jetzt von den Grafen unterlassen worden sind, unsere Königsboten nur in vier Monaten im Jahre ihre Sendungen ausüben sollen, im Winter im Januar, im Frühjahr im April, im Sommer im Juli, im Herbst im Oktober. In den übrigen Monaten aber soll jeder einzelne von den Grafen seine Gerichtstage haben und rechte Urteile schaffen. Unsere Königsboten aber sollen viermal in einem Monat und an vier Orten ihre Gerichtstermine abhalten mit jenen Grafen, denen es angemessen sein mag, daß sie an diesem Orte zusammenkommen können.

9. Daß, was immer der Königsbote in seinem Sendsprengel anders gemacht antrifft, als es unser Befehl ist, er dies nicht nur zu verbessern befehlen soll, sondern auch vor uns diese Sache referiere, wie sie von ihm befunden worden ist.

12. Daß jeder einzelne von unseren Königsboten in seinem Gerichtstermin den Grafen, die zu seinem Sendsprengel gehören, bekanntmachen soll, daß sie in jenen Monaten, wo er seine Sendung nicht ausübt, unter sich zusammenkommen und gemeinsame Gerichtstage machen sollen, sowohl um Räuber zu verstricken wie um die übrigen Rechtssachen abzuurteilen.

4. Ein Liegenschaftsprozeß vor den Königsboten im Grafengericht zu Orléans, 834: Adrevaldi Floriacensis miracula S. Benedicti, MGH SS 15,1 S. 474–500, c. 25.

Nachdem danach einige Zeit vergangen war, erhob sich wiederum ein anderer Streit zwischen dem vorgenannten Vogte[1] dieser Stätte und dem Vogte von Saint-Denis. Jede der beiden Parteien versammelte sehr viele Rechtslehrer und Richter[2], die für die Parteien kämpfen sollten. Außerdem nahmen an der Gerichtsverhandlung als Königsboten Bischof Jonas von Orléans und Graf Donatus von Melun teil. Als sie aber den Prozeß auf dieser Gerichtsversammlung nicht beenden konnten, weil die Richter des salischen Rechtes über Kirchengüter, die dem römischen Recht unterstellt sind, nicht vollkommen erkennen konnten, beschlossen die Königsboten, das Gericht nach Orléans zu verlegen. Deswegen kamen die Rechtslehrer und Richter zu der angegebenen Stätte, und vom Standpunkte beider Parteien aus stritten sie aufs heftigste. Denn es waren Rechtsgelehrte sowohl aus der Provinz von Orléans wie aus der von Vatan[3] anwesend. Während nun die Richter den Streit ziemlich in die Länge zogen, weil weder diese Seite der anderen weichen noch die andere jener ihre Zustimmung geben wollte, wurde schließlich das Urteil gesprochen[4], daß jede der beiden Parteien Zeugen stellen sollte, die nach eidlichem Treuegelöbnis mit Schilden und Stecken kämpfen und so dem Streit ein Ende setzen sollten. Nachdem aber dies allen gerecht

1 Nach einer aus spätrömischer Zeit stammenden und ins kanonische Recht übernommenen Vorschrift mußten sich Kirchen in weltlichen Händeln von Laien vertreten lassen. Karl der Große schärfte den kirchlichen Grundherren diese Pflicht, sich von Laienvögten vor Gericht vertreten zu lassen, wieder ein; sie mußten in jeder Grafschaft, wo sie begütert waren, einen solchen Vogt für ihre Güter einsetzen. Der Vogt sollte in der Grafschaft, wo er eine Kirche vertrat, selber freies Eigentum besitzen.

2 Der Gerichtsversammlung der freien Grundbesitzer gehören sowohl Kenner des römischen Rechts, lat. legum magistri, legum doctores, wie solche des salischen Rechts, lat. Salicae legis iudices, an. Kenner beider Rechte gab es nicht.

3 Dép. Indre, arr. Issoudun.

4 Und zwar von der Gerichtsversammlung, in der sich die Anhänger des salischen Rechts durchgesetzt hatten.

und richtig erschienen war, da trat ein Rechtsgelehrter aus dem Gebiet von Vatan vor, der so, als wäre dies ein Vorzeichen, anstatt des menschlichen einen Tiernamen[5] trug und der von seiten des Vogtes von Saint-Denis mit einem Geschenk bestochen worden war; er befürchtete, wenn zwei miteinander kämpften, könne der Zeuge seiner Partei als unecht erfunden werden[6], und daher brachte er das Urteil vor, es sei nicht Recht, daß wegen Kirchengütern Zeugen im Zweikampf entschieden, vielmehr sei es besser, wenn die Vögte die Unfreien unter sich aufteilten. Dieser Rechtsmeinung trat der Vizegraf Genesius bei; er sagte, es sei richtiger, daß man die Hörigen aufteilte, als daß Zeugen im Zweikampf entschieden, und die gesamte Gerichtsgemeinde trat zu dieser Meinung über. Aber wahrlich, der heilige Benedikt vergaß ganz und gar nicht jenen Richter und Rechtsweiser[7], der als erster die Rechtsmeinung, die Hörigen seien zu verteilen, in der verschlagenen und bestialischen Weise vorgetragen hatte, die seinem Namen gemäß war. Denn sobald diese Hörigen in zwei Teile aufgeteilt waren, wurde er nach Gottes gerechtem Urteil derart vom Schlage gerührt, daß er überhaupt nicht mehr sprechen konnte, da die Zunge ihm gänzlich den Dienst versagte. Aber seine Begleiter, die dort dabeigewesen waren, erkannten, was in Wahrheit geschehen war. Sie brachten ihn in das Kloster des heiligen Bekenners Gottes, den er so schwer gekränkt hatte, und dort verweilte er fast einen Monat lang, um mit den Gesten, die er ausführen konnte, die Hilfe des erhabenen Vaters zu erflehen. Endlich gewann er wenigstens etwas an Gesundheit wieder und kehrte in seine Heimat zurück, aber solange er lebte, vermochte er es niemals zu erreichen, daß er den Namen des heiligen Benedikt mit eigener Zunge hätte aussprechen können.

5 Einen germanischen auf -wolf o. ä.
6 D. h. im Duell unterliegen.
7 Lat. iudex et legislator; die Gerichtsversammlung beriet nicht über das Endurteil in dem Einzelfall, sondern über die Norm, das Gesetz, das auf den Fall anzuwenden war.

Provinziale und städtische Selbstverwaltung spätantiker Herkunft im Konflikt mit der fränkischen Herrschaft in Istrien, 804

Gerichtsverhandlung zu Risano in Istrien: Kaiserliche Gewaltboten entscheiden über die Klagen der Städte gegen die Bischöfe und den Herzog, 804: R. Udina, Il placito del Risano, Archeografo Triestino 3. Serie 17 (1932) S. 63–67.

Die Provinz Istrien war unter byzantinischer Herrschaft im 7. und 8. Jahrhundert ganz selbständig geworden: Der Kaiser setzte lediglich den Heermeister der Provinz ein, während die Grundbesitzer den obersten Beamten (Tribunus, Richter) sowie die Finanzverwalter (Domestiker, Vikare) selber wählten. Als Istrien am Ende des 8. Jahrhunderts unter die Herrschaft der Franken kam, trat ein schroffer Wechsel ein: An die Stelle des Heermeisters trat Herzog Johannes, der die einheimischen Wahlbeamten durch ernannte eigene Anhänger ersetzte, das Eigentum der Gemeinden konfiszierte und nicht nur für sich, sondern auch für seine Verwandten Einkünfte forderte. Außerdem gewährte er dem frankenfreundlichen Erzbischof von Grado und den Bischöfen Istriens die bei den Franken üblichen Immunitäten. Die Istrier erhoben deswegen Klage bei Kaiser Karl, und dieser entsandte drei Gewaltboten (missi), die den Streit im Inquisitionsverfahren untersuchten und durch ihr Urteil beilegten. Der Text ist von diesen Gewaltboten verfaßt worden. Er zeigt, wie die Einführung des fränkischen Feudalsystems konkret vor sich ging, und weist auf die oft übersehene antike Wurzel der späteren kommunalen Selbstverwaltung in Europa hin. Der Inhalt:

[1] Narratio: Die missi nennen ihren Auftrag und berichten, wie sie das Verfahren instruieren; für das amtliche Inquisitionsverfahren ist kennzeichnend, daß nicht die Parteien die Zeugen benennen, sondern daß das Gericht sie auswählt.

[2] Klage des Volkes gegen den frankenfreundlichen Patriarchen von Grado: Die Kirche entziehe ihre Güter der Pflicht, zu den Provinzialsteuern beizutragen.

[3] Klagen des Volkes über die Bischöfe, die ihre Ausgaben abwälzen, die Pachtverträge verderben und ihre Leute zu Übergriffen gegen freie Bauern anhalten.

[4] Klagen des Volkes gegen den Herzog; Verzeichnis der Abgaben und Güter, die dem Herzog in byzantinischer Zeit zustanden und aus denen er seinen Unterhalt nebst Verwaltungskosten zu dekken hatte.

[5] Klagen des Volkes gegen den Herzog, der dem Volke gewaltsam und rechtswidrig weitere Güter entzogen und Abgaben sowie Arbeitsdienste abgepreßt hat.

[6] Der Herzog antwortet auf die Klage, indem er zusagt, die nicht herkömmlichen Forderungen abzustellen; er verzichtet jedoch nicht darauf, die städtischen Beamten einzusetzen.

[7] Die kaiserlichen Gewaltboten sanktionieren den damit festgestellten Vergleich.

[8] Schlußprotokoll.

[1] Im Namen des Vaters, des Sohnes und des Heiligen Geistes. Amen. Als auf Befehl des allerfrömmsten und erhabensten Herrn Karl, des großen Kaisers, und König Pippins, seines Sohnes[1], wir, ihre Knechte, nach Istrien gesandt worden waren, nämlich der Priester Izzo und die Grafen Cadolaus und Ajo, wegen der Klagen der heiligen Kirchen Gottes, der Gerechtigkeit unserer Herren oder auch wegen Gewalttat gegen das Volk, die Armen, Waisen und Witwen, da kamen wir zu allererst in das Gebiet von Capodistria an einem Orte, der Risano heißt, und dort waren versammelt der ehrwürdige Mann Fortunatus, Patriarch [von Grado], sowie die Bischöfe Theodor, Leo, Stauratius [von Parenzo], Stephan und Lorenz und die übrigen Vornehmen oder das Volk der Provinz der Istrier. Da erwählten wir aus den einzelnen Städten oder Burgen Hauptleute, an Zahl 172; diese ließen wir auf die heiligen Evangelien Gottes und die Reliquien der Heiligen schwören, daß sie alles, was sie wüßten, worüber wir sie fragen würden, in Wahrheit aussagen würden, zuerst über die Güter der heiligen Kirche Gottes, alsdann über die Gerechtigkeit unserer Herren oder auch über die

1 Von 781 bis zu seinem Tode 810 (Unter-)König von Italien.

Gewalttat oder Gewohnheit des Volkes dieses Gebietes, der Waisen und der Witwen: Sie sollten uns, ohne irgend jemanden zu fürchten, die Wahrheit sagen.

[2] Und diese brachten vor uns die Grundsteuerkataster der einzelnen Städte oder Burgen, die sie zur Zeit Konstantins oder des Heermeisters Basilius gemacht hatten; diese enthielten, daß sie von seiten der Kirche keine Beihilfe noch ihre gewöhnlichen Steuern bekämen. – Der Patriarch Fortunatus gab Antwort und sprach: Ich weiß nicht, ob ihr über mich etwas sagen wollt. Jedoch ihr wißt, daß ihr mir alle gewöhnlichen Steuern, die auf eurer Seite meine heilige Kirche von alter Zeit her bis jetzt gegeben hat, geschenkt und vergeben habt[2]. Deswegen bin ich, wo immer ich konnte, zu eurer Unterstützung dagewesen und will es auch jetzt sein, und ihr wißt, daß ich viele Abgaben und Botschaften im Dienste des Herrn Kaisers euretwegen geleistet habe. Jetzt aber mag es so geschehen, wie es euch beliebt. – Das ganze Volk sagte einmütig: Früher, einst und jetzt und auf noch längere Zeit sei es so durch unsere Freigebigkeit, denn wir haben viele Vorteile von eurer Seite gehabt und glauben, solche zu haben, ausgenommen, wenn die Gewaltboten unserer Herren kommen: Dann möge eure [Hörigen-]Familie die alte gewöhnliche Steuer leisten[3]. – Da sagte der Patriarch Fortunatus: Ich fordere euch auf, Kinder, uns die Wahrheit zu sagen: Welche Gewohnheit hat meine heilige Metropolitankirche im istrischen Gebiet unter euch gehabt? – Als erster von allen sprach der Vornehmste von Pola: Wenn der Patriarch in unsere Stadt kam und wenn es angebracht war wegen der Gewaltboten unserer Herren oder um eine Gerichtsverhandlung mit dem Heermeister der Griechen zu halten, dann zog der Bischof unserer Stadt aus mit den Priestern und dem Klerus, zeremoniell bekleidet mit dem Kreuze, mit Kerzenhaltern und Weihrauchfässern und

2 Dazu hatte der Patriarch im Jahre 803 von Kaiser Karl das Privileg der Immunität für den Grundbesitz seiner Kirche erlangt; es untersagte den fränkischen Amtleuten, das Kirchengut zu betreten und dort Steuern zu erheben. Da die Stadtgemeinden für die Steuern hafteten, mußten die übrigen Grundbesitzer nun um so höhere Beträge entrichten.

3 Auch die fränkische Immunität befreite das Kirchengut nicht von der Pflicht, die Königsboten samt Gefolge zu beherbergen und zu beköstigen.

Psalmen singend wie für den höchsten Pontifex, und die Richter kamen gemeinsam mit dem Volke mit den Bannern und empfingen [ihn] ebenfalls mit großen Ehren. Wenn aber der Patriarch in das Haus unserer Kirche eintrat, dann nahm sofort der Bischof die Schlüssel von seinem Hause und legte sie zu Füßen des Patriarchen. Der Patriarch aber gab sie seinem Meier, und dieser hielt Gericht und verfügte bis auf den dritten Tag. Am vierten Tag aber ging er in seinen Palast. – Hierauf fragten wir die Richter von den anderen Städten oder Burgen, ob die Wahrheit so wäre. Alle sagten: So ist die Wahrheit, und so wünschen wir es zu erfüllen. – Wir aber können mehr über den Patriarchen nicht sagen. Eure herrschaftlichen Schafe aber, überall wo unsere weiden, da mögen auch eure weiden ohne jede Abgabe. Wir wollen, daß es so bleibe wie zuvor.

[3] Denn wahrlich über die Bischöfe haben wir vieles zu sagen: Im 1. Kapitel. Für die Boten des Reiches, es sei bei jeglicher Abgabe oder bei der Steuer, gab die Kirche eine Hälfte und das Volk eine Hälfte. – Im 2. Kapitel. Wenn die Boten des Reiches kamen, hatten sie in den Bischofspalästen Quartier, und wenn sie inzwischen zu ihrer Herrschaft zurückkehren mußten, hatten sie dort Wohnung. – Im 3. Kapitel. Jegliche Urkunden über Emphyteuse oder Libellarpacht[4] oder nicht arglistige Tauschverträge sind seit alter Zeit niemals so verdorben worden, wie sie jetzt geschehen. – 4. Kapitel. Wegen der Weide- und Eichelnutzung[sgebühr] hat nie jemand Gewalt zwischen die Dörfer getragen außer nach der Gewohnheit unserer Väter. – Im 5. Kapitel. Von den Weingärten haben sie nie in der dritten Klasse erhoben, wie sie jetzt tun, sondern nur in der vierten. – Im 6. Kapitel. Die Hintersassen der Kirche haben niemals gewagt und sich überredet, gegen einen freien Mann Anstößiges zu begehen oder ihn mit Knütteln zu schlagen

4 Bischöfe und andere Großgrundbesitzer nutzten die nicht für ihre Selbstversorgung benötigten Güter, indem sie sie verpachteten. Das Recht der Emphyteuse war für den Pächter sehr vorteilhaft, weil es erblich war und nur zu geringem Zins verpflichtete; dafür mußte der Pächter das Gut (das er durch Kolonen bebauen ließ) auf eigene Kosten instandhalten. Die Libellarpacht war dagegen zeitlich befristet und neben der Zinspflicht oft mit persönlichen Dienstleistungen des Pächters an den Herrn verbunden.

und auch nicht vor uns Platz zu nehmen. Jetzt aber schlagen sie uns mit Knütteln und verfolgen uns mit Schwertern. Wir aber haben aus Furcht vor unserem Herrn nicht gewagt zu widerstehen, damit nicht Böseres daraus erwachse. – Im 7. Wer die Ländereien der Kirche pachtete bis zur dritten Vertragserneuerung, den warf sie niemals hinaus. – Im 8. Wir haben jetzt nicht mehr gewagt, die öffentlichen Meere zu befischen, wo das ganze Volk gemeinsam fischte, weil [die Kirchenleute] uns mit Knütteln schlagen und unsere Netze zerschneiden. –

[4] Im 9. Kapitel. Ferner habt ihr uns befragt wegen der Gerechtigkeiten unserer Herren, die die Griechen zu ihren Händen gehalten haben bis zu jenem Tage, da wir zu Händen unserer Herren gekommen sind. Wir sagen die Wahrheit, wie wir sie wissen[5]. Von der Stadt Pola 66 Solidi Mancusen, von Rovigno 40 Solidi Mancusen, von Parenzo 60 Mancusen, von dem Wehrbezirk Trieste 60 Mancusen, von Albona 30 Mancusen, von Pinguente 20 Mancusen, von Pedena 20 Mancusen, von Montona 30 Mancusen. Der Kanzler in Cittanova 12 Mancusen. Dies macht zusammen 344 Mancusen. Diese Solidi: Zur Zeit der Griechen brachte er sie in den [kaiserlichen] Palast. Nachdem [der Franke] Johannes zum Herzogsamt gelangt war, behielt er diese Solidi für seine Zwecke, und er sagte nicht, sie seien die Gerechtigkeit des Palastes gewesen[6]. – Ferner hat er Casale Orcionis inne mit vielen Ölgärten. – Ferner einen Teil von Casale Petriolo mit Weingärten, Grundstücken, Ölgärten, ferner den ganzen Anteil des Johannes Cancianico mit Grundstücken, Wein- und Ölgärten und das Haus mit seinen Keltern. Ferner das große Besitztum von Arbe mit Grundstücken, Wein- und Ölgärten und sein Haus. – Ferner das Besitztum des Magister Militum Stephan. – Ferner das

5 Es folgt die (von den Grundbesitzern eines jeden Stadtgebietes aufzubringende), früher dem griechischen Kaiser in Goldmünzen, Solidi, entrichtete Grundsteuer. Mancusen, solidi mancosi, hießen vermutlich die in Norditalien wegen Goldmangels nicht mehr nach dem herkömmlichen Gewicht und Münzfuß vollwertig geprägten Goldmünzen.

6 D. h.: Er appropriierte sie sich, behandelte sie wie Privateinkünfte, verwandte sie nicht mehr für öffentliche, staatliche Zwecke. Auch die anschließend genannten Güter hatte er sich in dieser Weise angeeignet.

Haus Zerontiaca mit allem seinem Besitztum. – Ferner das Besitztum des Konsuls Mauritius oder des Heermeisters Basilius, statt dessen auch vom Konsul Theodoros. – Ferner das Besitztum, das er in Priatellum besitzt, mit Grundstücken, Wein- und Ölgärten, und mehrere andere Stellen. – In Cittanova hat er den kaiserlichen Fiskus, wo er wohnt, binnen und vor der Stadt mehr als 200 Kolonen, bei guter Zeit liefern sie an Öl mehr als 100 Scheffel, an Wein mehr als 200 Amphoren, Korn und Kastanien in ausreichender Menge. Fischereien aber hat er, wovon ihm im Jahre mehr als 50 Solidi Mancosi zukommen, ohne für seine Tafel zur Genüge. Alles dieses hält der Herzog zu seinen Händen, ausgenommen jene 344 Solidi, wie oben geschrieben steht, weil er [damit] in den Palast gehen muß.

[5] Über die Gewalttaten, wonach ihr uns gefragt habt, die Herzog Johannes uns getan hat, sagen wir die Wahrheit, soweit wir wissen. – Im 1. Kapitel. Er hat unsere Wälder weggenommen, wovon unsere Eltern das Weide- und Eichelmastgeld erhoben; ferner hat er uns die unteren [festen] Häuser weggenommen, davon unsere Eltern, wie wir oben gesagt haben, in gleicher Weise erhoben. Jetzt widerspricht uns Johannes. – Ferner hat er Sklaven auf unsere Ländereien gesetzt; diese pflügen unsere Ländereien und Brachen, säen unsere Wiesen, beweiden unsere Weiden, und von diesen unseren Ländereien geben sie dem Johannes Zahlungen. – Obendrein verbleiben uns weder Rinder noch Pferde; wenn wir etwas sagen, sagen sie, wir verkauften. Er hat unsere Häuser weggenommen, die unsere Väter nach unserer Gewohnheit anordneten[7]. – Im 2. Kapitel. Seit alter Zeit, während wir der Macht des Kaisertums der Griechen unterstanden, hatten unsere Väter die Gewohnheit, Wahlen der Tribunen[8], Domestiker oder Vikare und der Statthalter abzuhalten, und sie durchliefen diese Ehrenämter in Gemeinschaft, und sie saßen in der Versammlung[9] jeder nach seinem Ehrenamte, und wer ein

7 Übergriffe auf privatrechtliches Gemeineigentum.
8 Sie standen an der Spitze einer jeden Stadt oder Burg und ihres Landgebietes.
9 Versammlung der Grundbesitzer eines Stadt- bzw. Burggebietes oder der gesamten Provinz, denen das Wahlrecht zustand.

besseres Ehrenamt haben wollte als ein Tribun, der ging zum Kaisertum, das ihn zum Konsul ordinierte. Dann schritt der, der kaiserlicher Konsul war, an jedem Orte direkt hinter dem Heermeister einher. – Jetzt aber hat uns unser Herzog Johannes Zentarchen vorgesetzt, er hat das Volk aufgeteilt unter seine Söhne und Töchter oder seinen Schwiegersohn, und während sie selbst arm sind, bauen sie ihm Paläste. Die Tribunenämter hat er uns genommen; er gestattet nicht, daß wir freie Leute haben, sondern er läßt uns nur mit unseren Knechten zum Kriegszuge gehen, unsere Freigelassenen hat er weggenommen, zugezogene Gäste setzt er in unsere Häuser oder Gärten, und über diese haben wir keine Gewalt. – Zur Zeit der Griechen hatte jeder Tribun fünf [von den öffentlichen Lasten] Befreite und mehr, und die hat er uns weggenommen. – [Pferde-]Futter haben wir niemals gegeben, auf dem Hofe niemals gearbeitet, Kalkfuhren niemals geleistet, Häuser niemals gebaut, Spanndienste niemals geleistet, Hunde niemals gefüttert, Steuern niemals gegeben, so wie wir es jetzt tun: Für jedes einzelne Rind geben wir einen Scheffel; Steuern von den Schafen haben wir niemals gegeben, wie wir es jetzt tun, in jedem Jahre geben wir Tiere und Lämmer. Wir gehen zu Schiff nach Venedig, Ravenna, Dalmatien und auf die Flüsse, was wir niemals getan haben. Nicht nur für Johannes tun wir das, sondern auch für seine Söhne und Töchter und seinen Schwiegersohn. – Wann immer er im Dienste des Herrn Kaisers kommt, um zu reisen oder seine Leute anzuführen, nimmt er unsere Pferde weg, und unsere Söhne führt er unter Zwang mit sich fort und läßt sie für sich Saumtiere bis zu etwa 30 und mehr Meilen weit führen, er nimmt ihnen alles, was sie haben, und allein sie selber läßt er zu Fuß nach Hause zurückgehen[10]. Unsere Pferde aber: Entweder sendet er sie ins Frankenland, oder er verschenkt sie unter seinen Leuten. – Er sagt zum Volke: Laßt uns Geschenke für den Herrn Kaiser einsammeln, wie wir zur Zeit der Griechen taten, und ein Bote des Volkes komme mit mir und überreiche

10 Der Herzog hatte also die griechische Stadtverfassung abgeschafft und die fränkischen Staatsfrondienste (Arbeits- und Sachleistungen für öffentliche Zwecke) eingeführt.

diese Geschenke dem Herrn Kaiser! Und wir sammeln mit großer Freude ein, und wenn er kommt, um abzureisen, sagt er: Es ist euch nicht richtig [mit]zukommen; ich werde für euch Fürsprecher beim Herrn Kaiser sein. Er aber geht mit unseren Geschenken zum Herrn Kaiser und erhandelt dort Ehre für sich und seine Söhne, und wir sind in großer, schmerzlicher Bedrückung. – Zur Zeit der Griechen sammelten wir einmal im Jahr, wenn es nötig war, Steuern ein wegen der kaiserlichen Boten: Von 100 Häuptern Schafe, wer die hatte, eines; jetzt aber, wer im äußersten Falle drei hat, davon nimmt er eines. Und wir wissen nicht alljährlich seine Steuererheber anzusehen, woher sie es nehmen. Dieses alles behält unser Herzog Johannes zu seinem Nutzen, was der Heermeister der Griechen niemals gehabt hat. Sondern dieser ordnete stets die Tribunen zu den kaiserlichen Boten ab und zu den ankommenden und heimkehrenden Gesandtschaften. Und diese Steuern leisten wir, und in jedem Jahre leisten wir täglich Steuern, ob wir wollen oder nicht. – Drei Jahre lang aber haben wir die Zehnten, die wir der heiligen Kirche hätten geben müssen, den heidnischen Slaven gegeben, weil er sie über die Ländereien der Kirchen und Völkerschaften ausgesandt hat, zu seinen Sünden und unserem Verderben. – Alle diese Lasten und Auflagen, die hervor genannt sind, leisten wir unter Zwang, was unsere Eltern niemals getan haben. Davon kommen wir alle in Armut, und alle verspotten unsere Eltern, sowohl unsere Nachbarn im Veneto und in Dalmatien wie auch die Griechen, unter deren Gewalt wir vorher waren. Wenn uns Herr Karl, der Kaiser, zu Hilfe kommt, können wir davonkommen; andernfalls ist es für uns besser zu sterben als zu leben.

[6] Dann sprach Herzog Johannes: Ich habe geglaubt, daß die Wälder und Weiden, die ihr nennt, von seiten des Herrn Kaisers Reichsgut sein müßten. Nun aber, wenn ihr als Geschworene es sagt, will ich euch nicht widersprechen. – Wegen der Schafsteuer werde ich es hinfort nur so machen, wie es früher eure Gewohnheit war. Ebenso wegen des Geschenks für den Herrn Kaiser. Wegen des Werkdienstes, der Schiffsfuhren und mehrerer Dienste wird hinfort nichts mehr geschehen, wenn es euch hart erscheint. Eure Freigelassenen werde ich euch zurückgeben nach dem Gesetz eurer Eltern. Ich werde euch gestatten, freie Leute zu haben, damit

sie euren Schutz[11] haben, so wie sie es in aller Gewalt unseres Herrn tun. Zuziehende Leute, die auf dem Euren sich niedergelassen haben, sollen in eurer Gewalt sein. Wegen der Slaven aber, von denen ihr sprecht: Laßt uns auf die Ländereien gehen, wo sie sich niedergelassen haben, und darauf sehen, daß sie da sitzen, wo sie ohne euren Schaden sitzen können. Wo sie euch aber irgendwelchen Schaden tun, es sei an Äckern oder Wäldern oder Brachen oder sonstwo, da werden wir sie daraus vertreiben. Wenn es euch beliebt, daß wir sie an solche wüsten Orte senden, wo sie ohne euren Schaden wohnen können, dann mögen sie dem Reichsgute Dienste leisten, so wie auch das übrige Volk[12].

[7] Dann haben wir, die Boten des Herrn Kaisers, dafür gesorgt, daß Herzog Johannes Pfänder gab, daß er alle vorgetragenen Auflagen, Eichelmastgeld, Weidegeld, Werkdienste und Steuern, wegen der Slaven und der Spanndienste und der Schiffsfuhren bessern würde. Und diese Pfänder übernahmen Damian, Honorat und Gregor. Aber auch das Volk leistete den Verzichtseid, und zwar in dem Sinne, daß es ferner nichts mehr verlangen würde. Und wenn er oder seine Erben oder Steuererheber fernerhin diese Bedrückungen machen würden, sollen sie das von uns Festgesetzte büßen. – Wegen der anderen Klagen aber stand es fest bei Fortunatus, dem ehrwürdigen Patriarchen, und den oben beschriebenen Bischöfen und Herzog Johannes und den übrigen Vornehmen und dem Volke: Was immer sie als Geschworene erinnern und unter ihrem Eide und gemäß den Katastern aussagen würden, das alles würde er erfüllen, und wer es nicht erfüllen wollte, von deren Seite büße er, im heiligen Palaste bezwungen, an Golde 9 Pfund Mankusen.

[8] Dieses Schiedsurteil und Abkommen ist in Gegenwart der Boten des Herrn Kaisers Izo, des Priesters, Cadolaus und Ajo ge-

11 Lat. commendatio. So hieß der Akt, durch den sich ein freier Mann unter den Schutz eines anderen stellte. Wahrscheinlich war er auch hier mit einer Landleihe verbunden. Es könnte sich um die Einführung des fränkischen Lehnswesens handeln: Der Herzog mußte den Großgrundbesitzern erlauben, Vasallen zu haben.

12 Wichtiges Zeugnis für die von Osten her vordringende slavische Landnahme, die erst in Istrien zum Stehen kam.

macht worden, und mit eigenen Händen haben in unserer Gegenwart unterschrieben: + Ich, Fortunatus, durch Gottes Barmherzigkeit Patriarch, habe in dieser obengefertigten Gelöbnisurkunde eigenhändig unterschrieben. + Ich, Herzog Johannes, habe in dieser Gelöbnisurkunde mit eigner Hand unterschrieben. + Ich, Bischof Stauratius, habe in der Gelöbnisurkunde mit eigner Hand unterschrieben. + Ich, Bischof Theodor. + Ich, Bischof Stephan. + Ich, Bischof Leo. + Ich, Bischof Laurentius. + Ich, der Sünder Petrus, Diakon der heiligen Metropolitankirche von Aquileja, habe dieses Gelöbnis auf Befehl meines Herrn, des allerheiligsten Patriarchen Fortunatus, und des ruhmreichen Herzogs Johannes und der oben beschriebenen Bischöfe und Großen des Volkes der Provinz Istrien geschrieben, und nach der Bekräftigung der Zeugen habe ich die Urkunde bekräftigt.

Grundlagen der Reichsverfassung: Das Zusammenwirken von Volksrechten und Herrscherrechten bei der königlichen Thronfolge, 877– nach 880

Seit den Reichsgründungen der Germanen gab es zwei widersprüchliche und trotzdem zusammengehörige Anschauungen über die Herkunft der königlichen Gewalt. Die eine sagte, das Heer oder Volk habe sie dem König übertragen, damit er als sein Amt die Aufgabe erfülle, den Kriegern ihr Recht an dem gewonnenen Land sowohl gegenüber äußeren Feinden wie gegenüber konkurrierenden Genossen zu sichern. Zu Vorkämpfern dieser Ansicht erhoben sich überall die Bischöfe und Äbte, deren Grundbesitz vielfach auf Schenkungen der Krieger beruhte und ihnen nur im Schutze einer starken Zentralgewalt sicher war. Die andere Ansicht sagte, die Macht sei dem Könige von Gott übertragen worden, denn nur Gott könne den Sieg auf dem Schlachtfelde gewähren und einem sterblichen Menschen Gewalt über andere Menschen verleihen. Den siegreichen König und seine Nachkommen, auf die sich diese Gnadengabe vererbte, dachte man sich als Erwählten des Herrn, und dem Volke kam nur noch die Aufgabe zu, ihn in der Wahl zu erkennen und ihm Gehorsam zu geloben. So kam es, daß bei der Thronfolge sowohl ein Wahlrecht des Volkes als auch ein Erbrecht der Königssöhne in Erscheinung trat.

Es geschah erstmals im westfränkischen Reiche und in der Regierungszeit König Karls II., des Kahlen (840–877), daß man diesen germanischen Grundgedanken festere Formen zu geben versuchte. Dies hatte zwei Gründe. Einmal hatten Karl und seine Brüder, die Söhne Kaiser Ludwigs des Frommen, nach langem Streit im Vertrag von Verdun 843 die Herrschaft im fränkischen Reich unter sich geteilt und damit politische Gebilde geschaffen, die um Dauerhaftigkeit noch lange ringen mußten und sie erst im Zuge der Entstehung der französischen und der deutschen Nation gewannen. Zweitens hatte die Auflösung des Großreiches und die Notwendigkeit, zur Abwehr der Normannen die Heeresorganisation zu dezentralisieren, die Markgrafen und Grafen aus absetzbaren königlichen Amt-

leuten zu eigenwilligen Kronvasallen gemacht, die ihre Ämter und Amtsgüter als erbliche Lehen betrachteten. Sie gaben nun den Eifer für den fränkischen Gesamtstaat zugunsten einer Hausgut- und Familienpolitik auf, die ihnen in dem Gebiet, wo sie einmal als Grundherren und Inhaber königlicher Befugnisse Fuß gefaßt hatten, eine dauerhafte Stellung verschaffen und die Gründung von Dynastien ermöglichen sollte. Sie bildeten den Kreis der Großen, mit denen Karl der Kahle beständig um die Anerkennung und Ausweitung der Königsmacht, und das hieß zugleich: um die Begrenzung der Adelsmacht, ringen mußte. Die Bischöfe und Äbte, deren Güter sowohl die Fürsten wie der König gerne in Stützen der eigenen Herrschaft verwandelt hätten, bildeten in diesem Ringen eine dritte Größe, die eigene Interessen verfolgte und unter den Rivalen oft genug den Ausschlag gab.

Nachdem Karl 875 die Kaiserwürde erlangt hatte, mußte er im Jahre 877 einem Rufe des Papstes nach Italien folgen, um die Araber abzuwehren. Die Westfranken mißbilligten dies, da ihr Land selber von Feinden bedroht war. Auf einer Versammlung zu Quierzy an der Oise verhandelten sie mit Karl über die notwendigen Maßnahmen: Karls Sohn Ludwig wurde zum Reichsverweser bestimmt, der Kaiser traf Verfügungen für den Fall seines Todes, und wegen der Vasallen, die ihm nach Italien folgen sollten, setzte man zum ersten Male die Erblichkeit der Lehen ausdrücklich, wenn auch nur provisorisch fest. Das Kapitulare von Quierzy (Nr. 1) zeigt, wie der König und seine Getreuen, nämlich die Bischöfe, Äbte und Großen, die das Volk ausmachten, miteinander zu verhandeln und zu beschließen pflegten.

Als nach Karls Tode 877 das Königtum auf dessen Sohn Ludwig überging, faßte Erzbischof Hinkmar von Reims, der Leiter der Krönungszeremonie, alles, was sich bisher an Regeln für die wechselseitigen Beziehungen zwischen König und Volk ergeben hatte, in einer Krönungsordnung zusammen. Wir besitzen darüber zwei Quellen: erstens Hinkmars Bericht in den westfränkischen Reichsannalen (nach der Herkunft der ältesten erhaltenen Handschrift aus dem Kloster St. Bertin oder Sithiu in Flandern heute Annales Bertiniani genannt, Nr. 2), und zweitens die von einem unbekannten Redakteur zwischen 880 und 936 überarbeitete und erweiterte Fassung der Krönungsordnung (Nr. 3). Danach stand jetzt fest, daß der Bewerber zuerst und auf Bitten der Bischöfe dem Volke die Wahrung des Rechtes versprechen, also sich an das Recht binden und damit auf eine eigenmächtige Regierungsweise verzichten mußte, ehe der wortführende Bischof den Wahlvorschlag machte und das Volk um Zustimmung zur Weihe und Krönung bat. Daß erst diese dem Bewerber die Amtsgewalt des Königtums übertrug, machte man mit der Überreichung der Herrschaftszeichen, die die königlichen Befugnisse symbolisierten, dem Volke sinnfällig und sichtbar. Diese Ordnung ist für Europa vorbildlich geworden, denn Engländer und Deutsche ahmten sie im 10. Jahrhundert nach, und in Frankreich hat sie in wesentlichen Teilen 900 Jahre lang Bestand gehabt.

1. Aus Kaiser Karls II., des Kahlen, Kapitulare von Quierzy, 14. Juni 877: MGH Capit. 2 S. 355 Nr. 281.

Diese Kapitel sind von Herrn Karl, dem ruhmreichen Kaiser, errichtet worden mit Zustimmung seiner Getreuen, bei Quierzy im Jahre der Fleischwerdung des Herrn 877, seines Königtums aber im 37., des Kaisertums jedoch im 2., am 14. Juni der 10. Indiktion; davon hat er etliche selbst festgesetzt und über etliche von seinen Getreuen ein Weistum geben lassen[1].

1. Wegen der Ehre und Pflege Gottes und der heiligen Kirchen[2], die nach Gottes Urheberschaft unter dem Befehl und Schutz unserer Herrschaft stehen, haben wir durch des Herrn Vermittlung beschlossen, daß sie so, wie sie zur Zeit unseres Herrn und Vaters seligen Gedächtnisses erhöht und beehrt und durch

1 Lat. responderi iussit: Der König als Versammlungsleiter befahl den Versammelten, das Recht zu weisen; das Weistum wurde Gesetz, wenn der König es sanktionierte, d. h. Zuwiderhandelnde mit Strafe bedrohte. Der Text stellt demnach die frühe Entstehungsstufe eines Gesetzes dar: nämlich die Vorlage des Königs und die dazu erteilten Weistümer. Der endgültige, vom König sanktionierte Text ist nur unvollständig bekannt. Er lehnte sich eng an die Weistümer an.

2 Dieses Gesetz ist erstmals im November 843 auf dem Hoftage zu Coulaines (bei Le Mans) formuliert worden, wo die Bischöfe König Karl dem Kahlen etliche Zugeständnisse zugunsten der Großen seines neugeschaffenen Reichsteils abgenötigt und damit die vertragsmäßige Beschränkung der Königsgewalt eingeleitet hatten.

Güter gemehrt worden sind, [verbleiben sollen][3], und die durch unsere Freigebigkeit geehrt und bereichert worden sind, sollen hinfort in Unversehrtheit des Ihren bewahrt werden, und die Priester und Diener Gottes sollen die kirchliche Stärke und die schuldigen Privilegien gemäß ehrwürdiger Autorität behalten, und die fürstliche Gewalt und die Strenge der erlauchten Herren bzw. die Verwalter des Gemeinwesens sollen ihnen, damit sie ihren Dienst zutreffend ausüben können, in allen Dingen vernünftig und rechtmäßig beistehen. Und unser Sohn soll dies Vorstehende in gleicher Weise mit Gottes Hilfe bewahren. – Weistum: Wir alle loben das erste Kapitel, so wie ihr es mit göttlicher Eingebung entschieden habt, und wir wollen es einhalten.

3. Von euch sollen Männer erwählt werden, abgesehen von jenen, denen wir es [bereits] aufgetragen haben, deren speziellen Rates und Beistandes wir uns auf der jetzigen Reise bedienen können. – Weistum über das dritte: Wie ihr es bestens durch Gottes Eingebung erkannt habt, so habt ihr die Verteidigung und den Schutz und die Hut eures Sohnes ebenso durch die Bischöfe wie durch die Äbte und Grafen verfügt, und wir erkennen, daß es notwendig ist. Wir können und dürfen diese Verfügung nicht verwirren, und wir wissen nicht, wie wir sie besser einrichten könnten.

4. Wie können wir solange, bis wir mit Gottes Hilfe hierher zurückkehren, sicher sein, daß unser Reich von niemandem beunruhigt werden kann, sofern Gott euch dabei helfen wollte und es in eurer Macht steht? Und wie können wir wegen unseres Sohnes und wegen euch sicher sein, und [wie] könnt ihr wegen unseres Sohnes sicher sein und er wegen euch, und wie könnt ihr euch gegenseitig vertrauen? – Weistum: Auf das vierte, worin geschrieben steht: »Wie könnt ihr wegen eures Sohnes sicher sein?«, antworten wir, daß ihr, Gott sei Dank, diesen euren Sohn gezeugt und genährt habt und daß Gott ihn durch eure Nahrung bis zu diesem Alter geleitet hat, und keiner von uns vermag oder braucht oder

3 Der Satzbau ist gestört, weil man hier den zugunsten des Königs wirksamen Vorbehalt von 843 getilgt hat, daß die von Kaiser Ludwig dem Frommen gewährten Rechte und Güter den Kirchen nur verbleiben sollten, soweit es »vernünftiger Billigkeit« gemäß sei.

weiß ihn besser zu schützen als ihr, und bei eurer Weisheit und Hilfe und Verfügung, nach Gott und dessen Heiligen, stehen seine Bewahrung und seine Ehre. Und weil ihr zu Gottes Willen und zum Nutzen der heiligen Kirche und eures Reiches seinetwegen sicher sein könnt, verbleibt er unter eurer Verfügung.

Und darauf, daß dort geschrieben steht: »Wie könnt ihr unseretwegen sicher sein, daß, so lange bis ihr mit Gottes Hilfe hierher zurückkehrt, von niemandem euer Reich beunruhigt werden könne...?«, antworten wir: Es gibt Eide, die wir euch geleistet haben[4], und ein Bekenntnis, das wir, Kleriker wie Laien, euch in Quierzy getan und unterschrieben haben, und es gibt eine Verzeihung, die eure Herrlichkeit uns, euren Getreuen, sowohl gewährt wie unterschrieben hat, und ein Bekenntnis und einen Eid, die wir euch in Gondreville wegen neuer aufkommender Ursachen nach dem Tode Lothars und der Gesandtschaft des Herrn Papstes Hadrian und der Gesandtschaft eures Neffen Ludwig geleistet haben[5]; es gibt auch ein Bekenntnis, das wir in Reims sowohl wegen der Treue zu euch wie wegen der Verfügung und Verteidigung eures Reiches... abgelegt haben[6]. Dies alles haben wir bisher eingehalten, und wir halten es ein, und wir wollen es mit Gottes Hilfe bis zum Ende unseres Lebens einhalten. Daher könnt ihr uns wahrhaftig wie etwas Sicherem vertrauen. Wenn aber jemand von den erwähnten Eiden und Bekenntnissen abgewichen ist, so wird er es nach der Vernunft und Autorität und Gewohnheit bessern und es hinfort einhalten. Wenn aber der Betreffende einer von euren Getreuen ist, die diese Bekenntnisse nicht abgelegt haben, so tue er dies, wenn es nötig ist, und halte sie hinfort ein. Auch sind eure

4 König Karl hatte in den Jahren 854, 865 und 873 die allgemeine Vereidigung aller Franken auf seine Person angeordnet, namentlich auch der ritterlichen Vasallen und überhaupt aller abhängigen Leute, die bereits anderen Herren verpflichtet waren. Es sind die letzten Untertaneneide, von denen wir wissen. Es ist fraglich, ob neben den Großen die breiten Schichten der kleinen Freien davon noch erreicht worden sind.

5 Am 21. März 858 hatten die Getreuen dem Könige in Quierzy einen Eid geschworen, an dessen Wortlaut sich die Treueide aller Bischöfe und Großen von Gondreville am 9. Sept. 873 sowie der Treueid der Bischöfe von 877, siehe unten, anlehnten.

6 Nicht überliefert.

Getreuen nach dem Tode eures Bruders zu euch gekommen[7]. Welchen Eid sie euch geleistet haben, wißt ihr. Wer von ihnen aber diesen Eid bis jetzt gehalten hat, der wird ihn weiterhin halten. Und wenn einer von jenem Eide abgewichen ist, so wird er es nach Vernunft und Autorität und Gewohnheit bessern und ihn hinfort einhalten.

Auf das, was dort geschrieben ist: »Wie wir wegen eures Sohnes sicher sein können?«, antworten wir, daß wir wegen eures Sohnes, den wir durch Gottes Gnade und eure Anordnung zum künftigen Herrn[8] nach euch haben wollen, keine andere Sicherheit begehren, als daß er das, was ihr in eurem Kapitulare festgesetzt und entschieden habt[9], uns bewahre, einem jeden in seinem Stande und seiner Person.

Auf das, was dort geschrieben steht: »Wie er selbst vor uns sicher sein könne?«, antworten wir, was wir auch in Reims geantwortet haben: Wenn Gott und ihr ihn zur Regierung des Reiches erhöht und ihn zu der bezeichneten Teilhabe designiert habt, wollen wir ihm so treu sein, wie wir nach Recht einem Herrn sein müssen[10]. Zu dem, was dort geschrieben steht und ihr uns wörtlich gesagt habt, »daß wir uns gegenseitig trauen können«, so haben wir uns mit Worten getreulich versichert, »daß wir zum Zwecke des Willens Gottes und eurer Gefolgschaft und Ehre und des Nutzens der heiligen Kirche und eures Reiches und zur Rettung eurer Getreuen durch Gottes Vermittlung uns vereinigt haben, soviel ein jeder von uns in seinem Stande und seiner Person durch Gottes Gnade das Wissen und die Macht hat, damit wir uns gegenseitig vertrauen und abwechselnd beistehen«.

8. Wenn inzwischen, bevor wir zurückkehren, irgendwelche Amtsgerechtsame[11] eröffnet werden, so ist zu überlegen, was dann

7 Nach dem Tode des ostfränkischen Königs Ludwig des Deutschen im Jahre 876 hatte Karl versucht, die Großen Lothringens für sich zu gewinnen und das Land dem westfränkischen Reich einzuverleiben.

8 Lat. senior ›Lehnsherr‹.

9 Kapitulare von Pîtres (869) C. 3.

10 Vgl. den oben mitgeteilten Treueid im Kapitulare für die Königsboten von 802 und die erwähnten Treueide von 858.

11 Lat. honores. Darunter verstand man den Grundbesitz, auf dem die Macht

geschehen soll. – Weistum: Wenn, bevor ihr mit Gottes Hilfe zurückkehrt, ein Erzbischof verstorben sein sollte, dann soll ein benachbarter Bischof aus dieser Diözese mit dem Grafen diesen Stuhl versorgen, bis der Tod des Erzbischofs zu eurer Kenntnis gelangt. Wenn inzwischen ein Bischof verstorben sein sollte, dann soll der Erzbischof diesem Stuhle einen Verweser gemäß den heiligen Canones ernennen, der zusammen mit dem Grafen diese Kirche behüte, damit sie nicht beraubt wird, so lange bis des Bischofs Tod zu eurer Kenntnis gelangt. Wenn ein Abt oder eine Äbtissin sterben sollten, dann behüte der Bischof, in dessen Parochie dieses Kloster liegt, gemeinsam mit dem Grafen dieses Kloster, so lange bis euer Befehl darüber ergehe.

9. Wenn ein Graf versterben sollte, dessen Sohn uns begleitet, dann soll unser Sohn mit unseren übrigen Getreuen aus denen, die jenem die Vertrautesten und Nächsten waren, einen ernennen, der mit den Dienstleuten[12] dieser Grafschaft und dem Bischof diese Grafschaft versorge, so lange bis es uns gemeldet wird. Wenn er aber einen jungen Sohn hat, dann besorge dieser mit den Dienstleuten der Grafschaft und dem Bischof, in dessen Parochie sie besteht, diese Grafschaft, bis es zu unserer Kenntnis gelangt. Wenn er aber keinen Sohn hat, dann ernenne unser Sohn mit unseren übrigen Getreuen einen, der mit den Dienstleuten dieser Grafschaft und dem Bischof die Grafschaft versorge, bis unser Befehl darüber ergeht. Und hierum soll niemand zürnen, wenn wir diese Grafschaft einem anderen, der uns angenehm ist, übergeben als jenem, der sie zunächst versorgt hat. In der gleichen Weise ist wegen unserer Vasallen zu verfahren. Und wir wollen und befehlen ausdrücklich, daß sich sowohl die Bischöfe wie die Äbte und Gra-

eines Großen beruhte, samt daran hängenden Rechten, und zwar sowohl den ererbten Familienbesitz wie das Dienstgut, das der König seinen Grafen zuwies, und das Amtsgut der Bischöfe. Seit 843 hatte im westfränkischen Reiche die Gleichsetzung der Begriffe honor und beneficium feudale, Lehnsgut, begonnen; darin liegt ein Indiz für das Erblichwerden der Lehen und Amtsgerechtsame, denn die Großen versuchten, den Lehnsbesitz mit dem Familiengut zu verschmelzen.

12 Lat. ministeriales, die Amtleute des Grafen, die wohl dessen Vasallen geworden waren.

fen oder auch unsere übrigen Getreuen bemühen sollen, es ihren Mannen in gleicher Weise zu erhalten; und sowohl wegen der Bistümer wie wegen der Abteien sollen der benachbarte Bischof und Graf dafür sorgen, daß niemand die Güter und Mittel der Kirche auseinanderreiße, und niemand soll sie bei Austeilung ihres Almosens behindern... – Weistum: Die übrigen Kapitel bedürfen keiner Antwort, da sie von eurer Weisheit erlassen und festgesetzt sind.

10. Wenn einer von unseren Getreuen nach unserem Tode, von der Liebe zu Gott und zu uns getroffen, der Welt entsagen will und einen Sohn oder solchen Verwandten hat, daß er dem Gemeinwesen nützlich sein kann, so sei er fähig, diesem seine Amtsgerechtsame zu vermachen, so wie er es am liebsten will. Und wenn er auf seinem Allod in Ruhe leben will, so maße sich niemand an, ihm ein Hindernis zu bereiten, und es soll weiter nichts von ihm gefordert werden, außer allein, daß er zur Landesverteidigung ausziehe.

15. Wie und in welcher Abfolge sich unser Sohn in diesem Reich aufhalten soll und wer diejenigen sein sollen, deren Hilfe er nutze und die im Notfall bei ihm seien; nämlich von den Bischöfen sollen ständig bei ihm sein Ingelwin [von Paris] oder Reinhelm [von Tournai] oder Odo [von Beauvais] oder Hildebold [von Soissons]; von den Äbten sollen, wenn kein anderer Notfall eintritt, ständig bei ihm sein Welfo, Gauzlin[13] und Folko, von den Grafen aber Teuderich oder Balduin [von Flandern] oder Konrad [von Paris] oder Adalhelm [von Laon]; abwechselnd sollen sie bei ihm sein, auch so oft sie es zu unserm Vorteil können, Boso [von Vienne] und Bernhard [von Auvergne]. Wenn er an die Maas reist, sollen mit ihm sein Bischof Franko [von Lüttich], Bischof Johannes [von Cambrai], Graf Arnulf, Giselbert, Letard, Matfrid, Widrich, Gotbert, Adalbert, Ingelger, Rainer gemeinsam mit den Vorgenannten. Wenn er nach jenseits der Seine reist: Abt Hugo [von Tours], Bischof Walter [von Orléans], Bischof Wala [von Auxerre], Bischof Giselbert [von Chartres] und unsere übrigen Getreuen aus jenem Gebiet zusammen mit den Vorgenannten, aber auch Männer von

13 Seit 860 in Karls Kanzlei tätig und seit 867 deren Leiter, Abt mehrerer Klöster, später Bischof von Paris, eine Schlüsselfigur der Politik dieser Zeit.

unseren sonstigen Getreuen, je nachdem, was in jedem Teile unseres Reiches notwendig ist.

17. Pfalzgraf Adalhard bleibe bei ihm [unserem Sohn] mit dem Siegel. Und wenn dieser wegen irgendeiner Notlage abwesend ist, sollen Gerhard und Friedrich oder einer von ihnen, die mit ihm eingesetzt sind, Gericht halten. Und er soll ungefähr einmal in der Woche Gericht halten, und überall, wo er weilt, soll er für den Frieden sorgen.

22. Auch ist daran zu erinnern und darauf zu dringen, daß sich keiner von unseren Getreuen, die mit unserem Sohne hierbleiben, im Rate als Zauderer erweise, sondern jeder spreche, wie es ihn am richtigsten dünkt, und wenn alle geredet haben, sollen sie auswählen, was sie als das beste ansehen.

2. Krönung und Krönungsversprechen König Ludwigs II., 877: Annales Bertiniani, rec. G. Waitz, MGH SS in us. schol. (1873) S. 137–140.

Nachdem Ludwig auf dem Gutshofe Orville [Aisne] die Botschaft vom Tode seines Vaters empfangen hatte, gewann er [von den Großen] für sich, wen er konnte, indem er ihnen Abteien und Grafschaften und Gutshöfe gab, ganz so, wie jeder einzelne es begehrte. Und er reiste über Quierzy und Compiègne nach Ver [Oise], um zum Begräbnis seines Vaters zum Kloster Saint-Denis zu gelangen. Sobald er aber hörte, sein Vater sei bereits [im Kloster Nantua bei Lyon] begraben worden und die Großen des Reiches, sowohl Äbte wie Grafen, seien verstimmt, weil er etlichen ohne ihre Zustimmung Lehen[14] gegeben hatte, und hätten sich deswegen gegen ihn verschworen, da kehrte er nach Compiègne zurück. Diese Großen aber waren zusammen mit [seiner Mutter] Richildis, sie zerstörten alles, was an ihrem Wege lag, und kamen bis zum Kloster Avenay, und von da aus beriefen sie ihre Versammlung nach Mont-Aimé [Marne] ein, und von hier aus entsandten sie ihre Boten zu Ludwig; aber auch Ludwig schickte seine Gesandten zu ihnen. Und mittels der zwischen ihnen pendelnden Boten kamen sie überein, daß Richildis und die Großen zu ihm

14 Lat. honores.

nach Compiègne kommen sollten, und sie beriefen ihre Versammlung nach Chesne-Herbelot im Forst von Cuise. Als Richildis nach Compiègne zu Ludwig kam, übergab sie ihm am Tage der St. Andreas-Messe [30. Nov.] die Urkunde, darin sein Vater ihm vor seinem Tode das Reich übertragen hatte[15], und das nach St. Peter benannte Schwert, mit dem sie ihn in den Besitz des Reiches einsetzen wollte, aber auch den Königsmantel, die Krone und den Stab aus Gold und Edelsteinen. Und während die Gesandten zwischen Ludwig und den Großen des Reiches hin- und hergingen und jedem einzelnen die Lehen vertraglich zugesagt wurden, die er haben wollte, wurde Ludwig am 8. Dezember mit Zustimmung aller, sowohl der Bischöfe und Äbte wie der Großen des Reiches und der übrigen Anwesenden, von Erzbischof Hinkmar von Reims zum König geweiht und gekrönt. Und die Bischöfe ergaben[16] ihm sich und ihre Kirchen zum Zweck des Schutzes, den [ihnen der König] schuldete, sowie die kanonischen Privilegien, die er ihnen zu erhalten hatte; dabei gelobten sie, ihm nach bestem Wissen und Können und gemäß ihrer Dienstbarkeit mit Rat und Hilfe getreu zu sein. Die Äbte aber und die Großen des Reiches und die königlichen Vasallen ergaben sich ihm und versprachen mit Eid gemäß der Gewohnheit Treue.

Als König Ludwig, Kaiser Karls Sohn, in Compiègne gekrönt worden war, richteten die Bischöfe diese Bitte an ihn[17], so wie es hier folgt: »Wir bitten darum, daß uns von euch gewährt werde, daß ihr einem jeden von uns und den uns anvertrauten Kirchen – gemäß dem ersten Kapitel, von dem kürzlich in Quierzy der Herr

15 Die symbolische Einweisung des Erben vom Totenbett aus war herkömmliche Sitte; hier findet sich erstmals die schriftliche, testamentarische Einweisung mit der älteren Form vereinigt. Sie sollte Ludwigs Erbrecht nicht erst begründen, sondern lediglich sichtbar und gültig machen.

16 Lat. commendaverunt, sie ergaben sich als Vasallen. Der Lehnsverband hat den Untertanenverband völlig verdrängt.

17 Wie sich aus dem Schluß des Berichtes ergibt, gingen die Bitte der Bischöfe und das Krönungsversprechen am 30. Nov. der Weihe am 8. Dez. voraus. Das Versprechen begegnet zum erstenmal im Jahre 843, am Anfang der Herrschaft Karls des Kahlen, als bloße Zusage. Seit 877 bezeichnete man diese als Versprechen oder Gelöbnis; so hieß seit alters der Amtseid der Bischöfe, dem man die Zusage nun gleichstellte.

Kaiser, euer Vater, mit Zustimmung seiner und eurer Getreuen und der Legaten des Apostolischen Stuhles durch Gauzlin, der es vorlas, verkündet hat, daß er und ihr es einhalten würdet – das kanonische Privileg[18] und das schuldige Gesetz und Recht erhaltet und [den schuldigen] Schutz bietet, so wie es ein König in seinem Reiche einem jeden Bischof und der ihm anvertrauten Kirche von Rechts wegen gewähren muß.«

Und Ludwig gab diesen Bischöfen persönlich folgendes Versprechen: »Ich verspreche und gewähre euch, daß ich einem jeden von euch und den euch anvertrauten Kirchen – gemäß dem ersten Kapitel, von dem kürzlich in Quierzy der Herr Kaiser, mein Vater, mit Zustimmung seiner und unserer Getreuen und der Legaten des Apostolischen Stuhles durch Gauzlin, der es vorlas, verkündet hat, er werde es einhalten – das kanonische Privileg und das schuldige Gesetz und Recht bewahren und meinen Schutz, soviel ich kann, gewähren werde, mit Gottes Hilfe, so, wie ein König in seinem Reiche es zu gewähren einem jeden Bischof und der ihm anvertrauten Kirche schuldig ist.«

Dies ist das Kapitel, auf das hier Bezug genommen wird: [Es folgt oben, Nr. 1, Kapitel 1.]

Ergebung des Erzbischofs Ansegis [von Sens] und der anderen in Compiègne anwesenden Bischöfe, als sie Ludwig, den Sohn Kaiser Karls, einsegneten: »Ich ergebe euch mich und die mir anvertraute Kirche zu schuldiger Bewahrung von Gesetz und Recht und zu schuldiger Gewährung von Schutz, so wie sie der König dem Bischof und seiner Kirche mittels gerechten Urteils bewahren und gewähren muß.«

Bekenntnis der Bischöfe: »Ich, mit Namen so-und-so, bekenne: Von diesem Tage an und immerfort will ich diesem meinem Herrn[19] und König Ludwig, dem Sohne Karls und Ermentruds, nach bestem Wissen und Können und gemäß meiner Dienstbarkeit mit Hilfe und Rat ein Getreuer und Helfer sein, wie ein Bischof von Rechts wegen seinem Herrn schuldig ist, bei meinem Glauben und meinem Priestertum.«

18 Die den Kirchen eingeräumte Sonderstellung unter Königsschutz.
19 Lat. seniori, »dem Lehnsherrn«.

Auf die oben aufgezeichnete Bitte der Bischöfe hin hat König Ludwig den Bischöfen das folgende bekannt, und das eigenhändige Schriftstück über eben diese Schenkung hat er ihnen in Compiègne im Jahre der Fleischwerdung des Herrn 877 am 30. November übergeben: »Bekenntnis dieses Ludwig, Karls Sohnes. Ich, Ludwig, durch die Barmherzigkeit unseres Herrgotts und die Wahl des Volkes[20] bestellter König, verspreche mit der Kirche Gottes als Zeugen allen Ständen und Orden, d. h. denen der Bischöfe, der Priester, der Mönche, der Kanoniker und der Nonnen, daß ich ihnen die von den Vätern verfaßten und mit päpstlichen Bestätigungen bekräftigten Regeln von jetzt an und in aller Zukunft in ihrem ganzen Umfange bewahren werde. Auch verspreche ich, daß ich dem Volke, das mir zur Lenkung durch Gottes Barmherzigkeit anvertraut wird, die Rechte und Gesetze gemäß gemeinsamem Ratschlage unserer Getreuen bewahren werde, nach dem Vorbild dessen, was meine Vorgänger, Kaiser und Könige, in die Amtsbücher eingetragen und überhaupt als etwas unverbrüchlich Einzuhaltendes und zu Beachtendes beschlossen haben. Also habe ich, Ludwig, aus Liebe zur Geradheit und Gerechtigkeit dieses mein freiwilliges Versprechen durchgelesen und mit eigener Hand bekräftigt.«

3. Westfränkische Krönungsordnung aus der Zeit um 900: P. E. Schramm, Die Krönung bei den Westfranken und Angelsachsen, Zeitschrift der Savigny-Stiftung für Rechtsgeschichte, Kanonist. Abt. 23 (1934) S. 201–207.

1. Bitte der Bischöfe an den König: »Wir bitten, daß von euch gewährt werde, daß ihr jedem einzelnen von uns und den uns anvertrauten Kirchen das kanonische Privileg und das schuldige Gesetz und Recht bewahren und Schutz bieten werdet, so wie es ein König in seinem Reiche jedem einzelnen Bischof und der ihm anvertrauten Kirche von Rechts wegen gewähren muß.«

2. Antwort des Königs: »Ich verspreche euch und gewähre, daß ich jedem einzelnen von euch « [usw. wie eben]

20 Eine Wahlversammlung hatte gar nicht stattgefunden; man gab die von pendelnden Boten vermittelten Verhandlungen als solche aus. Auffällig ist, daß Ludwigs Erbrecht unerwähnt bleibt.

3. Darauf sollen zwei Bischöfe das Volk in der Kirche[21] anreden und seinen Willen erfragen. Und wenn sie einmütig sind, sollen sie Gott danken, indem sie singen: »Dich, Gott, loben wir.«

4. Segnungen und Gebete über den König[22]: »Gott, der du deinen Völkern durch Tugend rätst und sie durch Liebe beherrschest, gib diesem deinem Diener N. den Geist der Weisheit mit der Leitung der Zucht, daß er dir von ganzem Herzen ergeben bleibe in der Leitung des Reiches als der immerwährend Geeignete und daß durch dein Wirken zu seinen Zeiten die Sicherheit der Kirche hergestellt werde und die christliche Frömmigkeit in Ruhe fortdaure, so daß er in guten Werken verfahrend durch deine Führung zum ewigen Königreich gelangen kann. Durch usw.«

5. Ein anderes Gebet: »Allmächtiger, ewiger Gott, Schöpfer und Lenker des Himmels und der Erde, Schöpfer und Leiter der Engel und der Menschen, König der Könige und Herr der Herrschenden, der du deinen Diener Abraham über die Feinde hast triumphieren lassen, der du Moses und Josua deinem Volke vorangestellt und ihnen vielfältigen Sieg zugeteilt hast, ... wir bitten dich, sieh die Gebete unserer Armseligkeit an und schmücke diesen deinen Diener N. durch vielfache Segnung der Ehre mit den Tugenden, damit du deine erwähnten Getreuen geschmückt hast, und setze ihn in erhabener Weise in die Leitung des Reiches ein, + und salbe ihn[23] mit dem Öl der Gnade deines Heiligen + Geistes, womit du die Priester, Könige, Propheten und Märtyrer gesalbt hast, die durch den Glauben die Reiche besiegt und Gerechtigkeit

21 Nicht die Wählerversammlung der Großen, die außerhalb und vor der kirchlichen Zeremonie stattgefunden hatte, sondern die Gemeinde der in der Kirche versammelten Kleriker und Laien, deren Akklamation den zur Rechtskraft führenden Schlußakt der Wahl bildete.

22 Ludwig II. 877 war der erste König, der die kirchlichen Weihen gleich zu Beginn seiner Herrschaft empfing. Er hatte auch die Krone aus geistlicher Hand empfangen, während sein Vater Karl II. noch vom Großvater gekrönt worden war.

23 Die Salbung des Herrschers hatte der Hausmeier Pippin im Jahre 751 eingeführt, um die ihm fehlende Geblütsheiligkeit der Merowinger auszugleichen. Sie stellte den König dem Priester gleich. An den Stellen, wo im Text die Kreuze stehen, führte der Liturg die Salbung an Schläfen und Schultern des Königs aus.

gewirkt und die Verheißungen erlangt haben. Dessen allerheiligste Ölung + fließe über sein Haupt herab und gelange hinein in sein Inneres und durchdringe das Innerste seines Herzens, und durch deine Gnade werde er der Verheißungen würdig gemacht, die die allersiegreichsten Könige erlangt haben, damit er auch in der gegenwärtigen Welt glücklich herrsche und zu ihrer Gemeinschaft im himmlischen Reiche gelange. Durch unseren Herrn Jesus Christus, deinen Sohn. Amen.«

6. Danach muß seinem Finger der Ring[24] angelegt und dann gesagt werden: »Empfange den Ring als Zeichen des heiligen Glaubens, durch den du wissest, allen Irrglauben zu vertreiben und der Beständigkeit des katholischen Glaubens verbunden zu sein.«

7. Es folgt das Gebet: ...

8. Zur Übergabe des Schwertes: »Empfange dieses Schwert, das dir mit Gottes Segen übertragen wird zur Bestrafung der Übeltäter, zum Lobe jedoch der Guten, mit dem du durch die Tugend des Heiligen Geistes allen deinen Feinden widerstehen und sie vertreiben kannst und alle Gegner der heiligen Kirche Gottes, mit dem du das dir anvertraute Reich schützen und die Burgen Gottes beschützen kannst. Mit Hilfe des unüberwindlichen Triumphators, unseres Herrn Jesu Christi, der mit dem Vater in der Einheit dieses heiligen Geistes lebt und regiert durch alle Weltalter der Weltalter. Amen.«

9. Aufsetzung der Krone: »Dich kröne der Herr mit der Krone des Ruhmes und der Gerechtigkeit, mit der Ehre und dem Werk der Tapferkeit, damit du durch das Amt unserer Segnung mit rechtem Glauben und vielfacher Frucht der guten Werke zur Krone des ewigen Reiches gelangen mögest. Durch die Großmut dessen, dessen Reich und Herrschaft dauert durch alle Weltalter der Weltalter. Amen.«

10. Es folgt das Gebet: ...

11. Hier die Übergabe des Szepters: »Empfange das Szepter,

24 Ludwig II. hatte 877 nur erst Krone und Szepter aus der Hand des Bischofs am Altar empfangen. Der vorliegende Ordo verkirchlichte auch die Symbole Ring, Schwert und Stab. Da auch der Bischof Ring und Stab führte, liegt wiederum eine Entsprechung zwischen König und Priester vor.

das Zeichen der königlichen Macht, nämlich die rechte Rute des Reiches, die Rute der Tugend, mit der du dich selbst wohl regieren mögest, die heilige Kirche, nämlich das dir von Gott anvertraute christliche Volk vor den Bösen beschützest, die Krummen begradigst, die Geraden durch deine Hilfe so lenkest, daß sie den rechten Weg einhalten können, damit du aus dem zeitlichen Reiche in das ewige Reich gelangest. Mit eben dessen Hilfe, dessen Reich und Kaisertum ohne Ende dauern möge in den Weltaltern der Weltalter. Amen.«

12. Zur Übergabe des Stabes: »Empfange den Stab, das Zeichen der heiligen Lenkung, daß du die Schwachen stärkest, die Strauchelnden stützest, die Krummen begradigst, die Geraden auf den Weg des ewigen Heils führest, durch das Wirken unseres Herrn Jesus Christus, der mit dem Vater in der Einigkeit des Heiligen Geistes Tugend und Kaisertum ist, durch die Weltalter aller Weltalter hin. Amen.«

13. Zur Messe: »Wir bitten, allmächtiger Gott, daß dein Knecht, der durch dein Erbarmen die Zügel des Reiches übernommen hat, von dir auch das Wachstum aller Tugenden empfange, durch die er geziemend geschmückt sei und fähig, die widerlichen Sünden zu meiden und dankbar zu dir, der du der Weg, die Wahrheit und das Leben bist, zu gelangen, der du lebest...«

14. Geheim: »Wir bitten, Herr, ...«

15. Segnung: »Der allmächtige Gott mache dich jederzeit zum Siegreichen und Triumphator über sichtbare und unsichtbare Feinde, und er gieße in dein Herz die Furcht vor seinem heiligen Namen ebenso wie beständige Liebe [zu ihm]; und er mache dich beharrlich im rechten Glauben und den guten Werken, und wenn er dir Frieden in deinen Tagen verliehen hat, geleite er dich mit der Siegespalme in das ewige Reich. Amen. – Und er, der dich zum König über sein Volk bestellen wollte, erteile dir, daß du in dieser Welt glücklich sein und der ewigen Glückseligkeit teilhaftig werden mögest. Amen ...«

16. Nach der Kommunion: »Herr, diese heilsame Kommunion schütze deinen Diener vor allem Widrigen, damit er die Ruhe des kirchlichen Friedens erlange und nach Ablauf dieser Zeit zum ewigen Erbe gelange. Durch...«

17. Schließlich der Segen über den König: »Der allmächtige

Gott segne dich, den zur königlichen Hoheit Erhobenen, und ordne das dir anvertraute Reich in dem begehrten Frieden. Amen. Er schütze es vor jedem feindlichen Einfall und strecke den Hochmut der Feinde nieder, indem du siegst. Amen. Damit sich die von so vielen Niederlagen bedrückte Kirche wieder erhebe und diese Arbeit durch himmlisches Zutun bereichert werde. Amen, das wolle...«

18. Gebet über den König: »Der allmächtige Gott, durch den die Könige herrschen und in dessen Hand alle Rechte der Reiche liegen, erkräftige dein Reich mehr und mehr zur Freiheit des christlichen Volkes und beuge durch die Pflanzungen deiner Macht die Nacken der ungläubigen Völker. Durch den Herrn...«

Angelsächsische Königsgesetze betreffend Markt und Stadt und die Rechte und Pflichten der verschiedenen Stände, 10. und 11. Jahrhundert

Die Gesetze der Angelsachsen, hg. von F. Liebermann, Bd. 1–3, Halle 1903–1916.

Im 9. Jahrhundert hatten dänische Wikinger die angelsächsischen Königreiche mit der einzigen Ausnahme von Wessex zerstört und eine Landnahme eingeleitet, die bis ins 11. Jahrhundert hinein weitere dänische Einwanderer und Siedler nach sich zog. Den Königen von Wessex gelang es aber schon im 10. Jahrhundert, die Dänen ihrer Herrschaft zu unterwerfen und die politische Einheit Englands wiederherzustellen. Weitreichende politische Beziehungen – von 929/30 bis 946 war die englische Prinzessin Edgith Königin von Deutschland, und von 1016 bis 1042 vereinigten König Knut der Große und seine Söhne die Reiche Dänemark und England in Personalunion – schlossen nun den Nordseeraum zu einer Einheit zusammen, die der Stellung Englands im europäischen Fernhandelssystem zugute kam und das Land so reichlich mit Geld versorgte, daß sein König bereits um die Wende vom 10. zum 11. Jahrhundert damit beginnen konnte, regelmäßig Geldsteuern zu erheben. Das fränkische Lehnswesen fand in England keinen Eingang. Dem Vorsprung vor der kontinentalen Verfassungsentwicklung entspricht es auch, daß in dieser Zeit nur in England die königliche Gesetzgebung keine Unterbrechung erlitt. Nur der englische König konnte daher von seinen Richtern verlangen, daß sie nach geschriebenem Recht urteilten. Unsere Auswahl aus diesem instruktiven Quellenmaterial verwendet die von dem Herausgeber F. Liebermann eingeführten Signaturen und stützt sich auf Liebermanns Übersetzung und Kommentar.

Aus dem ersten Gesetz König Edwards I. (901–924). I Ew Prolog: Bindung der Richter an das Gesetzbuch König Alfreds des Großen; I Ew 1: Gesetz zum Schutze des rechtmäßigen Käufers vor Diebstahlsklage.

Aus dem zweiten Gesetz König Aethelstans (925– um 935). II As 12: Gesetz zum Schutze des rechtmäßigen Käufers; II As 13: Gesetz über Burgenbau; II As 14: Gesetz über die Münzstätten; II As 16: Gesetz über die Selbstausrüstung als Ritter.

Aus dem dritten Gesetz König Edgars (959–962). III Eg 5: Gesetz über die Gerichtspflicht.

Aus dem zweiten Gesetz König Knuts (1027/34). II Cn 69: Gesetz über den Unterhalt des reisenden Königs; II Cn 70–71: Gesetz über den Nachlaß der von seinem Gefolgsherrn ausgerüsteten Krieger.

Anonyme Niederschrift »Von des Volkes Würden und Berechtigung« (um 1030–1060).

I Ew Prolog. König Edward gebietet allen Gerichtsvögten[1], daß ihr so gerechte Urteilssprüche erteilet, wie ihr [als] rechtmäßigste kennet und es in dem Gesetzbuche steht. Zaudert unter keiner Bedingung, Volksrecht[2] zu sprechen; und daß jede Klagesache [ihren] Termin erhalte, wann sie erfüllt werde, was ihr dann urteilen möget.

I Ew 1. Und ich will, daß jedermann seinen Gewährsmann habe; und niemand kaufe außerhalb der Stadt[3], sondern er habe Zeugnis des Stadtvogtes oder anderer wahrhaftiger Männer, denen man glauben könne. Und wenn einer außerhalb der Stadt einkauft, dann sei er [die Summe für] Ungehorsam gegen den König[4] schuldig, und es gehe der Gewährszug dennoch fort, bis man erkennt, wo er stehen bleibt[5].

1 Angelsächsisch (ags.) gerefa, der vom König eingesetzte Amtmann und Richter.

2 Gemeines, ordentliches Landrecht im Gegensatz zu lokalem Sonderrecht oder Willkür.

3 Die Texte unterscheiden zwischen Stadt, ags. port, und Burgstadt, ags. burh, womit die seit dem Ende des 9. Jahrhunderts zur Abwehr der Dänen erbauten Burgen gemeint sind. Viele dieser Burgen wuchsen zu Städten (mit Markt, Münze und Gericht) heran.

4 Das sind 120 Schillinge.

5 Die Selbsthilfe des Bestohlenen, der die geraubte Sache aufspürte und an sich riß, war in ein rechtsförmliches Verfahren mit dem Ziel der Herausgabe der Sache und der Ermittlung des Diebes verwandelt worden. Wenn der

II As 12. Und wir bestimmten, daß man keinen Kauf über [den Wert von] 20 Pfennigen hinaus[6] außerhalb der Stadt verhandle; sondern man handle darinnen unter Zeugnis des Stadtvogts oder eines anderen wahrhaften Mannes oder ferner auch noch unter Zeugnis der Vögte[7] in der Volksversammlung[8].

II As 13. Und wir bestimmten, daß jede Burgstadt 14 Tage nach den Bittgangtagen hergerichtet sei, zweitens: daß jedes Kaufen innerhalb der Stadt geschehe.

II As 14. Von Münzen. Drittens, daß *eine* Münze über des Königs ganzes Gebiet hin sei; und niemand münze außer in einer Stadt... In Canterbury[9] [seien] sieben Münzer: vier des Königs und zwei des Erzbischofs, einer des Abtes [von St. Austins]; zu Rochester: zwei des Königs und einer des Bischofs; zu London acht, zu Winchester sechs, zu Lewes zwei, zu Hastings einer; ein zweiter zu Chichester; zu Southampton zwei; zu Wareham zwei; zu Exeter zwei; zu Shaftesbury zwei; sonst in den anderen Burgstädten [je] einer.

Verfolger die entwendete Sache anfaßte, konnte nun der Inhaber behaupten, er sei nicht der Dieb, und die Sache bis zum Gerichtstage behalten, wenn er den Gewährsmann benannte, von dem er sie erhalten hatte. Die Diebstahlsklage traf dann den Gewährsmann, wenn dieser nicht wiederum einen Vormann angab. Derjenige, bei dem der Gewährszug stehenblieb, mußte schließlich die Klage beantworten.

6 Das Gesetz milderte strengere frühere Vorschriften, indem es Käufe um geringen Preis freistellte, sich mit einem Kaufzeugen begnügte und Kauf auf dem Lande bei Gericht ermöglichte. Noch Aethelstan selbst hat später die Ortsbeschränkung ganz aufgehoben, IV As 2, VI As 10.

7 Wenn mehrere Vögte im Gericht erscheinen, so ist außer an den königlichen Gerichtshalter an Amtleute königlicher Domänen, vielleicht auch an solche von privaten Herrschaftsgütern zu denken. Wenn sich nur unter ihnen gute Kaufzeugen fanden, dann können die wirtschaftlich unabhängigen Vollfreien die Gerichtsversammlungen kaum noch in großer Zahl besucht haben. Sie blieben aus, soweit sie nicht an der Tagesordnung interessiert waren.

8 Es ist an ein ländliches Gericht zu denken, zunächst an das später sog. Hundred, nicht an die selten tagende Grafschaft, da Ealdorman und Sheriff nicht erwähnt werden.

9 Alle hier genannten Orte hatten in Aethelstans Zeit nachweislich Münzen. Aethelstan prägte zuerst auch anderwärts als in alten Römerstädten. Namen von Münzern sind auch aus York, Derby, Leicester, Norwich bekannt.

II As 16. Fünftens: daß jedermann bei [Besitz von je] einem Pfluge[10] zwei berittene Mannen halte.

III Eg 5. Und man besuche das Hundredgericht, wie es zuvor festgesetzt worden ist. Und dreimal im Jahr werde Stadtgericht[11] und zweimal Grafschaftsgericht gehalten. Und hier sei anwesend der Diözesanbischof und der Ealdorman, und sie sollen dort beides, sowohl Kirchenrecht wie weltliches Recht, anordnen[12].

II Cn 69. Folgendes ist nun die Erleichterung, wodurch ich allem Volke [davor] Schutz gewähren will, womit sie bisher allzu sehr bedrückt gewesen sind[13]. Nämlich erstens nun, daß ich allen meinen Vögten gebiete, daß sie auf meinem Eigengute mir ordentlich wirtschaften und hieraus mich beköstigen und daß ihnen niemand irgend etwas als Beköstigungsbeihilfe zu geben braucht, außer wenn er selbst will[14]. Und wenn nach diesem [Zeitpunkt] einer [der Vögte für Gastung] Strafgeld einfordert, sei er sein Wergeld schuldig gegenüber dem König.

II Cn. 70. Und wenn einer ohne letztwillige Verfügung [für Kirche und Herrn] aus diesem Leben scheidet, sei es [sie unterblieb] durch seine Nachlässigkeit, sei es durch plötzlichen Tod, dann nehme aus dessen Fahrhabe der Herr[15] nicht mehr als sein richtiges Heergewäte. Vielmehr werde unter seiner Anordnung die Habe höchst gerecht verteilt an Ehefrau und Kinder und nahe Verwandte, jedem nach dem Maße[16], das ihm gebührt.

II Cn 71. Und es seien die Heergewäte so festgesetzt, wie es standesgemäß ist: eines Grafen, wie dazu gehört, nämlich 8 Pferde, 4 gesattelt[17] und 4 ungesattelt, und 4 Helme und 4 Panzer und

10 Der Pflug steht für die Ganzhufe, von der er bespannt wird. Er vertritt also symbolisch vier gewöhnliche Bauernstellen.

11 Ags. burhgemot, siehe oben, Anm. 3.

12 Gemeint sind Rechtweisen und Urteilfinden, aber auch Bestimmen und Leiten der dem Urteil vorangehenden und folgenden Prozeßstadien.

13 Nämlich mit willkürlichen Maßnahmen sowohl der königlichen Amtleute und Vögte wie der Gefolgsherren.

14 Die herkömmliche Gabe soll freiwillig bleiben und nicht in eine Zwangsabgabe umgewandelt werden.

15 Ags. hlaford »der das Brot gewährt«, daraus englisch Lord.

16 Gemeint ist der Verwandtschaftsgrad.

17 Wie bei anderen germanischen Völkern, schenkte oder lieh der Herr dem

8 Lanzen und ebenso viele Schilde und 4 Schwerter und 200 Mancusen Gold[18]. Und sodann Dienstritter des Königs, die diesem zunächst stehen: 4 Pferde, 2 gesattelt und 2 ungesattelt, und 2 Schwerter und 4 Lanzen und ebenso viele Schilde und [1] Helm und Panzer und 50 Mancusen Gold. Und mittlerer[19] Dienstritter: 1 Pferd und dessen Geschirr und seine Waffen oder [statt alles dessen] seinen Halsfang[20] in Wessex, und in Mercien 2 Pfund [Silber] und in Ostanglien 2 Pfund. Und im Lande bei den Dänen das Heergewäte eines Königsdienstritters, der seine Gerichtsimmunität besitzt: 4 Pfund [Silber]. Und wenn er zum König weitergehende Beziehungen[21] hat: 2 Pferde, eins gesattelt und das andere ungesattelt, und 1 Schwert und 2 Lanzen und 2 Schilde und 50 Mancusen Gold. Und wer weniger vermögend ist: 2 Pfund Silber[22].

Von des Volkes Würden und Berechtigung. 1. Einst galt es in Engländerrechten, daß Volk und Berechtigung gemäß Würden ging; und da genossen die Ratsherren der Nation Ehre, jeder nach seinem Rang, so Graf wie Gemeiner, so Dienstritter wie Fürst. 2. Und wenn ein Gemeinfreier [so] emporkam, daß er völlig fünf Hufen eigenen Landes[23] hatte, Kirche und Küche, Glockenhaus und Burgtor[24], Sitz und besonderes Amt in des Königs Halle, dann genoß er hinfort Dienstritterberechtigung. 3. Und wenn ein Dienstritter [so] emporkam, daß er dem König [unmittelbar] diente, indem er an dessen Hofhalt dessen reitende Ordonnanz ritt: wenn dieser nun einen von ihm abhängigen Dienstritter hatte,

Gefolgsmanne Streitrosse. Auch in den Testamenten der Zeit ist die Hälfte der Pferde gesattelt und herrschen die Zahlen 2 oder 4 vor.

18 Byzantinische Goldmünzen im Rechnungswert von 1/8 Pfund Silbers.

19 Gemeint ist mittelmäßig, nicht mittelbar im Sinne von Aftervasallität.

20 Ein Zehntel des Wergeldes, gleich 120 Schilling.

21 Also einen höheren Rang im Gefolge.

22 Im dänischen Siedlungsgebiet gab es drei, im übrigen England nur zwei Klassen von Dienstrittern, ags. thegnas.

23 Land, von dem der Besitzer in eigener Person, nicht durch einen Oberherrn, die dem Könige zustehenden Staatslasten abtrug. Die Einheit von 5 Hufen als Grundlage der Wehrpflicht ist alt. In anglonormannischer Zeit galt sie als Areal eines Ritterlehens.

24 Eigenkirche, Küche vielleicht samt Mühle und Backofen und deren Bannrecht, und das feste Haupthaus des Rittersitzes oder manor.

der fünf Hufen zum staatlichen Dienste außerhalb [Herrschaftsgutes verantwortlich] hatte[25] und seinem Herrn am Königssaal diente und dreimal mit des [Herrn] Auftrag zum König gezogen war: Dieser [Mittelbare] durfte dann seinen Herrn bei verschiedenen Erfordernissen durch seinen Voreid vertreten und [so] dessen Klageanspruch, wo immer er mußte, gesetzlich erreichen. 4. Und wer einen so hoch gestiegenen Vertreter nicht hatte, der mußte für sich selbst, um sein Recht [zu erstreiten], schwören, oder er verlor es. 5. Und wenn ein Dienstritter [so] emporstieg, daß er zum Grafen wurde, dann genoß er fortan Grafenberechtigung. 6. Und wenn ein Kaufmann [so] emporkam, daß er dreimal vermöge seiner eigenen Geschäftskraft übers offene Meer fuhr[26], der genoß dann fortan Dienstritterberechtigung. 7. Und wenn ein [geistlicher] Schüler da war, der durch [kirchliche] Bildung [so] weit kam, daß er die Priesterweihe erhielt und Christo diente, der war dann hinfort so großer Würde und Schutzgewalt teilhaftig, wie sich dafür gebührte...

25 Land »to inware« trug nur dem Herrn, solches »to utware« auch gegenüber dem Könige Abgabenlasten.

26 Das Gesetz begünstigt den reichen Seehändler, nicht den lokalen einheimischen Kleinhandel. Es bezieht sich auf die erfolgreichen dänischen Kaufleute, die in London eine große Rolle zu spielen begannen.

Landesausbau und Rodungsfreiheit, 941–1084

Der große Sieg des deutschen Heeres über die Ungarn bei Augsburg im Jahre 955 war das letzte Glied in einer Kette militärischer Anstrengungen, mit denen es den Königen und Fürsten in Deutschland, England und Frankreich gelang, das Abendland von seinen äußeren Feinden, den Wikingern und den Ungarn, zu befreien. Die Befriedung Mitteleuropas löste alsbald eine Zunahme der Bevölkerung aus, die überall an der Rodung der Urwälder und Moore und an der Gründung neuer Siedlungen erkennbar ist. Mit dem Landesaubau sind die Anfänge des sozialen Aufstiegs der Rodungssiedler verknüpft, die später, im 12. Jahrhundert, in die breite Bewegung der Rodungs- und Siedlungsfreiheit einmündeten. Der Ursprung dieser Entwicklung liegt im flämisch-friesischen Küstengebiet, wo starker normannisch-dänischer Einfluß die auf freie Arbeit, selbsterarbeitetes Grundeigentum und selbstgewonnenes Kaufmannsvermögen gegründete germanische Freiheit lebendig erhalten hatte und wo die Kolonisation von Marsch und Moor nebst Wurten- und Deichbau besonders viel Sachkunde und Arbeitsaufwand erforderte; dagegen waren im Binnenlande, wo mächtige Könige und Fürsten den Adel hofierten und wo sich das fränkische Lehnswesen weiter verbreitete, vor allem die Grundherren mit ihren unfreien, hörigen Knechten die Träger des Landausbaus. Die schriftlichen Nachrichten über diese Vorgänge sind dürftig und nur verständlich, wenn sie in das Licht archäologischer und siedlungsgeographischer Beobachtungen gesetzt werden können. Wir stellen folgende Texte zusammen:

1. Eine Urkunde des Grafen von Flandern für die Abtei St. Peter auf dem Blandijnsberg in Gent von 941, in der zum ersten Male von städtischen Grundstücken, nämlich von Hausgrundstücken in einem Hafenplatz, die Rede ist, die a) nicht mit landwirtschaftlich genutzten Grundstücken verbunden waren, folglich nur von Kaufleuten und Handwerkern genutzt werden konnten, und die b) nur mit einem Grundzins, nicht aber mit den für bäuerliche Hintersassen typischen Arbeitsdiensten belastet waren, also die Inhaber ganz für den eigenen Beruf freistellten. Vermutlich genossen die Inhaber auch volle Freizügigkeit, d.h. das Recht, das Zins- und Pachtverhältnis jederzeit kündigen und sich einen anderen Wohnsitz suchen zu können. Dieses Pacht- und Zinsverhältnis, das dem Grundherrn keinerlei Eingriffe in die Wirtschaftsweise, die Vermögensbildung und die Lebensform des Zinspflichtigen gestattete, das dem Zinspflichtigen also die volle persönliche Freiheit gewährte, bezeichnet man als »freie Gründerleihe«, weil die Grundherren es vor allem bei der Neuanlage von Siedlungen auslobten, um Zuzugs- und Arbeitswillige anzulokken.

2. Eine Urkunde des Erzbischofs von Köln von 980, die erkennen läßt, daß es zu derart vorteilhaftem Recht ausgetane Grundstücke auch in der am Rhein gelegenen Vorstadt vor den Römermauern von Köln gab, die ebenfalls Hafenplatz und Wohnstätte von Kaufleuten und Handwerkern war.

3. Eine Urkunde König Ottos III. von 985, die dem Grafen von Holland das Eigentum an den Marsch- und Moorländereien der Grafschaft gewährte. Das Eigentumsrecht über Ödland war die Voraussetzung dafür, daß der Graf seinerseits mit Rodungssiedlern Verträge über Kolonisation und Grundeigentum abschließen konnte, und es spricht alles dafür, daß bereits Graf Dirk III. (993–1039) den Neusiedlern das Recht der freien Gründerleihe an ihren Bauernstellen eingeräumt hat, das in Flandern für städtische Siedler bereits bekannt war, das aber erst zu 1106 für holländische Kolonisten in der Wesermarsch und erst zu 1233 in Holland selbst schriftlich bezeugt ist.

4. Auszüge aus dem Bericht des Mönches Albert von Metz, der in der Diözese Utrecht lebte (gestorben nach 1021/25) und eine Darstellung der von ihm miterlebten niederlothringischen, besonders Utrechter Lokal- und Kulturgeschichte verfaßte. Darin beschreibt er auch das herrschaftsfreie Leben der Kaufleute von Tiel und die Ansiedlung von Friesen zu freier bäuerlicher Gründerleihe. Sein Bericht zeigt, daß die Gründerleihe den Kaufleuten auch das Recht gab, eine Genossenschaft oder Gilde zu errichten, um ihre gemeinsamen Angelegenheiten selbst zu verwalten.

5. Eine Urkunde des Bischofs von Naumburg von 1033, die zeigt, wie der Bischof mit dem Angebot der freien Gründerleihe, hier nun bereits mit dem Verzicht auf jede Zinspflicht, eine ganze Kaufmannsgemeinde an seinen Sitz heranzog und ihr ausdrücklich die Freizügigkeit sicherte.

6. Eine Urkunde des Bischofs von Speyer von 1084 über die Gründung einer Judenstadt.

1. Markgraf Arnold von Flandern für die Abtei St. Peter in Gent, 8. Juli 941: Diplomata Belgica ante annum millesium centesimum scripta, ed. M. Gysseling et A. C. F. Koch, Vol. 1, Brüssel 1950, S. 143 Nr. 53, Elenchus 1 S. 291 Nr. 2.

Arnulf, mit Hilfe der Gnade des Himmelkönigs Markgraf, an die Getreuen der heiligen Kirche jeglichen Ordens, darin sie Gott auf katholische Weise dienen, ... aus ganzem Herzen danach bestrebt, denen gleichzuwerden, die Gottes Gebote einhalten und ihre irdischen Güter in himmlische Schätze verwandeln, und darin bestärkt von den Mahnungen frommer und wahrheitsliebender Männer ... Ich begann bei mir Tag und Nacht stillschweigend den Gedanken zu wälzen, daß in meiner Herrschaft vor alters ein Kloster von dem allerheiligsten und jedermanns Lobes würdigen Bischof Amandus beim Flusse Schelde in der Burg von Gent, die er Blandijnsberg nannte, gegründet worden sei, ... und es schmerzt mich sehr, daß es an der Ehre fehlte, mit der ich die hochehrwürdigen Reliquien des Klosters, deren Heilige im himmlischen Gerichtshof erstrahlen, aus eigenem Willen auf Erden erhöhen kann. Mit Erlaubnis schließlich des Königs Ludwig [IV. von Frankreich] und nach Beratung mit Bischof Transmar [von Noyon-Tournai], zu dessen Bistum jener Ort gehört, mit meinen Freunden und speziell mit meinen Getreuen habe ich dem heiligen Orte einen Teil der Grundzinse zurückgegeben und wiederzugestellt, die der allerseligste Amandus von den Königen, die sich zu der Zeit den göttlichen Gesetzen unterworfen hatten, erlangt und aus Liebe zum Apostelfürsten Petrus zu ewigem Rechte den in diesem Kloster Lebenden übertragen hat, und einen Teil derer, die manche Gläubige zu verschiedenen Orten und Zeiten von des erwähnten Königs Dagobert Tagen bis auf unsere Zeit geschenkt haben[1]. Und wenn nicht alles, so habe ich doch etliches zurückgegeben, was zu Zeiten meiner Vorfahren von dort weggerissen worden ist und was meines Erachtens für die Mönche ausreicht, die aus Liebe zu Christus dort verweilen, nämlich den Zins, den man von den Hausstätten erhebt, die in dem Hafenplatz Gent vom Flusse Schelde an bis zum Laufe des Flusses Lele gelegen sind, und den Zehnten, den um ihres Seelenheiles willen die auf diesem Hafenplatze Wohnenden Gott entrichten müssen. Das Fährrecht, das man von den Durchreisenden erhebt, habe ich den Reliquien des obengenannten Klosters überlassen. Die Kräuter der Wiesen, die bei diesem Hafen liegen, trete ich in ihre Gewalt ab, auch eine Mühle in dem Orte, der Absna heißt, eine Kapelle, geweiht zu Ehren der heiligen Maria, im Dorfe Meron; den Weingarten, den ich beim Kloster wieder angebaut habe, und das Land, das dabei liegt bis an den Hafenplatz heran, und die anderen Grundstücke, die an das Kloster grenzen, darauf sie die ihnen angemessenen Werkstätten erbauen mögen, und Gärten, darin sie die Küchenkräuter pflanzen mögen, die den Mönchen angenehm sind; und alles andere, was sich in der Urkunde des Abtes Einhard geschrieben findet, habe ich zurückgegeben und mit eigener Hand bekräftigt. Schließlich im Gau Flandern bei der Burg Oostburg an einem Orte namens Bennos Merona Weideland, das für 120 Schafe ausreichen mag, und an einer anderen Stätte nahe am Meere namens Combesscura Land zur Weide für 100 Schafe, und in demselben Gau die Hälfte meines Fronhofes, der Snellegem heißt, wovon die Hälfte nach Osten zu liegt, und aus dieser Hälfte überlasse ich eine Hufe, solange ich lebe, dem Abte und den Brüdern des vorgenannten Klosters, und den Rest dieses Halbteils sollen sie, wie ich mit allen Kräften wünsche, nach meinem Tode erhalten, inne-

1 Amandus, fränkischer Missionar im damaligen Grenzgebiet zu den Friesen, hatte das Kloster 629/639 auf einer Domäne gegründet, die König Dagobert ihm geschenkt hatte. Im 9. Jahrhundert hatte das Klostergut zur Ausstattung von Kriegern zur Normannenabwehr dienen müssen. Diese Entfremdungen machte der Markgraf mit Zustimmung des Königs als obersten Lehnsherrn nun rückgängig.

haben und besitzen... Wenn aber einer unter allen meinen Nachfolgern diese Verleihungen meiner Wiedergutmachung... in gottloser Verwegenheit zu umgehen oder zu entkräften versuchen sollte, so zieht er sich, wenn er nicht rasch zur Vernunft kommt, den Zorn des allmächtigen Gottes, dem der heilige Amandus, der Erbauer dieses Klosters, treu gedient hat, sowie des himmlischen Schließers Petrus und des berühmten Lehrers Paulus zu... Amen, so spreche mit mir die Schar aller Gutwilligen. Geschehen im Kloster auf dem Blandijnsberge am 8. Juli im sechsten Regierungsjahre Ludwigs, Sohns des abgesetzten Königs Karl. + Zeichen Arnulfs, des hocherhabenen Grafen und Markgrafen, der den Text dieser Urkunde hat schreiben und bekräftigen lassen, + des Bischofs Transmar [und weiterer 38 Zeugen].

2. Erzbischof Warin von Köln für die Kirche der 11000 Jungfrauen vor Köln, 25. Okt. 980: Quellen zur Geschichte der Stadt Köln, hg. von L. Ennen und G. Eckertz, Bd. 1, Köln 1860, S. 470 Nr. 16, Oediger, Regesten 1 S. 162 Nr. 530.

Jeder, der aus göttlicher Inspiration darauf rechnet, ihm möge eine erfrischende Tröstung zuteil werden, muß bedenken, wie seine Vorsorge unverrückt und dauerhaft zur Kenntnis der Nachfahren komme. Daher übergebe und übertrage ich, in Gottes Namen, Warin, nach dem Willen der göttlichen Gnade, jedoch ohne eigene Verdienste Erzbischof von Köln, zum Gedächtnis an alle mir vorangegangenen Erzbischöfe gewisse Güter unserer Kirche, die unseren täglichen Bedürfnissen gedient haben, so daß es allein uns angeht, der Kirche der heiligen 11000 Jungfrauen und Märtyrerinnen, die vor den Mauern der Stadt Köln ehrenvoll zu Gottes Ehre erbaut ist, damit daraus die Beleuchtung der Kirche fortgeführt, die Dächer erneuert und die Kräfte der Wächter gestärkt werden, die dort umsichtig und fleißig die Nacht über wachen. Es sind dies die Apostelkirche [in Köln] mit 4 ½ Hufen in Junkersdorf und 17 Hörigen und in der [Kölner] Vorstadt bei dieser Kirche ½ Hufe mit 4 zugehörigen Grundstücken in der Stadt; ferner zum Unterhalt der Schwestern der Herrenhof zu Ossendorf mit 4 vollen Hufen, ferner der zugehörige Weidewald bei diesem Herrenhofe, dann in Müngersdorf 3½ Hufen, in Lachem 1 Hufe, in Bergheimerhöfe 1 Hufe, in Frechen Land zum Zinssatz von 1 sol., in Paffendorf Land zum Zinssatz von 6 den., zu Bürgel die Kirche mit dem ganzen Zehnten, der Herrenhof mit dem Salland und 4 Hufen und 1 Mühle, die Hörigen, die es bebauen, und etwas Wald, zu Barl 2 Hufen und 1 Mühle; ferner zu Kendenich der Herrenhof mit dem Salland und dem Sonderbusch, den Hörigen, mit Wiesen und Weiden und allen Gebührnissen und mit 17 Hufen; ferner die Grundstücke am Rheinufer [in Köln], die bis zu 6 sol. Zinse einbringen, Bewohner: Rado, 1 sol., seine Frau, 6 den., Huno, 1 sol., Ello, 1 sol., Ruopthin, 1 sol., seine Schwester, 6 den., Hugelo, 1 sol., Adolo [zu] Mundesheim, 1 sol., Otta, 6 den., Gundichin, 1 sol., außerdem in der Stadt bei der Kirche der heiligen Columba Landstücke, die zu Dagamundestorp gehören, die 6 sol. einbringen. Pönformel. Zeichen des Erzbischofs, 19 Zeichen von [Kanonikern]. Ich, Mullibertus, habe die Urkunde geschrieben. 945, 25. Oktober.

3. König Otto III. für Graf Dirk von Holland, 25. August 985: MGH DD. O. III. Nr. 19, Reg. Imp. II 3 Nr. 975.

Im Namen der heiligen und unteilbaren Dreiheit. Otto, von Gottes Gnaden König. Wir wollen, daß allen unseren Getreuen, jetzt lebenden wie zukünftigen, handgreiflich sei, daß wir auf Wunsch unserer geliebten Mutter, nämlich der Kaiserin Theophanu, Augusta, und aus Liebe zu ihr sowie durch Intervention unserer Getreuen Egbert, ehrwürdigen Erzbischofs der Kirche zu Trier, und unseres Neffen Heinrich, Herzogs der Bayern, unserem Getreuen Dietrich, Grafen [von Holland und Vater Egberts], alles, was er durch unsere Konzession bisher zu Lehen trug zwischen den beiden Flüssen, die Lier und [holländische] Ijssel[2] heißen, zu Eigentum gegeben haben mit allen Nutzungen, die er auf diesem Lehen durch königliches Zugeständnis bisher zu Nießbrauch besaß; und alles, was er durch unsere königliche Konzession auf einem Gute namens Scaldis bis jetzt in lehnsmäßiger Nutzung gehabt hat, mit aller dazu gehörigen Nutzung haben wir ihm auch als hinfort zu Eigentum innezuhaben geschenkt. Auch haben wir

2 Dem Rheinmündungsarm, an dem Utrecht liegt.

noch alles an Lehen, was er von unserer Seite zwischen den beiden Flüssen Medemblik[3] und Kinhem, die »gemarchi« heißen, innehatte, mit allen zu diesem Lehen gehörenden Zubehörungen auf gleiche Weise als Eigentum innezuhaben übergeben. Auch haben wir hierzu alles, was er von unserem Eigen in dem Texel genannten Gau zu Lehen hatte, mit aller an diesem hängenden Nutzung, ausgenommen, was in der Volkssprache »huslada«[4] heißt, insgesamt ihm zu Eigen übergeben in den sogenannten Grafschaften Maasland, Kinhem und Texel. Und damit er von den vorbeschriebenen Dingen die freie Gewalt des Verschenkens, Vertauschens oder, was immer er will, Verfügens innehabe, haben wir dieses Gebot unserer Autorität schreiben und mit dem Aufdruck unseres Ringes besiegeln lassen und mit eigener Hand unten bekräftigt.

Zeichen des ruhmreichsten Herrn Königs Otto.

Ich, Hildebald, Bischof und Kanzler, habe in Vertretung des Erzkaplans Willigis [den Wortlaut] anerkannt.

Gegeben am 25. August im Jahre der Fleischwerdung des Herrn 985, 13. Indiktion, im zweiten Jahre aber des Königtums Ottos III. Geschehen zu Nimwegen. Glückauf! Amen.

4. Albert von Metz über die Landnahme der »Nordleute« in der Grafschaft Holland und die Kaufleute von Tiel: Alpertus de diversitate temporum I 8, II 20, MGH SS 4 S. 704 f., 718 f.

I 8. Über die Ankunft der Nordleute. Nachdem Wichmann [Graf im Gau Hamalant] die Tochter des Präfekten Gottfried [Grafen der Hattuarier], wie oben erzählt, zur Gattin gewonnen hatte, beschloß er, ihm in allen Dingen zu gehorchen und ihm Treue und Freundschaft zu halten; häufig wurde einer vom anderen zu Gaste geladen, und so hatten sie gemeinsame Sache gemacht. Als der Präfekt vom Alter so geschwächt und von Krankheit so ergriffen war, daß er kaum noch auf Füßen einhergehen konnte, da tauchten [im Jahre 1006] von verschiedenen Inseln des Meeres Piraten mit einer großen Menge Schiffe auf; mit großer Geschwindigkeit fuh-

3 Dem Krommen Leck bei Medemblik.

4 Vielleicht eine Abgabe von Tuch; nach älterer Ansicht eine Haussteuer.

ren sie durch den Fluß Meriwido[5], und sie kamen bis zum Hafenplatz von Tiel. Die Leute aber, die entlang den Ufern des Flusses Waal wohnten, setzten, nachdem sie von der Ankunft einer so großen Menge erfahren hatten, alle Hoffnung auf Rettung in die Flucht; fast alle ihre Habe, außer dem Gelde, weil sie Kaufleute waren, überließen sie den völlig Fremden. Der Präfekt aber war vorausschauend im Planen; er fürchtete, den Feinden würde der Zugang zu den von Menschen verlassenen Fluren um so leichter offenstehen, und mit der Macht, wie er konnte, hielt er, nachdem er das Pferd bestiegen hatte, das fliehende Volk mit Mühe zurück. Als die Feinde nach Tiel kamen, holten sie die Segel ein und drangen, da niemand Widerstand leistete, in den Hafenplatz ein und fanden eine große Menge Lebensmittel. Diese schafften sie rasch hinaus, und dann verwüsteten sie die Siedlung durch Feuer. Auch brachen sie in das Kloster der heiligen Walburg ein ... [Der Präfekt sammelte ein Heer am folgenden Tage, dessen Führung dem Balderich und dem Grafen Unruoch anvertraut wurde. Es kommt zum Kampfe an den Ufern, die Unseren] verhinderten, daß die Feinde in der Begierde nach Beute allzu weit vom Ufer ausschwärmten. Nachdem aber die Siedlungen beim Ufer, die sie erreichen konnten, verbrannt worden waren, sprangen sie zur neunten Stunde des Tages alle von den Schiffen, bildeten eine eng gedrängte Schlachtreihe und boten den Unseren die Macht zu kämpfen an. Aber die Unseren hielten sich an ihrer Stelle, und weil sehr viele von den Feldern zusammengeholt sich versammelt hatten, so wagten sie nicht, mit diesen im Kriegsbrauch unerfahrenen und älteren Leuten, die wegen Unfruchtbarkeit vom Mangel an Habe gequält worden waren, eine Schlacht zu beginnen. Als die Barbaren sahen, daß niemand zum Kampfe vorrückte, meinten sie, zum Beweis ihrer Kühnheit genug getan zu haben. Sie zogen sich zu den Schiffen zurück und verschwanden, ohne daß jemand es verhinderte.

I 9. Über den zweiten Angriff der Nordleute [im Jahre 1007] ...

I 10. Über die Verbrennung des Hafenplatzes Utrecht durch die

5 Merwede heißen noch heute die beiden Mündungsarme von Rhein und Maas westlich von Gorinchem, zwischen denen Dordrecht liegt.

eigenen Stadtleute. Hier war Graf Ansfried von Brabant Bischof geworden.

II 20. Über Meriwido, das die Friesen besetzt hatten, und die Leute von Tiel. Ein Teil der Friesen hatte seine Sitze verlassen, im Walde Meriwido, von dem wir oben sprachen, Behausungen erbaut und sich niedergelassen. Räuber aber, nachdem diese hernach unterworfen worden waren, teilten den einzelnen nach Weise eines je einzelnen Betriebes zur Ausrodung von Neuland Boden zu; sie befahlen ihnen, [diesen] zu bebauen, und machten [sie] sich zinspflichtig[6]. Daher appellierten die Kaufleute von Tiel, die auch besonders leicht, mehr als andere, zum Anzetteln von Klagen aller Art aufzureizen sind, häufig an den König, er solle sie so, wie von königlicher Gunst zu erwarten wäre, vor solchen Rechtswidrigkeiten beschützen. Wenn er das nicht täte, könnten weder sie zum Handeltreiben nach der Insel gelangen noch die Britannier zu ihnen kommen, und deswegen könnten die Zölle dem Könige nicht in der Fülle, wie es sich gehörte, zukommen, wie sie sagten. Hier möchte ich, nicht um sie herabzusetzen, sondern weil sie mir aus tiefstem Herzen leid tun, einiges darüber einflechten, durch welche Sitten und Einrichtungen sich diese Leute von Tiel von anderen Männern unterscheiden. Diese Leute sind an nahezu keinerlei Zucht gewöhnte Männer. Urteile erkennen sie nicht nach dem Gesetz, sondern nach Willkür, und sie sagen, dies sei vom Kaiser durch Urkunde gewährt und bestätigt. Wenn einer vom anderen etwas als Darlehen oder zur Bequemlichkeit empfangen hat und jener zur ausgemachten Frist seine Sache zurückfordert, so stellt er das ohne Gemütserregung in Abrede und beschwört unverzüglich, überhaupt nichts von dem anderen erhalten zu haben. Und wenn einer beim öffentlich geleisteten Meineide ertappt wird, so kann er von niemandem der Lüge überführt werden, wie sie versichern. Wenn er auch die Sache in einer Hand hält, wenn sie nämlich so klein ist, daß man sie mit der Faust umschließen kann, so

6 Diese »Räuber« waren die ritterlichen Gefolgsleute Graf Dirks III. von Holland, der seine Herrschaft den Ouderijn aufwärts zum Schaden des Bistums Utrecht ausdehnte. Der Zins, den sie den Kolonisten auferlegten, war der Bodenzins der freien Gründerleihe. Auch die Anwohner der Flußufer, die oben als Kaufleute bezeichnet worden sind, sollten diesen Zins zahlen.

wird er es mit der anderen durch Eid abstreiten ... Ehebruch rechnen sie nicht als Schuld an. Solange die Ehefrau dazu schweigt, halten sie es für erlaubt, daß sich der Mann mit dem gottlosen Verbrechen beschmutzt; einen, der es so treibt, dürfe niemand außer der Ehefrau im kirchlichen Gericht rügen. Schon am hellichten Morgen befleißigen sie sich ihrer Umtrünke, und wer dabei mit besonders lauter Stimme schimpfliche, Gelächter erregende Reden führt und das unbelehrbare Volk zum Weingenuß verleitet, der trägt bei ihnen großes Lob davon. Jedenfalls legen sie deswegen Geld zusammen, und dieses verteilen sie anteilmäßig auf die einzelnen zum Gewinnmachen, und aus dem [Gewinn] setzen sie alle möglichen Trinkgelage zu bestimmten Terminen im Jahr fest, und an besonders hohen Festtagen ergeben sie sich gewissermaßen zeremoniell der Trunkenheit.

5. Bischof Kadaloh von Naumburg für die von Groß-Jena nach Naumburg übersiedelnden Kaufleute, 13. Juli 1033: MGH DD. K. II Nr. 194, Elenchus 1 S. 63 Nr. 36.

Im Namen der heiligen und ungeteilten Dreiheit. Kund sei allen Menschen, nämlich der gegenwärtigen wie der folgenden Zeit, daß ich, Kadaloh, von Gottes Gnaden Bischof von Naumburg, kraft der Autorität des ruhmreichen Kaisers Konrad und mit Zustimmung der Brüder Hermann und Ekkehard, die diese Stätte kraft väterlicher Erbschaft durch die Bischofswürde erhöht haben, den Kaufleuten von [Groß-]Jena wegen der freiwilligen Zusage, das Ihre zu verlassen und hierher zu ziehen, dies als Gabe bewilligt habe, daß jeder die Zäune mit Grundstücken, die er bewohnt, zu ewigem Recht zinsfrei besitzen und die Erlaubnis haben soll, damit zu machen, was er will[7]; jedoch unter dem Gesetz, daß sie das Recht aller Kaufleute unserer Gegend mir bekennen und später meinen Nachkommen nach Sitte aller Handeltreibenden freimütig gehorchen. Um dessentwillen habe ich die königliche Gewalt auf-

7 Der etwa abziehende Kaufmann konnte sein Grundstück frei veräußern, er bedurfte weder der Zustimmung des Grund- und Stadtherrn noch der nach sächsischem Stammesrecht erforderlichen Zustimmung seiner Verwandten und Erben.

gesucht und deren allen zuströmende Freigebigkeit erlangt, damit er ihnen das Kaufmannsrecht[8] zugestehe. Diese hat es aus gewohnter Güte mühelos gewährt und zur Bequemlichkeit der Stätte auch die Immunität, nach jeder Richtung fortzureisen und zurückzukehren, kraft königlicher Vollmacht zugestanden und mit diesem kaiserlichen Edikt bekräftigt...

6. Bischof Rüdiger von Speyer für die von ihm angesiedelte Judengemeinde, 13. Sept. 1084: Urkunden zur Geschichte der Stadt Speyer, hg. von A. Hilgard, Straßburg 1885, S. 11 Nr. 11.

Im Namen der heiligen und ungeteilten Dreiheit. Ich, Rüdiger, mit Beinamen Husmann, wie auch immer Bischof von Speyer, war der Meinung, als ich aus dem Dorfe Speyer eine Stadt machte, daß ich das Ansehen unseres Sitzes tausendfach vermehren würde, wenn ich auch Juden herbeiziehen könnte. Also habe ich die Gewonnenen außerhalb der Gemeinde und Ansiedlung der übrigen Bürger angesiedelt, und damit sie nicht durch den Mutwillen des Kleinviehs allzu leicht beunruhigt würden, habe ich sie mit einer Mauer umgeben[9]. Den Siedlungsplatz hatte ich rechtmäßig erworben, und zwar zuerst die Anhöhe, die ich teils mit Geld, teils durch Tausch erwarb, dann die Niederung durch Geschenk der Erbgenossen; diesen Siedlungsplatz habe ich ihnen mit der Bedingung übergeben, daß sie alljährlich 3½ Pfund Speyerer Münze in die gemeinsame Kasse des Domkapitels einzahlten. Ferner habe ich ihnen für den Umfang ihrer Siedlung und für das Gebiet außerhalb des Handelsplatzes bis zur Schiffslände und der Schiffslände selbst die freie Vollmacht gewährt, Gold und Silber zu wechseln und alles, was ihnen gefällt, zu kaufen und zu verkaufen. Dasselbe Recht habe ich ihnen für die ganze Bischofsstadt verliehen. Außerdem habe ich ihnen aus dem Grundbesitz der Kirche einen Begräbnis-

8 Lat. ius gentium. Gemeint dürfte das überall geltende Recht der Kaufleute sein, im Gegensatz zu den Stammesrechten der Landleute.

9 Die Mauer wird eine bloße Hecke gewesen sein: zum Schutze der Siedlung vor weidendem Vieh. Denn das Gelände, auf dem der Siedlungsplatz lag, diente den Erbgenossen der Dorfmark Altspeyer, von denen der Bischof ihn erworben hatte, als Weide. Die wörtliche Übersetzung von lat. pecus, »Kleinvieh«, ist einleuchtender als die metaphorische mit »Pöbel«.

platz zu Erbrecht gegeben. Auch dies habe ich noch hinzugefügt, daß ein Jude von anderswoher, der bei ihnen zu Gaste wohnt, dort keinen Zoll bezahlen muß. Ferner: So wie der Schultheiß der Stadt unter den Bürgern, so soll das Oberhaupt ihrer Synagoge alle Klagen richten, die sich zwischen ihnen oder gegen sie erheben könnten. Und sollte es zur Beilegung einer Klage einmal nicht imstande sein, so soll die Streitsache vor den Bischof der Stadt oder dessen Kämmerer gezogen werden. Nachtwachen, Schutzwachen und Befestigung sollen sie nur längs ihrem Umkreis leisten, und zwar die Schutzwachen gemeinsam mit den Dienstleuten. Auch dürfen sie Ammen und entlohnte Bedienstete unter den Unseren rechtmäßig annehmen. Geschlachtetes Fleisch, das sie gemäß den Geboten ihres Gesetzes für ihnen selbst verboten ansehen, dürfen sie rechtmäßig den Christen verkaufen. Schließlich habe ich, um die Menge der Wohltaten vollzumachen, ihnen jedes Recht verliehen, welches eine Judengemeinde in irgendeiner Bischofsstadt des deutschen Reiches als besonders günstig besitzt. – Damit keiner meiner Nachfolger ihnen diese Verleihungen und Zugeständnisse mindern oder sie zu einem höheren Zinse zwingen kann, gleich als ob sie sich diese Bedingungen usurpiert und nicht sie vom Bischof empfangen hätten, habe ich ihnen diese Urkunde als geeignetes Zeugnis für die erwähnte Verleihung überlassen. Und damit die Erinnerung hieran für die Dauer dieser Zeitlichkeit Bestand habe, habe ich sie durch eigenhändige Unterschrift bekräftigt und mit dem Aufdruck meines Siegels, wie man hier unten sehen kann, kennzeichnen lassen. Diese Urkunde ist gegeben worden am 13. September, im Jahre 1084 nach Fleischwerdung des Herrn, in der 7. Indiktion, gerechnet vom Monat Januar im zwölften Jahre, seitdem der vorgenannte Bischof sein Amt in dieser Stadt angetreten hat, dem dieses Siegel gehört.

Der Kampf um die Stadtherrschaft in Worms, 979–1002

Das deutsche Königtum war eine Schöpfung des Adels, der sich die Könige erwählte, um gemeinsamer äußerer Feinde, und das waren vor allem die Ungarn, Herr zu werden, nicht aber um seine angestammte lokale oder regionale Herrschaft an die Zentralgewalt abzutreten. Es gelang den Königen nicht, die Großen, die sie als Herzöge und Grafen einsetzten, in absetzbare Beamte zu verwandeln; vielmehr betrachteten es die Großen als ihr Recht, daß der König sie in ihren Machtbereichen mit seiner Vertretung betraute und die Grafschaften vom Vater auf den Sohn übergehen ließ. Eher konnte der König die Bischöfe als Beamte betrachten, da er überall der maßgebliche Bischofswähler war und die Bischöfe keine geborenen Erben hinterließen. Insbesondere um die als Burgen und Verkehrsmittelpunkte wichtigen Städte in der Hand zu behalten, mußte dem König daran liegen, daß in ihnen die Bischöfe statt weltlicher Herren seine Vertreter wurden. Ihr kirchliches Amt verbot es freilich den Bischöfen, weltliche Aufgaben zu übernehmen, die mit Blutvergießen verbunden waren, und dazu gehörte gerade die wichtigste Funktion: die Friedenswahrung und die Gerichtsbarkeit, deren Träger die Todesstrafe verhängen konnten. Aus diesen Gegebenheiten folgte, daß die Könige zwar die Bischofsstädte aus den Grafschaften herauslösen, sie gewissermaßen zu selbständigen Grafschaften machen und den Bischof in ihnen zum Grafen bestellen konnten, daß aber wegen der Hochgerichtsbarkeit die verdrängten Gaugrafen entweder einen Teil ihrer alten Aufgaben (und deswegen auch einen Teil ihrer Einkünfte) behielten oder von den Bischöfen insoweit als Vögte mit ihrer Vertretung beauftragt wurden, sofern sie nicht einen dem verdrängten Gaugrafen ebenbürtigen Großen fanden, dem sie die Vogtei übertragen konnten.

In der Bischofsstadt Worms rivalisierte der Bischof auf diese Weise mit einem Herrengeschlecht, das nicht nur die Grafschaft im Wormsgau in der Hand hatte, sondern auch einen Herzog von Loth-

ringen gestellt hatte; es war mit dem ottonischen Königshause verwandt und sollte später (1024) dessen Nachfolger stellen. Aus einer Königsurkunde von 979 erfahren wir, daß die Grafenrechte bis dahin nur zu zwei Dritteln dem Bischof übertragen waren; ein Drittel hatte noch der König in seiner Verfügung, und er hatte es dem Grafen Otto überlassen. Da er Otto aber im Jahre zuvor das Herzogtum Kärnten verschafft hatte, war Otto bereit, darauf zu verzichten, so daß in Worms nun die ganze Stadtherrschaft beim Bischof war, so wie es bereits (es ist unbekannt, seit wann) in Köln und Mainz der Fall war. Der zeitgenössische Biograph des Bischofs Burchard von Worms (1000 bis 1025), in dem manche den Domschulmeister Ebbo erkennen wollen, berichtet indes, daß sich Herzog Otto keineswegs aus Worms zurückgezogen hatte, sondern seit 985 die alten Rechte erneut beanspruchte und von dem in Worms gelegenen befestigten Haupthof einer Grundherrschaft aus dem Stadtherrn Widerstand leistete. Der Biograph schildert den Herzog als Räuber; er verschweigt das Recht, auf das sich der Herzog berufen haben mag, und wir können nur vermuten, daß er für seine Grundherrschaft seinerseits Immunität beanspruchte. Die Stadt Worms war eben noch keine gebietliche und rechtliche Einheit, sondern umfaßte die Haupthöfe mehrerer Grundherren und folglich, neben einer kleinen Gemeinde freier Marktleute, mehrere unfreie Gemeinden. Bischof Burchard benutzte die Königswahl von 1002, um den herzoglichen Grundherrn durch Tausch aus der Stadt endgültig zu verdrängen.

1. Kaiser Otto II. für Bischof Hildibold von Worms, 979: MGH DD. O. II. Nr. 979.

Im Namen der heiligen und unteilbaren Dreiheit. Otto, durch Gunst der göttlichen Milde Kaiser, Augustus. Weil es die Sorge und Pflicht unserer Regierung besonders angeht, für Vorteil und Nutzen der Kirchen Gottes zu sorgen und auch die Einkünfte der für Gott Streitenden zu mehren, damit sie nicht, was fern sei, vom Vorsatze durch Mangel an Gütern abirren, so gewähren wir den frommen Bitten unserer geliebten Gattin Theophanu [unsere] Zustimmung, und um der künftigen Ruhe in Christus, die aufs höchste zu wünschen ist, sowie um des Zustands und Friedens unseres Kaiserreichs und der Unversehrtheit unserer heiligen Kirche zu Worms willen, die zu Gedächtnis und Ehren des seligen Apostelfürsten Petrus geweiht ist und der Hildibold, ein Bischof von großen Verdiensten um uns[1], durch Gottes und unsere Verfügung vorsteht, dessen beständigen Bitten und Vorstellungen wir ebenfalls beigepflichtet haben, schenken wir alles, was unser Neffe und Namensgleicher Otto[2] in Worms in der Stadt und der Vorstadt sowohl an Bannrechten wie an Zöllen offenkundig von unserer Seite innegehabt hat, damit er es durch Privileg unserer Autorität auf ewig besitze. Denn durch Tradition und Erlaubnis unserer Vorgänger hat diese Kirche bis auf unsere Zeiten sowohl an den Zöllen wie an den Bannrechten nur zwei Teile der gesamten Nutzung innegehabt, der dritte war, wie allen Großen jener Provinz bekannt ist, unserem Fiskus reserviert. Wir aber, sehr wohl eingedenk der Verdienste Bischof Hildibolds, wie wir oben gesagt haben, übertragen alles, was innerhalb der Grenze der neuen und der alten Stadt zu unserer Nutzung als bisher der vorerwähnten Kirche Fremdes offenkundig sowohl an den Bannrechten wie an den Zöllen gehört hat, aus unserem Rechte in das Recht dieser Kirche, damit Bischof Hildibold und seine Nachfolger alle Nutzungen, welcher Unternehmung auch immer, nämlich durch Zölle und Bannrechte, sie mögen aus der Stadt selbst oder aus der Vorstadt oder dem Gebiet des dabeiliegenden Dorfes aufkommen, so wie die Vorsteher der übrigen Kirchen, der Mainzer und der Kölner, mit vollem Rechte besitzen mögen, und damit keine Person mit Gerichtsgewalt in der vorerwähnten Bischofsstadt hinfort irgendeine Gewalt ausübe, außer derjenigen, die die Fürsorge der Hirtenwürde zum Vogt bestellt hat. Und damit dieses unser Gebot stabil und unerschüttert daure, haben wir diese auf unseren Befehl geschriebene und mit dem Aufdruck unseres Ringes signierte Urkunde mit eigener Hand unten bestärkt.

Ich, Hildibold, Bischof und Kanzler, habe in Vertretung des Erzbischofs Willigis die Richtigkeit geprüft.

1 Er war seit 977 des Königs Kanzler und als solcher zu Beginn des Jahres 979 mit dem Bistum Worms belohnt worden.

2 Sohn Herzog Konrads von Lothringen (gest. 955) und Liudgards, der Schwester des Kaisers, Herzog von Kärnten von 978–983 und von 995–1004.

Gegeben im Jahre der Fleischwerdung des Herrn 979, im 13. Königsjahre Ottos II., im 11. Kaiserjahre. Geschehen zu Magdeburg.

2. Bischof Burchard von Worms und Herzog Otto vergleichen sich wegen der Stadtherrschaft, 1000–1002: Vita Burchardi episcopi c. 6–9, MGH SS 4 S. 835–837.

6. Nach einigen Tagen, als die Erlaubnis des Kaisers eingetroffen war, gelangte er mit Erzbischof [Willigis von Mainz] nach Heiligenstadt, und dort empfing er die Insignien des Bischofsamtes, und am Tage darauf wurde er in ehrenvoller Weise mit der Salbung des erzbischöflichen Segens geweiht. Alsdann wurde er nach zahlreichen Gratulationen und verschiedenen Umarmungen von dem Erzbischof ehrenvoll entlassen, und nun besichtigte er das ihm anvertraute Bistum, und er kam nach Worms, das er zerstört und nahezu verlassen vorfand. Denn es war keineswegs zum Nutzen der Menschen, sondern vor allem zum Versteck für wilde Tiere und besonders für Wölfe geeignet. Die Einebnung des Walles nämlich und die Zerstörung der Mauer verschaffte Räubern und wilden Tieren den einfachsten Zugang. So erzählt man auch, daß die Wölfe dort häufig vor aller Augen Schafe gerissen und die Menschen, die dies verhindern wollten, mit wiederholten Angriffen kühn erschreckt hätten und schließlich, obwohl alle sie verfolgten, unversehrt entkommen wären. Die Räuber aber brüsteten sich, der Ort sei vorzüglich zum Vollführen ihrer willkürlichen Bosheiten geeignet, weil weder ein befestigter Wall noch eine hinderliche Mauer ihnen das jederzeitige Eindringen irgendwie erschwerte. Wenn aber einer von den Bürgern gegen ihre Willkür Widerspruch erhob, so suchten sie ihn mit nächtlichen Angriffen heim und nahmen ihm seine gesamte Habe fort und führten sie mit sich fort, ihn selbst tot oder halbtot zurücklassend. Derart waren der Friede, die Sicherheit und die Befestigung, deren sich die Bürger von Worms in jenen Tagen erfreuten[3]. Am Ende aber verließen

3 Bürger, d. h. freie Einwohner des Stadtgebietes, waren sowohl die weltlichen und geistlichen Grundherren, die sich mit Hilfe ihrer unfreien Dienstmannen (»Räuber«) selbst ihr Recht verschafften, als auch selbst wirtschaf-

sie die verwüstete Stadt, sie alle gingen nach außerhalb der Mauer, und dort bauten sie Häuser und die für ihre Zwecke nötigen Gebäude, und mit Zäunen und Balken und anderem Holzwerke befestigten sie sich und ihre Leute, so gut sie konnten, gegen die Räuber und wilden Tiere. Als also Bischof Burchard die verwüstete Stadt sah, war er sehr traurig. Nachdem er den Rat der Seinen eingeholt hatte, umgab er die Stadt mit einem sehr festen Walle. Auf allen Seiten baute er die Mauer wieder auf und gebot, daß die Bürger innerhalb der Mauer bauen und wohnen sollten. So also berief er in fast fünf Jahren die vertriebenen Bürger zurück, und er machte den Frieden in diesem Bezirk sicher, und die überall verlassene Stadt stellte er geziemend wieder her. Aber ein einziger Umstand bereitete dem frommen Werke dieses Mannes die allergrößten Hindernisse.

7. Herzog Otto und sein Sohn Konrad besaßen in der Stadt eine mit Türmen und verschiedenen Bauwerken stark befestigte Burg. Bei diesem Hause hatten die Räuber und Diebe und alle, die sich gegen den Bischof vergingen, den allersichersten Stützpunkt. Denn wenn einer gegen den Bischof und dessen Getreue etwas mit Worten oder mit Taten verbrach, zog er sich alsbald dorthin zurück, und deswegen kam es von beiden Seiten zu zahlreichen Mordtaten und Totschlägen... Daher kam es auch, daß der Gottesmann gegen dieses Geschlecht von Menschen sein ganzes Leben lang Haß und Groll hegte und es gewissermaßen als Verwüster der Kirche Gottes verwarf, ausgenommen nur einen Jüngling, den... Gott später in seiner Güte auf den Thron des Reiches erhöht hat[4]. Als der Bischof daran verzweifelt war, den Kräften der Mächtigen anders zu widerstehen, umgab er seinen Hof mit einer Mauer nach Art eines Kastells, und indem er darin mit Eifer Türme und zur Verteidigung geeignete Häuser errichtete, schuf er eine ziemlich starke Befestigung. Als das Kastell erbaut und befestigt war, leistete er den verwegenen Taten der Feinde tapfer Widerstand, und so mehrte er den Mut seiner Leute.

tende Bauern, Handwerker und Kaufleute, die von dem Bischof die Herstellung des Stadtfriedens erwarteten.

4 Kaiser Konrad II. (1024–1039), Enkel Herzog Ottos.

9. Unterdessen kam [im Jahre 1002] Heinrich, der Herzog der Bayern, mit von überallher versammelten Kräften nach Worms, und er bemühte sich über die Maßen darum, das Szepter des Reiches zu erlangen. Deswegen begann er Beratungen darüber mit dem Bischof von Mainz und mit dem von Worms. Also legte er ihnen den Grund seiner Ankunft dar, und dann versprach er, alles zu tun, was sie wollten, wenn sie seinem Begehren zustimmten. Er hatte aber versprochen, er werde Ottos befestigtes Haus erwerben und der Gewalt des Bischofs von Worms übergeben. So gewann er, indem er vieles gab und versprach, diese Männer zur Unterstützung seiner Absichten. Dann zog er mit ihnen nach Mainz, und dort empfing er mit dem Beifall aller Anwesenden das Szepter des Reiches. Sobald aber Heinrich auf den Thron des Reiches erhöht worden war [als Kaiser Heinrich II., 1002–1024], da erinnerte ihn Bischof Burchard, der sein Versprechen nicht vergessen hatte, Tag und Nacht unaufhörlich an die Freiheit seiner Stadt. Endlich also berief der König den Herzog Otto zu sich, er verhandelte mit ihm über diese Dinge und eröffnete ihm die Ernsthaftigkeit seines Begehrens. Da Otto ein kluger Mann war, ... wurde die Sache beigelegt und ein Gutshof namens Bruchsal[5] mit allen Nutzungen und Zubehörungen dem Herzoge für dieses Haus in Tausch gegeben. So also wurde Worms, nachdem es lange einer ungerechten Dienstbarkeit unterworfen gewesen war, durch das fromme Bemühen des Bischofs befreit. An demselben Tag also, da der Herzog aus der Burg auszog, drang der Bischof mit zahlreichem Gefolge in das Haus vor den Augen des Herzogs ein, und mit gieriger Hand zerstörte er es radikal bis auf die Grundmauern. Hernach aber errichtete er aus demselben Bauholz und denselben Steinen eine Klosterkirche mit Kreuzgang zu Ehren des heiligen Paulus, die er mit der Inschrift »eine Kirche wegen der Stadtfreiheit« bezeichnete.

5 Als Königsgut zu 976 zuerst erwähnt. Die Tauschurkunde (MGH DD. H. II Nr. 20) ist erhalten.

Ständische Abstufungen der Freiheit und Unfreiheit in Deutschland, 983 – um 1040/50

Frei war einst gewesen, wer vermögend genug war, um sich selbst als Krieger auszurüsten und an Heerzügen und Gerichtstagen auf eigene Kosten zu beteiligen, unfrei dagegen, wem dazu die Mittel fehlten und wer deshalb einen Herrn brauchte, der ihm Land lieh, der ihn beschützte und in Heer und Gericht vertrat, der dafür aber auch Arbeitsdienste und Abgaben von ihm forderte. Da Freie ihr Vermögen verlieren und Unfreie eines gewinnen konnten, war diese Unterscheidung nie rein aufgegangen; seit der Befriedung des Abendlandes im 10. Jahrhundert und der nun einsetzenden raschen Entwicklung von Wirtschaft und Gesellschaft aber wurde sie offenkundig unzeitgemäß, am deutlichsten in den Städten, wo die Möglichkeit, am Markte einen nicht mehr an Grundbesitz gebundenen Reichtum zu erwerben, die alte Ordnung zu untergraben begann. Bevor sich der neue bürgerliche Freiheitsbegriff durchsetzte, beobachten wir das Erlöschen des alten, den die Nähe des freien Mannes zu seinem Kriegs- und Gerichtsherrn, dem Könige, kennzeichnet und der sich in Deutschland besonders lange erhielt. Diese Freiheit erlosch mit den freien Geschlechtern selber, deren Zahl durch Vermögensverlust und durch Aussterben (häufig verbunden mit der Wahl ehelosen Kirchendienstes) beständig zurückging. Die überlebenden Familien gingen seit dem 12. Jahrhundert in den Ständen der Reichsfürsten, Freiherren und Reichsritter auf.

1. Eine Kaiserurkunde von 983 zeigt den Aufstieg eines Unfreien, der im Handel reich geworden war, eine freie Frau geheiratet hatte und frei über sein Vermögen (darunter städtische Hausstätten) verfügte; wenn er dazu die kaiserliche Bestätigung erlangte, so deswegen, weil er als Kaufmann nach altem Kaufmannsrecht im Schutze des Königs stand (Königsmundling war).

2. Eine Kaiserurkunde von 1001 bezeugt die Übertragung einer aus dem Hausgut des Herrschers stammenden Burg und eines Fiskus: der die Königsunmittelbarkeit bezeugenden Abgaben freier, grafschaftsunterworfener Männer, auf den Bischof von Hildesheim, der damit als Herr über Freie an die Stelle des Königs und seines Grafen trat.

3. Eine Urkunde des Bischofs von Hildesheim von 1004 beleuchtet das Erlöschen eines wohlhabenden, zweifellos zu ritterlicher Selbstausrüstung der männlichen Mitglieder fähig gewesenen, königsunmittelbaren Geschlechts: Wir sehen die überlebenden Frauen sämtlich den Stand eheloser, vornehmer Stiftsdamen wählen.

4. In einer Urkunde von 1020 spricht eine freie Frau, die einen vermutlich ritterlich lebenden kirchlichen Dienstmann geheiratet und deswegen auf ihre Freiheit, d. h. auf die Zugehörigkeit zum Grafengericht, verzichtet hat; die Eheleute gehörten nun der obersten Schicht der Unfreien (der Ministerialität) an, denn sie zahlten weder Kopfzins noch unterstanden sie dem Kirchenvogte, wie es die hörigen Bauern taten. Sie standen nur vor dem Propste ihrer Kirche zu Recht, der an die Rechtsweisung ihrer Standesgenossen gebunden war: Zwischen dem Grafengericht der Freien und dem Hofgericht der Unfreien etablierte sich das niederadlige Standesgericht der Halbfreien, eine typisch deutsche Erscheinung, denn kein anderes Land kennt eine derart weit getriebene ständische Absonderung sozialer Gruppen und Schichten.

5. Eine Urkunde des Erzbischofs von Köln von 1079/89 enthält die Nachricht, daß eine Gräfin Irmgard, als sie um 1040/50, offenbar wiederum wegen Mangels an einem Erben, auf ihrem Eigengut das Stift Rees gründete, dem Stiftspropst auch die Hochgerichtsbarkeit über die Hintersassen überwies: einer der seltenen Beweise dafür, daß es neben den geistlichen auch weltliche Grundherrschaften mit Immunität (Ausschluß der gräflichen Gerichtsbarkeit, infolgedessen grafengleicher Herrschaft des Grundherrn über seine Leute) gab. Nur diejenigen Freien konnten sich auf die Dauer behaupten, die aus der bäuerlichen zur herrschaftlichen Lebensweise emporstiegen und auch ohne königliche Beauftragung eine »autochthone Adelsherrschaft« ausbildeten.

1. Kaiser Otto II. bestätigt dem Kloster St. Emmeram in Regensburg die Schenkung des Handelsmannes Willihalm, 5. Juni 983: MGH DD. O. II. Nr. 293.

Im Namen der heiligen und unteilbaren Dreiheit. Otto, von Gottes Gnaden Kaiser, Augustus. Wir wünschen, daß allen unseren Getreuen, jetzigen sowohl wie zukünftigen, kund sei, daß ein gewisser unser Kaufmann namens Willihalm, der von unseren Vorgängern mit Freiheit begabt worden ist, und seine Gattin namens Heilrad dem heiligen Emmeram in der Bischofsstadt Regensburg und den Mönchen, die dort Gott dienen, alles übergeben haben, was sie an Landgut und Unfreien zu der Zeit besaßen, ausgenommen vier Unfreie, zum Heile ihrer Seelen und in Erwägung des ewigen Lohnes, jedoch mit der Bedingung, daß sie bis zum Ende ihres Lebens [ihrer] zur Lebenshaltung gewalthaft mächtig sein sollten, daß sie aber nach ihrer beider Abscheiden von dieser Welt gänzlich dem heiligen Emmeram gehören sollten, um den Brüdern zu dienen. Dies ist öffentlich so geschehen mit Versicherung und Eid der Zeugen, die bei dieser Übergabe als Gegenwärtige beteiligt waren; in gleicher Weise haben auch die ersten Richter der Grafschaften dies mit dem Banne verbindlich gemacht und mit dem Eide bezeugt. Dies sind die Stätten, die sie besitzen, nämlich Hofstätten binnen der Mauer und außerhalb der Gebäude der vorgenannten Stadt oder anderswo und bei ihr liegende Landgüter und »Puchilinga« und »Ekkoluinga« mit Unfreien im Donaugau in Pabos Grafschaft. Wir aber haben, als wir dies hörten, aus Liebe zu Gott und zum heiligen Emmeram und wegen der Petition des ehrwürdigen Bischofs Wolfgang von Regensburg und auch um der Intervention unseres Getreuen Ramuold, Abtes dieses Klosters, genugzutun, diese Tradition mit unserer kaiserlichen Autorität erneuert und diese Stätten mit ihrem Zubehör, nämlich Hofstätten mit Gebäuden, Haupthöfen und Häusern, Weingärten und Winzern, Obstgärten, Äckern, Weiden, Wäldern, Gewässern, Fischereien, Mühlen, Beweglichem und Unbeweglichem, gesuchten und noch zu suchenden Zu- und Ausgängen, Unfreien beiderlei Geschlechts, ausgenommen die vier oben genannten, und mit jedem gesetzlichen Vorbehalt dem Altare des heiligen Märtyrers Emmeram und damit es dem Nutzen der Brüder diene, in aller Vollständigkeit überlassen, ohne daß jemand widersprach, sei es eine

Person mit fiskalischer Vollmacht oder kraft Bedingung einer Verwandtschaft mit ihnen. Und damit dieses Zeugnis unserer Konzession fest und beständig bleibe in zukünftigen Zeiten, haben wir diese gegenwärtige Urkunde darüber schreiben und mit dem Aufdruck unseres Ringes besiegeln lassen und mit eigener Hand unten bekräftigt.

Zeichen Herrn Ottos, des unbesieglichen Kaisers, Augustus.

Ich, Hildibold, Bischof und Kanzler, habe in Vertretung des Erzkaplans Willigis gegengezeichnet.

Gegeben am 5. Juni im Jahre der Fleischwerdung des Herrn 983, des Königtums Ottos II. im 25., des Kaisertums im 15. Geschehen zu Verona. Glückauf! Amen.

2. Kaiser Otto III. für Bischof Bernward von Hildesheim, 23. Januar 1001: MGH DD. O. III. Nr. 390.

Im Namen der heiligen und unteilbaren Dreiheit. Otto der Dritte von Rom, von Sachsen und von Italien, Knecht der Apostel, durch Gottes Gabe Kaiser, Augustus des römischen Erdkreises. Der Eifer aller Getreuen der heiligen Kirche Gottes und unserer Person, sowohl jetzt lebender wie künftiger, wisse, daß der ehrwürdige Herr namens Bernward, Vorsteher der heiligen Kirche zu Hildesheim und ein Mann, der für das Herz unserer kaiserlichen Milde durch den Einstich alter Aufwallung getroffen ist, die Schwelle der Apostel als Bittsteller aufgesucht hat, und nachdem er das Gebet mit den Bekenntnissen unzähliger Märtyrer vollendet hatte, das, was katholischen Glaubens war, bei unserem Vater, dem Herrn Papst Gerbert oder Silvester, wobei wir selbst und unser allerteuerster Neffe Herzog Heinrich vermittelten, in kanonischer Weise zur Hilfe für seine auf immer zu stabilisierende Kirche erlangte. Da nun auch, weil es den Zögling unserer Eltern und unserer Wiege ersten Genossen, den stets getreuen Zeugen unseres alten und noch nicht endenden Bemühens und den in vielfacher Bildung so umgänglichen Lehrer unserer Kindheit und Jugend nicht verdrossen hat, unseres Reiches Zustand und unser Leben und Kaisersein durch der Länder weite Entfernungen zu besuchen, so haben wir unsererseits für richtig gehalten und beschlossen, ihn nicht nur unserer kaiserlichen Bewirtung für würdig zu halten, sondern auch mit einem großen Privileg unserer Liebe aus unserem erblichen Anteil bereichern zu müssen. Aber da wir gehindert sind, zur Vollendung unseres Willens ohne den Rat unserer Großen zu gelangen[1], haben wir einen Teil unseres Erbes ihm und seiner Kirche, der er vorsteht, und den dort für Gott streitenden Brüdern zur Erinnerung an unsere allerteuersten Eltern und zur Erlösung unserer Seele in königlicher Freigebigkeit zu eigen gegeben, nämlich die Burg [Königs-]Dahlum genannt, gelegen aber innerhalb der Grenzen dieses Bistums im Gau Ostfalen oder Ambergau in der Grafschaft der Söhne des Ekbert, des Grafen und unseres Neffen, mit Dörfern und Hofstätten, Kirchen und Gebäuden, Unfreien beiderlei Geschlechts, Wäldern, Feldern, Jagden, Fischereien, Gewässern und Wasserläufen, Mühlen, Weingärten, wegsamen und unwegsamen Ländereien, gesuchten oder noch zu suchenden Geräten in allen Dingen, die noch genannt oder angeführt werden können. Auch schenken wir auf ewig den Fiskus, den wir bis jetzt zu unseren Händen von den freien Männern in jenem Gau empfingen, durch gleiches Weistum dem Bischof und unseren in Gott höchstgeliebten Brüdern. Wer aber diese Schenkungen unseres Wohlwollens später brechen oder arglistig auflösen wollte oder es versuchte, den suspendieren wir durch Gottes und aller heiligen Geister Urteil, und er stranguliere sich mit der Schlinge, darin sich Judas für 30 Pfennige verfing, wenn er nicht zur Vernunft kommt. Und damit alles dieses zuvor Gerichtete als um so glaubwürdiger in zukünftigen Zeiten bezeugt und um so sorgfältiger beachtet werde, haben wir befohlen, daß diese darüber verfaßte Urkunde, von unserer Hand nicht nur formuliert, sondern auch bekräftigt, als unsere Niederschrift mit unserem Siegel bezeichnet werde, wie ihr seht.

Zeichen Herrn Ottos, des unbesiegten Caesars.

Heribert, der Kanzler, hat in Vertretung des Erzbischofs Willigis rekognosziert.

Gegeben am 23. Januar im Jahre der Fleischwerdung des Herrn 1001, 13. Indiktion, in Ottos III. 16. Königs- und 5. Kaiserjahre. Geschehen zu Rom. Glückauf!

1 Einer der seltenen Hinweise darauf, daß die Befugnisse des Königs vom Mitbestimmungsrecht der Großen beschränkt wurden.

3. Schiedsspruch Bischof Bernwards von Hildesheim zwischen zwei Kanonissen des Stifts Gandersheim und der Äbtissin von Hilwartshausen, nach dem 7. Juni 1004: H. Goetting, Das Hilwartshäuser Chirograph von 1004, Archiv für Diplomatik 25 (1979/82) S. 37-58.

Im Namen des Vaters und des Sohnes [und des Heiligen Geistes, amen.] Gottes Werke zu enthüllen und zu rühmen ist ehrenhaft, weil er oft durch das männliche, zuweilen aber auch durch das zerbrechliche, das weibliche Geschlecht in Barmherzigkeit triumphiert und sich selbst rühmt. Daher wünschen wir[2], es sei allen Christgläubigen, jetzt lebenden wie künftigen, kund, daß eine verwitwete Matrone edelster Abkunft namens Helmburg, die zwar zunächst einem Manne durch die Ehe verbunden war, aber doch mit starker Seele in Liebe zu Christus brannte – wie die Sache selbst erweist, [denn] was tat sie? –, aus Liebe zu ihren Eltern und um des Seelenheils willen alles, was sie an liegendem Gute in den Dörfern namens Vaake[3], »Gateredeshusun«, »Bernhereshusun«, »Gerwardeshusun« und »Thieddecheshusun« mit allem rechtmäßigen Zubehör besaß, Christus und dem heiligen Erstmärtyrer Stephan zum Kloster Hilwartshausen[4] durch die Hände ihres Muntwalts Thietmar übergeben hat, während auch ihre vier Töchter, deren Namen Aethelwif und Marksvit, Hildiburg und Frideburg sind, lebhaft wünschten, daß dies geschehe, und dem in jeder

2 Der Aussteller nennt sich nicht. Es war wahrscheinlich Bischof Bernward von Hildesheim (993–1022), Diözesanbischof des Reichsstifts Gandersheim und Eigenkirchenherr des Stifts Hilwartshausen. Er ließ den von ihm vermittelten Vergleich von zwei anwesenden Notaren in Form einer Doppelurkunde (eines Chirographs) beurkunden, wovon nur die linke Hälfte erhalten ist. Die erste und die beiden letzten Zeilen sind unvollständig, weil sie über beide Hälften des Chirographs liefen und nur gelesen werden konnten, wenn beide Vertragspartner ihre Exemplare zusammenhielten.

3 Auf dem linken Weserufer nörlich von Hilwartshausen. Die anschließend genannten Dörfer sind später wüst geworden. Sie lagen im Gebiet des heutigen Landkreises Göttingen.

4 Auf dem linken Weserufer wenige Kilometer nördlich der späteren Stadt (Hannoversch-)Münden gelegen, gegründet 960/63 von einer edelfreien Dame Aeddila. Die Schenkung der Helmburg, deren Anlaß der Eintritt zweier ihrer Töchter in das Kloster gewesen sein dürfte, hatte bereits 965 oder 966 stattgefunden.

Weise bekräftigend zustimmten, was sie richtig so [tun] konnten, weil jede von ihnen nach den anderen ein Erbrecht besaß. Sie alle waren Gott geweihte Jungfrauen, zwei von ihnen, Aethelwif und Marksvit, zu Hilwartshausen, zwei, Hildiburg und Frideburg, zu Gandersheim im Kloster Gott dienend. Als rechte Mägde Christi, von göttlichem Odem durchweht und von der Gnade des Geistes erleuchtet, erachteten sie vor Christus, dem himmlischen Verlobten, den sie im Herzen und im Gemute stets und ständig herbeisehnten, die Welt und alle weltlichen Dinge gleichsam für nichts, und sie verschmähten sie. – Sodann begab sich der ehrwürdige Pfalzgraf, der mit Namen Bern genannt wird, als desselben vorerwähnten Klosters Hilwartshausen Vogt, unter den Fürsten nicht der geringste und unter den Klugen der weiseste, mit Frau Berchtild, der ehrwürdigen Äbtissin des erwähnten Klosters, zu dem Königshof Grona [bei Göttingen], und dort hat vor dem großen und friedewirkenden Kaiser Otto [I.] Frau Helmburg mit ihren Töchtern in der Pfalz, während alle öffentlich dabeistanden, die erwähnte Übergabe mit aller Rat bekräftigt und zugleich bestätigt. Hernach haben sie dieselbe Übergabe in dem Dorfe, dem der Name Weende eigen ist, hernach in einem anderen mit Namen Rosdorf im Gericht des vorgenannten Pfalzgrafen bestätigt und bekräftigt, und zwar unter der Bedingung, daß die Kanonissen, die dort in Hilwartshausen Gott dienten, den notwendigen Lebensunterhalt davon erhalten sollten und keine Äbtissin etwas von jenem Gute zu ihrem Tafelgute ziehen oder im Tausch für irgend etwas anderes weggeben dürfe, und wenn eine dies später täte, sollte sie davon am Tage des [Jüngsten] Gerichts Rechenschaft ablegen. Sodann haben zwei von ihnen, die von Verwandten entfernt und von menschlichen Dingen bedrückt waren, namens Hildiburg und Frideburg, mit Erlaubnis der Äbtissin und des schon genannten Pfalzgrafen die zwei Dörfer namens »Gerwardeshusun« und »Thieddecheshusun« mit allem, was rechtmäßig daran hängt, da eine Notlage[5], nicht aber irgendeine Begierde es erforderte, solange wie sie leben würden, zu ihrem

5 Der Eigenbesitz, der jeder Kanonisse des Reichsstifts Gandersheim zu ihrem Unterhalt zustand, scheint dazu nicht ausgereicht zu haben.

Gebrauch als Leihegut zurückerhalten. – Später aber, nachdem schon viel Zeit vergangen war und König Heinrich[6] regierte, erwogen die vorerwähnten Schwestern Hildiburg und Frideburg, als immer noch aus göttlichem Feuer brennend und die Schwächen der Welt betrachtend und auch die List und Wankelmütigkeit der zu dieser Zeit lebenden Menschen ansehend, im Herzen aufs sorgsamste jenes Wort, das man im Evangelium liest: »Wer die irdischen Dinge um der Liebe Gottes willen hinter sich läßt, der wird das Hundertfache empfangen und dazu mit Christus in Ewigkeit herrschen«, und so haben sie die vorgenannten beiden Orte »Gerwardeshusun« und »Thieddechushusun« Christus und dem heiligen Erstmärtyrer Stephan sowie der ehrwürdigen Äbtissin Hrotgard, die nun des vorgenannten Klosters Hilwartshausen Mutter war, was sie als Leihegut erhalten hatten, unter derselben vorgenannten Bedingung wiederum zurückgegeben und tradiert und sofort aufgelassen. Dann aber sah die ehrwürdige Äbtissin Hrotgard in höchst mildem Wohlwollen, wie sie stets war, da menschliche Leiber ohne Speise und Kleidung gänzlich dahinschwinden, der beiden vorgenannten Schwestern H. und F. [Alters-]Schwäche an, und nach unserem Rate reichte sie das Gut, welches sie im Dorfe Fredershausen[7] hatte, sowie 17 Hufen nebst den Familien als Dienstbarkeit unverkürzt zur Leihe dar, solange sie leben würden. Außerdem wurde unverbrüchlich festgesetzt, daß Malz für 15 Gebräu Bier und 37 Schweine am Tage des heiligen Apostels Thomas und 41 Malter [Getreide] am Feste Allerheiligen und 51 Schafe vierzehn Tage vor des Herrn Himmelfahrt in jedem Jahre ihnen gegeben werden, wobei das gesamte Stiftskapitel dabeistand und dies wünschte. Und weil sie in allen Punkten von beiden Seiten uns als Vermittler zuzogen, haben wir befohlen, daß diese Urkunde in unserer Gegenwart geschrieben werde, damit sich keine weitere Auseinandersetzung hinfort erhebe, sondern sie mit Gottes Hilfe beständig daure durch die Zeiten. – Im Jahre der Fleischwerdung des

6 Heinrich II. (1002–24).
7 Wüstung nördlich von Dransfeld, Landkreis Göttingen, Teil der einst von Aeddila gestifteten Grundausstattung.

Herrn 1003, im dritten Jahre, als König Heinrich König war, seit unserer Weihe [– – –]. Die Urkunde ist geschrieben worden zu Fre[den? – – –].

4. Die Freie Meinza begibt sich in Hörigkeit, 12. November 1020: Lacomblet, UB 1 S. 97 Nr. 157.

Im Namen der heiligen und unteilbaren Dreiheit. Kund sei allen Getreuen der heiligen Kirche Gottes, daß eine gewisse Meinza, eine freie Frau, sich auf Bitten und Versprechungen des Propstes Albert und des Vogtes Harward hin mit einem gewissen Bodekin, einem Dienstmanne der Kirche St. Adalbert in Aachen, in gesetzlicher Ehe vermählt hat. Dabei hat sie ihre Freiheit Gott und dem heiligen Märtyrer Adalbert gutwillig geopfert und das Recht der rechtmäßigen Dienstleute, die weder Kopfzins zahlen noch den Gerichtstag eines Vogtes wahren, freiwillig auf sich genommen. Und indem sie das Recht der rechtmäßigen Dienstleute ihrer gesamten Nachkommenschaft vererbte, ließ sie durch Urkunde und Siegel das Gedächtnis an ihre Tradition für sich und ihre Nachkommen befestigen. Diese Bestimmung ist unter dem Anathem von der gesamten Kongregation der Kirche befestigt worden, damit niemand es wage, sie vom rechtmäßigen Recht der Dienstleute loszubrechen. Des sind Zeugen Propst Albert, Vogt Harward und sein Sohn Hildebold, Gerhard, Binzo, Egeno, Azo, Alekin, Irnfried und andere gute Männer. Geschehen in »Valdrica« am 12. November im Jahre der Fleischwerdung des Herrn 1020, 3. Indiktion, als Heinrich im neunten Jahre König war, Bischof Adelbold der Kirche von Utrecht im elften Jahre vorstand, zum Lobe und Ruhme dessen, der gebenedeit sei in Ewigkeit. Amen.

5. Erzbischof Sigewin von Köln bestätigt und vermehrt die Güter des Stiftes Rees, um 1079–89: Lacomblet, UB 1 S. 155 Nr. 242, Oediger, Regesten 1 S. 356 Nr. 1188.

Im Namen der heiligen und unteilbaren Dreiheit. Sigewin, aus Gunst der göttlichen Gnade, wiewohl unwürdig, Erzbischof der Kölner Kirche. Bekannt sei allen in Christus Getreuen, daß Gräfin Irmgard, um ihre und ihrer in Rees begrabenen Eltern Sünden zurückzunehmen, dieser Kirche folgendes Ehrenamt übertragen hat: daß, wenn sich einmal jemand aus dem Hörigenverbande der heiligen Mutter Gottes Maria [der Patronin der Stiftskirche in Rees] durch Bruch des Friedens oder durch Diebstahl[8] oder durch andere derartige Taten vergeht, der Propst der erwähnten Stätte alles, was hiernach sein [d. h. des Täters] Recht ist, zu richten und festzusetzen hat. [Dies] soll er mit Gottes Gunst seinen Nachfolgern hinterlassen. Für die Wohltat dieser Tradition hat sie bestimmt, daß die genannten Brüder zu drei Zeiten im Jahre in Aspelo eine Prozession machen und dabei Gott und den heiligen Georg um den Bestand der heiligen Kirche dort demütig bitten sollen. Da sie ferner sah, daß die genannten Brüder durch unerträglichen Mangel an Fleischspeise dahinschwanden, hat sie auch zur Präbende der Brüder wenigstens an den Werktagen den Zehnten von ihren Schweinen und von allem, was diesen Schweinen zum Mästen, es sei an Gerste, an Weizen oder an Pfennigen, gereicht wird, nämlich in folgenden Orten: in Rees, in Emmerich und in Straelen, geschenkt. Und wenn einmal ein eichelreiches Jahr kommt, dann sollen in jeden Wald auf ihrem Eigentum, in den ihre Schweine hineingehen, in gleicher Weise auch jene zum Mästen nachfolgen. Wenn wiederum eine derartige Fülle an Eicheln eintritt, daß auch die Schweine von Auswärtigen zu ihrer Waldweide zugelassen werden, dann soll auch von allem, was der genannten Gräfin von Rechts wegen von diesen Gemästeten geschuldet wird, der Zehnte dem Nutzen der erwähnten Brüder zugeführt werden. Auch hat sie dem erwähnten Altar der heiligen Maria einen Hof in Weeze gegeben; der Tradition wohnten als Zeugen bei Vogt Ruotger,... [16 Namen]. Auch übergab die genannte Gräfin den Brüdern der Kirche zu Rees für ihr und ihrer Erben Seelenheil alles, was sie offenkundig an Gut in Königswinter besaß, nämlich Weingärten, Äcker, Wald, Unfreie beiderlei Geschlechts, nämlich mit demselben Zinszahlungsrecht und demselben standesgemäß geschuldeten Dienst, wie sie sie ihrem Gebot unterworfen besessen hat, während sie lebte. Bei dieser Tradition waren dabei... [10 Namen]. Und dies alles hat die genannte Gräfin den erwähnten Brüdern gegeben unter der Bedingung, daß am

8 Diese beiden Verbrechen bezeichnen partes pro toto die Hochgerichtsbarkeit.

jährlich wiederkehrenden Tage ihrer Beisetzung ihr Gedächtnis von jenen Brüdern sorgfältig begangen werde. – Hierzu nun haben auch wir, bedenkend, daß der die vergänglichen Güter wohl benutzt, der aus ihnen den Lohn himmlischen Lebens gewonnen hat, auch sehend und häufig verstehend unseres Herrn Vorgängers Anno[9] und der genannten Gräfin Wohlwollen gegenüber den genannten Brüdern, das sie selbst, weil vom Tode ereilt, nicht mehr vollenden konnten, nach unserem Maße zur Vergebung sowohl unserer wie ihrer Sünden jenen Brüdern eine gewisse Tröstung erwiesen. Wir haben nämlich die Münze jenes Ortes und 4 Hufen in Oedecoven zur Mehrung ihrer Präbende gegeben beim Banne Gottes und seiner heiligen Mutter Maria und des heiligen Apostels Petrus und bei dem unsern, indem wir jeden verfluchen, der die erwähnte Schenkung der Gräfin oder unsere in kühnem Wagnis brechen wollte. Bei dieser unserer Tradition waren als Zeugen dabei... [37 Namen]. Damit diese einzelnen Traditionen nicht mit dem Dahingleiten der Zeit in Vergessen verfallen, sondern vielmehr zur Kenntnis sowohl der künftigen wie der gegenwärtigen Getreuen überbracht werden, haben wir diese Urkunde darüber zu fertigen und mit unserem Siegel zu besiegeln befohlen.

9 Erzbischof von Köln 1056–75.

Der Konflikt zwischen adligem Wahlrecht und dynastischem Erbrecht bei der Thronfolge in Frankreich, 986–989

Richeri historiarum libri IIII, recognovit G. Waitz. MGH SS in us. schol., ed. altera Hannoverae 1877, IV, 1–28.

Seit dem Jahre 888 konkurrierte im westfränkischen Reiche die Dynastie des Grafen Robert von Paris (gest. 866) mit den Karolingern um die Königswürde. Der Herrschaftsbereich des Königtums hatte sich seither auf die Landschaft Francia zwischen Loire und Maas verengt; in ihr stützten sich die Robertiner auf Grundbesitz und Vasallenverbände im Raume Orléans-Paris-Senlis, die Karolinger auf solche im Raume Compiègne-Laon-Reims. Um ihre Stellung zu stärken, strebten die Karolinger beständig danach, ihr Stammland Lothringen wiederzugewinnen, das seit 925 zum deutschen Reich gehörte. Um Lothringen im Reichsverbande zu halten, waren die deutschen Könige auf das Gleichgewicht zwischen Karolingern und Robertinern angewiesen, das das französische Königtum schwächte; sie unterstützten daher die Karolinger gegen die überlegenen Robertiner, obwohl nur diese die Zugehörigkeit Lothringens zum Ostreiche anerkannten. Dieses Kräftesystem ging in der Regierungszeit König Lothars (954–986) zu Bruch, weil Lothar mit seinem Bruder Karl in Streit geriet (Karl hatte Lothars Gattin Emma des Ehebruchs bezichtigt) und weil der deutsche König, Kaiser Otto II. (973–983), die Gelegenheit benutzte, um Karl mit Niederlothringen zu belehnen und so dieses Land um so besser vor Lothar zu schützen. Von 978–980 herrschte Krieg zwischen den beiden Königen, doch scheiterte Lothar daran, daß nun Erzbischof Adalbero von Reims (969–989) von ihm abfiel und auf die Seite des Robertiners Hugo (genannt Capet, Herzog 956–987) übertrat, um das Gleichgewicht zwischen beiden zu erhalten. Lothar verklagte ihn daraufhin wegen Begünstigung der Deutschen und Verrats, doch Hugo Capet konnte bei den Großen die Einstellung des Prozesses erreichen.

Obwohl von sechs Herrscherwechseln, die seit 888 eingetreten waren, nur zwei zur Wahl eines Robertiners geführt hatten, waren doch alle Königserhebungen von den Robertinern gelenkt worden. Die zwischen Loire und Maas mächtigen Adligen, auf die sie sich stützten, waren nun, als Lothars Sohn Ludwig V. (986–987) kaum zwanzigjährig starb, ohne Kinder zu hinterlassen, entschlossen, sich von den verarmten Karolingern zu trennen, da als Thronfolger einzig der landfremd gewordene und mit dem Erzbischof von Reims verfeindete Herzog Karl von Niederlothringen in Frage gekommen wäre. Sie wandten sich dem Herzog Hugo zu. Am besten unterrichtet uns über die Vorgänge der Reimser Kleriker Richer, der wenig später eine Geschichte schrieb, in der er freilich sehr einseitig den Standpunkt seines Erzbischofs vertrat. Außerdem suchte er, ein Bewunderer des römischen Historikers Sallust, wie dieser die Motive der Beteiligten in von ihm erfundenen Reden darzulegen, die nicht immer als zuverlässige Quelle gelten können. Nach der Wahl verzichtete Hugo sofort auf Lothringen, um sich den Rücken im Kampf gegen die karolingische Partei freizuhalten. Um seine Herrschaft zu sichern, betrieb er sofort die Krönung seines Sohnes zum Mitherrscher, also die Stärkung des dynastischen Thronfolgerechtes, und es gelang ihm, den Widerstand des Erzbischofs von Reims zu überwinden, der im Interesse der Adelsmacht lieber eine Wahl gesehen hätte. Nach Adalberos Tode versuchte Hugo, einen Ausgleich mit den Gegnern zu erreichen, indem er der Wahl Arnulfs, eines illegitimen Sohnes König Lothars, zum Erzbischof von Reims zustimmte, obwohl Arnulf im Jahre 988 die wichtige Bischofsstadt Laon durch Verrat seinem Onkel Karl von Niederlothringen zugespielt hatte. Auch als Erzbischof erwies er sich hernach als untreu. Nur mit Mühe und erst im Jahre 991 wurde Hugo seiner Gegner Herr. Er ließ die letzten Karolinger im Kerker verderben und vereinigte nun die karolingische mit der robertinischen Machtbasis in der Francia. Da die Robertiner oder Kapetinger bis zum Jahre 1316 die Krone stets vom Vater auf den Sohn vererbten, ist das adlige Wahlrecht in Frankreich vollständig untergegangen. Mit König Hugo (987–996) endete der über hundertjährige Machtverfall des westfränkischen, nun französischen Königtums.

Richers Erzählung ist auch deswegen bemerkenswert, weil sie zeigt, wie die Bewohner der Bischofsstädte, obwohl mindestens zum Teil noch unfrei, begannen, in politischen Gegensatz zu ihren Stadt- und Grundherren zu treten und unter Ausnutzung des Konfliktes zwischen den Königen eigene Interessen zu verfolgen.

1. Nachdem Lothar beigesetzt worden war, wurde sein Sohn Ludwig von dem Herzog und den anderen Fürsten zum Königtum erhoben. Alsbald sah er sich von jedermanns Begehrlichkeit belagert, man versprach ihm Gutwilligkeit, man gelobte ihm Treue, und die sich um ihn drängten, schrieben ihm auf verschiedene Weise vor, was er tun sollte. Die einen nämlich meinten, er müsse sich in den Pfalzen aufhalten, damit die Fürsten sich bei ihm versammelten und seinem Gebote dienstbar seien, denn das Ansehen des Königtums werde dahinschwinden, wenn er anderweitig, als wäre er mittellos, seinen Unterhalt bei hilfreichen Fremden suche; in jedem Amte nämlich müsse man es vermeiden, daß gleich bei Antritt der übernommenen Funktion Bequemlichkeit und Feigheit der Entfaltung der Tugenden in den Weg träten; denn wenn dies geschehe, so werde auch alles Weitere schmählich herunterkommen in verächtliche Käuflichkeit. Die anderen dagegen behaupteten, er müsse sich bei dem Herzog aufhalten, weil er als junger Mann darauf angewiesen sei, von der Erfahrung und Stärke eines so bedeutenden Fürsten zu lernen; auch geschehe, was für ihn das nützlichste sei, wenn er den Weisungen des Machthabers eine Zeitlang Raum gebe, da er ohne ihn doch keine uneingeschränkte Königsmacht erlangen könne und mit ihm alles tatkräftig und nützlich verwaltet werden könne. Der König hörte sich die Parteien an und schob die Entscheidung auf. Nachdem er sich aber mit dem Herzog beraten hatte, vertraute er sich ihm ohne Vorbehalt an, und hinfort war er ihm günstig.

2. Rede Ludwigs bei dem Herzog und den übrigen Großen gegen Erzbischof Adalbero. Bei dem Herzog und einigen wenigen anderen führte er, des Geschehenen wohl eingedenk, folgende Klage: »Mein Vater hat in der Krankheit, an der er starb, entschieden und mir befohlen, daß ich mit eurem Rate und nach eurer Verfügung die Reichsgeschäfte versehen, daß ich euch sogar wie Verwandte und Freunde ansehen und nichts Wichtiges ohne euer Wissen anpacken sollte... Adalbero, der Erzbischof von Reims, der Verruchteste unter allen Männern, die die Erde trägt, hat meines Vaters Befehl

mißachtet und [Kaiser] Otto, den Feind der Franzosen, allewege begünstigt. Mit seiner Hilfe hat Otto sein Heer in unser Land geführt, durch seine List hat er Frankreich verwüstet; weil er Führer für den Marsch stellte, ist [Otto] unversehrt mit dem Heere zurückgezogen. Daß er Buße für ein solches Vergehen leiste, erscheint als gerecht und nützlich, damit die Ausrottung des Übels alle Bösen davon abschrecke, dergleichen zu bewundern.«

3. Seine Rede hatte keine Überzeugungskraft, weil er sich durch Einflüsterungen böser Männer gegen den hohen Bischof erzürnen ließ und daher offensichtlich neben dem Rechten auch allerlei Unwürdiges vorbrachte. Teilweise jedoch war man ihm günstig, teilweise aber abgeneigt, jedoch so, daß weder dem Könige Unrecht geschah, noch der Anschein entstand, der Herzog stimme einer Ungerechtigkeit zu...

[König Ludwigs Tod am 22. Mai 987 machte den Streit gegenstandslos. Nach der Beisetzung verabredeten sich die Großen, einen Reichsrat zu halten.]

6. Adalberos Reinigung von den Klagen, die Ludwig erhoben hatte. Nachdem dies geregelt war, begann der Herzog zu sprechen: »Ihr seid aus verschiedenen Stätten durch königlichen Befehl hierherberufen, und wie ich glaube, aus vollkommener Treue zusammengekommen, um zu prüfen, was dem höchsten Bischof Adalbero vorgeworfen worden ist. Aber weil der König göttlichen Gedächtnisses, welcher Kläger war, aus diesem Leben abberufen worden ist, hat er es uns hinterlassen, den Stand des Streites zu prüfen. Wenn also außer ihm jemand da ist, der es wagt, Klage zu erheben, und so starken Gemütes ist, um die Rolle des Streitverfolgers zu übernehmen, so trete er hervor, sage seine Meinung und verklage den Beschuldigten ohne Furcht. Bringt er Wahres vor, so wird er in uns zweifellos Unterstützung für seine Worte finden. Wenn er aber als Ränkeschmied Falsches erdichtet hat, so schweige er still, um nicht einer so schweren Tat bezichtigt und dafür bestraft zu werden.« Dreimal wurde dem Beifall gerufen, daß ein Kläger vortreten sollte, und dreimal wurde es von allen verweigert.

7. Daher ergriff der Herzog abermals das Wort: «Wenn der Streit nunmehr hinfällig wird, weil kein Kläger vortritt, so ist dem Erzbischof, zumal er zu den Vornehmen gehört und wegen großer Weisheit berühmt ist, stattzugeben. Entsagt also gänzlich diesem

Verdacht und erweist dem höchsten Bischof alle Ehren! Laßt uns diesen großen Mann verehren und hinfort verkünden, wie tugendhaft, weise und vornehm er ist! Denn was nützt es einem, den Verdacht aufrechtzuerhalten, dem die Kraft gefehlt hat, um im Gericht etwas zu sagen?«

8. Also erteilte der Herzog dem hohen Bischof mit Zustimmung der übrigen Großen die Ehre, einen vernünftigen Vorschlag über das Beste des Reiches zu entwickeln, weil er sich durch Kenntnis der göttlichen und menschlichen Dinge auszeichnete und durch wirkungsvolle Beredsamkeit am meisten ausrichtete. Man nahm ihn also mit dem Herzog in die Mitte, und er sagte: »...Da ich sehe, daß nicht alle Fürsten da sind, deren Weisheit und Sorge die Dinge des Reiches verwalten kann, so scheint mir, daß der Rat über die Königswahl jetzt aufzuschieben ist, damit zu dem bestimmten Termin alle sich versammeln können und eines jeden Gedanken wohlüberlegt vorgetragen ihren Nutzen erweisen. So möge es euch, die ihr hier zur Beratung anwesend seid, gefallen, euch mit mir dem großen Herzoge durch Eid zu verbinden und öffentlich zu versprechen, daß ihr über die Bestimmung eines Fürsten nichts versuchen und in Gang setzen werdet, bis wir uns wieder versammeln...« Dieser Vorschlag wurde von allen angenommen und gebilligt; daher verbinden sie sich eidlich mit dem Herzoge, man setzt den Termin für die Rückkunft und Versammlung fest, und damit gingen sie auseinander.

9. Klage Karls bei dem Erzbischof wegen des Königtums. Indessen suchte Karl, der [König] Lothars Bruder und [König] Ludwigs Oheim war, in Reims den Erzbischof auf und sprach ihn wegen des Königtums so an: »Alle wissen, ehrwüriger Vater, daß ich nach Erbrecht dem Bruder und dem Neffen nachfolgen muß...«

10. Nachdem Karl seine Klagen beendet hatte, gab ihm der Erzbischof unerschütterten Gemütes nur eine kurze Antwort: »Da du dich immer meineidigen und rechtsbrüchigen und anderen gottlosen Leuten ergeben hast und dich von ihnen bis heute nicht trennen willst, wie kannst du durch und mit solchen Leuten zum Königtum gelangen?« Darauf antwortete Karl, es zieme sich nicht, daß er die Seinen verlasse, sondern eher, daß er andere gewinne... Da ließ Karl die Hoffnung auf das Königtum fahren und reiste verwirrten Gemütes nach Lothringen ab.

11. Die Rede des Erzbischofs für den Herzog. Indessen versammelten sich zur bestimmten Zeit die geschworenen Fürsten Frankreichs in Senlis. Als sie im Hoftage saßen, hielt mit Willen des Herzogs der Erzbischof diese Rede: »Nachdem Ludwig göttlichen Gedächtnisses ohne Kinder aus dieser Welt abberufen worden war, mußte mit aller Sorgfalt überlegt werden, wer seinen Platz im Königreich ausfüllen sollte, damit nicht das Gemeinwesen beim Fehlen eines Lenkers mißachtet werde und in Verfall gerate. Daher haben wir es kürzlich für nützlich gehalten, dieses Geschäft aufzuschieben, damit ein jeder das, was er als einzelner als gottgegebene Einsicht erlangte, hier vor uns berate und hernach ausspreche, damit die Meinungen der einzelnen gesammelt und aus dem von der Vielheit Aufgehäuften das Ergebnis der ganzen Beratung gebildet werden könne. Nachdem wir nun jetzt wieder zur Einheit geworden sind, laßt uns mit aller Klugheit und Treue darauf sehen, daß niemandes Haß die Vernunft zersetze und niemandes Liebe die Wahrheit entkräfte. Wir wissen sehr wohl, daß Karl seine Anhänger hat, die behaupten, er sei des Reiches würdig durch Übertragung seitens der Eltern. Aber wenn es sich darum handelt, so wird das Reich nicht durch Erbrecht erworben, und nur der darf zum Reiche erhoben werden, der sich außer durch Adel des Leibes auch durch Weisheit des Geistes auszeichnet und in Treue fest und in Großmut sicher ist... Aber was kann man Karl Gutes nachsagen, den keine Treue leitet, den der Stumpfsinn entnervt, der schließlich durch solche Schwäche des Kopfes abgestumpft ist, daß er sich nicht scheut, einem fremden Könige zu dienen und eine ihm unebenbürtige Frau aus dem Ritterstande zu nehmen? Wie also soll der große Herzog es erdulden, daß eine aus seiner Ritterschaft genommene Frau Königin werde und ihm befehle? ... Ihr wünscht das Glück des Reiches mehr als sein Unglück. Wenn ihr wollt, daß es unglücklich werde, dann erhebt Karl, wenn aber glücklich, dann krönt den hervorragenden Herzog Hugo zum König. Möge also niemanden die Liebe zu Karl verführen oder der Haß gegen den Herzog vom gemeinen Nutzen abziehen!...«

12. Erhöhung Hugos zum Königtum. Nachdem dieser Ratschlag vorgetragen und von allen gelobt worden war, wird der Herzog mit aller Zustimmung zum Königtum befördert und von dem Erzbischof und den anderen Bischöfen in Noyon gekrönt, den Franzo-

sen, Bretonen, Normannen, Aquitaniern, Goten, Spaniern, Gascognern am 1. Juni als König vorgesetzt. Gestützt auf die Fürsten der Reiche[1], machte er nach Sitte der Könige Dekrete und gab er Gesetze, alles mit glücklichem Erfolge anordnend und austeilend. Und um sein Glück zu rechtfertigen, mühte er sich, durch vollen Erfolg günstigen Geschicks erhoben, um reiche Frömmigkeit. Und um nach seinem Abscheiden vom Leben einen gewissen Erben im Reiche zu hinterlassen, begab er sich in Beratungen mit den Fürsten. Und als er sich mit ihnen beraten hatte, ersuchte er den Erzbischof von Reims in Orléans zuerst durch Gesandte, dann persönlich um Erhebung seines Sohnes Robert zum Königtum. Als ihm der Erzbischof antwortete, rechtmäßig könnten nicht zwei Könige in einem Jahre gemacht werden, da brachte er rasch einen von Borrell, dem Herzog des jenseitigen Spanien, übersandten Brief herbei, der anzeigte, daß der Herzog um Hilfe gegen die Barbaren bäte... Also verlangte er, daß ein zweiter König gemacht werde, damit, wenn einer von beiden in den Kriegswirren umkäme, das Heer nicht wegen des Fürsten verzweifle. Auch sagte er, es könne geschehen, wäre der König tot und das Vaterland verwaist, daß die Großen uneinig würden, Böse die Guten tyrannisierten und schließlich das ganze Volk in Unfreiheit verfiele.

13. Roberts Erhebung zum Königtum. Der Erzbischof sah ein, daß es so kommen könnte, und gab den Worten des Königs nach. Und weil damals zu Weihnachten [987] die Fürsten der Reiche zusammengekommen waren, um die Ehre der Königskrönung zu feiern, so krönte er in der Basilika des heiligen Kreuzes seinen Sohn Robert unter dem Beifall der Franzosen feierlich mit Anlegung des Purpurs, und er setzte ihn den Westfranken von der Maas bis zum Atlantik als gesalbten König vor. Und Robert zeichnete sich durch Fleiß und Geschicklichkeit so sehr aus, daß er sowohl im

1 Richer betrachtet die Kronvasallen, die als Herzöge oder Markgrafen an der Spitze der eben genannten landschaftlichen Vasallenverbände standen, als dem Gesamtherrscher gleichgestellte Könige und ihre Herrschaften als Königreiche. Diese Teilreiche waren in der zweiten Hälfte des 9. Jahrhunderts aus der Auflösung der karolingischen Zentralgewalt entstanden. Hugo selbst war als Herzog der Landschaft Francia zuvor ein solcher Teilkönig gewesen.

Kriegswesen alle übertraf als auch in Glaubens- und Kirchenrechtsfragen höchstes Ansehen gewann, die Wissenschaften studierte und sogar an den Synoden der Bischöfe teilnahm und mit ihnen die kirchlichen Streitigkeiten prüfte und richtete[2].

14. Karls Klage um das Reich bei den Freunden. Unterdessen führte Karl bei Freunden und Verwandten in höchster Erregung Klage und forderte sie durch Jammern zu seiner Unterstützung auf...

15. Alsbald versprachen ihm alle bewegt Hilfe, und sie bereiteten sich vor, ihm rasch zu Hilfe zu kommen. Ihrem Rate folgend, begann Karl Kundschafter zu entsenden, die scharfsinnig ermessen sollten, ob sich irgendeine Gelegenheit auftun lasse, mittels deren er Laon einnehmen könne. Die Sendboten forschten nach und stellten fest, daß es keinen offenen Zugang gebe, aber mit einigen Stadtbewohnern vereinbarten sie insgeheim, eine Lösung des Problems zu finden. Denn zu dieser Zeit erlegte Adalbero, der Bischof dieser Stadt, seinen Stadtleuten mehr, als gerecht war, unrechte Abgaben kraft grundherrlicher Befugnis auf. Deswegen fielen etliche insgeheim der Gesinnung nach von ihm ab; sie heuchelten guten Willen, versprachen aber den Kundschaftern, sie würden Karl in die Stadt einlassen.

16. Wie Karl in Laon einzog. Und rasch versprechen sie, die Stadt zu verraten, wenn Karl herkommen und wenn er ihnen seinen Besitz überlassen und obendrein vermehren würde. Man befestigt den Vertrag mit Eiden, dann brachten die Kundschafter die Nachricht zu Karl, und dieser eröffnet den Plan seinen Anhängern, die er zuvor mit seinen Klagen aufgestachelt hatte. Alle eines Sinnes, versammelten sie sich zu gelegener Zeit und ergaben sich ihm. Er übernahm die Truppen und erreichte zeitig Laon, als die Sonne unterging. Er entsandte Kundschafter zu den Überläufern, die berichten sollten, was zu tun sei. Also verbargen sie sich zwischen den Hecken und Zäunen der Weingärten... Als alles erkun-

2 König Robert II. (996–1031) erwarb sich später den Beinamen »der Fromme«; seine Anhänger legten ihm sogar die sonst nur den Heiligen eigene Fähigkeit bei, durch Handauflegen und Bekreuzigung Wunden zu heilen. Seit Roberts Enkel König Philipp I. haben alle französischen Könige über eine ähnliche thaumaturgische Fähigkeit verfügt.

det war, rückte Karl mit den Seinen den Abhang des Stadtberges hinauf vor das Stadttor. Als die Wächter am Schnauben der Pferde und gelegentlichem Waffenklirren erkannten, daß jemand da sei, und von der Mauer herabriefen, wer sie seien, und dem mit Steinwürfen Nachdruck gaben, antworteten die Verräter, es seien einige von den Städtern. Nachdem sie mit dieser Lüge die Wächter betrogen hatten, öffneten sie von innen das Tor und ließen beim Morgengrauen das Heer herein...

24. Erzbischof Adalberos Tod. Nicht lange nach diesen Geschehnissen verfiel der Erzbischof in jene Krankheit, die die Griechen die Brennende und die Lateiner den Brand nennen. Durch Boten zeigte er dem damals in Paris weilenden Könige an, er sei in ein schweres Leiden verfallen, deshalb möge er sich beeilen, damit nicht Karl wie das übrige, so auch Reims angreife. Der König berief die Anwesenden zu sich und beschloß, rasch aufzubrechen... Am 23. Januar [989] entrichtete der Erzbischof die Schuld des Menschseins. An diesem Tage kam der König [noch] rechtzeitig an und wurde in die Stadt aufgenommen. Auch erwies er bei der Beisetzung des Erzbischofs mit größter Barmherzigkeit sein Beileid ... Die des Herrn beraubten Städter tröstete er mit wunderbarem Wohlwollen. Über die dem Könige zu bewahrende Treue und den Schutz der Stadt befragt, schwören sie Treue, versprechen sie den Schutz der Stadt. Nachdem sie durch Eid verpflichtet waren und der König ihnen die Freiheit zugestanden hatte, wen sie wollten, zu ihrem Herrn zu erwählen, entfernte sich der König von ihnen und kam nach Paris.

25. Wie sich Arnulf um das Erzbistum bewarb. Als er dort verweilte, glücklich über die Freimütigkeit und Treue der Städter in Reims, bat [König] Lothars Sohn Arnulf durch gewisse Anhänger des Königs den König um das Bistum; auch sagt er zu, seinen Oheim Karl zu verlassen, gelobt er Treue... Erfreut raten die königlichen Anhänger, dem Petenten das Bistum möglichst schnell zu geben... Der König öffnete sich ihrem Zureden und kam nach Reims, um den Städtern diese Petition anzuzeigen, um sich nicht des Bruches seines Versprechens schuldig zu machen.

26. Ansprache des Königs an die Bürger von Reims. Als alle zusammengerufen waren, sagte er: »Da ich euch als eurem Eide getreu erprobt habe, sollt ihr sehen, daß auch ich zum Eide

stehe ... Arnulf, Sohn König Lothars frommen Gedächtnisses von einer Nebenfrau, bewirbt sich durch Männer, auf die ich angewiesen bin, um das Amt dieses Bistums mit dem Versprechen zurückzugeben, was uns kürzlich entrissen worden ist, und kräftig gegen unsere Feinde vozugehen. Ich habe es eurem Urteil überlassen, seine Zusagen und seine Treue zu prüfen, so daß er nach eurer Prüfung bestätigt oder abgewiesen werden soll. Er steht zu seiner Bewerbung; so liege es in eurer Macht, ob er erlangen soll, was er erstrebt ...«

27. Antwort der Städter an den König. Darauf sagten die Städter: »Da die Entscheidung bei der Wahl des Stadtherrn uns als Gabe eurer Majestät geschenkt ist, ... wollen wir die Gründe dafür und dawider zusammentragen. Also sage jeder, was er für das Beste hält, und niemand halte zurück, was ihn das Allerbeste dünkt, damit der Ruhm eines rechten Beschlusses ebenso allgemein sei, wie wir den Schaden aus einem Fehler zu gleichen Teilen tragen müssen.«

28. Arnulfs Erhebung. Der König billigt den Ratschlag der Städter und befiehlt, daß sie öffentlich abwägen. Das Für und Wider wird öffentlich auseinandergesetzt. Schließlich entscheiden sie, Arnulf sei, wenn er tue, was er gelobe, des höchsten Priesteramtes würdig. Deshalb wird er gerufen und vor den König zugelassen. Ausgefragt über die dem Könige zu erweisende Treue, antwortet er voller Bescheidenheit auf aller Wünsche. Zum Kloster also der Mönche des heiligen Remigius, wo seit alters die Weihe der Bischöfe durchgeführt werden muß und das von der Stadt eine Meile entfernt ist, wird er vom Könige und den Fürsten geleitet ...

Königtum, Handel und Gewerbe in Oberitalien in der zweiten Hälfte des 10. Jahrhunderts

Instituta regalia et ministeria camere regum Langobardorum: C. Brühl und C. Violante, Die »Honorantiae civitatis Papie«. Transkription, Edition, Kommentar, Köln-Wien 1983.

Seit dem 7. Jahrhundert war die Stadt Pavia zur Hauptstadt des Königreichs Italien emporgestiegen, wo das Hofgericht des Pfalzgrafen und die königliche Kammer (Finanzbehörde) fest ansässig waren. Sitz der Verwaltung war der bereits von den römischen Kaisern errichtete Palast, der, wiewohl mehrfach beschädigt und umgebaut, bis zum Jahre 1024 bestand; die Städter benutzten das Interregnum dieses Jahres, um den nun als bedrohlich empfundenen Stützpunkt der Königsmacht innerhalb der Stadtmauern zu zerstören. Der königlichen Kammer entstammt ein für diese Zeit und für ganz Europa einmaliges Dokument, desgleichen sonst nirgendwo erhalten geblieben ist: ein Verzeichnis der in den königlichen Hoheitsrechten begründeten Einnahmen der Kammer. Dies sind

1. die von den fremden Kaufleuten zu entrichtenden Zölle (§ 1) bzw. die Abgaben, die sie selbst (§§ 4, 5) oder, kraft Staatsvertrages, ihre Herrscher (§§ 2, 3) für Zoll- oder Handelsfreiheit zu zahlen hatten. Der Vertrag mit den Venezianern geht bis ins 9. Jahrhundert zurück, während das Alter der Verträge mit den Angeln und den unteritalischen Städten unbekannt ist. Seit deren Kaufleute nach Pavia kamen, bildete diese Stadt den zentralen Umschlagplatz für die über die Alpen nach Norden gehenden Orientwaren;

2. die Strafen, die bei Verletzung des Schutzes fällig wurden, den, vermutlich seit dem Jahre 962, der Kaiser den Kaufleuten von Pavia gewährte (§ 6);

3. die Abgaben der Münzgenossen in Pavia und Mailand, die dort das königliche Münzmonopol ausübten (§§ 7, 8); der zu ihrer Entlohnung festgesetzte Schlagschatz hatte die erstaunliche Höhe von $2/12 = 16{,}66\,\%$ des Silbers, das die Kaufleute ihnen zum Ausmünzen anvertrauten;

4. die Hälfte allen Goldes, das die Goldwäscher im Po und in dessen Nebenflüssen gewannen (§ 9); die andere Hälfte mußten sie durch ihren Schwurverband an die Münzer verkaufen;

5. die Leistungen bestimmter Gewerbeverbände in Pavia, die entweder (bei Fischern und Schiffern, §§ 10, 12) für die Nutzung der öffentlichen Gewässer oder (bei Gerbern und Seifenmachern, §§ 11, 13) für das später den Zünften eigentümliche Gewerbemonopol fällig wurden. Es fällt auf, daß zwar bereits die Fischer und Schiffer, aber noch nicht die Gerber und Seifenmacher eigene, wohl erwählte Amtsmeister besaßen; einen wichtigen Schritt auf dem Wege zur Zunftbildung hatten nur erst einige Verbände (vgl. §§ 6–8) zurückgelegt;

6. die Gebühr, die die unter Amtsvormundschaft stehenden freien Frauen für die Heiratserlaubnis zahlten (§ 14).

Was nun noch folgt, paßt nicht zu dem Charakter des Einkünfteverzeichnisses und ist wohl erst um das Jahr 1000 oder später an dieses angehängt worden: ein Bericht über Leistungen der Kammer an die Hausleute der Bischofs- und der Krönungskirche in Pavia (§ 15); Abgaben der Gewerbeverbände für das nunmehr ihnen allen zustehende Zunftmonopol nebst Gerichtsbarkeit (§ 16); schließlich (§§ 17–18) ein Bericht über die Männer, die seit dem zweiten Viertel des 10. Jahrhunderts das Amt des Kammermeisters erblich verwaltet hatten, bis um 988/989 die als Vormund Ottos III. regierende Kaiserin Theophanu die Erbfolge unterbrach und einen Griechen einsetzte, vermutlich um die Kammer zu reformieren und die fixierten Abgaben der Kaufleute und Handwerker zu erhöhen. Ihr Kammermeister, Bischof Johannes Philagathos von Piacenza, ließ sich im Jahre 997 zum Gegenpapste erheben, wurde aber schon im März 998 in schimpflicher Weise abgesetzt. Da der Verfasser des Berichtes ihn und Kaiser Heinrich II., der seit 1004 König von Italien war, offenkundig diffamiert (denn keine andere Quelle bestätigt seine Vorwürfe), können wir in ihm den von Theophanu und gewiß erneut von Heinrich II. abgesetzten Erben des Kammermeisteramtes Gisulf erkennen, der sich in § 17 selber nennt. Er wird nach den Unterlagen der Kammer, die er überarbeitete (insbesondere hat er die vermutlich im Präsens verwendeten Verben oft in das unpassende Präteritum versetzt) und um die §§ 15–18 ergänzte, den gan-

zen Text zusammengestellt haben. Dieser ist von späteren Kopisten arg entstellt worden und muß vielfach durch Konjekturen geheilt werden, für die keine letzte Sicherheit zu gewinnen ist.

Königliche Einrichtungen und Kammerdienste der Langobardenkönige.

Rom ruft und nennt Pavia seine Tochter. Und wie Rom den Kaiser krönt in der Kirche St. Peter mit seinem Papste, so krönt Pavia mit seinem Bischof den König in der Kirche Groß-St. Michael, wo der eine runde Stein von vier anderen runden Steinen umgeben ist. Die königliche Pfalz ist in dieser Stadt Pavia, und zu ihr und vor das Angesicht des Königs müssen alle Fürsten Italiens kommen[1]. Auch muß Pavia Pfalzgrafen, die überall in Italien an jeder Stätte[2], als ob es vor dem Kaiser wäre, Gericht halten, und Königsboten haben. Pavia muß den König, den Vogt und die Pfalzrichter haben, und außerdem müssen alle Richter Italiens über Klagen nach [deren] Weistum richten. Und so sind alle Dienste, die zur Kammer des Königs und zur Pfalz gehören, und alle Königsrechte der Langobarden eingerichtet:

1. Die ins Königreich eintretenden Kaufleute zahlten den Zehnten von jeder Ware bei den Klausen und Wegen, welche dem Könige unterstehen, nämlich 1. in Susa, 2. in Fort Bard, 3. in Bellinzona, 4. in Chiavenna, 5. in Bolzano[3], 6. in Volargne, 7. in Trevile, 8. in S. Pietro di Zuglio auf der Straße vom Plöckenpaß (Kreuzberg), 9. bei Aquileja, 10. in Cividale del Friuli. Alle Leute, die von jenseits der Alpen in die Lombardei kommen, müssen der Zehntpflicht genügen von Pferden, Sklaven[4], Sklavinnen, Wollen-, Leinen- und Kanevastuchen, Zinn und Schwertern, und sie müssen den Zehnten von allen Waren dort an der Pforte dem Ab-

1 Gemeint ist die vom Könige berufene Reichsversammlung. Etwa seit der Mitte des 9. Jahrhunderts unterhielten die Großen deswegen eigene Absteigequartiere in Pavia.
2 Im Val d'Aosta.
3 Nicht Bozen, das im 10. Jahrhundert zum Herzogtum Bayern gehörte, sondern wohl Bolzano in der Provinz Vicenza.
4 Pferde und Sklaven entweder als Handelswaren oder als Tragtiere und Personal der Reisenden.

gesandten des Kämmerers geben. Aber ohne jede Zehntforderung muß den Romfahrern des heiligen Petrus alles freigegeben werden, was man für die Kosten der Pilgerfahrt mitführt.

2. Leute vom Volke der Angeln und Sachsen kamen mit ihren Gütern, und als sie sahen, daß bei den Klausen die Ballen und Satteltaschen ausgeleert werden, wurden sie zornig, sie gerieten in Wortwechsel mit den Dienstleuten der Kammer, und mit Schmähworten und häufig auch mit Messern fügten sie sich gegenseitig Verletzungen zu. Um diesen großen Übelstand zu schlichten und diese Gefahren zu beseitigen, haben der König der Angeln und Sachsen und der König der Langobarden gemeinsam folgendes vereinbart: Die Leute vom Volke der Angeln und Sachsen dürften niemals verzehntet werden; deswegen müssen der König der Angeln und Sachsen und deren Leute in jedem dritten Jahre zur Pfalz in Pavia und in die Kammer des Königs senden: 50 Pfund lötigen Silbers und zwei wunderbare große Windhunde mit samtenem glattem Haar, diese in Ketten mit Halsbändern aus Gold- oder Zellenschmelzblech, ferner zwei von den besten Buckelschilden, zwei beste Lanzen und zwei beste Schwerter, wohl gearbeitet und geprüft. Dem Kammermeister müssen sie zwei große Mäntel und zwei Pfund lötigen Silbers geben. Dafür erhalten sie vom Kammermeister den besiegelten Brief, daß sie bei der Hin- und Rückreise keine Belästigungen erleiden.

3. Der Doge von Venedig mit seinen Venezianern[5]: Sie müssen jedes Jahr an Venezianer Pfennigen (die so gut an Gewicht und Silber sein sollen wie die von Pavia) 50 Pfund in den Palast von Pavia geben und dazu dem Kammermeister einen erstklassigen Seidenstoff, deswegen, weil er zum Königreich der Langobarden gehört. Diesen Zins nennt man »Pakt«, deswegen, weil die Leute aus Venedig an jedem Schiffslandeplatz Korn und Wein kaufen und in Pavia wieder verkaufen dürfen und keinerlei Belästigungen hinzunehmen brauchen.

5 Die Venezianer waren niemals von den Langobarden unterworfen worden, sondern stets Untertanen des Kaisers in Konstantinopel geblieben. Erst seit dem im Jahre 983 abgeschlossenen Vertrag mit Otto III. konnte man sagen, daß Venedig zum Königreich Italien gehörte. Dieser Vertrag setzte die jährliche Zahlung auf 50 Pfund fest, die jeweils im Monat März fällig wurden.

4. Die Kaufleute aus Venedig pflegten nach Pavia zu kommen. Sie gaben bei dem Kloster St. Martin[6], genannt vor den Mauern, den vierzigsten Schilling von allen Waren. Und dem Kammermeister müssen sie alljährlich für jeden einzelnen Venezianer, wenn sie nach Pavia kommen, ein Pfund Pfeffer und ein Pfund Zimt, ein Pfund Galanga und ein Pfund Ingwer[7] geben, auch der Ehefrau des Kammermeisters einen Elfenbeinkamm, einen Spiegel und einen Stoff mit Figurenmuster oder 20 Schilling Pfennige von Pavia.

5. Ebenso pflegten Leute aus Salerno, aus Gaëta und aus Amalfi mit großem Handelsgut nach Pavia zu kommen. Sie gaben der Kammer im Palast des Königs den vierzigsten Schilling[8] [...] und der Frau des Kammermeisters dasselbe wie die Venezianer[9]...

6. Die Vorsteher der Kaufleute von Pavia, große und ehrwürdige und sehr reiche Leute, haben stets von der Hand des Kaisers eine Urkunde mit allen Ehren empfangen, daß [man] ihnen, wo immer sie zum Markte gekommen wären, sei es zu Wasser oder zu Lande, keine Schädigung oder Belästigung in irgendeiner Weise antun dürfe. Wer hiergegen verstößt, muß als Buße 1000 goldene Mankusen in die Kammer des Königs zahlen.

7. Die Dienstgenossenschaft der Münze zu Pavia aber muß neun edle und reiche Meister über allen anderen Münzern haben, die mit dem Kammermeister wachen und allen anderen Münzern vorschreiben müssen, daß sie die Pfennige niemals schlechter machen, als sie immer gemacht haben, nach Gewicht und Silber von zwölf zu zehn[10], derart, daß der Münzmeister, wenn er irgendeinen Fälscher findet, gemeinsam mit dem Pfalzgrafen und mit

6 Das Kloster lag vor der östlichen Stadtmauer. Zwischen ihm und dem Ufer des Ticino befand sich das Lager der fremden Kaufleute, wo die Venezianer vermutlich einen eigenen Anlegeplatz hatten.

7 Diese orientalischen Gewürze sind uns bereits zum Jahre 973 als Handelswaren in Mainz bezeugt.

8 Hier sind ein bis zwei Zeilen des Textes verlorengegangen, in denen das dem Kammermeister zustehende Geschenk genannt gewesen sein muß.

9 Die folgenden vier Worte sind unverständlich.

10 Für zwölf Gewichtseinheiten Silber gab der Münzmeister zehn Einheiten an Pfennigen zurück. Er behielt also als Gewinn für seine Tätigkeit $\frac{2}{12}$=16,66 % des verarbeiteten Silbers ein. Das ist fast das Vierfache dessen, was im 8. Jahrhundert fränkischen Münzmeistern zugestanden hatte.

dem Kammermeister die rechte Hand dieses Fälschers abschlagen und der Kammer des Königs dessen ganze Habe zukommen lassen muß. Und die neun Meister müssen von der Münze in jedem Jahre als Fixum in die Kammer des Königs zwölf Pfund Paveser Pfennige und ebenso dem Pfalzgrafen vier Pfund geben[11]. Und wenn einer von ihnen die Meisterschaft antritt, muß er in die Kammer des Königs drei Unzen guten, reinsten Goldes geben.

8. Die Mailänder Münzer aber müssen vier edle und reiche Meister haben, und mit Rat des Kämmerers zu Pavia müssen sie die Mailänder Pfennige so gut von Silber und Gewicht machen wie die Pfennige von Pavia, und sie müssen sie jeweils um einen Pfennig mehr für den Schilling [in Pfennige von Pavia] umtauschen. Und wenn sie irgendeinen Fälscher entdecken, so müssen sie seine rechte Hand abschlagen und seine ganze Habe der Kammer des Königs überweisen. Und sie müssen als Fixum[12] dem Kammermeister in Pavia alljährlich 12 Pfund guter Mailänder Pfennige geben.

9. Es sind auch alle Goldwäscher, die der Kammer in Pavia Rechenschaft senden, und niemals dürfen sie jemandem Gold verkaufen [außer] durch [ihren] Schwurverband, und sie müssen es ihm und [auch] dem Kämmerer überweisen. Und [die Münzmeister] müssen alles das Gold ankaufen, die Schüssel für 2 sol., in den Flüssen, wo sie Gold waschen, und das sind diese: Po, Ticino, Dora Baltea, Sesia, Stura di Demonte, Stura di Lanzo, Orco, Malone und kleiner Malone, Dora Riparia, Elvo, Orba, Cervo, Sesia, Bórmida, Agogna und nochmals der Ticino vom Lago Maggiore [bis dort], wo er in den Po mündet. Und auch längs allen anderen Flüssen müssen sie Gold waschen.

10. Es sind auch Fischer in Pavia, die einen Meister haben müssen. Und von allen Gütern müssen sie 60 Schiffe haben, und für jedes Schiff müssen sie an allen Monatsersten zwei Pfennige geben. Diese Monatspfennige müssen ihrem Meister gegeben werden, und [dieser] muß sie [dafür derart] schadlos machen, daß er,

11 Der Text verschweigt, daß König Lothar die Mailänder Münze um 947/50 dem Erzbischof dieser Stadt überlassen hatte. Daher wird diese Abgabe dem Erzbischof entrichtet worden sein.

12 D. h. aus ihrem Vermögen.

sooft der König in Pavia ist, von diesen Pfennigen Fische kaufen und sie zu seiner Ehre einmal in der Woche herbeibringen muß. Und er muß dem Kammermeister an jedem Freitag Fische bringen.

11. Es sind auch zwölf Gerber mit ihren zwölf Gesellen in Pavia. Sie müssen zwölf Häute von besten Rindern in jedem Jahre herstellen und zur Kammer des Königs liefern, deswegen, weil es niemandem [anders] erlaubt ist, Leder herzustellen. Und wer dem zuwiderhandelt, der büße in die Kammer des Königs 100 Paveser Schillinge. Und wenn jemand neu eintritt, muß er vier Pfund geben, die eine Hälfte an die Kammer des Königs und die andere Hälfte den anderen Gerbern.

12. Da sind auch noch andere Dienstverbände. Alle Schiffer und Schiffsleute müssen zwei angesehene Männer als Meister haben unter der Gewalt des Kämmerers in Pavia. Wenn der König in Pavia ist, müssen sie mit dem Fahrzeug hingehen[13], und die beiden Meister müssen zwei große Schiffe herrichten, eines für den König und das andere für die Königin. Und sie müssen ein Kajütgebäude mit Tischen machen und es wohl bedecken. Die Steuerleute sollen ein Schiff halten, damit sie schadlos gehalten werden zu Wasser. Und sie müssen mit ihren Knechten die Unkosten täglich vom Hofe des Königs abholen.

13. Und es gab als Dienstleute Seifenmacher in Pavia, die Seife machten und die als Fixum jedes Jahr in die Kammer des Königs 100 Pfund Seife gaben, und 10 Pfund Seife dem Kämmerer, dafür, daß kein anderer Seife machen darf in Pavia.

14. Es ist auch Gewohnheitsrecht jener Frauen, die reich sind und die keinen Vormund[14] oder Anwalt haben und die [sich] einen Ehemann nehmen wollen, daß sie herkommen und den Kammermeister bitten müssen, daß er um Gottes und um der Seele des Königs willen mache, daß er ihnen einen Vormund und Anwalt und die Erlaubnis schenke, als Ehemann anzunehmen, wen sie

13 Vielleicht um nach Pavia zurückkehren zu können, falls die Schiffe auswärts die Rückkehr des Königs abwarten mußten.

14 Vormundschaft für eine Frau war nach germanischem Recht stets erforderlich. Fehlte einer Frau ein männlicher Verwandter, so trat der König an die Stelle.

wollen, gemäß ihrem Rechte. Und [dafür] muß diese Frau einen sehr guten Schild und eine sehr gute Lanze [der königlichen Kammer] darbringen [15] [und . . .] dem Kammermeister geben.

15. Es ist aber in der [Kathedral-]Kirche des heiligen Syrus ein Rost aus Messing, wozu der Kammermeister dreimal jährlich, an Weihnachten, an Ostern und an Pfingsten, zu jedem einzelnen dieser drei Feste, ein Pfund Paveser Pfennige in Öl geben muß, so daß dieser [mit Lampen besetzte] Rost aufgefüllt und für die Seele des Königs erleuchtet werden kann. Und die zwölf Hausleute [16], die Wächter in der Kirche des heiligen Syrus sind, müssen dafür [an Weihnachten] jeder einzelne wollene Kleidung und ein paar Stiefel empfangen, und zu Ostern jeder einzelne einen Mantel, und [zu Pfingsten] Schuhe aus Hanfleinen, deswegen, weil sie das Licht des Kaisers gut behüten. Und sooft der König mit [Krönungs-]Prozession in die Kirche des heiligen Syrus einzieht, muß er diesen zwölf Hausleuten, jedem einzelnen, [. . .] um der Seele des Königs willen, damit Gott ihre Gebete erhöre. Und die zwei Hausleute von Groß-St. Michael müssen Kleidung so empfangen, wie es die Hausleute des heiligen Syrus tun.

16. Dies sollt ihr wissen, daß wegen aller dieser Dienstämter kein Mann deren Dienst ausüben darf, außer denen, die Dienstleute sind. Und wenn es ein anderer Mann ausüben sollte, so muß er den Bann büßen in die Kammer des Königs und schwören, daß er es nicht wieder tun werde. Und die Männer, die diesen Dienstämtern angehören, die oben zu lesen sind, dürfen keinen Gerichtstag [17] ansetzen oder abhalten, es sei denn vor dem Königе oder dem Kammermeister. Und von allen diesen Dienstämtern, die oben zu lesen sind, gehört der zehnte Teil der Kammer des Königs, und von allen jenen Dienstämtern, die zum Könige gehören, muß dessen Gattin, die Königin, [davon] den dritten Teil [18] haben.

17. Dies sollt ihr wissen, daß alle diese Dienstämter der Kam-

15 Mindestens eine Zeile des Textes muß verloren sein.
16 Kleriker niederen Ranges, wie die Art der ihnen zustehenden Geschenke zeigt.
17 Den Amtsmeistern der Verbände stand demnach keine Gerichtsgewalt zu.
18 Wohl Gegenleistung für das (kürzlich, weil in §§ 9–13 noch nicht erwähnt) vom Könige gewährte Monopol.

mermeister Gisulf eingenommen hat, der ein edler und reicher Mann war, zur Zeit König Hugos und dessen Sohnes König Lothar, des Gatten der Adelheid[19], sowie zur Zeit König Berengars II. und zur Zeit Kaiser Ottos I., mit allen Ehren. Nach dem Tode Kaiser Ottos hatte Gisulf und nach ihm sein Sohn Ayrald die Kammermeisterschaft[20] inne mit allen Ehren, so wie es sein Vater getan hatte, bis auf die Kaiser Otto II. und Otto III. Nach dem Tode des Kammermeisters Ayrald hätte auch Gisulf[21], sein Sohn, die Meisterschaft der Kammer des Königs bekleiden müssen, so wie sein Vater sie bekleidet hatte.

18. Dann kam jener Teufel, der Johannes der Grieche hieß, ein wahrer Abtrünniger, [wiewohl] Bischof von Piacenza, und Ketzer; der war Rat der griechischen Kaiserin und ihres Sohnes Otto III., der ein Kind war, und der König übertrug alle diese Dienstämter diesem Griechen Johannes, und der wollte alle diese Dienstämter, die zur Kammer des Königs gehörten, zu eigener Hand behalten. Und er übernahm von der griechischen Kaiserin zwei Unfreie, der eine hieß Siccus und der andere Nanus, und ihnen gab er alle Dienstämter, die oben aufgeführt sind. Und dann hatte jener interdizierte Grieche Johannes mit seinen Kämmerern keinerlei Kenntnis von allen Ehrenrechten der Kammer und vom Vorteil der Kammer der Könige. Und dann begannen dieser Johannes und andere üble Berater der griechischen Kaiserin mit ihrem Sohne Otto, der ein Kind war und ein Jüngling als König, die königlichen Ämter verkaufen zu lassen und sie auf ewig zu verschenken und alle diese Ämter zu zerstreuen, so daß niemals mehr hernach diese Ämter in Ehren standen. Und Kaiser Heinrich hat viele

19 D. h. der aus Griechenland stammenden Gattin Kaiser Ottos III., Theophanu.

20 In Wahrheit Angehörige des deutschen Hochadels, die als für die Finanzverwaltung verantwortliche Kämmerer dem Kammermeister unterstellt waren.

21 Nach dem Tode Ottos III. im Jahre 1002 hatte eine Adelsgruppe den Markgrafen Arduin von Ivrea zum König gewählt. Arduin wurde aber bereits nach kurzer Zeit von Kaiser Heinrich II. gestürzt. Gisulf, der vermutliche Verfasser der §§ 16–18, wird Anhänger Arduins gewesen sein und deswegen bei dessen Sturz sein Amt verloren haben. Diese Vorgänge verschweigt sein Text.

Ämter verkauft, deswegen, weil er keinen Sohn hatte, der die königliche Würde und die Kammer geerbt hätte. Und wenn der Kaiser klug und ehrbewußt gewesen wäre, wie es dem Kaisertum ansteht, dann hätte er alle diese Urkunden, welche über diese Dienstämter der Kammer ausgestellt worden sind, alle hätte er durch Einschneiden ungültig machen lassen und die Kammer in ihrem Stande und ihrer Kraft bestehen lassen, so wie sie seit alten Zeiten bestanden hat.

Bischöfe, Lehnsadel und Stadtgemeinde in Italien im Kampf um die Stadtverfassung. Beginn der Erneuerung der altrömischen Rechtskultur, 996–1098

Weit rascher als nördlich der Alpen vollzog sich die seit der Befriedung Europas im 10. Jahrhundert in Gang gekommene Veränderung der gesellschaftlichen Verhältnisse in den oberitalienischen Landschaften Lombardei und Toskana. Hier lagen die Städte seit alters dichter beieinander als in Nordeuropa, der Po mit seinen Nebenflüssen und der Arno stellten dem Fernhandel bequeme Wasserwege zur Verfügung, und die Seestädte, vor allem Venedig, Pisa und Genua, bemächtigten sich im Laufe des 11. Jahrhunderts endgültig des Mittelmeerhandels mit dem und innerhalb des griechischen Reiches und mit den arabischen Häfen der Levante und Nordafrikas. Überall begünstigte der Aufschwung des für den Marktverkehr arbeitenden Handels und Gewerbes die freie, mit Geld entlohnte Arbeit auf Kosten der unfreien Arbeit, die die Grundherren und königlichen Vasallen einst auf den Feldern und in den Werkstätten ihrer Fronhöfe organisiert hatten. Immer mehr Unfreie wanderten in die Städte ab, und da es Sache der Herren (deren »Holschuld«) war, ihnen dorthin nachzusetzen und die ihnen als Leibherren zustehenden Abgaben einzuziehen, so hatten die zu Handwerkern und Kaufleuten gewordenen Eigenleute es leicht, sich zu verstecken und die persönliche Freiheit (Freiheit von der Leibherrschaft und ihren Abgaben) zu usurpieren. Diese Entwicklung erfaßte auch das Grundbesitzrecht. Die ritterlichen Inhaber von Lehnsgütern teilten ihren Besitz im Erbgange, und die Erben, die von dem Ertrag der verbleibenden Besitzsplitter nicht mehr leben konnten, verkauften ihr Land oder kauften anderes dazu oder vermehrten ihr Vermögen ebenfalls als kaufmännische Unternehmer. Die Lehnsherren selber gingen dazu über, die Güter nicht mehr als Lehen, also gegen Leistung der Lehnsdienste Heerfahrt und Hoffahrt auszugeben, sondern gegen Geldleistungen sei es befristet, sei es erblich zu verpachten. Aus zwei Gesetzen Kaiser Ottos III. (Nr. 1, 2) erfahren wir, daß diese Prozesse bereits am Ende des 10. Jahrhunderts so weit fortge-

schritten waren, daß sich die verlehnten Grundherrschaften auflösten und daß, wenn der König das Heer aufbot, die Kronvasallen nicht mehr imstande waren, ihm die erwartete Anzahl ritterlicher Aftervasallen zuzuführen.

Welche Folgen der Zuzug in die Städte und die Veränderungen, die er auf die Zusammensetzung des Stadtvolkes ausübte, auslösten, beschreibt der Mailänder Geschichtsschreiber Landulf (Nr. 3). Er berichtet, daß sich bereits im 10. Jahrhundert die Grafengeschlechter aus den Städten zurückgezogen hatten, die einst unter der karolingischen Herrschaft (seit dem Jahre 774) aus dem westfränkischen Reich und aus Schwaben und Bayern ins Land gekommen waren und als Kronvasallen die königlichen Rechte und Aufgaben in ihren Grafschaften wahrgenommen hatten. Bei dem Rückzuge auf das Land hatten sie Hauptherren als ihre Vertreter eingesetzt, die nun insbesondere Mailand beherrschten und das Stadtvolk bedrückten. Sie lösten ihre Verbindungen zu den Grafen und nahmen Lehen von den Bischöfen entgegen, so daß auf ihre Gefolgschaft und die der eigenen belehnten Ritter gestützt, die Bischöfe die Chance erlangten, zu Stadtherren emporzusteigen. In Mailand gelang es Erzbischof Aribert II. (1018–1045), dieses Ziel zu erreichen. Aber seine Herrschaft stand auf schwachen Füßen, da immer mehr Lehnsritter, denen er das Erbrecht an ihren Gütern verweigerte, mit dem Stadtvolk gemeinsame Sache machten, zumal wenn sie aus Mangel an Grundbesitz zusätzlich am Markte nach Einkünften suchten. Im Aufstand gegen Aribert erkämpften sie sich 1035–1037 das begehrte, die Appropriation der Lehen begünstigende Erbrecht. Immer deutlicher trat die alle Stadtbewohner über die ständischen und beruflichen Grenzen hinweg vereinigende Interessengemeinschaft gegenüber der Herrschaft des Lehnsadels hervor. Dabei spielten religiöse Ideen von der Gleichheit aller Menschen eine Rolle, die ein wichtiges Element in dem sozialen Wandel der Zeit ausmachten; Landulf berichtet davon, wie in Mon(te)forte in der Diözese Asti solche Ideen, die Aribert als Ketzereien auffaßte, die Herrschaft der Großen bedrohten und von diesen mit Gewalt unterdrückt wurden. In Mailand bildete sich aus reichgewordenen Marktleuten und zu ihnen übergetretenen Hauptherren und Rittern eine neue, städtisch lebende Führungsschicht, die Landulf als »die Bürger« bezeichnet und die in den Volksversammlungen die erforderlichen Beschlüsse herbeiführte. Im Jahre 1042 vertrieben sie den Erzbischof und mit ihm die im Lehnsverbande verbliebenen Hauptherrren und Ritter aus der Stadt, die sie nun allein beherrschten.

Eine Königsurkunde von 1047 (Nr. 4) wirft ein Licht auf die wirtschaftlichen Möglichkeiten, die den wachsenden Reichtum der Gewerbetreibenden und Händler begründeten. Die deutschen Herrscher, die seit 952 die italienische Königskrone trugen, hatten im Lande stets nur als Parteigänger des Hochadels und der Bischöfe Fuß gefaßt und waren nur so stark, wie es ihnen die Schiedsrichterrolle zwischen den Adelsgruppierungen gestattete. Um die wachsende Macht der bischöflichen Stadtherren zu brechen, waren sie versucht, sich mit deren Gegnern in den Städten zu verbünden. So hatten die mailändischen Ritter ihren Sieg über Aribert im Bunde mit Kaiser Konrad II. errungen; Landulf erzählt, wie Heinrich III. die inneren Konflikte der Stadt für seine Zwecke auszunutzen versuchte. Auch die Macht der deutschen Herrscher über den Bischof von Rom, dessen Schutzherren sie mit der Kaiserkrönung wurden, beruhte darauf, daß die Adelsparteien der Stadt – einflußreiche Marktleute gab es hier nicht – namentlich bei den Papstwahlen um die Macht stritten, den Päpstlichen Stuhl zu besetzen. Kaiser Heinrich III. konnte im Jahre 1046 drei konkurrierende Päpste absetzen und einen deutschen Bischof zum Papst erheben. Seit 1049 aber wehrten sich reformerisch gesonnene kirchliche Kräfte gegen diese entwürdigende Abhängigkeit des ersten Bistums der katholischen Kirche von weltlichen Gewalten; sie setzten 1059 eine Neuregelung der Papstwahl durch (Nr. 5), die den Bischöfen der Nachbarstädte als Kardinälen die Entscheidung bei der Wahl gab und Klerus und Volk, also die Adelsparteien, auf eine bloße Zustimmung beschränkte. Mit dem Papstwahldekret von 1059 begann nicht nur der Aufstieg des Kardinalskollegs in der Verfassung der römischen Kirche; es setzte darüber hinaus ein Ziel, dem bald die Bischofskirchen überall im Abendlande nachstrebten: nämlich den Königen und den bischöflichen Vasallen und Dienstleuten ihren Einfluß auf die Besetzung der geistlichen Ämter zu nehmen. Dies war der Gegenstand des Streites um die Investitur der Bischöfe, der von 1075 bis 1122 insbesondere zwischen dem Kaiser und deutschen König auf der einen Seite, dem Papste und den Bischöfen auf der anderen Seite ausgetragen worden ist. Helfer der reformwilligen Päpste waren da-

bei in Italien nicht zuletzt die religiös bewegten Volksmassen in den Städten, die die vom Kaiser eingesetzten Bischöfe und deren Aftervasallen bekämpften und damit schließlich den gesamten Lehnsaufbau des Reiches in Frage stellten.

Ein besonderes Anliegen der Stadtgemeinden war es, sich von den vergleichsweise irrationalen Formen des Beweisrechts im Zivilprozeß zu befreien, das die Langobarden und Franken nach Italien gebracht hatten, das jedoch dem einheimischen (aus dem antiken römischen Recht hervorgegangenen) Rechte fremd war. Vor allem war es das Beweismittel des Zweikampfes, das auf der irrationalen Voraussetzung beruhte, der gerechte Gott werde der Partei mit dem besseren Recht den Sieg geben. Ein Notariatsinstrument von 1076 (Nr. 6) zeigt, wie römisch-rechtlich gebildete Richter im Grafengericht den auf Tatsachen und deren urkundliches Zeugnis gestützten Beweis, die nach römischem Recht zulässigen Einreden und die Begründung des Urteils auf ein römisches Gesetz anwandten; es ist das erste Mal seit dem Jahre 603, daß ein im Abendlande geschriebener Text die Quellen des alten römischen Rechts wieder erwähnt. Aus dem Jahre 1081 stammen zwei Urkunden (Nr. 7, 8), die nicht nur zeigen, wie günstig die politische Stellung der hinter ihren Mauern geschützten Stadtgemeinden war, wenn sie den König und den Stadtherrn gegeneinander ausspielen konnten: Gegen die Stadtherrin von Lucca und Pisa, die Markgräfin Mathilde von Toskana, die wichtigste Stütze Papst Gregors VII. im Investiturstreit, verbündete sich König Heinrich IV. mit den Bürgern der beiden Städte mit der Folge, daß die Position der Stadtherrin hier für immer verloren ging; die beiden Urkunden zeigen aber auch, wie sich der König selber an das Recht binden mußte, das die Stadtgemeinde ihm wies, wenn er in ihr Gericht hielt, und wie sie damit auf Einschränkung der königlichen Willkür gegenüber den reisefertigen Kaufleuten und den aus der Hörigkeit hergekommenen Städtern und wiederum auf Einschränkung des gerichtlichen Zweikampfes drängte. Wir schließen die Reihe der Texte mit einer Urkunde von 1098 (Nr. 9) ab, aus der hervorgeht, daß der Sieg des modernen, um diese Zeit wohl in Bologna bereits schulmäßig gelehrten Rechtes auf dem Lande den harten Widerstand des Herkommens nur allmählich überwinden konnte.

1. Kaiser Ottos III. Gesetz gegen die Unfreien, die ihren Stand verschweigen, um 996–1002: MGH Const. 1 S. 47 Nr. 21.

Es bedarf großer Ratschläge, wenn unseres Kaisertums Fürsten, die vom Königsdienste wie die vom kirchlichen Stande, reiche und arme, große und kleine, in täglichen Klagen vorwenden, sie könnten von ihren Unfreien mit eigenen Kräften den schuldigen und eigentümlichen Dienst nicht erhalten. Denn die einen erlügen deshalb, sie wären frei, weil ihre Herren, wie so oft geschieht, ihre Unfreiheit, der sie auf verfängliche Weise durch Brauch und Billigung zu entkommen versuchen[1], nicht nachweisen können; andere aber setzen es deshalb ins Werk, zur Ehre der Freiheit aufzusteigen, weil ihre durch verschiedene Geschäfte behinderten Herren, wie es zufällig geschieht, für lange Zeit nichts von ihnen wissen[2]. So sind sie weder zum gewöhnlichen Dienst gezwungen, noch möchten sie wenigstens ein bestätigendes Wort zur Erinnerung an den Dienst entrichtet haben, und bei solcher Gelegenheit geben sie sich als Freie aus und behaupten, sie hätten nach Gesetz und Brauch die Freiheit gehabt, weil sie von der Unfreien-Pflicht eine Zeitlang ausgeruht haben. Deshalb hat unserem Kaisertum folgendes beliebt:

Kap. I. Wenn sich ein Unfreier aus Gier nach der Freiheit als Freier bezeichnet, sei es dem Herrn erlaubt, wenn es ihm so besser erscheint wegen der Schwierigkeit hinterhältigen Beweises, entweder persönlich oder durch seinen Kämpen den Streit zu entscheiden. Dem Unfreien aber sei es erlaubt, für sich einen Kämpen zu stellen, wenn Alter oder Krankheit ihn daran hindern zu kämpfen.

II. Damit sich aber ein Unfreier wegen einer Versäumnis nicht verheimliche, bestimmen wir durch dieses Edikt, das, wenn Gott will, auf ewig gelten wird, daß hinfort jedermann, um den Stand seiner Unfreiheit aufzuweisen, am 1. Dezember einen Pfennig der königlichen Münze entweder an den Herrn selbst oder an dessen zu diesem Amte bestellten Diener bezahlen soll.

1 Die Beweislast liegt in Freiheitsprozessen nicht bei dem Beklagten, sondern bei dem klagenden Herrn.

2 Das Herrschaftsrecht verjährt, wenn der Herr es nicht alljährlich mit Forderung der leibherrlichen Abgaben geltend macht.

III. Die Söhne aber und Töchter der Unfreien sollen in gleicher Weise im 25. Lebensjahr beginnen, den vorgeschriebenen an ihre Unfreiheit erinnernden Zins zum festgesetzten Termin zu bezahlen. Und keine geduldete Zeitdauer soll die Unfreiheit vernichten.

IV. Wenn aber ein Unfreier der Kirche es versäumen sollte, dieses unser Edikt zu beachten, so werde er an der Hälfte aller seiner Güter gestraft und unterliege dem Stande seiner Unfreiheit. Denn es wird [nie] einem Unfreien der Kirche erlaubt sein, aus der Unfreiheit loszukommen, und auch die Vorsteher der Kirchen selbst können ihn nicht freilassen[3]. Deshalb verbieten wir gänzlich, daß Unfreie der Kirchen Freie werden, und wir gebieten, daß die durch irgendeine List frei Gewordenen in Eigentum und Dienst der Kirchen zurückgefordert werden.

2. Kaiser Ottos III. Gesetz gegen die Veräußerung von Kirchengütern, 20. September 998: MGH Const. 1 S. 49 Nr. 23.

Otto, von Gottes Gnaden Kaiser der Römer, Augustus, an Konsul, Senat und Volk von Rom[4], die Erzbischöfe, Bischöfe, Äbte, Markgrafen, Grafen und alle in Italien bestellten Richter auf ewig. Wir erfahren, daß die Bischöfe und Äbte der Kirchen die Besitzungen mißbrauchen und sie per Urkunde beliebigen Personen zuteilen, und zwar nicht zum Nutzen der Kirchen, sondern Geldes, Verwandtschaft und Freundschaft halber. Wenn dann ihre Nachfolger wegen Restauration der Gotteshäuser und wegen Reichsdienstes und Königsgehorsams ermahnt werden, wenden sie ein, die Güter ihrer Kirchen würden von anderen gehalten, und sie beweisen wahrhaftig, daß sie das Befohlene nicht erfüllen könnten. Daher, weil der Zustand der Kirchen zunichte gemacht wird und unsere kaiserliche Majestät nicht weniger Schaden leidet, wenn die Untertanen uns die schuldigen Dienste nicht leisten können, so bestimmen und bekräftigen wir durch kaiserliches Edikt, daß jede Urkunde, sie werde unter dem Namen eines Libells oder

3 Man fingiert, daß das Gut Gott oder dem Titelheiligen der Kirchen gehöre und deren Vorsteher lediglich Verwalter seien.

4 Antikisierende Wendung, Ausdruck des Bestrebens dieses Kaisers, das altrömische Kaisertum zu erneuern.

einer Emphyteuse[5] vorgelegt, wenn sie der Kirche Gottes in irgendeiner Weise nachteilig sein kann, mit dem Tode des Ausstellers ungültig werden soll, und daß allein der den Schaden haben soll, der sich mit dieser Urkunde verpflichtet und gebunden hat; keineswegs aber sollen denjenigen die Schäden seiner Urkunde betreffen, der ihm in der Leitung nachfolgt, sondern diesem soll die Macht freistehen, alles, was durch Libell oder durch irgendwelche andere Urkunden entfremdet worden ist, im Eigentumsrecht der Kirche zurückzufordern und so darüber zu verfügen, daß er Gott und uns den schuldigen Dienst leisten kann. Denn wenn Könige und Kaiser das, was dem Königreich und Kaisertum gehört, nur für ihre Lebenszeit veräußern dürfen, ausgenommen die Kirchen, wie soll es da Äbten und Bischöfen erlaubt sein, Kirchengüter für die Zeiten ihrer Nachfolger auszugeben? Zumal jedes Recht und Gesetz und jederart Urkunde oder Gewohnheit für nichtig zu erklären ist, wenn es gegen den Nutzen der Kirche angeführt wird, und keineswegs mit unserer Autorität befestigt werden darf[6], was nachweislich gegen den Urheber und Ausbreiter unseres Kaisertums angeführt werden kann. Also gelte in solchen Fällen allein diejenige Urkunde als Gesetz, welche der Kirche Gottes nützt und ihr keineswegs schaden kann. Wenn sich aber jemand gegen dieses unser Gesetz zu vergehen wagen sollte, werde er als Rebell verurteilt, und es sei ihm, wenn er nicht zur Vernunft kommt, der Kirchenbann seitens aller Bischöfe gewiß, die dieses unser kaiserliches Edikt unterschrieben haben oder ihm zugestimmt haben oder zustimmen werden.

Ich, Otto, von Gottes Gnaden Kaiser der Römer, Augustus, habe dieses Gesetz errichtet, das nicht nur in Gegenwart und Zukunft, sondern auch der Vergangenheit nützlich sein wird, und ich habe geboten, daß es auf ewig gelte.

Gegeben am 20. Sept. im dritten Jahre des Kaisertums Herrn Ottos, des ruhmreichsten Kaisers, immer Augustus, 12. Indiktion,

5 Libellus heißt die Urkunde über ein römisch-rechtliches Zeitpachtverhältnis, Emphyteuse die über ein Erbpachtverhältnis.

6 Offenbar hatte der König solche Pachturkunden auf Antrag eines Beteiligten bestätigt; die Gültigkeit seiner Urkunden darüber wird jetzt widerrufen.

im dritten Jahre des Papsttums Herrn Gregors V., Papstes. Veröffentlicht durch die Hände Gerberts, Erzbischofs der heiligen Kirche von Ravenna, auf der Synode, auf der dem Erzbischof Arnolf von Mailand der Papstname genommen worden ist[7], in der Petersbasilika, die »zum Goldhimmel« heißt, und es haben alle anwesenden Bischöfe unterschrieben.

3. Kämpfe zwischen Adel und Gemeinde in Mailand und erste Ketzerverbrennung, 1037–1044: Landulf, Mailänder Geschichte II Kap. 26–27, MGH SS 8 S. 62–66.

Nach kurzer Zeit aber, da sich die Bürger[8] des Sieges über ihre Feinde bemächtigt hatten, sind sie, wie es das Menschengeschlecht zu treiben pflegt, in merkwürdiger Weise zu solchen geworden, die als Feinde den Feinden, als allertreueste Freunde den Freunden Böses mit Bösem und Gutes mit Gutem vergalten. Da sie nun auch Frieden mit den Menschen hatten und schon der Feinde überall weniger wurden, kehrten sie das Schwert gegen sich selbst, machten sie sich zu Feinden ihrer selbst.

Nun waren die Grafen[9], die diese Stadt mit der Wissenschaft des Geistes und leiblicher Mannestugend zu leiten und zu schützen pflegten, einst der Grund dieses Krieges gewesen, nachdem sie durch irgendwelche Nachlässigkeit die Herrschaft verloren hatten. So wie es ihre Würde und ihr Adel erforderten, wohnten sie zu der Zeit in den Palästen bei der Kirche S. Protasio, und sorgsam verschafften sie der Stadt alles, was der Anstand gebot, mit Eifer und

7 Arnulf hatte offenbar einen Vorrang vor den anderen Erzbischöfen Italiens beansprucht. Er wird sich dabei auf die Stellung Mailands als kaiserlicher Residenz im 4. Jahrhundert und den Ruhm des Bischofs Ambrosius (374–397) berufen haben, der Kaiser Theodosius I. gezwungen hatte, sich der Kirchenbuße zu unterwerfen.

8 Als Bürger, cives, oder Große, maiores, bezeichnet Landulf die aus reichen Grundbesitzern und Kaufleuten verschiedener Stände, insbesondere der Hauptherren, capitanei, und der Ritter oder Aftervasallen, valvassores, bestehende städtische Oberschicht, im Gegensatz zur Lehnsmannschaft des Erzbischofs und zum einfachen Volke.

9 Als Grafen, duces, bezeichnet Landulf die weltlichen Kronvasallen, die bis ins 10. Jahrhundert hinein ihre Grafschaften von städtischen Residenzen aus verwaltet hatten.

Weisheit befestigten sie, was unvorsichtig zerbrochen worden war, und was jemandem zu Unrecht angetan wurde, das ließen sie stets den Rechtsbrecher mit Rechtsgrund bessern und wiedergutmachen. Sie waren ein Schutz für die Waisen, eine Hilfe für die Bedrängten, Ernährer den Kleinen, Gesetz für die Ungerechten, Gericht für die Treulosen und der Schrecken der Verbrecher. Denn alle Marktleute und Bauern, Pflüger, Rinderhirten lebten in Sicherheit die eigenen Geschäfte betreibend und ihr einzelnes besorgend; bemüht um die Ehren der Kirchen und Kleriker, lebten sie im Frieden, während alle gediehen. Es gab keine Würde noch Befestigung der Sippen, die dafür gesorgt hätte, jemanden, der einem anderen Unrecht tat, zu büßen oder einen gemäß dem Befehl der Grafen Widerstrebenden zu verteidigen und zu befreien[10]. Denn außer zu den Zeiten, wo sie den Kriegen der Könige oder den weit und breit verstreuten Scharen der Feinde mannhaft und geziemend widerstanden, erfreuten sie sich in Demut und Ergebenheit des Friedens und der Freude. Aber nachdem die Grafen, wer weiß, aus welchen immer weiter um sich greifenden üblen Ursachen, ihr Ehre einbringendes Verhalten und die Hoheit ihrer Würden allmählich neu emporkommenden Hauptherren übergeben hatten, wurden sie, von den höchsten Ämtern entblößt und die Ehrfurcht vor den Alten und vor ihren Eltern vergessend, in sämtlichen Ämtern ausgeschaltet.

Deshalb erwies das ganze Volk[11] die Ehrfurcht und den Dienst, die es den Grafen zu leisten pflegte, wenigen Hauptherren, die die Grafen [erst] erhöht hatten; denn während die Grafen noch die wichtigsten Geschicke der Stadt mit Rat und Tat lenkten, erwählten die Hauptherren und Ritter Geringeres, um desto sicherer das Neugewonnene festzuhalten. Indessen sah das Volk, daß durch die verschiedenen und mannigfachen Herren die Übel seines Verderbens angewachsen waren; es ertrug die Herrschaft der eigenen

10 Offenbar Vorwürfe gegen die jetzt herrschenden Bürger. Mit Befestigungen der Sippen sind vielleicht die als Wehrbauten dienenden Geschlechtertürme gemeint, die noch lange das Stadtbild in Italien prägten.

11 Die außerhalb der Lehnsverbände stehenden und die daraus übertretenden freien und unfreien Stadtbewohner, darunter die vorher erwähnten Marktleute (Kaufleute und Handwerker), Bauern, Pflüger und Hirten.

Bürger schwerer als einst die seiner Grafen, und die mannigfachen Ergebnisse des Krieges erprobend, beschloß es[12], sich vor deren Herrschaft zu schützen und von ihr zu befreien. Deshalb sind, noch während Aribert das ambrosianische Bistum verwaltete, ... in der Stadt in grausamster Weise die schwersten Kriege ausgebrochen, da das Volk gegen die Großen kämpfte, um die Freiheit zu erlangen, die einst seine Vorfahren wegen übermäßigen Mangels an Männern verloren hatten. So kam es, daß in allen Regionen der Stadt die Hauptherren und Ritter das Volk unterwarfen und in unmenschlicher Weise abschlachteten. Das Volk dagegen war in seinem Zorne, wie üblich, ohne Erbarmen und willens, lieber zu sterben als unehrenhaft zu leben ...; wo immer es sie mit verschiedenen Waffen und Schleudern besiegte, brachte es sie kurzerhand als grausamste Schlangen und Drachen um. Schließlich sahen die Hauptherren und Ritter ein, daß sie in der Stadt dem Volke ganz und gar nicht widerstehen könnten, und in der Überzeugung, sie könnten das Volk durch Hunger und Eisen und viele Notlagen mittels einer langen Belagerung unterwerfen und besiegen und zur alten Knechtschaft zurückbringen, zogen sie heimlich und einmütig aus der Stadt aus. An dieser Tat sah das Volk, daß es sein Leben selbst in Händen hielt ... Durch Armut tapfer, um der zu erlangenden Freiheit willen das allertapferste, um seine Reichtümer besorgt, aber noch begieriger nach Freiheit, arbeitete es nach gemeinsamem Rate an mannigfachen Schleudern und Wurfmaschinen und verschiedenen Befestigungen und jeglichem Gerät, womit sie sich von den Bürgern, deren Todfeinde sie geworden waren, befreien könnten. Es war aber ihr Führer und Beschützer Lanzo, ein Edler und hoher Hauptherr; durch seinen mutigen Rat und leibliche Übungen wurden alle Geschäfte gelenkt.

Die Hauptherren aber, die rings um die Stadt Bollwerke angelegt hatten und die Stadt in einer Meile Abstand bei Tag und Nacht sorgsam belagerten, führten sich nicht wie Bürger, sondern wie

12 Hinweis auf die Volksversammlung, die unmittelbar, ohne ständige Organe, die Stadt regierte. Konsuln als ihre Organe werden zuerst 1095 in Asti und 1117 in Mailand erwähnt; erst nach 1120 entwickelte sich daraus die Ratsverfassung.

Feinde auf. Die Leute von Martisana und Seprio leisteten Hilfe und bauten sechs Burgen rings um die Stadt... Wenn sie, wie es im Kriege gewöhnlich geschieht, jemanden fangen konnten, so töteten sie ihn nach Feindesart, oder sie warfen ihn in den finstersten Kerker und fügten ihm verschiedene Strafen zu und preßten ihm mit härtesten Mitteln alles ab, was sie von ihm und seinen Freunden erhalten konnten. Und wenn das Volk... einige von den Großen fangen konnte, so ehrte es sie in gleicher Weise mit denselben Strafen, womit jene das Volk abschlachteten, oder geziemenderweise mit noch etwas schwereren. Weil diese und andere Dinge die Hauptherren empörten, so verging kein Tag, in dessen Verlauf sie, wie ich gesagt habe, und die Ritter nicht gegen die Stadt vordrangen... Und bald war die Stadt... ganz ohne Brot und Wein, abgesehen von dem, was innerhalb ihres Umfanges die Pflüger ernten und die Winzer in sorgfältiger Pflege erarbeiten konnten; Fleisch aber und Fisch waren verstohlenes Gut... Wer die Stadt von innen gesehen hätte, mit ihren verlassenen und bereits den Einsturz drohenden Türmen und Palästen, der hätte sie eher für das verlassene Babylon als für Mailand, den einstigen Sitz edler Könige, gehalten. Nachdem daher viele von den Bürgern heimlich entflohen waren, bewachten sie eifrig bei Tag und bei Nacht die Türme und die Stadtmauer, die Tore und deren Vorwerke und die übrigen Stadtbefestigungen, die das Heer der Männer auf wunderbare Weise verzierte.

Zu dieser Zeit besorgte Lanzo... einen Sieg der Feinde, da er schon erfahren hatte, daß ihm keiner der Bürger Hilfe bringen und daß er länger den Hauptherren und Rittern nicht widerstehen konnte... Auf die Hilfe Gottes und des seligen Ambrosius vertrauend, jedoch auch vom Rate einiger weniger belehrt, reiste er mit Alberio, einem von den Rittern, der ihm in seinen Drangsalen stets ein Gefährte geblieben war, zu Kaiser Heinrich [III.], der kürzlich [im Jahre 1039], freilich gegen Ariberts Willen, den Thron bestiegen hatte, beladen mit Gold und Silber, in der Hoffnung, durch dessen Gebot mitsamt dem Volke Frieden zu erlangen. Als er mit etlichen Rittern, wie ein Edler und Abkömmling einer großen Stadt, an den Hof des Königs gekommen war und mit Eifer viele und große Geschenke an die Hofleute ausgestreut hatte, wurde er ehrenvoll empfangen. Indessen wurde Lanzo vom Könige kurz über Ariberts Verhältnisse befragt, ausführlich aber wegen der Geschäfte der Stadt ausgeforscht; da er hierbei Geduld zeigte, setzten sie sich ein wenig nieder. Denn Aribert war darüber... ganz anderer Meinung und wirkte eifrig dafür, daß Rom und Italien einen anderen König erhielten... Aber um zur Geschichte der Stadt zurückzukommen, ...will ich kurz Ariberts Absichten erklären, warum er weder mit dem Volke ging noch die Pläne der Großen unterstützte. Als also Aribert gesehen hatte, daß der Sinn der Hauptherren über die Maßen vor allem durch Luxus, Geiz und andere böse Künste unwiderruflich entfesselt war, und nachdem er sie täglich in vielen Predigten, wie es einem solchen Manne ansteht, dazu aufgerufen hatte, in den Gesetzen der Väter zu verbleiben, da hatte er sich weder durch Drohungen noch durch Schmeicheleien gegen das Volk aufbringen lassen. Gebunden in der Liebe zu Gott und mit dem Volke von der Milch des seligen Ambrosius ernährt, jedoch erhöht durch große Vorfahren, versagte er den Rittern, die die Stadt tagtäglich verwirrten, Hilfe, aber auch den belagerten Bürgern wollte er nicht schaden... Als aber König Heinrich... erkannt hatte,... ob nicht alle ihn bekämpfenden Kräfte Italiens durch Lanzo und die Stadt der Mailänder wieder unter seine Herrschaft gebracht werden könnten, da sagte er durch den Dolmetscher: »Wenn Lanzo mir eidlich auf Glauben und Evangelien versichert, er werde 4000 Ritter meines Gefolges ohne Arg und Hinterlist in die Stadt der Mailänder entsenden, um sie zu meiner Ehre aufzunehmen, und diese bis zu meiner Ankunft, soweit er es vermag, gegen alle Feinde meiner Herrschaft unterstützen, und wenn er auf dieselben Sicherheiten verspricht, mir den Treueid von allen seinen Bürgern zu verschaffen, dann werde ich nicht versäumen, alles, was er in diesen Geschäften verlangt hat, bei Strafe meiner Herrschaft zur bestimmten Zeit zu erfüllen, und ich werde alle Feinde der Bürger seinem und der Seinen Willen unterwerfen und sie mit Ausschluß jeder Entschuldigung getreulich ausliefern; ich werde keine Strafe zurückweisen, die sie an ihnen vollziehen wollen, ich werde vollen Frieden einhalten, mit wem sie Frieden machen, und mein Schwert wird verzehren, wem sie den Krieg erklären.« Als Lanzo dies gehört hatte und in seinem Verstande erkannte, es sei mehr als erhofft,... da stimmte er zu, nachdem Treue gegeben und genommen und die Termine festgesetzt worden waren...

Als aber Lanzo nach Mailand gekommen war, empfingen ihn die Mitbürger dankbar mit anständigster Ehre und unendlichem Lobpreis. An demselben Tage, nachdem er dem gesamten umstehenden Volke den Gruß des Königs überbracht und in Kürze vieles zusammengefaßt hatte, wurde er in seinem Hause wie in einem Königshause von Freunden und Gefolge aufgenommen. Indes mit Verzug weniger Tage... erwog Lanzo alles, was er getan hatte, und leidenschaftlichen Gemütes überlegte er, wie gefährlich es für seine Partei unter den Gegnern wäre. So bereute er zunächst ein wenig, das Geschehene getan zu haben; dann aber, nachdem er heimlich etliche Edle zusammengerufen hatte, bemühte er sich, alles, was er mit dem Kaiser wegen Schutzes des Volkes und Befestigung des Friedens verhandelt hatte, der Reihe nach mitzuteilen und völlig offenzulegen. Ja, er stellte ihnen sogar vor, was sie und ihre Frauen und Kinder und Güter an Mehrung und an Schaden von den Deutschen, einem Geschlecht ohne Klugheit und Erbarmen, erleiden würden, damit sie möglichst schnell zur Einheit des Friedens mit dem Volk kämen unter Hintanstellung aller Händel der Alten... Als aber die Adelspartei... von Lanzo erfahren hatte,... verlangten sie schließlich, daß Lanzo ihnen einen heilsamen Rat gebe. Lanzo also... gab den Rat, sie sollten in die Stadt, die sie belagert hatten, friedlich einziehen, bedenken, was zum Frieden dazugehörte, und mit Gewißheit bereden, was für Bauwerke in ihrem und ganz Italiens Interesse wären. Über Totschläge und vernichtete Güter... wäre von beiden Seiten stillzuschweigen, urteilte er, gleichsam auf einer Waagschale alles abwägend. Was weiter? Nachdem viele Ratschläge gebilligt worden waren, zogen sie mit Weib und Kind und aller Habe in die Stadt ein, jedoch bei geöffneten Stadttoren, das Antlitz in tiefer Ehrfurcht zu Boden gekehrt, nachdem sie kurz zuvor im Wechsel mit dem Volke die Tötungen und Beleidigungen vergeben hatten.

Als zu der Zeit Herr Aribert schon fast alle Suffragane der Städte des seligen Ambrosius visitiert hatte,... kam er auch... nach Turin. Als er dort ein paar Tage lang residiert hatte, Bischof und Klerus der Stadt und das Volk der ganzen Stadt mit prophetischen und apostolischen Worten ermahnend, wie es einem solchen

Manne anstand, da erfuhr er von einer unerhörten Häresie, die kürzlich vorgefallen war in der Burg über einem Orte namens Monsfortis. Als Aribert dies gehört hatte, ließ er sich sofort aus dieser Burg einen Anhänger jener Häresie vorführen, um die Sache wahrhaftig zu erkennen. Als dieser vor sein Angesicht gekommen war, in einer ganz zum Leiden bereiten Gesinnung erfreut darüber, wenn er das Leben unter schwersten Martern beendete, ... begann Aribert, ... der Reihe nach und sorgfältig ihre Lebensweise, Sitten und Glauben zu untersuchen ... Als man dies gehört hatte, da war die Wahrheit der Sache so, wie es ihr Leumund war, offenkundig. Und Aribert sandte möglichst viele Krieger nach jenem Montfort und ergriff alle, die er antreffen konnte; darunter ergriff er die Gräfin jener Burg, die mit dieser Ketzerei übereinstimmte. Als er sie nach Mailand geführt und sich viele Tage lang auch durch seine Priester bemüht hatte, weil er wünschte, sie wieder in den katholischen Glauben einzuführen, empfand er großen Schmerz, weil er fürchtete, daß das Volk Italiens mit der Ketzerei befleckt werden würde. Aber diese äußerst gottlosen Leute, die nicht wußten, von welchem Weltteil sie schließlich nach Italien gelangt waren, säten täglich so, als ob sie gute Priester wären, allerdings privatim, in die Bauern, die in dieser Stadt zusammenkamen, um sie zu sehen, falsche, aus den heiligen Schriften herausgesuchte unreife Lehren. Als das die weltlichen Großen dieser Stadt erfahren hatten, ließen sie einen wunderbaren Scheiterhaufen entzünden und auf der anderen Seite das Kreuz des Herrn errichten und dann gegen Ariberts Willen alle jene hinausführen. Dort gaben sie folgendes Gesetz: Wenn sie allen Unglauben ablegen und das Kreuz anbeten und den Glauben bekennen wollten, den der ganze Erdkreis festhält, dann sollten sie unversehrt bleiben; andernfalls aber sollten sie lebend in die züngelnden Flammen gehen, um zu verbrennen. Und es geschah, daß etliche zum Kreuz des Herrn kamen, den katholischen Glauben bekannten und heil gemacht wurden; viele aber schlugen die Hände vors Gesicht und stürzten sich in die Flammen, und sie fanden einen erbärmlichen Tod und verwandelten sich in jämmerliche Asche.

4. Kaiser Heinrich III. gestattet den Bewohnern des Scalvetales den Handel mit Eisen, 1. Mai 1047: MGH DD. H. III. Nr. 199.

Im Namen der heiligen und ungeteilten Dreiheit. Heinrich, aus Gunst der göttlichen Milde Kaiser der Römer, Augustus. Es wisse der Scharfsinn aller jetzt lebenden und zukünftigen Getreuen der heiligen Kirche Gottes und unserer Person, daß wir um der Liebe Gottes und unseres Seelenheils willen durch unsere Gebotsurkunde allen den Leuten, die im Scalvetal wohnen[13], die Vollmacht und Erlaubnis zugestanden und so, wie wir es recht- und gesetzmäßig durften, geschenkt haben, Handel zu treiben und ihr Eisen und was immer sie wollen, durch die ganze Ausdehnung unseres Kaiserreiches hin bis an den Monte Croce und den Monte Bardone[14] zu verkaufen, ohne irgendeines sterblichen Mannes Widerspruch oder Behinderung und auch ohne Auflage der öffentlichen Gewalt, ausgenommen 1000 Pfund Eisen, die sie auf unserem Königshofe Darfo[15] gemäß dem Stande und nach Sitte und Gewohnheit ihrer Ahnen, Eltern oder Vorfahren bisher gegeben haben und hinfort jährlich geben müssen, und zwar deshalb, damit kein Herzog, Markgraf, Bischof, Graf oder sonst eine hohe oder geringe Person unseres Königreichs es wage, den erwähnten Leuten und Bewohnern des Scalvetales irgendwelche Hinderung oder Gewalt oder irgendeine Auflage aufzudrängen, oder es sich herausnehme, Zoll oder Gastung[16] oder irgendeine öffentliche Leistung von ihnen und ihren Erben zu fordern, ausgenommen so, wie wir oben bestimmt haben. Wenn sich also jemand als Übertreter dieses Gebotes erweist, so wisse er, daß er es mit 100 Pfund reinsten Goldes sühnen werde, die Hälfte an unsere Kammer und die Hälfte an die

13 Ein Nebental der Val Camonica (des Tals des Oglio), seit 1026 unter der Herrschaft des Bischofs von Bergamo stehend.

14 Pässe im Appennin zwischen Bologna und Pistoja und zwischen Parma und Lucca.

15 In der Val Camonica zwischen Breno und Iseosee.

16 Lat. fodrum ›Futter‹, eine Abgabe an den König und dessen Gefolge, wenn der Herrscher mit dem Heere in Italien weilte, im 11. Jahrhundert noch überwiegend in Naturalien entrichtet. Pflichtig waren Bischöfe, Äbte, Markgrafen und Grafen, die die Abgabe auf die freien und hörigen Grundbesitzer umlegten. Für die Stadtbewohner traten allmählich die Stadtgemeinden an die Stelle ihrer Herren.

genannten Leute oder deren Erben. Damit dies als um so wahrer geglaubt und um so sorgsamer von allen beachtet werde, haben wir diese Urkunde mit eigener Hand bekräftigt und befohlen, daß sie mit dem Aufdruck unseres Siegels gezeichnet werde.

Zeichen des Herrn Heinrich II., des unbesieglichsten Kaisers der Römer, Augustus.

Ich, Heinrich, Kanzler, habe in Vertretung des Erzkanzlers Hermann die Richtigkeit anerkannt.

Gegeben am 1. Mai im Jahre der Fleischwerdung des Herrn 1047, 15. Indiktion, im 18. Jahre der Ordination Herrn Heinrichs als des III., seines Königtums im achten, seines Kaisertums als II. im ersten. Geschehen zu Mantua. Im Namen Gottes glückauf! Amen.

5. Dekret der Lateransynode über die Papstwahl, 1059: Mirbt – Aland, Quellen S. 278–280.

Im Namen des Herrn Gott, unseres Erlösers Jesu Christi, im Jahre 1059 nach dessen Fleischwerdung, im Monat April, 12. Indiktion. Nachdem die heiligen Evangelien ausgestellt worden waren, auch unter Vorsitz des ehrwürdigsten und seligsten apostolischen Papstes Nikolaus, in der sogenannten konstantinischen Basilika des Patriarchensitzes im Lateran, auch mit Beisitz der ehrwürdigsten Erzbischöfe, Bischöfe, Äbte und der verehrlichen Priester und Diakone, sagte der ehrwürdige Pontifex, mit apostolischer Autorität entscheidend, über die Wahl des höchsten Pontifex an:

2. Es weiß eure Seligkeit, geliebteste Brüder und Mitbischöfe, und auch den geringeren Gliedern entging es nicht, wie viele Widrigkeiten nach dem Tode Herrn Stephans, unseres Vorgängers, dieser Apostolische Stuhl, dem ich auf Geheiß Gottes diene, erlitten hat, wie vielen Hammerschlägen endlich er seitens der Wechsel der simonistischen Häresie[17] häufig unterlag, so daß sich die Säule

17 Simonie heißt der verbotene Kauf eines Priester- oder Bischofsamtes. Solange weltliche Herren die maßgeblichen Wähler waren, bestand der »Kauf« vor allem aus dem Versprechen des Kandidaten, im Falle seiner Wahl die Wähler mit Lehen und Pachten aus dem Kirchengut zu belohnen.

des lebendigen Gottes schon fast zu neigen schien und die Reuse des höchsten Fischers von den anschwellenden Stürmen gezwungen wurde, in den Tiefen des Schiffbruchs zu versinken. Daher müssen wir, wenn es eurer Brüderlichkeit beliebt, mit Gottes Hilfe künftigen Fällen weise zuvorkommen und für den Zustand der Kirche, damit die Übel nicht, wenn sie wieder aufleben, was ferne sei, die Übermacht gewinnen, für die Zukunft vorsorgen. Deswegen, belehrt durch die Autorität unserer Vorgänger und anderer heiliger Väter, bestimmen und setzen wir fest:

3. daß, wenn der Pontifex dieser römischen universalen Kirche stirbt, zuerst[18] die Kardinalbischöfe zugleich in höchst sorgsamer Überlegung erwägen, dann aber die Kardinalkleriker zu sich hinzuziehen; und so mag der übrige Klerus und das Volk dem Konsens über die Neuwahl beitreten.

4. Damit sich vor allem nicht bei irgendeiner Gelegenheit das Leiden der Käuflichkeit einschleiche, sollen Religiosen[19] Leiter bei der Wahl des zu erhebenden Pontifex sein, die übrigen sollen nachfolgen. Und sicherlich wird die richtige und gesetzliche Ordnung der Wahl hier erfaßt, wenn man, nach Betrachtung der Regeln und Taten der verschiedenen Väter, auch diese Meinung des seligen Vorgängers Leo[20] beachtet, die sagt: »Keine Vernunft läßt zu, daß man jemanden unter die Bischöfe rechnet, der weder von den Klerikern erwählt noch von den Gemeinden gewünscht noch von den Mitbischöfen der Kirchenprovinz mit Urteil des Metropolitans geweiht worden ist.« Weil aber der Apostolische Stuhl vor allen Kirchen im Erdkreise an der Spitze steht und daher einen Metropolitan über sich nicht haben kann, so treten zweifellos die Kardinalbischöfe an die Stelle des Metropolitans, nämlich sofern sie den erwählten Papst auf den Gipfel der apostolischen Erhabenheit befördern.

5. Sie sollen aber jemanden aus dem Schoße dieser Kirche erhe-

18 Eine dem Kanzler König Heinrichs IV., Erzbischof Wibert von Ravenna, zuzuschreibende Fassung des Dekrets sieht bereits in diesem Stadium des Verfahrens die Beteiligung des Königs als zukünftigen Kaisers vor.

19 Kleriker, die Mitglieder eines Mönchsordens sind. Die Wibert-Fassung sieht die Mitwirkung des Königs als künftigen Kaisers vor.

20 Papst Leo I. (440–461).

ben, wenn sich ein Geeigneter findet, und wenn sich von ihr keiner findet, so werde er aus einer anderen genommen.

6. Unberührt bleiben das Amt und die Verehrung unseres geliebten Sohnes Heinrich, der gegenwärtig als König anerkannt ist und hoffentlich mit Gottes Willen künftig Kaiser sein wird, so wie wir es ihm bereits zugestanden haben, ebenso auch seiner Nachfolger, die persönlich von diesem Apostolischen Stuhle dieses Recht erlangen werden.

7. Wenn aber die Bosheit der schlechten und ungerechten Menschen so mächtig wird, daß eine reine, ernsthafte und freiwillige Wahl in der Stadt Rom nicht geschehen kann, dann sollen die Kardinalbischöfe mit den Religiosen, Klerikern und katholischen Laien, auch wenn sie nur wenige sind, das Recht der Vollmacht haben, den Pontifex des Apostolischen Stuhles dort zu erwählen, wo sie es für am passendsten halten.

8. Wenn sich dann, nachdem die Wahl geschehen ist, Kriegsläufte oder irgendwelche menschliche Versuchungen aus bösem Eifer in den Weg stellen, so daß der Erwählte nicht nach der Gewohnheit auf den Thron des Apostolischen Stuhles gesetzt werden kann, so soll der Erwählte doch so wie ein Papst die Autorität haben, die heilige römische Kirche zu regieren und über alle ihre Mittel zu verfügen, was, wie wir wissen, der selige Gregor[21] vor seiner Weihe getan hat.

9. Wenn aber jemand entgegen diesem unseren durch Synodalbeschluß veröffentlichten Dekret durch Aufstand oder Anmaßung oder irgendeinen Anschlag erwählt oder auch ordiniert und inthronisiert wird, so soll er (von allen nicht für einen Papst, sondern für den Satan, nicht für apostolisch, sondern für abtrünnig gehalten und)[22] durch die Autorität Gottes und der heiligen Apostel Petrus und Paulus ewiger Verfluchung, abgeschieden von der Schwelle der heiligen Kirche Gottes samt seinen Urhebern, Helfern und Anhängern, unterworfen werden, als Antichrist und Eindringling und Zerstörer der ganzen Christenheit, und nie soll ihm irgendwelches Gehör in dieser Sache gewährt werden, sondern

21 Papst Gregor I. (590–604).
22 Diese Fluchformel gilt als unecht, weil sachlich-theologisch falsch.

von jedem kirchlichen Grade, darin er zuvor war, soll er ohne Rücksicht abgesetzt werden[23]. Jeder, der ihm anhängt und ihm irgendwelche Verehrung als Papst erweist oder sich anmaßt, ihn in irgendeiner Hinsicht zu schützen, soll von derselben Strafe gebunden sein. Jeder aber, der ein Verächter dieses unseres Beschlusses und Urteils wird und versucht, die römische Kirche entgegen diesem Gesetz durch seine Anmaßung zu beirren und zu verwirren, werde mit ewiger Verfluchung und Exkommunikation verdammt und zu den Unfrommen gezählt, die bei dem Gericht nicht auferstehen werden. Denn des allmächtigen Gottes, Vaters, Sohnes und Heiligen Geistes, Zorn wird er wider sich verspüren und den Zorn der heiligen Apostel Petrus und Paulus, deren Kirche zu verwirren er sich anmaßt, wird er in diesem und im zukünftigen Leben auf sich ziehen. »Sein Heim werde wüst, in seinen Zelten sei niemand, der darin wohne« [Ps. 96, 26], seine Söhne sollen Waisen und seine Frau Witwe werden. Erschüttert sollen er und seine Söhne entfernt werden, »sie sollen betteln und aus ihren Wohnungen vertrieben werden, der Wucherer wird ihr ganzes Vermögen mit Beschlag belegen, und Fremde seine Habe plündern« [Ps. 109, 9–11].

6. Nordilus, Gewaltbote der Markgräfin Beatrix, und der Vizegraf Johannes erteilen dem Kloster St. Michael in Martuli Wiedereinsetzung in den vorigen Stand, 1076: Ficker, Forschungen Bd. 4 S. 99 Nr. 73.

Notariatszeichen. Im Namen Christi. Kurze Notiz zur Erinnerung für künftige Zeiten, um im Gedächtnis zu haben und festzuhalten, daß in Gegenwart des Nordilus, Boten der Herrin Beatrix, Herzogin und Markgräfin, und des Vizegrafen Johannes..., – als mit ihnen im Gericht saßen der Richter Wilhelm und der Rechtslehrer Pepo[24] und Rudolf, Sohn des verstorbenen Segnore, und Roland,

23 Wer in einem solchen Falle als Richter in Frage kam, bleibt offen. Bisher war es der Kaiser gewesen.

24 Der Rechtslehrer, legis doctor, Pepo dürfte zur Gruppe der Rechtsgelehrten gehört haben, die als Anwälte, causidici, zuerst in der Romagna auftraten, einer Landschaft, die die Langobarden nie erobert hatten, sondern die stets ein Teil des byzantinischen Italien geblieben war, dessen Beherrschung die Karolinger dem Papste überlassen hatten. Hier, im »Kirchen-

Sohn des verstorbenen Rusticus, und Aldibert, Sohn des verstorbenen Baruncellus, und Stefan, Sohn des verstorbenen Petrone, und Benzo, Sohn des verstorbenen Benzo, und Segnoritto, Sohn des verstorbenen Bonito, und mehrere andere – Johannes, Vogt der Kirche und des Klosters St. Michael, welche über dem Martuli geheißenen Burgus[25] gelegen sind, zusammen mit Gerhard, dem Propst dieser Kirche und Klosters, gegen Sigizo von Florenz wegen gewisser Grundstücke und der Kirche St. Andreas geklagt hat, die in dem Orte Papaiano liegen und dem Winizo, Sohn des verstorbenen Hugo, gehört haben, und daß er eine Urkunde vorgewiesen hat, durch die der genannte Winizo diese Güter dem Markgrafen Hugo[26] überlassen hat, und eine andere, in der enthalten war, daß Markgraf Hugo diese Güter dem genannten Kloster geschenkt habe. Dieser Klage setzte der erwähnte Sigizo die zeitliche Verjährung entgegen, und er sagte, daß sowohl er wie sein Vater die genannten Güter über den Verlauf von 40 Jahren hin besessen hätten. Diese Einrede des Sigizo entkräftete die Partei des obengenannten Klosters, indem sie mittels Widerrede versicherte, innerhalb der erwähnten Frist sei Klage in diesem Rechtsstreit erhoben worden. Und nachdem sie drei geeignete Männer vorgeführt hatten, nämlich Johannes, den Vogt der genannten Kirche, und Stefan, den Sohn des verstorbenen Petrone, und Aldibert, den Sohn des verstorbenen Baruncellus, sagten sie aus, daß Abt Johannes wegen der erwähnten Güter den Markgrafen Bonifaz und Abt Widrich den Herzog Gottfried und die Gräfin Beatrix[27] angerufen hätten, und sie erboten sich, dies zu beschwören. Und alsbald leistete der genannte Vogt Johannes unter Berührung der

staat«, hatte nie ein anderes als das römische Recht gegolten, und die Gruppe jener Anwälte bildete vermutlich den Wiederentdecker des einst in den Jahren 529 bis 534 von Kaiser Justinian I. kodifizierten Rechtes, dessen Schule sich in Bologna später zur ersten Universität des Abendlandes entwickelte.

25 Heute Poggibonsi im Tal der Elsa zwischen Florenz und Siena.

26 Markgraf von Toskana seit vor 969, ohne Erben verstorben 1001.

27 Markgraf Bonifaz, 1028/32–1052, Markgräfin Beatrix, seine Witwe, 1052–1076, Herzog Gottfried von Lothringen, zweiter Ehegatte Beatrix', 1054–1069. Markgräfin Mathilde, Tochter der Beatrix aus erster Ehe, 1076–1115.

hochheiligen Evangelien den Eid, wie angegeben. Als auch die vorgenannten Stefan und Aldibert schwören wollten, waren sich beide Parteien einig, daß der Eid des Vogtes genüge. Nachdem dies ins Werk gesetzt war und Nordilus, der Bote der erwähnten Herrin Beatrix, ein in die Bücher der Digesten aufgenommenes Gesetz in Betracht gezogen hatte, wonach der Prätor denen, die keine Vollmacht als Behörde haben, die Wiedereinsetzung in den früheren Stand verspricht, setzte er Kirche und Kloster St. Michael hinsichtlich der Klage und allen Rechtes, das sie an jenen Grundstücken und Gütern verloren hatten[28], welche dem Winizo von Papaiano gehört hatten und die dieser dem Markgrafen Hugo gegeben und Markgraf Hugo auf die Kirche St. Michael übertragen hatte, in den früheren Stand ein.

Verhandelt im Jahre nach der Fleischwerdung unseres Herrn Jesus Christus 1075, im Monat März, 14. Indiktion, glückauf! Geschehen innerhalb des Burgus, der Martuli heißt, bei der Pfarrkirche St. Marien, im Gebiet von Florenz, glückauf! Zeichen. Ich, Nordilus, beglaubige das Gesagte, indem ich es unterschreibe[29].

7. König Heinrich IV. für die Bürger von Lucca, 23. Juni 1081: MGH DD. H. IV. Nr. 334.

Im Namen der heiligen und unteilbaren Dreiheit. Heinrich, aus Gunst der göttlichen Milde der Vierte, König. Der Erhabenheit der königlichen Würde, die von den sonstigen Würden an erster Stelle verehrt wird, steht es ganz besonders an, die ergebenen und getreuen Bürger mit ihren würdigen Bittgesuchen sowohl um des Ernstes der bewahrten Treue wie um der Ergebenheit eifriger Dienerschaft willen zu erhören und immer wieder durch möglichst viele Ehrenwürden zu erhöhen. Daher wollen wir dem Gedächtnis aller Getreuen Christi und unserer Person, sowohl der künftigen wie der jetzt lebenden, anvertrauen, daß wir den Bürgern von Lucca um ihrer wohlbewahrten Treue zu uns willen und wegen

28 Der Richter hat also dem vom Kläger geleisteten Eide nicht getraut. Wäre der Eid gültig gewesen, so hätte er die Verjährung ausgeschlossen.

29 Die Unterschrift hat die Form eines Hexameters: ein Hinweis auf die literarische Bildung dieses Laienrichters.

ihres eifrigen Dienstes sowie auf den Rat und die Intervention unseres Getreuen Bischof Burkards von Lausanne hin, unseres Kanzlers, kraft der Autorität unserer königlichen Gewalt zugestanden und mit dem Zugeständnis festgesetzt haben, daß kein Gewalthaber und keiner der Mannen sich herausnehme, die alte oder eine neue Mauer der Stadt Lucca in ihrem Umkreise zu durchbrechen oder zu zerstören. Die Häuser, die innerhalb dieser Mauer erbaut sind oder noch erbaut werden oder auch etwa in einer Vorstadt, zu brechen[30] sei keinem Sterblichen auf keinerlei Weise oder Vorwand oder ohne gesetzliches Gericht gestattet. Außerdem gestehen wir den vorgenannten Mitbürgern zu, daß sie unsere königliche Pfalz in der Stadt oder in ihrem Burgus[31] nicht wieder aufzubauen brauchen, noch daß darin mit Macht oder Gewalt Unterkunft eingenommen werde. Auch vergönnen wir ihnen, daß niemand hinfort irgendwelche Gastung von ihnen eintreibe noch den Vorspann von Pavia bis Rom[32] noch ein Ufergeld in der Stadt Pisa und deren Grafschaft. Auch bestimmen wir, daß bei der vorgenannten Stadt innerhalb von 6 Meilen keine Burgen gebaut werden dürfen, und wenn jemand etwas zu befestigen wagt, soll dies durch unseren Befehl und mit unserer Hilfe zerstört werden, und die Leute dieser Stadt oder Vorstadt sollen ohne gesetzliche Verurteilung nicht ergriffen werden. Und wenn einer von den vorerwähnten Bürgern ein Landgut oder irgendwelchen dreißigjährigen Besitz[33] innehat und wenn er einen Gewährsmann oder Geber hat, so soll er nicht mit Zweikampf oder Duell belästigt werden. Auch befehlen wir, daß die bereits erwähnten Lucchesen die Erlaubnis haben sollen, auf dem Markte des heiligen Donninus und mit dem von Parma zu kaufen und zu verkaufen, und zwar so, daß die Florentiner diese Erlaubnis nicht haben sollen. Auch untersa-

30 Es waren offenbar Wehrbauten: Geschlechtertürme.

31 Die Pfalz, von den Bürgern als Zwingburg gefürchtet, hatte bis ins 10. Jahrhundert hinein innerhalb der Stadtmauern gelegen. Dann war sie vor die Mauern verlegt, hier aber Mittelpunkt einer Vorstadt (eines Burgus) geworden, die man ebenfalls befestigt hatte.

32 Siehe oben, Anm. 16. Vorspann für den reisenden König.

33 Gemeint ist die Verjährungsfrist des römischen Rechts, nach deren Ablauf nicht geltend gemachte Ansprüche anderer erlöschen.

gen wir gänzlich die falschen Gewohnheiten, die seit der Zeit des Markgrafen Bonifaz hartherzig diesen Leuten auferlegt worden sind, und wir befehlen, daß sie nicht ferner gelten sollen. Ferner gestehen wir ihnen zu, daß die Sicherheiten, die die Markgrafen oder irgendeine andere Gewalt mit ihnen vertraglich vereinbart haben, fest und gültig bleiben sollen. Und daß der langobardische Richter das Gericht oder eine Verhandlung in der schon erwähnten Stadt oder im Burgus nicht nur dann abhalte, wenn unsere oder unseres Sohnes Person des Reiches oder auch unseres Kanzlers Person anwesend ist. In dieser Konzession oder Begünstigung setzen wir also feierlich fest, daß kein Bischof, Herzog, Markgraf, Graf und keine Person unseres Reiches sich herausnehme, die vorgenannten Bürger in den hier zugestandenen Dingen zu beunruhigen, zu belästigen oder sie ihnen zu nehmen. Und wenn sich jemand, was wir nicht glauben, dies leichtfertig herausnimmt, so wisse er, daß er es mit 100 Pfund besten Goldes büßen wird, zur Hälfte an unsere Kammer, zur Hälfte aber für den, dem das Unrecht angetan wird. Damit dies um so wahrhaftiger geglaubt und von allen um so sorgfältiger beachtet werde, haben wir diese darüber verfaßte und mit eigener Hand, wie unten zu sehen ist, bekräftigte Urkunde mit dem Aufdruck unseres Siegels besiegeln lassen.

Zeichen Herrn Heinrichs IV., Königs.

Burchard, Bischof und Kanzler, hat die Richtigkeit geprüft.

Im Jahre der Fleischwerdung des Herrn 1081, 4. Indiktion, am 23. Juni gegeben, im 27. Jahre aber Herrn Heinrichs, im 25. jedoch des Königtums. Geschehen zu Rom, glückauf! Amen.

8. König Heinrich IV. für die Bürger von Pisa, 1081: MGH DD. H. IV. Nr. 336.

Im Namen der heiligen und unteilbaren Dreiheit. Heinrich, aus Gunst der göttlichen Milde König. Kund sei allen Getreuen Christi und unserer Person, sowohl künftigen wie jetzt lebenden, daß wir mit Rat unserer Fürsten unseren getreuen Bürgern der Stadt Pisa zugestanden haben, was sie begehrten. Und so gewähren wir und setzen unverbrüchlich fest, daß keiner unter den Menschen, es sei denn mit allgemeiner Zustimmung ihrer selbst, Häuser antasten oder auseinanderreißen oder versiegeln darf innerhalb der Stadt

Pisa noch in den Vorstädten, wenn sie etwa außerhalb der Stadt Besitz haben. Und wir befehlen, weder die Mauern der obgeschriebenen Stadt zu zerstören oder dawiderzubauen noch die obengeschriebene Stadt mit Feuer zu verbrennen, noch zu untergraben. Und wenn wir eine Anklage auf irgendeinen Mann gebracht haben, sei es wegen Bodens oder wegen irgendeines Verbrechens, [so reinige er sich] mit 12 Eidhelfern ohne Kampf, ausgenommen, wenn der andere ihn um ein Leben oder um ein Glied oder um unsere Ehre beschuldigen will, mit denen er Rat mit sich finden mag. Auch werden wir den Bann[34] nur nach dem Gesetz erheben, und niemand soll von uns gefangengenommen werden von der oben beschriebenen Stadt oder den Vorstädten, wenn er nicht die Ausführung des Gesetzes behindert und kein Allod in oder vor der Stadt besitzt[35]. Und Männern, die gerüstet sind zur Seefahrt, werden wir nicht die Reise untersagen, wenn sie sie nicht absichtlich unternehmen wegen einer darum erhobenen Klage; und wenn wir einen von ihnen beschuldigen, daß er sich deswegen ausrüste, damit er der Gerechtigkeit entgehen könne, so werden wir ihm gestatten, sich mit seinem Eide zu verteidigen. Und wenn einer von ihnen auf der Reise ist, werden wir nicht seine Frau in Verstrickung setzen. Und um eine Besitzung, die einer besitzt wegen eines Lehens, das er von uns besitzt, den werden wir nicht entsetzen, es sei denn nach dem Gesetz. Und die Gewohnheiten betreffend das Meer, die sie haben, werden wir ihnen so bewahren, wie es ihre Gewohnheit ist, und wir werden einen Mann, auf den eine Klage kommt wegen Landes, nicht mit einem Kampfe behelligen lassen, wenn er einen Gewährsmann haben kann oder den Besitz nach dem Gesetz beschwören will. Und Männern aus einer anderen Stadt oder von einem anderen Kastell oder von einem anderen Dorfe oder von einer anderen Herrschaft werden wir nicht das Gesetz erfüllen[36] gegen Männer von Pisa, wenn nicht die von den oben beschriebenen Orten oder die Herren derer, die ein Recht verletzt haben, zuvor den Männern von Pisa das Gesetz er-

34 Strafen für Ungehorsam gegen königliche Befehle.
35 Die Grundbesitzer werden bessergestellt als die landlosen Leute.
36 Der König wird keine Klagen vor seinem Gericht zulassen.

füllen. Die Gastung werden wir von den Kastellen der Grafschaft Pisa nur so erheben, wie es Gewohnheit war zur Zeit des Markgrafen Hugo; den Männern, die in Dörfern wohnen, werden wir wegen ihrer Grafschaft die Gastung nicht abfordern. Auch werden wir keine Gewohnheit zusätzlich auferlegen, es sei denn so viel, wie drei hervorragende Männer wegen der Schardienste in den Dörfern und Kastellen beschwören, daß es ihre Gewohnheit war zur Zeit des oben beschriebenen Hugo; wenn sie es nicht beschwören wollen, werden wir sie zum Schwören zwingen. Wir werden nicht zulassen, daß ein Gastalde oder irgendein Gewaltbote von uns in der oben beschriebenen Stadt oder ihrer Grafschaft ihnen vorgesetzt werde, um Gerichtstage abzuhalten. Einer Jungfrau oder Witwe aus einer anderen Grafschaft werden wir nicht den Ehemann untersagen; in der Grafschaft Pisa werden wir weder wider Willen dafür einen Preis erheben noch [eine Frau] wider Willen jemandem zur Gattin geben[37]. Wir werden nicht zulassen, daß ein [Markt] von Schuhen in den Dörfern ihrer Grafschaft vor sich gehe, es sei denn gemäß der Gewohnheit der Zeit Hugos, die durch Eide, wie oben beschrieben, festgestellt ist. Wir werden auf niemandes Eigentum Herberge nehmen ohne den Willen dessen, dem das Eigentum gehört. In der oben beschriebenen Stadt und vor ihr bis zu einer halben Meile weit werden wir die Ländereien, die Weiden oder Sümpfe waren und bei ihren oder der Kirchen Landgütern gelegen sind, und die Grünländereien, es seien gemeine Weiden oder nicht, jedoch bei Gelegenheit von Weideauftrieben besetzte [Ländereien], ihnen nicht wegnehmen und sie nicht umpflügen lassen und von ihnen nicht verlangen, [sie] umzupflügen noch irgend jemand von unseretwegen, bis zu den Grenzen, die die von ihnen zu diesem Amte erwählten Männer geloben werden; diese werden eidlich bekräftigen, daß sie guten Glaubens die Ländereien abschätzen und abgrenzen werden, die Weiden oder Sümpfe waren, um ihnen anzuzeigen, was für den Weidebetrieb und was für den Anbau verbleiben muß. Und wir werden

37 Lehnrechtliche Beschränkungen für die Gattenwahl von Erbtöchtern, deren Aufhebung dem Verfall des Lehnswesens und dem Übergang der Lehnsgüter in Eigentum nachfolgte.

weder mit Liebe noch mit Haß die hierzu Bestellten [verfolgen] und sie, wenn sie nicht wollen, zum Eide zwingen. Und wir werden bei gutem Glauben verbieten, ihnen das, was jene gutheißen, in einen anderen Zustand zu verwandeln, und wenn sie uneinig werden bei der Auswahl der vorerwähnten Männer, so werden wir sie erwählen und zwingen zu schwören. In Rom und eben von Rom bis nach Pavia brauchen sie keinen Uferzoll zu geben an denjenigen Märkten und Orten, wohin sie gewohnt sind zu gehen und vernünftig beweisen können, daß sie und die Ihren zum Handeltreiben bereits gegangen sind. Und jene Kaufleute, die nach Pisa gehen wollen, sollen nicht behindert werden. Und wir werden keinen Markgrafen nach Toskana senden ohne Zustimmung von 12 Männern, die in einer bei klingenden Glocken abgehaltenen Versammlung erwählt worden sind[38]. Wir werden nicht gestatten, daß sie, wenn sie auf dem Arno fortgehen oder zurückkehren, von der Mündung des Arno bis nach Ripalta beraubt werden oder [man] einen Angriff mache, wenn nicht etwa nach Verdienst. Das »Aldium«, das am Ufer des Arno ist nach beiden Seiten hin, vom Meere bis nach Orticaria, soll nicht mit unserer Zulassung behindert werden über die alten Mauern der Stadt hin, und von den alten Mauern bis zum Arno werden wir es zum Gemeingebrauch befreien. Und wir werden gestatten, daß es untersagt werde, daß ein Haus binnen den genannten Grenzen aufgeführt werde bis zu 36 Ellen. Und damit dies fest und unverrückbar sei, haben wir diese Urkunde schreiben lassen, die wir mit unserer Hand, wie unten zu sehen ist, bekräftigt und mit dem Aufdruck unseres Siegels bezeichnen lassen haben. Auch haben wir hinzugefügt, daß, wenn ein Schiff gescheitert ist von Gaeta bis nach Luni, niemand es wagen soll, die Güter der Pisaner zu rauben oder anzutasten. Wenn aber jemand zum Verletzer dieses unseres Befehls wird, so wisse er, daß er 200 Pfund besten Goldes büßen wird, die Hälfte an unsere Kammer und die Hälfte an den, gegen den das Unrecht verübt wird.

Zeichen Herrn Heinrichs IV., des unbesiegbaren Königs.

38 Die Volksversammlung regiert noch ohne ständiges Organ. Siehe oben, Anm. 12.

Ich, Kanzler Burchard, habe in Vertretung des Erzkanzlers Sigewin die Richtigkeit anerkannt.

Im Jahre der Fleischwerdung des Herrn 1081, 4. Indiktion, gegeben aber im Jahre 27 der Krönung Herrn Heinrichs IV., Königs, im Jahre 29 seiner Regierung. Geschehen zu Pisa, glückauf! In Christi Namen, amen.

9. Ubald und Bonus, Richter der Markgräfin von Toskana, beenden einen Zivilprozeß nach unentschiedenem Zweikampf ohne Urteil, 5. Juli 1098: Ficker, Forschungen Bd. 4 S. 135 Nr. 91.

Damit es für später dem Gedächtnis fest eingeprägt werde, haben wir es für notwendig gehalten, diesem Text in Kürze die Umstände des Prozesses anzuvertrauen, der zwischen dem Abte des Klosters St. Prosper von Reggio und den sogenannten Leuten von Valles[39] anhängig war. Der Abt mit seinem Vogte erhob Klage vor dem Richter Ubald von Carpeneta, weil die Leute von Valles zu Unrecht einige Grundstücke beim Haupthofe von Nassetum innehätten, die zum Eigentum der Kirche St. Prosper gehörten. Nachdem diese Klage vom Richter Ubald sorgfältig geprüft und durch drei Männer von dem Haupthof von Nassetum mit Eiden entschieden worden war, gab er der Kirche den Besitz zurück, wie in einem Bericht zu lesen ist. Hierauf gingen die Männer von Valles zur Gräfin Mathilde und sagten, sie seien zu Unrecht [des Besitzes] entkleidet worden. Deswegen sandte die Gräfin den Richter Bonus von Nonantula und befahl dem Richter Ubald, daß sie [den Fall] noch einmal untersuchten und beiden Parteien befählen, sich deswegen zum Kampfe bereitzuhalten. Als die Parteien hierzu vor den genannten Richtern versammelt waren, legte der Abt sofort die Königsurkunden, von Karl und Otto nämlich, vor, in denen klar zu erkennen steht, daß die Güter Eigentum der Kirche seien, wie es in den Schriften der Kirche enthalten ist. Und obendrein verwiesen die Sachwalter des Abtes auf das Gesetz des erlauchten Kaisers

39 D. h. eines herrschaftlichen Hörigenverbandes und einer Gemeinde freier Grundbesitzer.

Justinian[40], welches besagt, daß diejenigen, die von der öffentlichen Hand oder vom kaiserlichen Hause etwas erhielten, unmittelbar sicher seien, sowohl wenn sie selbst klagten, wie wenn sie verklagt würden, wie eindeutig erhelle im Justinianischen Codex und in den Institutionen. Und viele andere allerbeste Gründe führten sie an. Die vorgenannten Richter wiesen diese rundweg zurück und sprachen, sie würden unter keinen Umständen etwas anderes machen, als daß sie den Kampf durchführten. Und gegen den Willen der kirchlichen Partei hatten sie die Berufung und die Weisung zum Kampfe gemacht und diese mit einer Buße von 10 lucchesischen Pfund verwetten lassen. Und als am bestimmten Tage die Kämpen zum Kampfe bereit waren, besaß die kirchliche Partei so viel Demut, daß sie alle die Güter, um die der Streit von seiten der Kirche ging, den Gegnern überließ gemäß dem Beweisurteil der Boten der Gräfin[41]. Aber die gegnerische Partei wies das rundheraus zurück. Als die Kämpen zum Kampfe gegenübergestellt waren, warf der Kämpe der Leute von Valles wegen der Übeltat, bevor sie den Kampf begannen, einen mit verschiedenen Farben gezeichneten Damenhandschuh über das Haupt des Kämpen der Kirche, was die Gesetze gänzlich verbieten und bestrafen. Als sie aber kämpften, kam keiner von ihnen zu Fall. Aber während sie sich gegenseitig an den Händen packten und zerfleischten, bedrängte die Menge der Leute von der Partei derer von Valles den Kämpen der Kirche und hielten ihn fest. Aber er entwischte aus ihren Händen, kehrte auf den Kampfplatz zurück und nahm den Kampf mannhaft wieder auf. Wieder griffen sie an, packten ihn gewaltsam und brachten ihn aufs grausamste zu Fall. Aber die kirchliche Partei wollte ihm helfen, obwohl sie aus

40 Der Abt – nur er ließ sich von Sachwaltern beraten – versuchte, den nach Landrecht als Beweismittel eingesetzten Zweikampf durch den römischrechtlichen Tatsachenbeweis mit Urkunden und den Hinweis auf das Kaiserrecht abzuwehren. Zusammen mit den in Nr. 6 erwähnten Digesten bilden Institutionen und Codex das Corpus des von Kaiser Justinian I. kodifizierten Rechts.

41 Der Abt zog es vor, auf sein Recht zu verzichten, anstatt es mit dem nach römischem und Kirchenrecht unzulässigen kämpflichen Beweis, den die Richter angeordnet hatten, zu verteidigen.

ganz wenigen bestand; trotzdem wollten sie den Preis gewinnen, mit Mühe kamen sie, fast alle verletzt und verwundet, davon. Als dies alles so, wie es hier zu lesen ist, der Reihe nach getan worden war, erhob sich ein Streit derart, daß die Partei der Leute von Valles sagte, sie habe durch den Kampf gesiegt, und die Partei der Kirche behauptete, sie sei nicht im geringsten besiegt worden, und der Kämpe der kirchlichen Partei sagte, er sei keineswegs überwunden worden, und tapfer und höchst weise wolle er kämpfen. Und der Richter Ubald, unter dessen Aufsicht der Kampf gestellt worden war, sagte, der Prozeß verbleibe im Zweifel und sei durch den Kampf nicht entschieden. Deswegen gaben die Richter darüber kein Urteil ab. Dieser Fall ereignete sich in Gegenwart der Richter Ubald und Bonus und des Sachwalters Albert, auch Ubaldins, Heriberts, des Vogtes der genannten Kirche, Gibert Carbos und Frogers und anderer, Hadegers und Hugos, der Söhne des verstorbenen Manfred von Gruppo, Gottfrieds von Rosano und Siegfrieds, Sigezos und Hildeberts von Reggio, Sigezos und Giberts, der Söhne des Bevilaqua, Rozos von Pellavo, Ingebalds, Mazzolins und seines Sohnes, Rudolfs von Pulliano und seines Bruders und Burnengs von Bundolo und Manfreds von Villula und vieler anderer. Im Jahre nach Fleischwerdung unseres Herrn Jesus Christus 1098 am 5. Juli, in der 7. Indiktion, im Dorfe, welches Garfagnolo heißt.

Landesausbau und Marktgründung im Rahmen der Grundherrschaft in Deutschland, 1000–1075

Den mit dem Wachstum der Bevölkerung seit dem 10. Jahrhundert verbundenen wirtschaftlichen Aufschwung suchten viele Grundherren auszunutzen, indem sie in ihren Forsten neue Dörfer und in bestehenden Siedlungen Märkte gründeten; besonders in den Weinbaugebieten an Rhein und Mosel erschien ihnen die Marktgründung als aussichtsreich, weil die Verkaufschancen die Bauern dazu veranlassen mochten, die Produktion zu steigern und dem Herrn statt Diensten und Produkten Abgaben in Geld anzubieten. Nicht immer ließen sich diese Ziele erreichen, wie der Markt auch nicht immer und ohne weiteres eine Siedlung zur Stadt heranwachsen ließ. Zur Beleuchtung der Vorgänge dienen folgende Texte:

1. Eine Kaiserurkunde vom Jahre 1000, die die Absicht des Abtes von St. Maximin in Trier betrifft, in dem auf seiner Grundherrschaft gelegenen Dorfe Wasserbillig einen Wochenmarkt anzulegen.

2. Ein nach 1198 im Kloster Reinhardsbrunn verfaßter Bericht über die Anfänge der Herrschaft der späteren Landgrafen von Thüringen, die Graf Ludwig der Bärtige seit 1034 als rodender Grundherr mit den Mitteln des Landesausbaus und des Burgenbaus geschaffen hatte.

3. Ein von dem Mönch Konrad, der von 1205 bis 1241 als Bibliothekar des Klosters Scheyern im Bistum Freising nachweisbar ist, verfaßter Bericht über die Gründer und die Gründung des Klosters Bayrischzell in der Zeit von etwa 1040 bis um 1077.

4. Ein Vermerk des Abtes von St. Maximin in Trier über einen Vergleich, den er in den Jahren 1042–1047 mit den seiner Grundherrschaft unterworfenen Bauern in Wasserbillig abschloß: Infolge der Marktgründung (oben, Nr. 1) konnten die Bauern nun Geldzinse zahlen. Ferner setzten sie ihr Erbrecht an den Hofstellen und die Verdinglichung des Zinses durch, was beides ihre Rechtsstellung verbesserte, da es der Freizügigkeit und Abwanderung kaum noch Hindernisse bereitete.

5. Eine Urkunde des Abtes von Reichenau von 1075, die von einer gescheiterten Marktgründung aus der Zeit nach 998 berichtet und neue Maßregeln ankündigt, um das Ziel doch noch zu erreichen.

1. Kaiser Otto III. für Abt Oftrad von St. Maximin, um 1000: MGH DD. O. III. Nr. 364.

Im Namen der heiligen und unteilbaren Dreiheit, Otto, von Gottes Gnaden Kaiser der Römer, Augustus. Wenn wir den für den Gottesdienst bestimmten Stätten die Erhöhung irgendeiner Ehre und Mehrung gewähren, so glauben wir ohne Zweifel, daß es uns göttlicherweise gelohnt werde. Daher erfahre die wachsame Weisheit aller Getreuen der heiligen Kirche Gottes, gegenwärtiger wie zukünftiger, daß wir um unseres und unserer Eltern Seelenheiles willen dem ehrwürdigen Abte Oftrad von St. Maximin und seinen Nachfolgern das Recht, die Macht und die sichere Erlaubnis gewährt, geschenkt und zugestanden haben, Markt und Münze zu erbauen, zu machen und immer in allen Wochen am Donnerstage abzuhalten nach einer solchen Ordnung gesetzlicher Beständigkeit, daß dieser Abt, sowohl er selbst wie seine Nachfolger, den Markt mit der Münze und dem Zoll und aller öffentlichen Amtswaltung und Verfügung in seiner freien Gewalt halte, leite und ewiglich innehabe, in einem Dorfe namens Billig, das der Abtei St. Maximin gehört und auch im Moselgau in der Grafschaft des Grafen Bezelin gelegen ist. Ferner wollen wir und gebieten wir kaiserlich, daß alle Leute, jetzige und zukünftige, die diesen Markt besuchen, in vollem Frieden hingehen, zurückkehren, kaufen und alles, was sie wollen, so wie auf anderen öffentlichen Märkten verkaufen mögen ohne unseren und aller unserer Nachfolger Widerspruch. Jeder aber, der zum Gegner und Verletzer dieser unserer Verfügung, Konzession und vollmächtigen Schenkung in irgendeinem Punkte werden mag, der wisse, daß er unseren Bann büßt, so wie der, der nach Verletzung und Befleckung des Marktes zu Mainz, Köln und Trier verurteilt wird. Und damit diese unsere kaiserliche Schenkung beständig daure, haben wir diese darüber geschriebene Urkunde mit eigener Hand bekräftigt und zu besiegeln befohlen.

Zeichen Herrn Ottos, des unbesiegten Kaisers.

Geschehen zu Ingelheim in der Königspfalz im neunten Königsjahre Herrn Ottos III. In Gottes Namen, glückauf! Amen.

2. Herrschaftsbildung durch Rodung im Thüringerwald: Cronica Reinhardsbrunnensis, MGH SS 30,1 S. 518–519.

Als der Kaiser im Jahre 1034 nach Franken gegen Otto zog, empfahl er Ludwig den Bärtigen dem Erzbischof Bardo von Mainz[1], und der von der kaiserlichen Audienz auf das nachdrücklichste Empfohlene wurde von diesem mit Erfolgen des Gedeihens, Lehen und Mehrung beweglicher Güter mehr, als sich sagen läßt, bereichert. Denn da es dem Bischof in den Gebieten diesseits des Rheines an Lehen fehlte, die er Ludwig gewähren konnte, übertrug er ihm das Lehen einer Grafschaft in Thüringen, und er verlieh ihm zahlreiche andere Lehen und ließ es nicht mehr zu, daß er seine Ratschläge hätte entbehren müssen. Er wurde dem Bischof in jedem Auftrage so getreu, von solcher erfindungsreichen Klugheit befunden, daß seine Ratschläge stets zu glücklichen Erfolgen führten und die Güter des gesamten Erzbistums in wunderbarem Wachstum erstrahlten. Hierauf kam Ludwig der Bärtige mit zwölf kriegstüchtigen Männern nach Thüringen und begann, an der Grenze eines Waldes, der die Loibe heißt, zwischen dem Berge Katerberg und Altenberg und Kornberg, mit Schafsfellen bekleidet, wie ein Einsiedler zu wohnen. Zufrieden mit der Wohnweise des Ortes, kaufte er von den Bewohnern jenes Landes, nämlich von Biso von Gleichen und Günter von Käfernburg, Grafen, und anderen Edlen und Freien einige Landgüter um einen Preis: [nämlich] das Dorf Altenbergen und anderes nahe dabei gelegenes, sowohl urbares wie Ödland[2]. Hieraus machte er neues Rodeland; er ebnete die Wälder zur Fläche des Feldes ein und errichtete Dörfer.

1 Ludwig entstammte einer Seitenlinie der Grafen von Rieneck, die das Burggrafenamt in Mainz innehatten, und war daher Lehnsmann des Erzbischofs. Sein Erbgut indes war so klein, daß er durch Fürstendienst neuen Besitz zu gewinnen versuchen mußte.

2 Wahrscheinlich war das beschriebene Gebiet Königsgut und hat Kaiser Konrad II. Ludwig das Recht verliehen, hier zu roden und ältere Rodungssiedler auszukaufen. Die sechs im folgenden genannten Dörfer bildeten ein geschlossenes Territorium.

Eines davon nannte er Friedrichroda, ein anderes Reinhardsbrunn, weitere Finsterbergen, Engelsbach, Eschenfeld und andere mit anderen Namen. Nachdem er sich ein kleines Gütchen auf einem Hügel bei Altenbergen erbaut hatte, begann er an diesem Orte so reich zu werden und das Seine zu vervielfachen, daß er allen seinen Nachbarn, Grafen und Edlen, teuer und ehrwürdig wurde. Schließlich geschah es, daß er mit Erlaubnis des Kaisers und der Fürsten, denen das Recht zustand, dies zu bewilligen, mit ungezählten Hilfsmitteln den Berg Schauenburg bei der Loibe in Besitz nahm, eine Befestigung errichtete und sich eine uneinnehmbare Burg erbaute[3]. Zu diesem Unternehmen übertrug ihm der Kaiser kraft seiner Autorität durch königliche Schenkung den größten Teil dieses Waldes. In diesem Teil sind die Grenzen unseres, nämlich des Reinhardsbrunner, Besitzes[4] in unumstößlichen Privilegien festgelegt. Damit aber die Grenze dieses Vergleiches bekannt werde, haben wir das Privileg Kaiser Konrads für würdig erachtet, diesem Werke einverleibt zu werden.

3. Graf Hermann von Kastl begründet eine Rodungsherrschaft im Alpenvorland, etwa 1040–1050: Chuonradi Schirensis chronicon, MGH SS 17 S. 615–616.

Ein edler Graf von Kastl[5] namens Hermann zog mit seinen Knechten und Bauern von den rechtmäßigen Fronhöfen bei Willing[6] in den freien Wald an eine Stätte, die »Helingerswenga« genannt wird, jetzt aber Innere Zelle[7] heißt, und ihn nahm er für sich und seine Gattin, die Gräfin Haziga glücklichen Gedächtnisses, ohne allen Widerspruch in Besitz, so wie es Sitte war und ist, einen ge-

3 Die Burg beherrschte die Straße von Gotha nach Schmalkalden und erlaubte es dem Grafen, das Territorium aus eigener Kraft zu schützen und so zur Grundherrschaft die Landeshoheit hinzuzufügen.

4 Der Sohn Ludwigs des Bärtigen hatte 1122 die Grundherrschaft zur Ausstattung des Klosters Reinhardsbrunn bestimmt. Hinfort diente den Grafen die Wartburg bei Eisenach als Residenz.

5 Südwestlich von Amberg (Oberpfalz).

6 Am Flusse Mangfall bei Bad Aibling, dem Zentrum eines Güterkomplexes der Bamberger Kirche. Etwa um 1040 hatte Graf Hermann von dem Bischof die Belehnung mit diesen Gütern erlangt.

7 Margarethenzell oder Bayrischzell zwischen Kufstein und Schliersee.

meinen Wald von den rechtmäßigen Fronhöfen aus in Besitz zu nehmen, und er beanspruchte ihn mit Eigentumsgewalt von dem Berge, der »Chitinrein« heißt, bis zu der Stätte, die »Chivirinis Ursprinch« heißt, sowohl nach volkstümlicher Sitte, nämlich durch Ringeln der Bäume, durch Brandrodung und durch Erbauung von Häusern, als auch durch dreitägige Seßhaftigkeit an demselben Orte, den nach Erbrecht als Erbgut zu behalten Sitte ist. Hernach aber, als einige Zeit vergangen war, zogen die Knechte und Bauern der erwähnten Herrschaft wiederum von Willing aus, sie gingen in denselben Wald und nahmen ihn vom vorigen Berge, nämlich »Chitinrein«, bis zum Bache namens »Diezzentenpach« nach der gewöhnlichen Sitte, wie auch vorher, in Besitz und begrenzten ihn für ihre Herrschaft. Seitdem wird der Wald von diesem Hörigenverbande gerodet und bewohnt. Seine Anbauer waren lange Zeit dem Priester Pilgrim bei Willing untertan, von ihm empfingen sie die Zeremonien des göttlichen Gesetzes, ihm lieferten sie die Zehnten ihrer Felder, bis schließlich zwei recht fromme und edle Konversen, Otto und Adalprecht, nach Einöde dürstend, um für Gott ganz frei offenzusein, gemäß dem, was der Apostel sagt[8], durch die Einöden streiften, auf Bergen und in Höhlen nach dem Seelenheil suchten und in die Gegend dieses neuen Anbaus gelangten. Lange verweilten sie an einer Stätte des abgeschiedensten Waldes, zusammen mit anderen, die bereits von ihrem heiligen Vorbilde angezogen wurden, und da erbauten sie eine Kirche. Nachdem diese auf Betreiben der Gräfin Haziga und auf Befehl des Bischofs von Freising von dem ehrwürdigen Bischof Ellenhard von Pola im Jahre der Fleischwerdung des Herrn 1077 geweiht worden war, gaben die Anbauer der Rodungen die Zehnten, die sie früher nach Willing geliefert hatten, hinfort an diese Kirche. Bis auf den heutigen Tag haben sie von ihr die Sakramente des katholischen Glaubens empfangen, indem sie das Wort Gottes hörten und Taufe, Begräbnis und dergleichen übriges erlangten.

Hier aber schweifen wir ein wenig vom Stil der Erzählung ab und möchten einfügen, wer und woher die erwähnte Haziga war. Sie stammte also ab von dem edlen und alten Geschlecht der Fürsten

8 Hebr. 11, 38.

von der Burg Scheyern, besonders edel aber durch ihre Werke, wie später deutlich wurde, war sie mit dem Grafen Hermann von Kastl vermählt worden. Nach dessen Tode wurde sie einem gewissen Grafen Otto von Scheyern gegeben, und von ihm hatte sie drei Söhne, Otto, Bernhard und Eckard. Auch waren Heinrich, der Patriarch von Aquileja[9], und der oben genannte Bischof von Pola, die beiden Brüder, Söhne einer Tante der Haziga. Jetzt kehren wir zum Thema zurück.

Als nun die erwähnte Gräfin Haziga sah, daß sich an dieser Stätte die Brüder an Zahl wie an Verdienst von Tag zu Tag im Gottesdienste vermehrten, da begann sie den so geistlichen Ort immer mehr zu lieben und um des Seelenheils willen immer häufiger zu besuchen. Daher auch vermachte sie mit Willen und Hand ihrer Söhne[10], Eckards, Vogtes der Freisinger Kirche, und der Grafen Bernhard und Otto, in die Hand eines Edlen Amelbert, nämlich um es zu dieser Kirche jenen Brüdern als Geschenk zu geben, einen Fronhof bei Högling[11] mit einem Zehnten bei Willing und gewisse Eigengüter, die zu diesem Dorfe gehörten, und einen Fronhof bei »Amindorf« und ein Gut, das sie im Zillertale hatte, und eine Hufe bei Truns[12] und einen Weinberg bei Bozen und einen Fronhof mit Hufe bei »Gravingen«. Diese Tradition entrichtete jener Amelbert dieser Kirche in Gegenwart der nachstehenden Zeugen: ... Hernach aber, da die Zahl der Brüder wuchs, vermachte die genannte Gräfin mit der Hand des genannten Salmannes Amelbert diese Stätte und die Kirche »Helingeriswenga« mit allen ihr geschenkten Gütern dem Kloster St. Peter in Hirsau, unter der Bedingung, daß hinfort vom Abte dieser Stätte dieser Ort mit der besten Religion seiner Brüder versehen werde. Diese Bedingung mönchischer Religion hat zuerst der selige Abt Wilhelm an dieser Stätte glücklich begonnen, indem er nämlich von seinem Kloster zwölf Mönche und ebenso viele Laien entsandte, die an dieser Stätte dieselbe Regel bewahren sollten, die sie in Hirsau erlernt hatten.

9 Er amtierte von 1077 bis 1084.
10 Ihr zweiter Ehemann war nach 1073 verstorben.
11 Westlich von Bad Aibling.
12 Bei Castelbell an der Etsch, westlich von Meran.

4. Abt Poppo von St. Maximin beschreibt den mit den Bauern von Wasserbillig eingegangenen Vergleich, 1042–1047: Mittelrheinisches UB 1 S. 385 Nr. 332.

Im Namen der heiligen und unteilbaren Dreiheit. Da es durch das Zeugnis des göttlichen Gesetzes positiv und sicher veröffentlicht und festgestellt ist, daß die kirchlichen Güter glückselig sein würden, wenn kirchliche und glänzende Männer sie leiteten und ordneten und wenn es glückte, daß ihre Vorsteher wirklich dafür arbeiteten, so glauben wir, mit Recht müsse alles gebilligt und festgelegt sein, was mit Zustimmung solcher Männer anerkannt wird. Daher wisse der Eifer aller Getreuen, gegenwärtiger wie zukünftiger, was der ehrwürdige Vater Poppo, dieses Klosters, nämlich des heiligen Maximin, denkwürdiger und höchst würdiger Abt, an des Berichtens und der Erinnerung Würdigem zum Nutzen der ihm anvertrauten Güter getan hat. Denn da es sicher ist, daß die Männer unseres Hörigenverbandes, die nämlich von dem Dorfe, welches Billig heißt, im Leisten der Abgaben des schuldigen Zinses und der Dienste stets hartnäckig und in beharrlicher Weise rebellisch und vor dieser Zeit nahezu unüberwindlich gewesen sind, so hat der vorgenannte treue Vater als vorsichtiger Haushalter im Hause des Herrn, als er dies mit nicht taubem Ohre erfuhr, nach gemeinsamer Beratung, wie es die Sache erforderte, mit dem erlauchten Herzog Heinrich [von Bayern, Grafen von Luxemburg], zu der Zeit Vogt dieser Stätte, und seinen Getreuen, nämlich [den Untervögten] Graf Bezelin [von Bitburg], Wigerich und Gerhard, beschlossen, die so maßlose Hartnäckigkeit dieser Leute auszumerzen, nachdem ihnen ein entsprechendes Gesetz oder Vertrag über den ganzen Zins und Dienst angesagt worden ist, wie er nämlich ihnen nicht sehr unerträglich und uns nicht sehr schädlich ist. Und da es heißt, daß sie 60 Hausstätten, die auch Höfe genannt werden[13], erblich besitzen, so ist bestimmt worden, daß, wie viele Besitzer der genannten Höfe es auch immer mehr oder weniger

13 Die für den Weinbaubetrieb typischen Häuschen mit Weingarten und allenfalls geringem Ackerland; die Intensivkultur des Weinbaus erlaubte das Wirtschaften auf kleinen Flächen und damit die hohe Zahl der Betriebe in einem Dorfe.

geben mag, diese in jedem Jahre von jedem Hofe 3 Schilling Pfennige, die 9 Pfund ergeben, am Festtage des heiligen Paulinus [dem 31. August] und eine sogenannte Pippins-Ahm[14] Wein entrichten sollen, jedoch mit der Bedingung, daß sie gemäß dem Wachstum der Weingärten, das der Verwalter der Herrengüter am Tage der Himmelfahrt der Gottesmutter Maria [dem 15. August] zu besehen hat, anstatt der einzelnen Schillinge Pfennige ebenso viele Ahm Wein entrichten sollen[15] nach dem genauesten Trierer Maß, das zu der Zeit bei ihnen ganz rechtmäßig gängig ist, und zwar mit der erwähnten Pippins-Ahm Weines. Ferner auch ist aufs sorgsamste festgesetzt worden, daß sie das oben erwähnte Geld, wie groß auch immer die Menge ist, die aus der Fruchtbarkeit der Weingärten hervorgeht, nach Kräften mit Wein ablösen sollen. Übrigens sollen sie, wie gesagt, den vorgeschriebenen Zins ohne jeglichen Widerspruch und Verzug entrichten. Außerdem ist befohlen und gelobt worden, die Fischwehre zu reparieren, Ackerdienste zu leisten und zum Burgwerk zu kommen, alles nach den alten Gebräuchen zu erfüllen. Es hat beliebt, lediglich jenen Berg, der gegen Marchedichta zu über dem Ufer des Moselflusses liegt und mit Weingärten bedeckt ist, von der dargelegten Regelung der Abgaben auszunehmen, weil er auf andere Weise unserem Nutzen dienen muß. Damit dies alles fest, beschlossen und unerschüttert auf ewig daure, hat man dafür gesorgt, es in dieser Schrift aufzuzeichnen, und es hat beliebt, daß, wenn jemand diese Notiz verletzen wollte, was ferne sei, er 100 Pfund in den öffentlichen Schatz des Königs zahle, und obendrein treffe ihn das verdiente Geschoß der Exkommunikation. So sei es, sei es, sei es, amen, amen.

14 Der Begriff ist unerklärt.
15 Je nach dem voraussichtlichen Ausfall der Ernte und den zu erwartenden Preisen behielt sich der Grundherr die Forderung in Naturalien vor; es ist offensichtlich, daß sowohl er wie die Bauern Markterfahrung besaßen.

5. Gründung des Marktes zu Allensbach, 1075: Keutgen, Urkunden S. 61 Nr. 99.

... Eckehard, von Gottes Gnaden Abt zu Reichenau ... Wir geben zu wissen, ... daß ... uns eine Urkunde Kaiser Ottos III. vorgelegt worden ist, in der geschrieben steht, daß dieser wohlwollende Herrscher dem Abte Alawich von Reichenau sowie den Amtsnachfolgern die Macht und das Recht gewährt hat, in dem Dorfe Allensbach alles das durchzuführen, ins Werk zu setzen und zu erbauen, was sie für ihres und des Klosters Vorteil für nützlich halten werden, nämlich dort in jeder Woche am Donnerstag einen Markt abzuhalten und zu jeder Zeit eine Münze reinsten Silbers nach eigenem Gutdünken und Verfügen zu unterhalten. Dies soll so vernünftig und beständig geordnet werden, daß die Münze zusammen mit dem Markt und allen öffentlichen Aufgaben, die dort hinzukommen, unter der Leitung und Verfügung jenes Klosters und der dort in der Abfolge der Zeiten amtierenden Äbte stehen, zusammen mit dem königlichen und öffentlichen Bann; jeder Widerspruch hiergegen soll unwirksam sein. Weiter hat des Kaisers Macht entschieden und bestätigt, daß jedermann, woher immer er zu diesem Markte kommen mag, in Sicherheit und Frieden komme und alle vernünftigen Geschäfte abschließe, daß er kaufen und verkaufen und dann in sicherem Frieden in seinen Wohnort zurückkehren möge. Auch ist hinzugefügt, daß jeder, der den Markt und die Münze zu brechen oder zu verdammen sich anmaßt oder einen dorthin Reisenden belästigt, dieselbe Strafe und denselben kaiserlichen Bann zahlen soll wie derjenige, der den Markt und die Münze zu Mainz, Worms und Konstanz auseinanderreißen und vernichten wollte.

Da wir nun dieses aus königlicher Freigebigkeit unserem Kloster übertragene Geschenk aus mangelnder Fürsorge und Nachlässigkeit unserer Vorgänger zerstört sehen, haben wir es mit Rat unseres Vogtes und der übrigen Getreuen wieder in guten Stand gebracht. Allen Leuten des Marktortes[16] haben wir das Recht, auf dem Markte Handel zu treiben, gewährt, so daß sie und ihre Nach-

16 Also nicht mehr allen Hin- und Rückreisenden, wie einst vom Kaiser bewilligt, sondern nur noch den Ansiedlern.

kommen Kaufleute sein sollen, ausgenommen jene, die sich mit dem Anbau von Weinbergen und Gärten beschäftigen[17]. Die Kaufleute selbst aber sollen unter sich oder mit anderen keine anderen Urteile finden, als sie den Kaufleuten von Konstanz und Basel und allen anderen Kaufleuten seit alters her gestattet sind. Der Abt und sein Vogt dürfen weiter nichts von ihnen fordern, als was die Bischöfe und Vögte der genannten Städte von Kaufleuten bekanntermaßen verlangen. Wir bestimmen auch, daß dreimal im Jahre während 14 Tagen die Kaufleute weder Wein noch anderes verkaufen, solange die Waren des Abtes verkauft werden. Wer dieses Gebot verletzt, soll den kaiserlichen Bann zu zahlen gezwungen werden. Ferner soll nach königlichem Gesetz [Strafe] bezahlen, wer Diebstahl, Raub, Heimsuchung, Schläge, Behinderungen, blutige Verwundungen innerhalb der Grenzen der Stadt zu begehen wagt. Die Grenze ist im Osten dort, wo man von der Stadt her den Wald bei »Azenhus« betritt, im Süden die Mitte des Sees, im Westen der erneuerte Wall bei »Husen«, im Norden das Bächlein Schwarzenbach. Diese Konzessionsurkunde haben wir schreiben lassen; durch sie wollen wir allen Späteren bekanntmachen, daß dies alles zum Vorteil unseres Klosters geschehen ist, damit nicht später jemand versuche, es zu verletzen, zu zerstören und zu vernichten. Wenn aber ich selbst oder einer meiner Nachfolger die Kaufleute über diese Konzession hinaus beunruhigen oder belästigen und unsere Dekrete kraftlos machen wollte, dann soll er dieses Vorhaben nicht vollbringen und als Verdammter Gottes Rache auf sich ziehen ... 1075.

17 Die Bauern des Grund- und Marktherrn, die hörig bleiben sollten, wurden von den freien Ansiedlern (die zu Gründerleihe ansässig wurden) rechtlich und räumlich abgegrenzt.

Zur Entstehung der osteuropäischen Staatenwelt: Mission und Politik, 1002–1008

Schreiben des Missionsbischofs Brun (von Querfurt) an König Heinrich II., Winter 1008: Monumenta Poloniae historica, ed. A. Bielowski, Bd. 1, La Haye-Paris 1864, S. 224–228; W. von Giesebrecht, Geschichte der deutschen Kaiserzeit, Bd. 2, 5. Aufl. Leipzig 1885, S. 702–705.

In Osteuropa, wo erst im 10. und 11. Jahrhundert das Zeitalter schriftloser und kleinräumiger Stammeskulturen zu Ende ging, waren Ansätze zur Reichsbildung zuerst in Böhmen und in Rußland hervorgetreten. Im 10. Jahrhundert waren Ungarn und Polen hinzugekommen. Für alle diese Reiche und ihre Herrscher war die Annahme des Christentums und damit ihr Verhältnis zu den Großmächten Deutschland und Byzanz entscheidend, denn diese mußten ihre Grenzen gegen Slaven und Ungarn verteidigen und suchten daher eine Oberherrschaft über sie zu errichten, um die Grenzlande weiträumig zu befrieden. Die osteuropäischen Fürsten gerieten damit in eine schwierige Lage: Einerseits konnten nur die Bischöfe und Äbte christlicher Kirchen diejenige höhere Kultur verbreiten, ohne die sich eine königliche Herrschaft weder ideal legitimieren noch administrativ stabilisieren ließ; andererseits mußten sie aus den Reichskirchen der Großmächte kommen, die in der Mission ein Hilfsmittel für die Befestigung ihrer Vorherrschaft sahen. Erst nach längerem Schwanken entschied sich daher Großfürst Wladimir von Kiew im Jahre 988 für die griechische Mission, allerdings ohne das Griechische als Kirchensprache zu übernehmen. Die westslavischen Völker und die Ungarn entschieden sich dagegen für die deutsche und katholische Mission. Nicht zuletzt die Übernahme des Lateinischen als Kirchensprache führte seither ihre feste Eingliederung in das Abendland herbei; ihre politische Selbständigkeit jedoch konnten sie nur im Kampf mit dem deutschen Reich behaupten. Für Polen erkämpfte Herzog Boleslav der Tapfere (992–1025) in drei

Kriegen gegen König (seit 1014 Kaiser) Heinrich II. in den Jahren 1001–1018 dieses Ziel; für Polens westliche Nachbarn aber war es nicht mehr erreichbar. Die Böhmen zogen die deutsche Oberherrschaft einer polnischen vor und sind schließlich ganz in das deutsche Reich hineingewachsen. Die Slaven zwischen Elbe und Oder, die ihre heidnische Stammeskultur gegen Deutsche und Polen zu verteidigen suchten, erzielten zwar Anfangserfolge, nachdem sie 983 die deutsche Oberherrschaft abgeschüttelt und sich im Liutizenbunde vereinigt hatten, zumal sich Heinrich II. ihrer als Bundesgenossen gegen Polen bediente, aber im 12. Jahrhundert sind sie auch als Nationen vom Deutschtum überwunden und aufgesogen worden.

Zur Erhellung dieser Vorgänge gibt es nur wenige, durchweg außerhalb Osteuropas entstandene Quellen. Eine der wichtigsten ist der Brief, den der von Papst Silvester II. und König Heinrich II. eingesetzte Missionsbischof der östlichen Heiden 1008 an den König gerichtet hat, um ihn von dem Bündnis mit den Liutizen abzubringen. Brun war um 974 als Sprößling einer adligen sächsischen Familie in Querfurt geboren und in Magdeburg zum Domherrn ausgebildet worden. Der Tod als Glaubenszeuge, den 997 Bischof Adalbert von Prag als Missionar bei den Preußen erlitt, veranlaßte ihn dazu, im Jahre 1002 den päpstlichen Missionsauftrag zu erwerben. Aber erst Anfang 1009 konnte er nach Preußen aufbrechen; dort fand er im selben Jahre den ersehnten Märtyrertod.

Dem Manne der Kirche, dem frommen Könige Heinrich, entbietet Brun, ein Nichtiger, bloß Erbärmlicher, was immer einem Könige ansteht und dem allwissenden Herrgott gefällt. Zweifellos wisse ein gottesfürchtiger König, daß niemand auf Erden lebt, der euer Heil, gemäß Gott, mehr liebt und alle eure Ehre, die mühevolle, gemäß der Welt mehr wünscht. Euer teurer Bruder, o Bester, der Bischof Bruno[1], sagte mir, als ich im Lande der Ungarn weilte[2], ihr, o König, seiet in frommer Sorge um meinetwillen und

1 Bruno hatte sich, vielleicht weil ihn der König bei der Neubesetzung des Herzogtums Bayern übergangen hatte, 1002 auf die polnische Seite gestellt. Bischof von Augsburg 1006–1029.

2 Da ihm der Krieg mit Polen den Weg nach Preußen versperrte, hatte er sich

fürchtetet sehr, ich könnte umkommen. Das hätte ich gewiß getan und täte es, wenn nicht der gnädige Gott, der es immer noch verhindert, und mein Senior[3], der hochheilige Petrus, es verhüteten. Vergelte es dir Gott zu Lebzeiten auf Erden, daß du, erhabener König, der du nahezu für die ganze Welt sorgen mußt, mich, deinen geringsten Diener, damit auszeichnest, daß du im Namen des Herrn diese edle Sorge hegst, ich könnte sterben. Dank sei Gott, daß du, der du König bist gemäß der Weisheit, die dir Gott gegeben hat, dich bemühst, ein guter und katholischer Lenker zu sein, ein frommer und selbstbeherrschter Zügelhalter der heiligen Kirche, so wie sie ihn nötig hat. In gleicher Weise bemühen wir, ein gewiß unvollkommener, dennoch aber der deine, uns in Mühe und Arbeit darum, dieses Leben nicht in Eitelkeit zu verzehren und in der Todesstunde nicht nackt erfunden zu werden, wenn allein das Erbarmen des Heiligen Geistes weht, nach dem Worte des hochgeschätzten Paulus: »Ich kann meine Seele nicht wertvoller machen als mich selbst.« Was also mich betrifft, so richte ich nichts anderes als Böses an, was aber Gott betrifft, so wirkt er, wo er will, schneller als der Gedanke alles Gute.

Gottes Werke zu enthüllen und zu bekennen, verschafft uns Ehre; am allerwenigsten darf ich sie euch verschweigen, durch dessen heilige Überredung ich Bischof bin und wegen des heiligen Petrus das Evangelium Christi zu den Heiden bringe. Hat doch ein ganzes Jahr seine Tage und Monate erfüllt, seit wir die Ungarn, wo wir lange vergebens gesessen haben, haben fahren lassen und uns auf den Weg zu den Petschenegen[4], den grausamsten von allen Heiden, gemacht haben. Der Fürst der Russen[5], ein Großer durch Herrschaft und Reichtum, hat mich einen Monat festgehalten und [meinem] Willen widerstrebend auf mich eingewirkt, so als hätte

zuerst nach Ungarn gewandt. Von 1003 bis 1007 missionierte er bei den noch überwiegend heidnischen »schwarzen Ungarn« im späteren Siebenbürgen.

3 Brun benutzt den lehnrechtlichen Fachausdruck für den Lehnsherrn; dies kennzeichnet seinen persönlichen Petrus-Glauben.

4 Reitervolk zentralasiatischer Herkunft, das im 9. Jh. die Ungarn aus dem Gebiet am unteren Dnjepr nach Westen verdrängt hatte.

5 Wladimir »der Heilige« von Kiew (971–1016). Brun schildert seine Unterstützung der Mission als vorbildlich.

ich mich freiwillig verderben wollen, damit ich nicht zu einem so unvernünftigen Volke zöge, wo ich keinen Gewinn an Seelen, sondern allein den Tod, und zwar den allerschimpflichsten, finden würde. Als er nichts vermochte und ein Gesicht ihn wegen meiner, des Unwerten, erschreckte, gab er selbst mir zwei Tage mit seinem Heere das Geleit bis zur äußersten Grenze seines Reiches, die er wegen des schweifenden Feindes mit einem sehr festen und langen Verhau ringsum geschlossen hatte. Da stieg er vom Pferde zu Boden; ich mit den Gefährten voran, er mit seinen Großen nachfolgend, durchschreiten wir das Tor. Er blieb auf einem, wir auf einem anderen Hügel stehen; ich selbst trug das Kreuz, es mit Händen umfassend, und sang das edle Lied: »Petrus, du liebst mich, weide meine Schafe.« Nach dem Ende des Wechselgesanges sandte der Fürst einen seiner Großen zu uns, um zu sagen: »Ich habe dich dahin geführt, wo mein Land aufhört und das der Feinde beginnt. Ich bitte dich um Gottes willen, wirf nicht zu meiner Schande dein junges Leben fort. Ich weiß es, morgen, vor der dritten Stunde mußt du ohne Nutzen, ohne Grund den bitteren Tod schmecken.« Ich gab zurück: »Gott öffne dir das Paradies so, wie du uns den Weg zu den Heiden eröffnet hast!« Unverzüglich zogen wir zwei Tage lang fort, ohne daß jemand Schaden tat; am dritten Tage, das war ein Freitag, wurden wir dreimal, morgens, mittags und abends, gebeugten Nackens zum Tode geführt, die wir alle ebenso oft den uns entgegeneilenden Feinden (so sagte Gott und, durch ein wunderbares Zeichen, unser Führer Petrus) unverletzt entgingen. Am Sonntage kamen wir zu einem größeren Volke, und es wurde eine Lebensfrist gewährt, bis durch Eilboten das ganze Volk zum Rate versammelt wäre. Also wurden wir am nächsten Sonntag zur neunten Stunde vor den Rat gerufen, man geißelt uns und die Pferde, uns entgegen ein zahlloses Volk mit grausamen Blicken, das ein schreckliches Geschrei erhob; tausend Beile, tausend Schwerter fuhren über unseren Hals aus den Scheiden, man drohte, uns in Stücke zu hauen. Man quälte uns bis Dunkelwerden, zog uns hier- und dorthin, bis die Großen des Landes, die uns kämpfend ihren Händen entrissen, unsere Absicht vernahmen und als weise Männer erkannten, daß wir in guter Absicht in ihr Land gekommen waren. Und so, wie es der wunderbare Gott und der unschätzbare Petrus befahlen, blieben wir fünf Monate bei diesem Volke, drei Viertel bereisten wir, das vierte berührten wir nicht, von hier waren Boten der Großen zu uns gekommen. Nachdem etwa dreißig Seelen zum Christentum bekehrt waren, machten wir auf den Finger Gottes einen Frieden, den, wie jene sagten, niemand außer uns hätte machen können. »Dieser Friede«, sagten sie, »ist von dir gemacht worden. Wenn er dauern wird, wie du lehrst, so werden wir alle gerne Christen sein; wenn aber der Fürst der Russen in der Treue wankt, dürfen wir nur an Krieg denken, nicht ans Christentum.« Mit dieser Botschaft kam ich zum Fürsten der Russen, der um Gottes willen darauf einging und einen Sohn als Geisel gab, und wir weihten einen der Unsern zum Bischof, den er zusammen mit dem Sohne in die Mitte des Landes setzte. Und so wurde zu größerem Ruhme und Lobe Gottes des Erlösers das christliche Gesetz in dem allerbösesten und grausamsten Volke unter allen Heiden, die auf Erden sind, errichtet.

Ich aber wende mich zu den Preußen, wohin der vorangehen muß, welcher vorangegangen ist, der jenes alles geschaffen hat und jetzt schaffen muß, der gütige Gott und mein höchstgeschätzter Herr Petrus. Auch hörte ich von den schwarzen Ungarn, zu denen die erste Gesandtschaft des heiligen Petrus, die nie vergebens reist, gekommen ist, obwohl die Unsern, was Gott vergebe, mit großer Sünde etliche geblendet hätten, seien alle bekehrt und zu Christen gemacht worden. Dies alles ist allein Gottes und des herrlichsten Petrus Ruhm; was mich betrifft, so ist da nichts als Sünde, und selbst dieses Gute ist verloren, wenn es nicht der barmherzige Gott um seinetwillen wirkt, mehrt und dazutut um des Blutes der Heiligen willen, besonders derer, die es zu unserer Zeit auf Erden vergossen haben.

Mein Herr, alles Gute hast du für meine Sache getan; Gott entlohne es dir bei der Auferstehung der Gerechten, vor allem weil du für mich sorgst, damit ich nicht in jugendlichem Irrtum nach Irdischem strebe und vom Geistigen ablasse. Daher schienest du bei meiner Abreise zornig zu sein; daher auch hast du mich und viele meiner Taten, die Spott verdienen, vor den umstehenden Großen in meiner Abwesenheit verspottet. Drei solche Gefühle: Liebe, Zorn und Spott, würdest du mir niemals entgegenbringen, wenn du mich nicht liebtest, und wenn du nicht gut wärest, würdest du gewiß niemals hassen, was dir an mir böse erscheint... Ich spreche daher als Gebet: Der allmächtige und barmherzige Gott möge zwar mich alten Sünder züchtigen, aber euch mache er von Tag zu Tag zu einem besseren Könige, da gute Werke niemals tot sind.

Sagte aber jemand, daß ich für diesen Herrn hier Treue und große Freundschaft hegte, so ist es wahr: Gewiß liebe ich ihn wie meine Seele und mehr als mein Leben. Aber ich habe unseren gemeinsamen Gott, dem nichts verborgen bleibt, zum köstlichen Zeugen: Ich liebe ihn nicht entgegen eurer Gnade, denn mehr als ich kann, will ich ihn zu euch bekehren. Möge es unbeschadet der königlichen Gnade erlaubt sein zu sagen: Ist es etwa gut, den Christen zu verfolgen und ein heidnisches Volk zum Freunde zu haben? Was ist das für ein Vertrag Christi mit Belial, was für ein Vergleich des Lichtes mit der Finsternis? Wie sollen Zuarasi, oder der Teufel, und euer und unser Mauritius, der Herzog der Heiligen[6], zusammenkommen? Unter welchem Schein gehen die heilige Lanze und die teuflischen Feldzeichen, die Menschenblut trinken, zusammen? Glaubst du nicht, o König, es sei Sünde, wenn ein christliches Oberhaupt, wie gottlos, es auszusprechen, unter dem Feldzeichen der Heiden geopfert wird? Wäre es nicht besser, einen solchen Mann zum Getreuen zu haben, mit dessen Hilfe und Rat du den Tribut erhalten und aus einem heidnischen Volke heiliges Christentum machen könntest? Oh, wie sehr wollte ich den Herrn, von dem ich spreche: Boleslav, zum Getreuen statt zum Feinde haben! Vielleicht wirst du antworten: »Ich auch!« Also handle barmherzig, stelle die Grausamkeit zurück; willst du einen Getreuen haben, so höre auf, ihn zu verfolgen, willst du einen Ritter haben, so mache mit Gutem aus, daß er sich erfreue. Hüte dich, o König, wenn du alles mit Gewalt erreichen willst, niemals mit der Barmherzigkeit, die jener Gute liebt, wenn er nicht etwa irre ge-

6 Anführer des afrikanischen Teils der nur aus Christen gebildeten Thebäischen Legion, mit seinen Kriegern zwischen 287 und 300 in Agaunum im Wallis enthauptet. Aus seinem dortigen Kloster hatte sich König Heinrich I. um 935 die »heilige Lanze« als Siegesunterpfand verschafft. Seit Kaiser Otto I. Titelheiliger der Magdeburger Kirche, des Missionsbistums für die Slaven. – König Heinrich II. hatte den Liutizen gestattet, auf gemeinsamen Kriegszügen die heidnischen Götterbilder und Feldzeichen mitzuführen, und deren Beschädigung mit hohen Bußen bestraft.

macht wird, der dir jetzt beisteht: Jesus. Aber ich werde einem Könige nicht widersprechen, es geschehe, wie Gott will und wie du willst. Ist es nicht besser, gegen die Heiden zu kämpfen wegen des Christentums, als Christen Gewalt anzutun wegen weltlicher Ehre? Gewiß: Der Mensch denkt, Gott lenkt. Ist er nicht als König mit Heiden und Christen in dieses Land in den Kräften des Reiches gekommen? Und du? Haben ihn nicht der heilige Petrus, für dessen Zinsmann er sich ausgibt[7], und der heilige Märtyrer Adalbert beschützt? Wenn sie ihm nicht helfen wollten, würden niemals als Heilige, die ihr Blut vergossen und unter göttlichem Schrecken viele Wunder getan haben, fünf erschlagene Märtyrer in seinem Lande ruhen. Mein Herr, du bist kein weichlicher König, was Schaden täte, sondern ein gerechter und strenger Leiter, was angenehm ist; aber nur dies möge hinzukommen: daß du auch barmherzig wärest und nicht stets nur mit Gewalt, sondern auch mit Barmherzigkeit dir das Volk geneigt machtest und es annehmbar machtest. Du würdest sehen, daß man das Volk mehr durch Wohltat als durch Krieg gewinnt, und dann würdest du, der du jetzt in drei Ländern Krieg hast, nirgendwo Krieg haben.

Aber was betrifft dies uns? Mögen dafür der am Rechten und Guten festhaltende König in seiner Weisheit und als seine Ratgeber alle guten Bischöfe, Grafen und Herzöge sorgen! Was betrifft es meine, besser: Gottes Sache? Eines und ein zweites will ich sagen, mehr füge ich nicht hinzu: Zwei große Übel, die Gott und der Kämpfer Petrus im rohen Heidentum anfingen, muß beinahe [jede] neue Kirche verspüren. Erstens: Der Herr Boleslav, der mich sehr gerne mit den Kräften des Leibes und der Seele zur Bekehrung der Preußen hatte ermuntern wollen und hierbei keine Geldmittel zu sparen beschlossen hatte, sieht sich nun durch den Krieg behindert, den der weise König aus Notwendigkeit angesagt hat, und hat weder die Zeit noch die Mittel, um mich im Evangelium zu unterstützen. Zweitens: Obwohl die Liutizen Heiden sind und Götzen verehren, hat Gott dem König nicht den Gedanken

7 Boleslavs Vorgänger Mieszko hatte bereits versucht, sein Reich unmittelbar dem Papste zu unterstellen, und dafür eine Zinspflicht gegenüber dem Apostel Petrus als Titelheiligen der römischen Kirche anerkannt.

eingeflößt, sie als solche um des Christentums willen in ruhmreichem Kampfe zu bekriegen, das heißt auf Befehl des Evangeliums zum Übertritt zu zwingen[8]. Wäre es nicht eine große Ehre und großes Heil des Königs, wenn er, um die Kirche zu erhöhen und vor Gott einen apostolischen Namen zu finden, dafür wirkte, daß der Heide getauft werde, und den Christen Frieden gewährte, die ihm dabei helfen? Aber an dem Punkte hängt das Unheil, daß weder der König zu Boleslav Vertrauen hat noch dieser zu dem erzürnten Könige. Weh über unsere unglücklichen Zeiten! Nach dem heiligen Kaiser Konstantin, dem Großen, nach Karl, dem besten Beispiel für Frömmigkeit, gibt es jetzt manchen, der den Christen verfolgt, aber fast niemanden, der den Heiden bekehrt. Daher, o König, wirst du, wenn du den Christen Frieden gewährtest, um wegen des Christentums gegen die Heiden zu kämpfen, am Jüngsten Tage dein Gefallen haben, wenn du, da alle entlassen sind, vor dem Angesicht des Herrn mit um so geringerem Schmerz und um so größerer Freude stehen wirst, wie du dich erinnertest, gute Werke getan zu haben. Nichts sollte ein König [mehr] fürchten: sich als Mann des Glaubens eingedenk der Übel mit Heiden zu verbünden. Suchet nicht nach dem ganz Unmöglichen!

Andernfalls, so wie es unser König will, wird dieser Boleslav euch Sicherheit geben, wie er sie in Ewigkeit nicht preisgeben darf, daß er euch bei Unterwerfung der Heiden stets aufs sorgsamste helfen und in allem freudig dienen muß. Oh, wieviel Gutes und Nützliches für die Bewahrung des Christentums und die Bekehrung der Heiden würde zusammenkommen, wenn so, wie der Vater Mieszko mit dem verstorbenen Kaiser, so der Sohn Boleslav mit euch, unserem Könige, leben würde, der als einzige Hoffnung des Erdkreises übrig ist.

Dabei sei dem Könige nicht verborgen, daß unser Bischof – [den] ich mit dem hervorragenden, euch bekannten Mönch Rodbertus über das Meer für das Evangelium zu den Schweden gesandt hatte –, wie eintreffende Boten aufs wahrste ausgesagt

8 Erstes Auftreten des Gedankens, die weltliche Gewalt habe den Übertritt der Heiden zu erzwingen, seit 1147 wichtig für die Rechtfertigung der Mission der Kreuzfahrer und Kreuzritter.

haben, selbst den Fürsten der Schweden, dessen Gattin bereits Christin war, Gott sei Dank getauft hat. Mit ihm haben tausend Leute und sieben Völker dieselbe Gnade auch alsbald empfangen. Weil die übrigen zornig zu töten begehrten, in der Hoffnung, es würden wieder alle mit dem Bischof zurückkehren, gaben sie schließlich Raum. Um über ihren Zustand und Wiederumkehr etwas herauszubringen, sind Boten entsandt worden; wenn sie zurückkommen, werde ich alles, was sie lehren, pflichtgemäß euch, als dem Könige, der mich im Evangelium vollendet hat, als euer Diener als Gewisses melden lassen.

Was weiter? Wisset unter Christi Zeugnis: Wo immer ich kann, bin ich eurer Sache der getreueste Förderer, und obwohl ich nicht ins Angesicht des Herrn zu beten verstehe und nicht aufhören werde zu eifern, damit euch das heilsame [Wort] Gottes segne und bei jedem Werke die gute Gnade unseres Petrus euch geleite. Was immer aber ihr für die Bekehrung der Liutizen und Preußen an Rat und Hilfe geben könnt, wie es einem frommen Könige und der Hoffnung der Welt geziemt, lasset nicht ab, weil wegen der Bekehrung der harten Herzen dieser Heiden, unsere Arbeit, jetzt, wo der Heilige Geist weht, zusammengefaßt und alle Mühe und Eifer, wo Petrus kämpft, unermüdlich eingesetzt werden muß. Lebe wohl, o König, lebe wahrhaft für Gott, eingedenk guter Werke, stirb als Greis, an Tugenden und an Tagen gesättigt!

Der Kampf zwischen geistlichem und weltlichem Adel um die Kirchenvogtei und die Entstehung der Staats- oder Landeshoheit, 1032–1104

Seit sich in der Spätantike und im Frühmittelalter Großgrundbesitz in der Hand von Laien und von Kirchen gebildet hatte, waren die Grundherren bestrebt gewesen, dafür Immunität zu erwerben: den vom Könige ausdrücklich zu bewilligenden Verzicht auf die Ausübung seiner Hoheitsrechte durch die königlichen Amtleute. In den häufigen Zeiten der Schwäche der Zentralgewalt mußten die Herren ohnehin imstande sein, ihre Güter und Hintersassen mit eigenen Mitteln zu schützen, indem sie äußere Feinde abwehrten und im Innern die Gerichtsbarkeit aufrechterhielten; dafür erhoben sie dann auch die dem Könige zur Finanzierung dieser Aufgaben zustehenden Dienste und Abgaben. So verlor sich der in römischer Zeit bereits klar ausgeprägt gewesene Unterschied zwischen Hoheitsrechten und Privatrechten, und es entstand die Auffassung, daß das Eigentum am Boden (ein Privatrecht) auch die Schutz- und Gerichtsgewalt über die auf dem Boden sitzenden Leute (ein Hoheitsrecht) in sich enthielt. Freilich verfügten nur Großgrundbesitzer über die Mittel, um dieses Herrschaftseigentum voll zu nutzen; die kleinen, bäuerlichen Grundbesitzer, die ganz auf den Schutz des Königs angewiesen waren, hatten es schwer, das volle Eigentum und damit ihre Freiheit zu bewahren.

Kirchliche Grundherren: Bischöfe und Pröpste von Stiftskirchen und Äbte von Klöstern dagegen waren in der Nutzung ihres Herrschaftseigens behindert, weil sie nicht nach einem der germanischen Stammesrechte, sondern nach römischem und kirchlichem Recht lebten, das dem Grundherrn nur ein Privatrecht zubilligte und den Kirchenleuten gerade die oft mit Blutvergießen verbundene Ausübung von Schutz- und Gerichtsrechten verbot. Anstelle germanischer Stammesrechte hatte sich das römische Recht, außer im griechischen Reiche, nur in Mittelitalien: in Rom und dem Kirchenstaate, und in der südlichen Hälfte Frankreichs behauptet. In den Kerngebieten des fränkischen Reiches dagegen hatte sich der Ge-

danke des Herrschaftseigens vollkommen durchgesetzt; damit aber die Kirchenfürsten kein Blut zu vergießen brauchten, hatten seit Karl dem Großen die Könige sie dazu genötigt, für die entsprechenden Herrschaftsaufgaben Vögte in Dienst zu nehmen: Laien, denen sie die polizeilichen und gerichtlichen Funktionen übertrugen und die sie für diesen Dienst mit einem Anteil an den Gerichtsgefällen (Straf- und Bußgeldern, die sie als Richter verhängten) und mit Bewirtung und Herberge auf ihren Gütern entschädigten, wenn die Vögte dort tätig wurden. Nicht nur weil die vom König gewährte Immunität den Grafen alle Amtshandlungen auf den immunen Gütern untersagte, sondern auch weil der König immer häufiger bäuerlich lebende Freie dem Schutz einer Kirche unterstellte, bildeten sich die Befugnisse dieser Amts-Vogtei im 10. Jahrhundert zu einer grafschaftsgleichen Gewalt aus. Um so erstrebenswerter wurden die Amts-Vogteien für die adligen Geschlechter, denen sie Ersatz boten für den Machtverlust, den der König mit Hilfe der Immunität ihren Grafenrechten zufügte. Sie drangen daher auf Erblichkeit der einmal erlangten Vogteien, und als Führer des Aufgebotes der ritterlichen Unfreien (Ministerialen) ihrer Kirche spielten sie eine wichtige Rolle bei der Bischofs- oder Abtswahl, die sie ausnutzten, um sich kirchlichen Grundbesitz zu Lehen übertragen zu lassen. Immer mehr Kirchengut ging so seinem eigentlichen Zwecke verloren und bereicherte die Vögte und die kirchliche Ritterschaft. Eine Kaiserurkunde von 1032 beleuchtet die Errichtung einer solchen Amts- oder Lehnsvogtei (Nr. 1).

Gegen diese Beherrschung der Kirchen durch Laien erhob sich seit dem 10. Jahrhundert der Widerstand einer kirchlichen Reformpartei, deren Vorkämpfer das Kloster Cluny in Burgund war und deren politische Ziele die Neuregelung der Papstwahl im Jahre 1059 dem ganzen Abendlande sichtbar machte. Um die Macht der laikalen Kirchenherren: sowohl der Eigenkirchenherren, die einer Kirche das Stiftungsgut zur Verfügung gestellt hatten, dieses aber weiterhin als ihr Herrschaftseigentum betrachteten, als auch der beamteten Vögte, deren Gewalt über das Kirchengut derjenigen der Eigenkirchenherren gleichkam –, um diese Macht zu brechen, stellten sich die Reformkirchen unter den Schutz des Königs oder des Papstes. Der König von Frankreich war außerhalb der Krondomäne so machtlos, daß er fast überall den Kronvasallen die Ernennung der

Bischöfe und Äbte hatte überlassen müssen; um so eher kam er bei Streitigkeiten über den Umfang der Vogteirechte als neutraler oberster Richter in Betracht. Eine Königsurkunde von 1066 zeigt ihn in dieser Rolle (Nr. 2). Er bewährte sich als oberster Schutzherr der Kirche gegenüber ihrem Amts-Vogte und damit ebenfalls als ihr Vogt. Diese Form der hoheitlichen Vogtei bezeichnet man als Schirm- oder Hochvogtei.

Die Ideen der kirchlichen Reformer von Cluny erreichten Deutschland über das Kloster Hirsau im Schwarzwald, das Graf Adalbert von Calw anstelle eines älteren, von den Eigenkirchenherren vernichteten Klosters nach 1059 gegründet hatte. Abt Wilhelm (1069–1091) setzte im Jahre 1075 mit Hilfe König Heinrichs IV. eine weitgehende Beseitigung des Eigenkirchenrechtes (des Herrschaftseigentums der Stifterfamilie an dem Kloster) durch und stellte das Kloster unter päpstlichen Schutz; gegen Ende seines Lebens entstand in Hirsau eine gefälschte Fassung der Urkunde, die Heinrich IV. dem Kloster 1075 gegeben hatte (Nr. 3), und aus ihr ist die den Reformern vorschwebende ideale Form der Hochvogtei zu entnehmen: völlige Selbstbestimmung des Klosters über die inneren Angelegenheiten des Konventes und der Grundherrschaft, Beschränkung der Stifter auf eine widerrufliche Vogtei, die statt nutzbarer Rechte nur noch hoheitliche Pflichten enthielt und königlicher Kontrolle unterworfen sein sollte. Das zwischen den Kirchen und ihren Amts-Vögten bis dahin strittige Herrschaftseigentum am Kirchengut wurde damit auseinandergesprengt in das den Kirchen reservierte Privateigentum und in die vom Könige abgeleitete Hochvogtei, der nur noch die Hoheitsrechte, und diese ganz aufgefaßt als Pflichten, zukommen. Im Streit um die Vogteirechte über die Grundherrschaft des Reichsklosters Prüm 1102/04 sehen wir den deutschen König in der Rolle des Hoch- und Schirmvogtes (Nr. 4). Die vom Grundeigentum losgelösten Hoheitsrechte untereinander und gegen das Privateigentum abzugrenzen und ihre Verwaltung möglichst zweckmäßig einzurichten, dies bildete den wichtigsten Gegenstand der Innenpolitik der Königreiche im 12. und 13. Jahrhundert. Mit dem adligen Privat-Grundeigentum blieb eine niedere Gerichtsbarkeit verknüpft; nur das städtische Bodenrecht kannte bereits damals das reine Privateigentum. Während in Frankreich, England und Spanien die Könige die Hochvogtei und alle Hoheits-

rechte an sich zu ziehen vermochten, waren in Deutschland schließlich die Fürsten, in Italien die Stadtgemeinden erfolgreich. Deutschlands Verfassung entwickelte sich auf der Grundlage der Landesherrschaft und der dem Landesherrn über fremden Grundbesitz zustehenden Landeshoheit.

1. Kaiser Konrad II. verleiht dem Kloster Abdinghof bei Paderborn die Immunität, 16. Jan. 1032: MGH DD. K. II. Nr. 176.

Im Namen der heiligen und unteilbaren Dreiheit. Konrad, von Gottes Gnaden Kaiser der Römer, Augustus. Wenn wir die zum Gottesdienst bestimmten Stätten mit unserer kaiserlichen Autorität dauerhaft und stark zu machen bemüht sind, so glauben wir getreulich und wahrhaft, dies werde uns und dem Zustande unseres Reiches nützlich sein. Deswegen wollen wir, daß der Gemeinde aller Getreuen Gottes und unserer Person kund sei, wie wir wegen Intervention und Petition unserer höchst geliebten Gattin, der Kaiserin Gisela, Augusta, unseres liebenswürdigsten Sohnes Heinrich, des Königs, des Bischofs Egilbert von Freising und wegen des ergebenen Dienstes Meinwerks, des ehrwürdigen Bischofs der Paderborner Kirche, der uns daheim und auswärts häufig und getreulich erwiesen worden ist, diejenigen Güter, die sowohl von ihm wie von unserem Vorgänger guten Andenkens, Kaiser Heinrich II., oder anderen Getreuen feierlich dem Kloster vermacht worden sind, welches er im Westen der Stadt seines Bistums zu Ehren der heiligen und ewigen Jungfrau Maria, der heiligen Apostel Petrus und Paulus und aller Heiligen geweiht und vollendet hat – an Kirchen, Zehnten, Haupthöfen, Unfreien, großen und kleinen Gütern mit allen rechtmäßig dazugehörenden Hofanlagen, Bauwerken, Hausgrundstücken, Nutz- und Ödländereien, Feldern, Wiesen, Weiden, Wäldern, Jagden, Gewässern und Wasserläufen, Fischereien, Wehren, Mühlen, Wegen und Unwegen, Zu- und Ausgängen, aufgesucht und künftig aufzusuchen, und allen weiteren Nutzungen, die wie auch immer angegeben, verzeichnet oder benannt werden können als darauf bestehend oder fernerhin rechtmäßig einrichtbar –, durch diese unsere kaiserliche Urkunde bestätigen, bekräftigen und befestigen, und zwar in der Weise, daß sie unter dem umfassendsten Schutz der Immunität stehen sollen und daß die Brüder der genannten Kirche, die unter der Regel des seligen Benedikt Gott dienen, sie unter dem Schirm unserer kaiserlichen Autorität besitzen sollen, so daß kein königlicher Richter oder sonst ein mit irgendwelcher Gerichtsgewalt Ausgestatteter[1] die Stätten und Besitzungen, welche dieser Kirche überlassen sind oder noch werden, je zu irgendeiner Zeit zu betreten wage, um Rechtssachen nach Gerichtsweise anzuhören, Friedensgelder und Abgaben zu erheben, Einquartierung und Gastrecht zu fordern, Bürgen zu erheben oder um den Leuten der Brüder, Liten wie Freien, die auf ihrem Lande wohnen, wider Vernunft Befehle zu erteilen, noch in irgendeiner Weise königliche Funktionen oder Ansprüche oder unerlaubte Gelegenheiten zu verlangen oder zu erheben sich anmaße. Vielmehr soll der Abt der vorgenannten Kirche mit seinem Vogte, den er mit gemeinsamem Rate seiner Brüder zum Schützer erwählt hat, die Rechts- und Prozeßsachen klug durchschauen und weise entscheiden und in allen Dingen getreulich und vorteilhaft für seinen und seiner Brüder Nutzen sorgen[2]. Auch errichten wir für die dieser Kirche übertragenen Leute, die auf sächsisch Malmannen[3] heißen, unseren Schutz der vorerwähnten königlichen Autorität, und alles, was der königliche Fiskus von ihnen zu erheben pflegte, haben wir in Gänze um ewiger Vergeltung und unseres, unserer Gattin und unseres Sohnes Gedächtnisses willen der vorgenannten Kirche zugunsten der Armenfürsorge und des Lichterschmuckes überlassen. Und damit dieses Zeugnis unserer freigebigen Bestätigung für alle folgende Zeit beständig und unerschüttert bleibe, haben wir diese darüber

1 Der Graf oder ein Schenker mit Eigenkirchenrecht. Die anschließend als ausgeschlossen aufgezählten Befugnisse enthalten die wichtigsten Grafenrechte.

2 Vorgesehen ist eine Amts- oder Lehnsvogtei, die den Abt nicht aus der weltlichen Verwaltung ausschließt: Er und nicht der Vogt soll darüber entscheiden, wann der Abt, weil »die Kirche nicht nach Blut dürstet«, das Gericht dem Vogte überlassen muß.

3 Wehrpflichtige Großbauern, die die Bischöfe seit dem 9. Jh. zu freier Erbleihe angesiedelt hatten, um Krieger zur Abwehr der Normannen zu gewinnen. Als Freie unterstanden sie der königlichen bzw. gräflichen Gerichtsbarkeit, wenn der König sie nicht veräußerte. Der Abt erlangte damit auch eine Herrschaft über Freie.

verfaßte kaiserliche Urkunde mit eigener Hand bekräftigt und mit dem Aufdruck unseres Siegels zeichnen lassen.

Zeichen Herrn Konrads, unbesieglichen Kaisers der Römer, Augustus.

Ulrich, der Kanzler, hat in Vertretung des Erzkaplans Bardo die Richtigkeit anerkannt.

Gegeben am 16. Januar, 15. Indiktion, im Jahre der Fleischwerdung des Herrn 1032, im siebten Jahre des Königtums Herrn Konrads II. und im fünften des Kaisertums. Geschehen zu Paderborn. Im Namen des Herrn glückauf! Amen.

2. Der König von Frankreich als Richter zwischen Grundherrn und Vogt, 1066: RAPhI S. 79 Nr. 27.

Im Namen der heiligen und unteilbaren Dreiheit. Ich, Philipp, von Gottes Gnaden König der Franken. Als ich nach dem Tode meines Vaters unter der Vormundschaft des Grafen Balduin stand, fand in der Zeit meiner Unmündigkeit zu Compiègne eine öffentliche Gerichtsverhandlung statt, an der der genannte Markgraf Balduin, mein Vormund, wie bereits gesagt, mit Gervasius, Erzbischof von Reims, und mehreren anderen Bischöfen teilnahm, nämlich Alard von Soissons, Wido von Amiens, noch einmal Wido, Bischof von Beauvais, Balduin von Noyon und Drogo von Thérouanne. Diese Einberufung und Versammlung war vor allem wegen zahlreicher Klagen geschehen, die Rainald, Abt des heiligen Medardus [in Soissons], gegen Alberich von Coucy rechtmäßig geltend machte, weil dieser nach Vogteirecht und übler Gewohnheit die Ländereien des heiligen Medardus in Besitz haben wollte, und zwar in folgender Weise: Er ließ sich auf den Ländereien des heiligen Medardus, wo er wollte, eine Mahlzeit reichen; von dem Kloster des heiligen Medardus und von der Burg Vic-sur-Aisne an bis halbwegs zu seiner Burg hin nötigte er die Bauern und Einwohner, vor sein Gericht zu kommen; wenn er zum Heere zog, dann führte er aus diesen Dörfern so viele Pferde mit sich, wie er wollte, und deren Reiter zwang er, mit ihm zu kommen; schließlich wollte er Richter sein über die Kaufleute und Weinfuhrleute, die aus dem Volke von Flandern zu den Ländereien des heiligen Medardus kommen. Dies alles war früher unerhört und ihm nicht erlaubt, wenn er nicht zuvor seine Forderung dem Abte und den Prévôts der Dörfer vorgetragen hatte. Keiner seiner Vorfahren schließlich hat es sich so, wie er es ungerechterweise bis zum Tage dieser Klage tat, in irgendeiner Form gestattet, die Kaufleute der vier Grafschaften, nämlich von Noyon, dem Vermandois, Amiens und Santerre, bei der Herreise und bei der Rückreise zu belästigen, denn deren Beaufsichtigung war Aufgabe eines bestimmten Mönches, der eingesetzt wurde, um sich mit diesen und anderen vergleichbaren Angelegenheiten zu befassen. Weil er sich aber nichts von dem, was wir aufgezählt haben, hat aneignen können, weder durch Schenkung noch durch Belehnung, noch durch bezeugten Vertrag, so entfiel jeder gemeine Rechtsgrund, und so hat er auf das Urteil der ganzen Versammlung von Bischöfen und Laien hin das Unrecht, das er oft ohne Grund der Stätte des genannten Heiligen zugefügt hatte, als der nach dem Gesetz Unterlegene gebessert gemäß den ausgehandelten Bedingungen und der gemeinsamen Entscheidung der Anwesenden: Wenn er nämlich fernerhin etwas von diesen Dingen ins Werk setzen und damit die Klage des Abtes auf sich ziehen würde und wenn er dann nicht Sorge trüge, binnen 14 Tagen wiedergutzumachen, was er etwa begangen haben würde, und die eingeklagten Sachen zurückzugeben, dann muß er sich in Haft nach Senlis begeben und so lange darin verweilen[4], bis er das Kapital gemäß dem Gesetz zurückgegeben und dem königlichen Fiskus 10 Pfund Goldes wegen des begangenen Unrechts und des Ungehorsams bezahlt haben würde. Diese Verpflichtung hat er mit eigener Hand in die des Markgrafen Balduin, meines Vormunds, abgelegt, und er hat versprochen, sie mit Eid zu befestigen, sobald ich es von ihm verlangen würde. Damit also die Bedingungen dieses Vertrages für immer fest und unverletzt bleiben, so habe ich, Philipp, unmündiger König der Franken, im Jahre der Fleischwerdung des Herrn 1066, dem vierten der Indiktion und fünften meines Königtums, es mit eigener Hand bekräftigt und befohlen, es durch Aufdrückung

4 Beschrieben wird das Institut der Geiselhaft oder des Einlagers: Der Schuldner verpflichtet sich als Selbstbürge zu kostspieliger Einschränkung seiner Bewegungsfreiheit, was der Gläubiger nur damit erzwingen konnte, daß er den wortbrüchigen Schuldner als ehrlos anprangerte. Eine Exekutive des Königs ist noch nicht vorgesehen; das ist typisch für die Schwäche seiner erst werdenden hoheitlichen Gewalt.

des königlichen Siegels zu befestigen, und geboten, dieses Schriftstück nach der Besiegelung zu handhafter Bestärkung den zahlreichen Getreuen des Königs von Frankreich zu übergeben, die anwesend waren. Z[eichen] des allerfrömmsten Königs der Franken Philipp. Z. des edelsten Grafen Balduin. Z. Gervasius', ruhmreichsten Erzbischofs von Reims. Z. Alards, zu der Zeit Bischof von Soissons genannt. Z. Widos, Bischofs von Amiens. Z. des anderen Wido, Bischofs von Beauvais. Z. Balduins, Bischofs von Noyon. Z. Drogos, Bischofs von Thérouanne. Z. Graf Rudolfs. Z. Graf Wilhelms von Soissons. Z. Graf Widos von Ponthieu. Z. des Anselm Huseleng. Z. Wazelins. Z. Rudolfs. Aus der Familie des Königs: Z. Balderichs. Z. Ingenulfs. Z. Friedrichs. Z. Amalrichs. Z. Widos. Z. des Vogtes Rotbert. Z. des Johannes. Aus dem Vicus des heiligen Medardus: Z. Drogos. Z. Ados. Z. Odos. Z. Fulberts.

3. Angebliche Urkunde Heinrichs IV. für Kloster Hirsau, hergestellt im Kloster um 1091: MGH DD. H. IV. Nr. 280.

Im Namen der heiligen und unteilbaren Dreiheit. Heinrich, von Gottes Gnaden König. Der Eifer aller Getreuen der heiligen Kirche Gottes, jetziger wie zukünftiger, soll wissen, daß in unserem Reiche ein reguliertes Kloster liegt, in der Provinz nämlich, die auf deutsch Franken heißt, im Bistum Speyer im Gau genannt Wiringau, in der Grafschaft Ingersheim im sogenannten Schwarzwalde an dem Flusse, der Nagold genannt wird, welches Hirsau oder Zelle des heiligen Aurelius heißt, wo auch dieser Heilige körperlich ruht. Es ist zur Zeit König Ludwigs des Frommen zu Ehren Sankt Peters und des Bischofs Sankt Aurelius ehrenvoll erbaut und Gott geweiht worden von Erlefried, einem Edlen, Senator und Frommen, sowie von dessen Sohn Noting, ehrwürdigstem Bischof von Vercelli, und anderen Verwandten des Grafen Adalbert von der Burg Calw; hernach aber ist es von deren Nachfahren auseinandergerissen worden[5]. Jetzt aber hat dieser Graf Adalbert, von der Ahnung Gottes berührt und von häufigen Bitten seiner Frau Wiltrut ermahnt, dieses Kloster wiederhergestellt und das mönchische Leben, das darin

5 Nach Eigenkirchenrecht waren die Herren befugt, ihre dem Unterhalt des Klosters gewidmeten Güter später wieder für andere Zwecke zu verwenden.

eine Zeitlang aufgehört hatte, erneuert und die Güter, die in alter Zeit von seinen Verwandten dorthin gegeben worden, teilweise aber von deren Nachfahren beschlagnahmt, teilweise auch von ihm selbst wie durch Erbrecht besessen worden waren, zurückgegeben. Obendrein hat er aus Eigenem so viele und so große Aufwendungen an Gütern dorthin gegeben, daß dadurch der Gottesdienst jetzt von 15 Brüdern, die nach der Regel Sankt Benedikts dort zu versorgen sind, Gott sei Dank durchgeführt und beständig gemacht werden kann. Seine vorerwähnte Ehefrau, seine Söhne Bruno, Adalbert und Gottfried und seine Töchter Ota und Irmgard stimmen ihm hierin wie in allen diesen Einrichtungen durchaus zu. Und erstens nämlich hat er diesen Ort Hirsau mit allen jetzt gegenwärtig dorthin übertragenen gesetzlichen Rechten und Zubehören an Gütern, Hörigen, Zinsen, Geldern und sonstigen Dingen ganz und gar auf den Altar Sankt Aurelius' zurückgegeben und abgetreten und übergeben an Gott, Sankt Maria, den Apostel Sankt Peter, den Bischof Sankt Aurelius und Sankt Benedikt zu Herrschaft und Eigentum sowie an den Abt des erwähnten Klosters namens Wilhelm und dessen Nachfolger zu freier und der Zelle notwendiger Verfügung sowie an die Brüder, die Gott nach der Mönchsregel dort dienen werden, zur Nutzung. Und damit niemals von Späteren in gleicher Weise wie von seinen Verwandten der Gottesdienst hinfort dort zerstört werden kann, hat er ferner vorausschauend entschieden und bestimmt, daß diese Zelle mit allen ihren Zubehörungen, zur Zeit bereits übertragenen und in Zukunft zu übertragenden, von diesem Tage an und in Zukunft überhaupt nicht unterstellt werden noch unterliegen soll dem Joch irgendeiner weltlichen Person oder Gewalt außerhalb der Herrschaft, Anordnung und Gewalt allein des Abtes. Und so hat er sie [die Zelle] mit dem Recht und Privileg jeglicher Freiheit gemehrt und, um das Himmelreich in Christus zu ererben, in jeder Weise beständig erhöht. Ferner hat er aller Gewalt, Dienst, Recht und Eigentum an dem gedachten Kloster mit seiner Gattin und seinen oben genannten Söhnen und Töchtern rundum glücklich entsagt[6].

6 Verzicht auf das Eigenkirchenrecht des Stifters, Eigentümer des Ausstattungsgutes werden Abt und Konvent.

Aber dies alles hat er in Wahrheit als glücklicher Kaufmann klug gemacht erstens wegen der Hoffnung und des Lohnes des ewigen Lebens, wegen der Vergebung aller Sünden, wegen des Heils der Leiber und der ewigen Ruhe der Seelen und wegen des täglichen Gedächtnisses seiner selbst, seiner vorgenannten Gattin, seiner Söhne und Töchter sowie aller seiner Voreltern, Nachkommen, Blutsverwandten und Freunde und aller seiner Pflege Unterstehenden, auch wegen des Gedächtnisses der Könige, Bischöfe, Fürsten und aller, die den Stand und die Ehre der erwähnten Zelle lieben und verteidigen, und aller Christgläubigen, und damit nach Möglichkeit für alle Armen Christi ein Vermögen da sei und dort stets ein Heim offenstehe. Außerdem hat er, damit die Brüder dieses Klosters, die jetzt dort versammelt sind und ferner in Christo versammelt werden, um so sicherer und freier dem Herrn Gott in der Sicherheit ihres heiligen Berufs dienen können, mit folgender Freiheitsgabe bedacht, daß, wann immer sie ihres geistlichen Vaters beraubt werden, sie selbst die freie Vollmacht haben sollen, nach der Regel Sankt Benedikts unter sich oder anderswoher, wenn es nötig wird, sich einen Abt nicht nur zu erwählen, sondern auch zu bestellen[7]. Wenn die Brüder ihn nach der Regel erwählt haben, dann sollen sie wie üblich, um ihn zu bestellen, im Chor des Klosters zusammenkommen, und wenn Klerus, Vogt und Volk gemeinsam im Heiligtum anwesend sind, soll der Dekan oder wer der Obere jenes Ortes ist, den Abtsstab vom Altar Sankt Aurelius' nehmen und ohne ferneren Widerspruch in seine Hand geben, die Hand dessen, den die ganze Versammlung der Brüder sich erwählt hatte. Der kanonisch zum Amt Ordinierte soll sofort, ohne jemandes Herrschaft und Behinderung, das übernommene Amt nach seinem Können und Wissen ausüben und allein Gott nach seinem Range frei dienen und freie Vollmacht haben, über die ihm anvertrauten Güter in Christus drinnen und draußen zu verfügen. Wenn er etwa wider die Notdurft des Klosters und den gemeinen Nutzen der Brüder als ein Eidbrüchiger, was ferne sei, zügellos und in weltlicher

7 Sie brauchen den Erwählten nicht mehr dem Stifter oder dessen Nachfolger zu präsentieren, damit dieser ihn bestelle.

Weise sich anmaßte, die gegebenen Freiheiten, die Hörigenfamilie, die Güter und Sachen des Heiligtums zu mißbrauchen, und wenn er, deswegen die Ermahnungen der Brüder verachtend, sie zu seiner und seiner Leute privater Begierde und Lust leichtfertig auseinanderreißt oder wenn er Lehen ausgibt an irgendwelche Personen außer den für das Kloster notwendigen Dienern oder wenn er Königen, Bischöfen oder sonstigen Personen zustimmend beifällt, wenn sie etwa die Freiheit des Klosters zu verderben und sich die heilige Stätte zu unterwerfen versuchen oder verlangen sollten, daß dort irgendein Gesetz über einen Dienst zu ihren Gunsten gemacht werde, dann sollen sofort die Nachkommen des erwähnten Grafen mit Unterstützung der Brüder, des Vogtes, des Klerus, der ganzen Hörigenfamilie und aller Guten den rechtmäßig von den Brüdern Angeklagten und rechtmäßig von ihnen Überführten seiner Würde einsetzen lassen[8], und die Brüder sollen sich einen anderen gemäß der vorgenannten Freiheit und der Regel Sankt Benedikts erwählen und ohne jeden Widerspruch an seiner Stelle einsetzen.

Auch hat der genannte Graf zugestanden, daß sich die erwähnte Zelle einen Vogt aus seinen Nachkommen nehme, wenn nur der Abt jenes Ortes mit Rat der Brüder einen solchen unter ihnen finde, der so, wie jetzt der Graf selbst, gewillt wäre, in Sorge und Eifer nicht für irdische Vorteile, sondern für den ewigen Lohn die Güter und die dem Kloster gegebene Freiheit und Gerechtigkeit zu verteidigen. Andernfalls soll er sich einen fähigen und nützlichen Vogt erwählen, wo immer es ihm gefällt. Dieser soll auf Antrag des Abtes vom Könige den gesetzlichen Bann empfangen[9] und dreimal im Jahre, wenn es nötig ist, entweder in die Zelle selbst oder wohin und wann es dem Abte gefällt, von diesem gerufen kommen und dort das rechte Gericht für die Geschäfte und die

8 Hauptaufgabe des Hoch- oder Schirmvogtes, die von den Funktionen der Amts- oder Lehnsvogtei deutlich unterschieden wird. Die Hochvogtei wird im folgenden der Stifterfamilie reserviert.

9 D. h. der Abt präsentiert den Geeigneten, und der König bestellt ihn. Bann heißt die königliche Befehlsgewalt. Bruch der Gebote des mit dem Königsbann ausgestatteten Vogtes wird bestraft wie der Bruch des vom König selbst Befohlenen. Der Königsbann stellte den Vogt dem Grafen gleich.

Notdurft des Klosters richtig abhalten. Er soll aber anerkennen, daß ihm kein anderer Dienst, Recht oder Lehen dafür zugestanden wird als der dritte Bann[10] und die gewöhnliche Gerechtigkeit und Gesetz, die andere Vögte in anderen freien Klöstern haben, über Diebe, Frevel[11] und Zinsleute und dergleichen mehr und in jenen drei Gerichtszeiten an jedem Tage 1 Malter Getreide und 1 Frisking und 1 Schekel Wein und was sonst hierzu gehört. Außerdem hat er weiter bestimmt, daß, wenn der Abt es nicht will und ihn nicht ruft, er die Güter und Orte des Klosters mit seinem Gefolge unter keinen Umständen leichtfertig und ohne Grund betreten oder aufsuchen soll noch verschwenderisch in ihnen irgendein Gericht halten noch die Erlaubnis zum Übernachten haben noch einen Untervogt für sich bestellen[12] noch überhaupt irgendeine Hinterlist, Einfall oder Unrecht ohne Grund dem Kloster, dem Abt oder der Familie antun soll. Wenn er aber nicht wie ein Vogt, sondern eher wie ein Hinterlistiger und Eindringling des Klosters handelt, dann soll der Abt mit Rat der Brüder durchaus Macht haben, ihn zu verwerfen und sich einen anderen, nützlicheren irgendwoher zu wählen.

Der vorgenannte Graf hat aber auch dieses festgesetzt, und wir setzen es auf seinen Antrag beständig fest, daß, wenn einer von seinen Nachkommen oder ein Mann beliebiger Personen einen Weingarten, eine Hufe, eine Mühle oder auch nur einen Unfreien oder etwas Derartiges von der oben genannten Zelle als Anmaßender unrechterweise fortnimmt[13], dieser, gezwungen von unserer und unserer Nachfolger königlicher Gewalt, drei Pfund Goldes an die Kammer des Königs entrichte, nachdem er zuerst der Kirche zurückgegeben habe, was er okkupiert hat. Wenn aber einer von ihnen, was ferne sei, einen Gutshof oder irgendeinen Haupthof als Gewalttäter entfremdet oder sich als handhafter Schädiger der Güter dieser Zelle erweist oder versucht, dieses Vermächtnis der Schenkung und Freiheit mit irgendeiner List oder Argument

10 Ein Drittel der Gerichtsgefälle.
11 Dieb und Frevel bezeichnen die Hochgerichtsbarkeit.
12 Falls erforderlich, tut dies der Abt.
13 D. h., wenn er vom Abte die Belehnung mit Klostergut erzwingt.

weltlichen Rechts[14] umzustürzen oder zu zerbrechen, so zahle er abermals 100 Pfund Goldes an die königliche Kammer und gebe zuvor der Kirche zurück und büße ferner gemäß dem Recht, was weggenommen worden war, und so werde seine Absicht gänzlich zunichte. Den Dienstleuten und dem Hörigenverbande der Kirche hat er dasselbe Recht und Dienstbarkeit gewährt, welches die übrigen freien Abteien in unserem Königtum besitzen, damit sie ihren Prälaten um so getreulicher dienen.

Über dies alles hat der oft genannte Graf ein päpstliches Privileg erworben und bestimmt, daß ein Goldstück, das wir Bizantius nennen, alljährlich nach Rom zum Altar Sankt Peters vom Abte des erwähnten Klosters zu Ostern bezahlt werden soll, in der Absicht, daß die Statuten dieser Freiheit und Schenkung um so ewiger unerschüttert hinfort Bestand haben und daß das genannte Kloster unter dem Schutze und Majestät der römischen Kirche stets sicher befestigt und verteidigt werde, wenn etwa einer von den Königen oder seinen Nachfahren oder ein Mann beliebiger Personen, was ferne sei, dieses Vermächtnis durch irgendeine List zu entkräften oder zu brechen sich anmaßte. Wenn aber dies, was ferne sei, auf Antrieb des Teufels von irgendeinem jener geschieht, so beschwört der Graf und ruft er den apostolischen Pontifex bei Christus, bei Sankt Peter, beim heiligen Bischof Aurelius, bei allen Heiligen Gottes und beim Tage des schrecklichen Gerichtes an, daß er diesen Verächter Gottes und seiner Heiligen und Zerstörer dieser Vermächtnisurkunde, wenn er nicht zur Vernunft kommt, gänzlich dem Satan übergebe und ihn banne und von den Genossen und Söhnen der heiligen Kirche Gottes und Erben des ewigen Lebens ausschließe, so daß Gott sein Gedächtnis von der Erde der Lebendigen vertilge und seinen Namen im Buche des Lebens lösche... Die Güter aber und Haupthöfe, die seit alters zu diesem Kloster gehören und die von dem Grafen jetzt zurückgegeben wurden, sind diese: ...Diese aber hat der genannte Graf aus Eigenem den vorgenannten hinzugefügt: ...Damit aber der Zustand dieser Freiheit und Schenkung und alle genannten Statuten in der Absicht, wie sie für Gott und seine

14 Gedacht ist an Eigenkirchen- und Lehnrecht.

Heiligen bestimmt worden sind, von heute an für alle Zeit in Christus anerkannt und unerschüttert dauern, haben wir diese Vermächtnisurkunde auf Bitten des genannten Grafen schreiben und, sie mit eigener Hand bestärkend, mit dem Aufdruck unseres Siegels zeichnen lassen.

4. Kaiser Heinrich IV. bestätigt das Weistum über die Rechte des Klostervogtes von Prüm, 1102/04: MGH DD. H. IV. Nr. 476.

Im Namen der heiligen und unteilbaren Dreiheit. Heinrich, von Gottes Gnaden der Dritte[15], Kaiser der Römer, Augustus. Wir wollen, allen Christi und unseren Getreuen, zukünftigen wie gegenwärtigen, sei kund, daß Abt Wolfram von Prüm und der Konvent des heiligen Erlösers mit der Klage, die Abtei werde von unrechter Überhebung der Vögte und Untervögte, vor allem aber Bertolds von Ham und seiner Söhne, gequält, häufig unsere und unserer Fürsten Milde aufgesucht hat, um dies tränenreich zu rügen, solange bis wir, von Furcht vor und Liebe zu Gott und von der Gerechtigkeit selbst bezwungen, unserem Sohne König Heinrich und dem Bischof von Utrecht, den Pfalzgrafen Konrad und Heinrich und sehr vielen anderen unseren Fürsten befahlen, bei dem neuen Münster des Abtes zusammenzutreten, um das Recht zwischen ihnen zu prüfen und das Unrecht zu unterbinden. Man kam zum Termin, der Abt und seine Brüder erheben wiederum dieselbe Klage, die wir in dieser Urkunde haben verzeichnen lassen, damit aus der Erwägung des Unrechts um so heller die Rechtsentscheidung hervorleuchte: »Gott und euch, ihr Fürsten, klagen wir, daß die Überhebung der Vögte und Untervögte, vor allem aber Bertolds von Ham und seiner Söhne, über den Hörigenverband und die Güter der Kirche des heiligen Erlösers dermaßen ausgeartet ist, daß Bertold öffentlich seine Einnehmer über unsere Dörfer und Höfe einsetzt und seine Bedienung für das ganze Jahr nach Belieben festsetzt und wie eine Schuld einzieht, wo er doch weder einen Zins noch irgendein Eigentums-

15 Als König der Vierte; König Heinrich I. (919–936) hatte das Kaisertum noch nicht erlangt.

recht, ausgenommen die Vogtei, besitzt oder besessen hat. So zogen seine zusammengebrachten Einnehmer wie Räuber durch unsere Dörfer, und mit gerechten und ungerechten Gerichtstagen, mit Forderungen und Drohungen, schließlich mit Überfällen haben sie unsere Leute in äußerste Armut gestürzt und gezwungen, Heimat und Erbgut zu verlassen, um zu betteln. Obendrein aber nimmt er selbst auf unseren Fronhöfen und in den einzelnen Häusern der Hörigenfamilien Quartier, so oft er will; danach nehmen seine Söhne und Knechte, schließlich die einzelnen Untervögte und Jäger von unseren und der Hörigenfamilie Gütern, so viel ihnen und den Ihren gefällt, und so verwüsten sie die Abtei von Grund auf.«

Nach erhobener Klage, als unser Sohn und die Reichsfürsten mit der Sache des Abtes mitfühlten und mit unwilligem Lärmen Bertolds und seiner Söhne höchst grausame Ungerechtigkeit wie aus einem Munde tadelten, als dann auch vor aller Gehör alle Urkunden verlesen und erklärt worden waren, die seit der Zeit König Pippins, des Gründers dieser Kirche, signiert worden waren und der genannten Kirche und Vogtei Amt und Rechte betrafen, da erzeigte jener sich noch in seiner Hartnäckigkeit bestärkt; er lachte über die Urkunden und sagte, jedes Beliebigen Feder hätte Beliebiges aufschreiben können, deswegen dürfe er sein Recht nicht verlieren, und schließlich nahm er Zuflucht zu den Waffen seiner Verteidigung, und als freiwilliges Recht stellte er allein für sich folgendes auf: daß er das als Recht selbst anerkennen und befolgen würde, was Dienstmannen der oft genannten Kirche, die er selbst auswählte und benennte, als solches weisen und beschwören würden. Dieser Bedingung widersprach der Abt zunächst heftig; es schien ihm nämlich gefährlich zu sein, von den Urkunden abzulassen und auf deren Eid zu bauen, die, weil sie jenem die Hände dargereicht oder von ihm ein Lehen empfangen hätten, aus Furcht um sich oder ihre Güter ihm anhängen würden. Jedoch von seiner Schroffheit überwältigt und kaum eben von seinen Freunden beraten, räumte er es unter der Bedingung ein, daß von denen, die schwören sollten, er, der Abt, die eine Hälfte und Bertold die andere Hälfte ernennte. Dieser wiederum verwarf den Vorschlag, wenn nicht er allein alle ernennen würde. Schließlich fügte sich der Abt seiner Schroffheit. Mit seiner Zustimmung traten die von Bertold Benannten vor, und so, wie sie sie je am richtigsten von ihren Voreltern erfahren und am wahrsten in Erinnerung rufen konnten, sagten sie sorgfältig die Rechte der Vögte in den einzelnen Haupthöfen an, und das Angesagte heiligten sie ehrfürchtig mit dem Eide. Folgendes haben sie angesagt und beschworen:

Kein Untervogt oder sonst jemand dürfe über die Güter und den Hörigenverband des heiligen Erlösers Gericht halten, Forderungen erheben, Herberge fordern. Der Vogt selber, der den Bann vom Kaiser oder König empfangen habe, solle lediglich drei Gerichtstage pro Jahr an den festgesetzten Stätten abhalten; was dort an Bußen festgesetzt werde, nachdem die Bußen nach Ermessen des Abtes oder seines Vertreters verfügt worden seien, davon sollten zwei Drittel dem Abte, ein Drittel dem Vogte bezahlt werden. Über die Handwerks-Dienstleute[16] und die Lehen der Ministerialen und alle Rechte und Hofgüter des Abtes habe er überhaupt keine Gewalt, zu bestimmen und zu widerrufen[17], wenn dort nicht eine Gewalttat vorfällt. Und wenn der Abt von einem binnen oder außerhalb des heiligen Erlösers erschlagenen Eigenmanne das Wergeld selber eintreiben kann, soll der Vogt nichts davon erhalten; hat es aber der Vogt eingetrieben, so erhält der Abt zwei Drittel, der Vogt ein Drittel. Er maße sich nicht an, jemanden zu züchtigen oder zu scheren in Abwesenheit des Abtes und seiner Getreuen und ohne Urteil ihrer Genossen, und wenn sich der Schuldige loskauft, sollen sie den Preis teilen. Wenn der Abt auf seinem Herrenlande einen Wald, wo der Vogt nicht den Wildbann hat, zur Rodung ausgibt, soll der Vogt nichts davon haben. Keiner von den Ministerialen des Abtes soll wegen einer Schuld in das Haus des Vogtes oder irgendwohin kommen, um seine Gnade zu erwerben oder Rechenschaft zu geben, noch gebe er Rechenschaft außer in Gegenwart des Abtes im königlichen Gericht, ebenso wenig ein Hufenbauer, außer auf dem Hofe, zu dem er gehört. Kei-

16 Inhaber von Bauernhufen, die nicht die üblichen bäuerlichen Hand- und Spanndienste, sondern qualifizierte Dienste als Handwerker leisteten.

17 Hier übte der Abt selber die (unblutige) Hochgerichtsbarkeit in einem Standesgericht der Ministerialen aus.

nem der Kirchenleute darf er Pferd oder Rind oder Kuh, Schwein, Schaf oder ein Gewand oder irgend etwas in seinem Hause oder auf Acker, Wiese, Weinberg Gewalt halber wegnehmen. Jeder, der von solchem Rechte ist, daß er zum Rinderhirten mit Recht gezwungen werden kann, und wer einen Kopfzins zahlt: Wenn ein solcher nach außerhalb der Herrschaft flieht oder an einem Orte lebt, wo sein [Zins]meister von ihm die Gerechtigkeit nicht erlangen kann[18], so soll der Vogt oder dessen Bote mit dem Boten des Abtes dorthin gehen und den Flüchtling und Widersetzlichen zum zuständigen Hofe zwingen. Überall, wo Güter der Kirche, nämlich Äcker, Weinberge, Zehnten, Nutzland oder Ödland, innerhalb seiner Vogtei angegriffen werden, soll er es dem Eigentum der Kirche vorbehalten oder aus dem Seinen ersetzen. Zu den drei Gerichtstagen, die wir erwähnt haben, soll er ein Servitium[19] erhalten, das nach Ostern vom Abte geschuldet wird; zwei, die der Hörigenverband ihm schuldet, soll er folgendermaßen leisten: Jedes Mitglied des Hörigenverbandes soll einen Obolus an Epiphanias, einen zweiten am Festtage des heiligen Johannes des Täufers zum Servitium des Vogtes bezahlen. Auch sind als bestimmte Höfe, die dem Vogte ein ganzes Servitium schulden, der Schrift anvertraut und eidlich bekräftigt worden die folgenden: ...[9 Ortsnamen]; folgende zahlen ein halbes Servitium: ... [12 Ortsnamen]. Ein ganzes Servitium soll sein 1 Scheffel Weizen, 2 Maß Wein, 1 Schwein, 12 Pfennige, 1 Ferkel, 2 Hähne, 3 Scheffel Hafer, ein halbes Servitium ½ Scheffel Weizen, 1 Maß Wein, 1 Schwein, 6 Pfennige, 1 Hahn, 1½ Scheffel Hafer. Über Bann und Freigabe der Weinlese und über die Fischereien der Brüder soll der Vogt keine Gewalt haben. Den Gerichtstag mit den Dienstmannen, d. h. den

18 Hörige Bauern, die von ihrem Herrn keinen Hof oder Grundbesitz innehaben, die daher nicht zu Grund-, sondern nur zu persönlichen Diensten und Abgaben (»Kopfzins«) verpflichtet sind, sind Leibeigene im engeren Wortsinne. Der Kopfzins ist keine Bringschuld des Mannes, sondern eine Holschuld; den Einzug hat der Abt dem Zinsmeister übertragen. Wenn der Leibeigene hinter einen anderen Grundherrn oder in eine Stadt abgezogen war, konnte der Zinsmeister ihn häufig nicht mehr erreichen.

19 »Bedienung«, d. h. Beherbergung und Beköstigung des Vogtes und seines Gefolges in herkömmlichem Umfange.

Scharmannen des heiligen Erlösers[20], soll er stets am achten Tage nach dem Geburtsfeste des heiligen Remigius in »Merniche« abhalten. An demselben Tage soll er, wenn er kommt, von seiten des Abtes das bereits erwähnte ganze Servitium erhalten; kommt er aber nicht, so sind die Dienstmannen vom Gerichtstage und der Meier vom Servitium für dieses ganze Jahr befreit. An welchem Orte aber auch immer rechtmäßig der Gerichtstag abgehalten werden muß, dort soll am gleichen Tage der Meier des Abtes dem Vogte das Servitium liefern und nirgendwo anders, weil sie es gemeinsam verzehren müssen. Und dort soll am seit alters bestimmten Termin die Hörigenfamilie auf dem Fronhofe den Gerichtstag erwarten, wenn es ihr nicht drei oder zwei Tage vorher abgesagt wird. Wenn es aber vom Vogte vernachlässigt wird, dann soll der Meier vom Servitium und der Hörigenverband vom Gerichtstage befreit sein. Jeder einzelne von dem Hörigenverband arbeite einen Tag im Jahre für den Vogt zu Prüm oder zu Ham und nirgendwo anders.

Dies sind die Rechte und Pflichten der Vögte, und diese Bedingung ist zwischen dem vorgenannten Abte Wolfram von Prüm und dem Vogte dieser Stätte Bertold von Ham und dessen Söhnen und allen Vögten nach ihnen von unserem Sohne und unseren Fürsten errichtet und gebilligt, von den Dienstleuten der Kirche beschworen worden; dies alles ist von ihm und seinen Söhnen sehr wohl gebilligt, hernach aber in vielem übel beobachtet worden, denn nach dem Tode des Vaters ist der jüngere Sohn in seinem Lehen nachgefolgt, der aufs neue kraft beanspruchten Rechtes überall die Wege des Vaters beschritt. Darüber erhob wiederum der Abt mehrfach Klage, und gewissermaßen untröstlich betroffen, entzog er, da er anderes nicht vermochte, dessen Bruder, nämlich dem B., die Gabe des Lehens bis zu unserem und unserer Fürsten Gerichtstag, wo ihm die Hartnäckigkeit solcher Bosheit des Vaters und des Sohnes, die alle Anwesenden erkannten, mit gesetzlichem Rechte

20 Hörige Bauern, die zu Pferde Botendienste für die Abtei leisteten und den Abt auf seinen Reisen bewaffnet eskortierten; dieser besondere Dienst hat sie ständisch von den Bauern und deren Hofgericht abgesondert, ähnlich den Ministerialen.

nicht geleugnet werden konnte. Durch unseren Rat und nicht eben maßvolles Fordern erlangte er dort in unserer Gegenwart, wobei er es freilich mit solcher Bedingung billigte und [diese doch] kaum erlangte, daß, wenn jener oder jemand nach ihm etwas von dem bräche, was der Vater gebilligt und die Dienstmannen beschworen hätten, er kein anderes Urteil erwarten könne als Verwirkung des ganzen Lehens, das er von der Kirche hielte. Diese aber sind es, die die Rechte der Vögte gewiesen und mit Eid bekräftigt haben: Roricus de Tidendorf, Walterus de Herlingesdorf, ... [weitere 10]. Dieses Weistum ist von mir und unseren Fürsten schließlich so festgestellt und durch unsere Autorität bekräftigt worden. Dies aber sind die Zeugen, die bei dieser Ausbedingung dabei waren: König Heinrich, unser Sohn, Erzbischof Bruno von Trier, Erzbischof Friedrich von Köln, ... [5 Bischöfe], Herzog Friedrich, ... [3Grafen, 10 Unbetitelte] und andere mehr.

Die Feudalgesellschaft der englischen Grafschaft Kent im Jahre 1086

Domesday Book seu Liber Censualis Willelmi primi Regis Angliae. 2 Bde., London 1783, Bd. 1 fol. 1–4.

Im Jahre 1066 hatte Herzog Wilhelm von der Normandie an der Spitze eines Ritterheeres das Königreich England erobert und die größeren Grundbesitzer, die das Heer des letzten englischen Königs gebildet hatten, ihrer Güter beraubt und z. T. aus dem Lande vertrieben, während die Bauern, die die Güter bebauten, dies natürlich auch weiterhin tun sollten. Die Normannen betrachteten ganz England als Kriegsbeute und ihren Führer, nun König Wilhelm I. (den Eroberer), als einzigen Grundeigentümer. Dieser entlohnte aus der Beute sein Heer, indem er nach Abzug einer Krondomäne das Land an die einzelnen Heerführer als Lehen austeilte; die Heerführer ihrerseits gaben einen Teil der Kronlehen an die Ritter ihres Gefolges als Afterlehen weiter. Da man, um die (in Frankreich der Krongewalt bereits sehr gefährlich gewordene) Bildung von Territorien zu verhüten, die Kronlehen nicht als geschlossene Grafschaften, sondern als über viele Grafschaften verstreute Summe von Herrenhöfen auswies, entstand sehr rasch sowohl beim Könige wie bei den Kronvasallen selbst das Bedürfnis, die Lage und die Inhaber der ritterlichen Gutshöfe (maneria, manors) und städtischen Grundstücke sowie deren Inventar und Wert, wovon die Höhe der Lehnsdienste und Abgaben abhing, schriftlich zu fixieren, um zu verhindern, daß Erbgang und Veräußerungen und damit verbundene Teilungen die Herren um ihre Einnahmen und Gefolgschaften brachten.

So begannen im Jahre 1085 königliche Kommissare in den Grafschaften mit den erforderlichen Erhebungen, indem sie den Baronen, dem Klerus, den Gerichtsversammlungen eine Reihe vorweg bestimmter Fragen vorlegten. Als Besteuerungsgrundlage erfragten sie die Größe der Ländereien in bäuerlichen Betriebseinheiten, nämlich Hufen (hides) oder Pflugländereien (carucatae), und die

Zahl der Häuser in den Städten, wenn man die umwallten Siedlungen (burgi, boroughs) schon so nennen will. Zu jedem Gutshof wird der Wert zur Zeit König Edwards, des letzten angelsächsischen Königs, als dessen Erben sich Wilhelm betrachtete, und zur Zeit der Erhebung angegeben, und zwar in Geldsummen, die den geschätzten oder abgezählten Jahresertrag benennen. Sowohl für die Domäne wie für das Lehnland ermittelten die Erheber die Zahl der zur Bebauung erforderlichen oder vorhandenen Pflüge, deren jeder einer Bespannung mit 8 Ochsen bedurfte, sowie der bäuerlichen Inhaber, wobei sie zwischen Freien, Dorfleuten (villani, Dienstbauern) und Kätnern (bordarii, cottarii) unterschieden. Die Vollständigkeit des aus den Erhebungen überlieferten Materials ist nicht gesichert. Gerade für Kent haben wir aus anderen Quellen Kenntnis von 160 Kirchorten, die im Domesday Book fehlen; viele davon liegen im Gebiet des Weald, der im Domesday Book zu Unrecht als weithin unbesiedelt erscheint. Trotz dieser Lücken und der nicht unerheblichen Schwierigkeiten, den Text richtig zu erklären, gewährt uns das Domesday Book eine für das Hochmittelalter in Europa einmalige Beschreibung der Feudalgesellschaft, in die einen Einblick zu gewinnen kein Liebhaber des Mittelalters versäumen sollte. Wir wählen als Beispiel die Nachrichten über die Grafschaft Kent aus, mit denen das Domesday Book beginnt:

1. Die Rechte des Königs in der Stadt Dover.
2. Die Rechte des Königs in der Grafschaft: von den Königsstraßen, den Grundeigentümern, den Straftaten und den Wachdiensten.
3. Das in Pfründen aufgeteilte Land des Stiftes St. Martin in Dover.
4. Die Rechte des Königs in den Bischofsstädten Canterbury und Rochester.
5. Das unverteilte Land des Stiftes St. Martin.
6. Verzeichnis der zwölf Kronvasallen, die außer dem Könige Großgrundbesitz innehaben.
7. Die Länderei des Königs.
8. Das Land des Erzbischofs von Canterbury.
9. Das Land seiner Aftervasallen.

Die Abschnitte 8 und 9 sind repräsentativ für die Beschreibung der Güter der anderen Kronvasallen, auf die daher verzichtet werden kann.

Folgende Zeichen und Abkürzungen werden benutzt:

. . . Auslassungen des Übersetzers,

[---] Auslassungen in der Handschrift: Freiräume, deren nachträgliche Ausfüllung vorgesehen war, aber unterblieben ist,

L. = Libra, Pfund,

s. = solidus, Schilling; 20 = 1 Pfund,

d. = denarius, Pfennig; 12 = 1 Schilling,

Z. K. E. = Zeit König Edwards des Bekenners (Jahre 1042–1066).

1.

Dover gab zur Z. K. E. 18 L.; von diesen Pfennigen hatte König Edward zwei Dritteile und Earl Godwin das dritte. Hiergegen hatten die Kanoniker von St. Martin die andere Hälfte. Die Bewohner[1] gaben dem Könige 20 Schiffe einmal im Jahre für 15 Tage, und in einem jeden Schiffe waren 21 Männer. Das taten sie deshalb, weil er ihnen das Gericht[2] überlassen hatte. Wenn Sendboten des Königs dorthin kamen, gaben sie für das Übersetzen eines Pferdes 3 d. im Winter und 2 im Sommer. Die Bewohner aber ermittelten den Steuermann und einen weiteren Helfer, und wenn mehr nötig war, so wurde es von diesem Geld gemietet.

Vom Festtage St. Michaelis (29. Sept.) bis zum Festtage St. Andreas (30. Nov.) war in der Stadt des Königs Waffenruhe oder Friede. Wenn jemand sie gebrochen hatte, so nahm des Königs Amtmann davon die gemeine Besserung. Jeder, der beständig in dem Orte wohnte, gab dem Könige das Gewöhnliche; er war frei

1 Lat. burgenses kann noch nicht als Bürger übersetzt werden, weil die Einwohner der als burgi bezeichneten Siedlungen noch in unterschiedlichen Rechtsverhältnissen lebten: Sie konnten unfrei (einem Herrn hörig) und frei, auch als Freie bei unterschiedlichem Reichtum zu einfachem oder zu ritterlichem Königsdienst verpflichtet sein. Der Text bezeichnet Dover als villa oder Dorf.

2 Anglolat. saccam et socam, das Gericht über mit Geld sühnbare Verfehlungen. Die Strafgelder und wohl auch noch andere dem König zustehende Einnahmen hatte bereits König Edward den Bewohnern überlassen. – Der Text nennt später die königlichen Einnahmen »Gewohnheiten«.

vom Zolle durch ganz England hin[3]. Alle diese Gewohnheiten waren dort, als König Wilhelm nach England kam. Bei dieser seiner ersten Ankunft in England wurde der Ort verbrannt, und deswegen konnte sein Wert nicht berechnet werden, wieviel er galt, als der Bischof von Bayeux[4] ihn übernahm. Jetzt wird er zu 40 L. bewertet, und dennoch gibt der Amtmann davon 54 L., und zwar dem Könige 24 L. von Pfennigen, deren es 20 auf die Unze sind, dem Earl aber 30 L. abgezählt.

In Dover sind 29 Hausstellen, von denen der König die Gewohnheit verloren hat. Davon hat Robertus de Romenel 2, Radulfus de Curbespine 3, Wilhelm, Tedalds Sohn, 1, Wilhelm, Ogers Sohn, 1, Wilhelm, Tedolds Sohn, und Robertus Niger 6, Wilhelm, Goisfrids Sohn, 3, auf denen die Gildhalle der Bewohner war, Hugo von Montford 1 Haus, Durandus 1, Rannulfus de Columbels 1, Wadard 6, des Modbert Sohn eines: Und diese alle rufen wegen dieser Häuser den Bischof von Bayeux zum Schützer und Befreier und Geber an. Wegen des Hauses, das Rannulfus de Columbels innehat, das einem Flüchtigen oder Verbannten gehörte, sind sie einig, daß das halbe Grundstück dem Könige gehört, und Rannulfus selbst hat beides. Hunfridus Loripes hat ein Haus inne, wovon die Hälfte Strafe des Königs war. Roger von Ostreham hat ein Haus gebaut über das Wasser des Königs und bis jetzt des Königs Gewohnheit innegehabt, und das Haus war dort nicht zur Z. K. E.

In der Einfahrt des Hafens von Dover ist eine Mühle, welche fast alle Schiffe zerbricht durch großes Aufwühlen des Meeres und dem Könige und den Männern den größten Schaden tut[5]. Und sie war nicht dort zur Z. K. E. Darüber sagt der Neffe des Herbert, daß der Bischof von Bayeux seinem Onkel Herbert, dem Sohne des Ivo, erlaubt habe, daß sie erbaut werde.

3 Erste Erwähnung dieses Privilegs in England. Im 12. Jh. erlangten viele andere Städte dasselbe Vorrecht.

4 Odo, Halbbruder König Wilhelms, der ihn als Earl von Kent zum Kronvasallen machte. Der Earl behielt Dover in eigener Nutzung; die Güter, die er an Aftervasallen weitergab, sind unten, fol. 6, verzeichnet.

5 Die Stelle ist unverständlich.

2.

Diese nachgeschriebenen Gesetze vereinbaren die Männer von den vier Lesten[6], nämlich Borwarlest und Estrelest und Linwartlest und Wiwartlest: Wenn jemand einen Zaun oder Graben macht, so daß dadurch die öffentliche Königsstraße enger gemacht wird, oder einen außerhalb der Straße stehenden Baum in die Straße hinein fällt und davon einen Zweig oder das Laub fortträgt, so zahle er für jede einzelne dieser Straftaten dem Könige 100s. Und wenn er vom Hause fortgeht, ohne ergriffen worden zu sein oder unter Bürgschaft[7] zu stehen, so soll doch des Königs Knecht ihn verfolgen, und er soll 100s. bessern. Aber wegen Friedensbruchs, wenn jemand das gemacht hat und auf der Straße angesprochen oder gepfändet worden ist, so soll er dem Könige 8L. bessern; wenn aber nicht, so soll er frei sein gegenüber dem Könige, aber nicht gegenüber dem Herrn, dessen Mann er sein mag. Wegen der anderen Straftaten ebenso wie wegen Friedensbruchs; aber er soll mit 100s. bessern.

Diese Strafen hat der König über alle Grundeigentümer der ganzen Grafschaft von Kent und über deren Leute. Und wenn ein Grundeigentümer stirbt, so hat der König davon das Erbansuchen um Land[8], ausgenommen das Land von St. Trinitatis und St. Augustin und St. Martin und ausgenommen diese: Godric de Burnes und Godric Carlesone und Alnod Cilt[9] und Esber Biga und Siret von Cilleham und Turgis und Norman und Azor: Über diese hat der König lediglich die Strafgewalt wegen ihrer Köpfe, und das

6 Lest ist die in Kent gebräuchliche Bezeichnung für die Untergliederung der Grafschaft; sie hatte sieben Leste.

7 Von Freunden und Verwandten, die verpflichtet waren, einander zum Erscheinen vor Gericht anzuhalten, und dafür ein Pfand stellen mußten. Im 12. Jh. mußte jeder Freie einer solchen Bürgengemeinschaft angehören (francplegium, Freibürgschaft).

8 Der Erbe eines Lehens konnte nur mit Zustimmung des Lehnsherrn dieses in Besitz nehmen. Er mußte die Zustimmung erbitten und dafür eine Gebühr zahlen.

9 Cilt bezeichnet einen der königlichen Familie verbundenen Mann. Gemeint ist Ulnoth, vierter Sohn des ganz am Anfang genannten Earl Godwin, Rivalen König Edwards; König Wilhelm hielt ihn in Salesbury gefangen.

Erbansuchen hat er von den Ländereien derer, die sein Gericht[10] haben.

Und von diesen Ländereien, nämlich Goslaches und Bocheland und dem anderen Bocheland und dem dritten Bocheland und Herste, 1 Joch von einer Unze, und 1 Joch von Herte, Schildricheham, Macheheve, Ernulfitone, Oslachintone, Piria und dem anderen Piria, Bruhge, Ospringes, Hortone, hat der König folgende Straffälle: Hausfriedensbruch, Friedensbruch, Hinterhalt am Wege. Wegen Ehebruchs aber hat in ganz Kent der König den Mann und der Erzbischof die Frau, ausgenommen das Land von St. Trinitatis, St. Augustin und St. Martin, von denen der König nichts hat. Vom Räuber, der zum Tode verurteilt ist, hat der König die Hälfte seines Viehs, und wer einen Verbannten aufnimmt ohne Erlaubnis des Königs: Davon hat der König die Strafe.

Von den oben genannten Ländereien des Alnod Cilt und seinesgleichen hat der König einen Wachdienst an 6 Tagen bei Canterbury oder bei Sandwich, und dort haben sie vom Könige Speise und Trank. Erhalten sie dies nicht, so kehren sie ohne Vergehen heim. Wenn sie aufgefordert werden, zur Versammlung des Sheriffs zusammenzukommen, gehen sie bis nach Pinnenden, nicht weiter. Und wenn sie nicht kommen: Von diesem Vergehen und von allen anderen erhält der König 100 s., ausgenommen Friedensbruch, der mit 7 L. gebessert wird, und von den Straßen so, wie es oben geschrieben steht.

In Linwartlest in Brisewei hat der König folgende Gewohnheit: 2 Karren und 2 Stieg Aale für einen Wachdienst[11], und an dem Lande Sophis hat er 12 d. für einen Wachdienst, und von einem Joch von Northburg 12 d. oder einen Wachdienst und von Dena 18 d. und von Gara einen Wachdienst. Diese Ländereien liegen in Wi, und die Männer von diesen Ländereien bewachten den König bei Canterbury und bei Sandwich drei Tage lang, wenn der König dorthinkam.

Im Lest von Sudtone und im Lest von Ailesford hatten folgende

10 Siehe oben, Anm. 2.

11 Bewachung des Königs, wenn er sich im Lande aufhielt, eine bereits durch Natural- und Geldleistungen ersetzte Pflicht.

Gericht: Brixi Cilt, Adelold de Elteham, Anschil de Becheham, Azor de Lesneis, Alwinus Hor, Vulward Wit, Ordinc de Hortone, Esbern de Cillesfelle, Levenot de Sudtone, Edward de Estan, Vlestan et Levric de Otrinberge, Osward de Nordtone, Edid de Aisiholte, Alret de Ellinges.

3.

Das Land der Kanoniker von St. Martin von Dover. Im Lest von Estrede hatten die Kanoniker von St. Martin zur Z. K. E. 21 Swolling[12] im Hundred[13] von Cornely und im Hundred von Beusberge. Im Lest von Linwarlet hatten sie 3 Swolling, eines in Estret Hundred, das andere in Belissolt Hundred und das dritte im Blacheborn Hundred. Zur Z. K. E. gab es gemeinsame Präbenden, und sie verteilten 61 L. insgesamt. Jetzt sind sie nach einzelnen verteilt[14] durch den Bischof von Bayeux.

In Beusberg Hundred. Radulfus von St. Sanson hält einen Gutshof als Präbende und zahlt Danegeld[15] für 1 Swolling. Er hat dort 3 Dienstbauern und 4 Kätner mit 1 Pflug, im ganzen 70 s. wert zur Z. K. E. 100 s. hält Lewinus als Präbende. – In demselben Dorfe hält Wilhelm, des Oger Sohn, 1 Swolling, und er hat dort 1 Dienstbauern und 7 Kätner mit ½ Pflug und 1 Mühle von 40 s. Dort hat einer aus Frankreich[16] 1 Pflug. Derselbe Wilhelm hält 1 Kloster in Dover vom Bischof, und er gibt ihm 11 s. Die Kanoniker beanspru-

12 Ein nur in Kent übliches Landmaß, entsprechend dem Pfluglande und der Hufe (hida).

13 Unterbezirk der Grafschaft mit Gerichtsbarkeit, der einst bestimmte Steuern und die Gerichtsgefälle an den König abgeliefert hatte. Jetzt standen die Abgaben meistens bestimmten Gutshöfen und deren Grundherren zu.

14 Aufteilung des einst von den Geistlichen einer Stiftskirche gemeinsam verwalteten und genutzten Gutes in Pfründen, davon jedem Kanoniker eine zu eigener Nutzung zustand, seit dem 10. Jh. überall im katholischen Europa üblich. Die Stiftspfründen werden im folgenden beschrieben.

15 Die von der Bodeneinheit, siehe oben, Anm. 12, vermutlich einmal im Jahre erhobene Grundsteuer. Die Bezeichnung beruht vermutlich auf einer Verwechslung mit Tributen, die man mehrfach im 9. Jh. den dänischen Wikingern bezahlt hatte, um deren Plünderungen abzuwenden.

16 Vermutlich ein vor 1066 Eingewanderter bäuerlichen Standes, der nicht zu den Hintersassen des Stifts gehörte. Solche Einwanderer kennt das Domesday Book in fast allen Landesteilen.

chen [es]. Dieses Ganze ist 6 L. wert, zur Z. K. E. 12 L., Sired hat es innegehabt. – In Bochelande hält Alwi 1 Swolling, und er hat dort 6 Dienstbauern und 10 Kätner mit 1 Pflug und einem halben. Insgesamt ist es 4 L. wert, zur Z. K. E. 100 s. Dieser selbige hält es als Präbende. – In Gocistone hält Ulricus 1 Joch, und er hat dort 2 Dienstbauern und 1 Kätner mit 1 Pflug. Zu diesem Lande gehören 25 Acker Land im Corneli-Hundred, und dort sind 5 Kätner mit ½ Pflug. Insgesamt ist es 20 s. wert, zur Z. K. E. 10 s. Elric hält es als Präbende.

In diesem selben Hundred liegt St. Margareta. Hier hat Sired 1 Swolling und 1 Pflug als Herrenland und 6 Kätner mit 4 Knechten. Es ist 100 s. wert, zur Z. K. E. 4 L. Der Vater des Sired hat es als Präbende gehalten. – Ebenda hält Radulfus 1 Swolling, und er hat 1 Pflug als Herrenland und 7 Kätner. Wert 69 s. und 2 d., zur Z. K. E. 4 L. Alric hat es in gleicher Weise als Präbende gehalten. – Ebenda hält Alred 1 Swolling, und er hat als Herrenland 1 Pflug und 2 Dienstbauern und 2 Kätner mit ½ Pflug. Wert 60 s., zur Z. K. E. 20 s. Dessen Vater hat es als Präbende gehalten. – Ebenda hält Robertus Niger 1 Swolling, und er hat dort 3 Dienstbauern und 6 Kätner mit 1 Pflug, wert 30 s., zur Z. K. E. 20 s. Esmellt, Kaplan König Edwards, hat es gehalten. – Ebenda hält Walter 1 Swolling, und er hat dort 3 Dienstbauern und 5 Kätner mit 1 Pflug und einem halben, wert 60 s., zur Z. K. E. 70 s. Sigar hat es als Präbende gehalten.

[Es folgen die Präbenden weiterer 13 Kanoniker.]

4.

In der Stadt Canterbury hatte König Edward 51 Bewohner, die Grundzins gaben, und weitere 212, über die er das Gericht hatte, und 3 Mühlen von 40 s. Jetzt sind da 19 Zins gebende Bewohner; von 32 anderen, die da gewesen waren, sind 11 verwüstet worden für den Stadtgraben, und der Erzbischof hat von ihnen 7 und der Abt von St. Augustin die übrigen 14 für den Austausch der Burg[17].

17 In allen Städten ließ Wilhelm einen Teil der Häuser abbrechen, um Baugrund für eine Zwingburg zu gewinnen, mit deren Hilfe er den Widerstand der Unterworfenen schließlich erstickte. Das berühmteste Beispiel ist der Tower in London.

Und dazu sind da 212 Bürger, über die der König das Gericht hat, und drei Mühlen geben 108 s., und der Zoll gibt 68 s. Dort [sind] 8 Acker Wiese, die den Gesandten des Königs zu gehören pflegten, jetzt geben sie 15 s. als Zins, und 1000 Acker unfruchtbaren Waldes, von dem 24 s. ausgehen. Insgesamt war es zur Z. K. E. 51 L. wert, und ebensoviel, als der Sheriff Haimo es übernahm. Jetzt wird es mit 50 L. bewertet, jedoch der es jetzt innehat, gibt 30 gebrannte und gewogene Pfund und 24 L. abgezählt. Auf alles dieses hat der Sheriff 110 s.

Zwei Häuser zweier Bürger, eines außer-, das andere innerhalb der Stadt[18], hat ein Mönch der Kirche von Canterbury fortgetragen. Sie waren auf die Königsstraße gestellt worden.

Die Bürger hatten 45 Hausstellen außerhalb der Stadt, von denen sie Zins und Gewohnheit hatten. Der König aber hat das Gericht. Auch hatten diese Bürger vom Könige 33 Acker Landes für ihre Gilde. Diese Häuser und dieses Land hält Rannulfus de Columbels. Er hat auch 80 Acker Landes über dies, welche die Bürger vom Könige als Allod hielten. Er hält auch 5 Acker Land, die rechtmäßig einer Kirche gehören. Von allem diesem beruft sich dieser Rannulfus auf den Bischof von Bayeux als Schutzherrn.

Radulfus de Curbespine hat 4 Häuser in der Stadt, die eine gewisse Konkubine des Heraldus gehalten hat. Von diesen gehört das Gericht dem Könige, aber bis jetzt hat er es nicht gehabt. Dieser Radulfus hält weitere 11 Häuser vom Bischof von Bayeux in dieser Stadt, die dem Sbern Biga gehört haben, und er gibt 11 s. und 2 d. und 1 Obolus.

In der ganzen Stadt Canterbury hat der König das Gericht, ausgenommen das Land der Kirche St. Trinitatis und St. Augustin und der Königin Edith[19] und des Alnod Cilt und des Esber Biga und des Siret de Cilleham.

Vereinbart ist über die rechten Straßen, die durch die Stadt Eingang und Ausgang haben: Jeder, der auf ihnen Unrecht tut, soll es dem Könige bessern. Ebenso von den rechten Straßen außerhalb der

18 D. h. der umwallten Fläche.

19 Witwe des letzten angelsächsischen Königs, die die Stadt Winchester und andere Güter als Wittum innehatte.

Stadt bis auf 1 Meile und 3 Ruten und 3 Fuß. Wenn also jemand auf diesen öffentlichen Straßen innerhalb der Stadt oder außerhalb gräbt oder einen Pfahl setzt, folgt ihm der Amtmann des Königs, wohin immer er fortgeht, und nimmt von ihm die Besserung zugunsten des Königs. – Der Erzbischof beansprucht die Strafgewalt auf den Straßen außerhalb der Stadt von beiden Seiten, wo sein Land ist.

Ein Amtmann namens Brumannus hat zur Z. K. E. die Gewohnheiten von den fremden Kaufleuten auf dem Lande von St. Trinitatis und St. Augustin genommen. Er hat hernach, zur Zeit König Wilhelms, vor Erzbischof Lanfranc und dem Bischof von Bayeux anerkannt, daß er sie zu Unrecht angenommen habe, und mit geleistetem Eide hat er geschworen, daß diese Kirchen ihre Gewohnheiten frei gehabt haben zur Z. K. E. Und seither haben beide Kirchen auf ihrem Lande ihre Gewohnheiten gehabt nach dem Urteil der Barone des Königs, die das Gericht hielten.

Die Bischofsstadt Rochester war zur Z. K. E. 100 s. wert; damals erhielt der Bischof ebensoviel. Jetzt ist sie 20 L. wert, jedoch der sie hält, gibt 40 L.

5.

Weiter: der Besitz von St. Martin[19]. Von der Gemeinheit des heiligen Martin haben zugleich 3 Kanoniker 1 Swolling und 16 Acker, nämlich Sired, Godric und Sewen. Auf diesem Lande sind 4 Dienstbauern und 9 Kätner mit 1 Pflug. Sie geben 22 s. – Vom Lest Linwarlet 1 Swolling im Blacheburne Hundred, und da sind 9 Dienstbauern mit 2 Pflügen, sie geben 16 s. und 7 d. – In Stret Hundred liegt 1 Swolling von Stanetdeste, da haben 7 Dienstbauern 2 Pflüge und einen halben und 7 Kätner und 1 Wiese. Sie geben 16 s. und 8 d. – In Bilesold Hundred 1 Swolling von Stanestede, da sind 7 Dienstbauern und 7 Kätner und haben 4 Pflüge und geben 20 s. weniger 2 d. Bei diesen 3 Swolling sind 5 Waldmaße und 6 Dienstbauern und 5 Kätner, und sie geben 9 s. weniger 3 d. Sie haben 3½ Pflüge. – In Brensete wenig Land. Es sind 2 Dienstbauern und 3 Kätner, und sie haben ½ Pflug. Sie geben 50 d. – Diese 4 vorgenannten Swolling haben die Kanoniker von St. Martin in Gemein-

19 Es ist das bereits oben behandelte Stift in Dover.

schaft als teils bewaldetes, teils offenes Land. Zur Z.K.E. war es 10 L. wert, jetzt ebenso. – Das Land zu Nordewoode und das Land zu Ripa und das Land zu Brandet gibt 20 s. und 6 d. an St. Martin für das Almosen.

Auf dem Herrenlande von St. Martin wohnen 7 Kätner mit ½ Pflug. Sie geben 40 s. zum Schuhwerk der Kanoniker. St. Margareta (da ist ein Bauer) gibt 8 L. Der Zoll zu Dover war zur Z.K.E. 8 L. wert, jetzt 22 L. Die 3 Kirchen bei Dover geben 36 s. und 8 d. Von der Weide zu Medrediva und den Gärten zu Dover gehen 9 s. und 4 d. aus. Eine Weide in Siberteswalt 16 d. Zins. St. Martin hat 10½ Mühlen. Sie geben 7 L. Zur Z.K.E. gaben sie ebensoviel. Jetzt werden sie mit 12 L. bewertet, aber nicht zum Vorteil der Kanoniker. Bei diesen Mühlen wohnen 8 Männer. Bei Scortebroc 1 Weide, sie gibt 2 s.

Von dieser Gemeinheit hat der Erzbischof in jedem Jahre 55 s. Da sind 6 Männer mit 1½ Pflug.

In dem gemeinen Lande von St. Martin sind 400 Acker und ½, die machen 2½ Swolling. Dieses Land gibt niemals irgend etwas an Gewohnheit oder Schatz, weil 24 Swolling dies alles befreien[21]. Bei Ripa sind 100 Acker, die sich befreien, wie sie sich zur Z.K.E. befreiten. Bei Nordende sind 50 Acker und 100 bei Brand, die sich befreien wie auch die vorigen. Auf diesem Lande sind 3 Dienstbauern und 9 Kätner, die haben 1½ Pflug.

Wenn die Kanoniker dies alles hätten, wie es Recht wäre, wäre es 60 L. in jedem Jahre wert. Jetzt haben sie nur 47 L. und 6 s. und 4 d.

Rannulfus de Columbels nimmt ihnen 1 Wiese weg. Robertus de Romenel nimmt ihnen in jedem Jahre 20 d. und 1 Saline und 1 Fischerei weg. Herbertus, des Juon Sohn, hat dem Bischof von Bayeux 1 Mark Goldes gegeben für eine Mühle von ihnen, gegen ihren Willen. Lanbertus 1 Mühle. Wadardus 1 Mühle. Radulfus de Curbespine 1.

Alnod Cilt hat durch Heralds Gewalttat St. Martin Merclesham und Havochesten weggenommen. Dafür gab er den Kanonikern einen ungleichen Tausch. Jetzt hält Robertus de Romenel [dies]. Die Kanoniker fordern es ständig von ihm.

21 Nämlich mit den Steuern, die auf ihnen lasten.

6.

Hier werden verzeichnet, die Ländereien in Kent halten: 1. König Wilhelm. 2. Der Erzbischof von Canterbury, 3. dessen Mönche und Männer. 4. Der Bischof von Rochester. 5. Der Bischof von Bayeux. 6. Die Abtei von Battle[22]. 7. Die Abtei St. Augustin. 8. Die Abtei [St. Peter] von Gent [in Flandern]. 9. Hugo von Montfort. 10. Graf Eustachius [von Bulloigne in der Picardie]. 11. Richard von Tonebrige. 12. Haimo, der Sheriff[23]. 13. Albert, der Kaplan [des Königs].

7.

I. Länderei des Königs. Im halben Lest von Sudtone, in Achestan Hundred: König Wilhelm hält Tarentefort. Für 1½ Swolling zahlt es Danegeld. Es gibt Land für 40 Pflüge. Im Herrenland sind 2 Pflüge, und 142 Dienstbauern mit 10 Kätnern haben 53 Pflüge. Da sind 3 Knechte und 1 Mühle, an Wiese 22 Acker, an Weide 40 Acker. Vom Walde 8 kleine und 3 große Waldmaße. Da sind 2 Häfen, nämlich 2 Schiffsländen. Zur Z.K.E. war es 60 L. wert, und ebensoviel, als Haimo, der Sheriff, es übernahm. Jetzt wird es von den Engländern auf 60 L. bewertet. Aber der französische Amtmann, der es gegen Pacht hält, sagt, daß es 80 L. und 10 L. wert ist. Er selbst gibt jedoch von diesem Herrenhof 70 L. abgewogen und 111 s. zu 20 d. auf die Unze und 7 L. und 26 d. abgezählt. Überdies gibt der Sheriff 100 s.

Die Männer des Hundred bezeugen, daß von diesem Herrenhof des Königs eine Wiese und ein Erlenholz und 1 Mühle und 20 Acker Landes weggenommen sind und noch so viel an Wiese, wie zu 10 Ackern Landes gehört. Und dies alles war im Besitz des Königs Edward, solange er lebte. Dies ist 20 s. wert. Sie sagen aber, daß

22 St. Martin bei Hastings, errichtet von König Wilhelm auf dem Schlachtfelde von 1066 in Erfüllung eines vor der Schlacht abgelegten Gelübdes. Die ersten Mönche kamen aus dem Kloster Marmoutier bei Tours.

23 Einer der großen Barone, der dem Könige nicht nur als Kronvasall von seinen Lehen, sondern auch als Seneschall in der Zentralverwaltung und als Sheriff von Kent in der Lokalverwaltung diente. Der Sheriff war in seiner Grafschaft Vertreter des Königs und Verwalter aller dem König zustehenden Rechte (Abgaben!) und Pflichten.

Osward, damals Sheriff, es ausgetan hat an Alestan, den Amtmann von London. Und jetzt hält es Heltus, der Mundschenk, und desselben Neffe. – Sie bezeugen auch, daß die Hagelei von diesem Herrenhof weggenommen ist, welche Danegeld zahlt für ½ Swolling. Dieses Land hielt der Sheriff, und als er die Grafschaft abgab, verblieb es im Besitz des Königs. So verblieb es auch nach dem Tode König Edwards. Jetzt hält es Hugo von Port mit 51 Ackern Landes mehr. Dies Ganze ist wert 15 L. – Von demselben Herrenhofe des Königs sind noch weggenommen 6 Acker Landes und ein gewisser Wald, den derselbe Sheriff Osward außerhalb des Herrenhofes gesetzt hat durch ein gewisses Pfand von 40 s. – Die Kirche dieses Herrenhofes hält der Bischof von Rochester, und sie ist 60 s. wert. Außer dieser sind da noch 3 Kapellen.

Im Lest von Elesford, in Lavrochesfel Hundred: König Wilhelm hält Elesford. Für 1 Swolling zahlt es Danegeld. Es gibt da Land für 15 Pflüge. Im Herrenland sind 3 Pflüge, und 40 Dienstbauern mit 5 Kätnern haben 15 Pflüge. Da [sind] 8 Knechte und 1 Mühle, 40 d., und 43 Acker Wiese, Wald von 40 Schweinen. Insgesamt war es zur Z.K.E. 15 L. wert, und ebensoviel, als Sheriff Haimo es übernahm. Jetzt ist es 20 L. wert, jedoch gibt es 31 L., und der Sheriff hat davon 3 L. Von diesem Herrenhof hält Ansgotus bei Rochester soviel an Land, wie zu 7 L. bewertet wird. Auch der Bischof von Rochester hält, als Tausch für das Land, auf dem das Kastell steht[24], soviel von diesem Lande, wie 17 s. und 4 d. wert ist.

Im halben Lest von Middeltune, in Middeltune Hundred: König Wilhelm hält Middeltune. Für 80 Swolling zahlt es Danegeld. Außer diesen sind im Herrenlande 4 Swolling, und da [sind] 3 Pflüge im Herrenlande. In diesem Herrenhof haben 309 Dienstbauern mit 74 Kätnern 167 Pflüge. Da sind 6 Mühlen von 30 s. und 18 Acker Wiese. Da [sind] 27 Salinen von 27 s. Da [sind] 32 Fischereien von 22 s. und 8 d. Vom Zoll 40 s., von der Weide 13 s. 4 d. Wald von 20 Schweinen, und die Männer von Walt geben 40 s. für Wachdienste und Pflugtagewerke. Auf diesem Herrengut sind 10 Knechte. Insgesamt war es zur Z.K.E. 10 L. abgezählt wert, und ebensoviel, als Sheriff Haimo es übernahm, und jetzt ebensoviel.

24 Siehe oben, Anm. 17.

– Von diesem Herrenhof hält Hugo de Port 8 Swolling und 1 Joch, welche zur Z. K. E. mit den anderen Swolling in jährlicher Rente waren. Dort hat er 3 Pflüge im Herrengut. – Das Land, welches Hugo de Port hält, ist 20 L. wert, welche eingerechnet werden in die 200 L. von dem ganzen Herrenhof Middeltun. Wer [ihn] hält, gibt 140 L. gebrannt und gewogen und obendrein 15 L. und 6 s. weniger 2 d. abgezählt. Dem Sheriff Haimo gibt der Amtmann 12 L. Vom Walde des Königs hat Wadardus so viel, wie im Jahre 16 d. gibt, und er hält ½ Waldmaß, das zur Z. K. E. ein gewisser Dienstbauer hielt. Und Alnod Cilt hat zwei Teile gewaltsam einem gewissen Dienstbauern weggenommen. – Die Kirchen und Zehnten dieses Herrenhofes hält der Abt von St. Augustin, und 40 s. von 4 Swolling des Königs gehen ihm zu.

Im Lest von Wiwarlet. In Favreshant Hundred: König Wilhelm hält Favreshant. Für 7 Swolling zahlt es Danegeld. Da ist Land für 17 Pflüge. Im Herrenlande sind 2 [Pflüge]. Da haben 30 Dienstbauern mit 40 Kätnern 24 Pflüge. Da sind 5 Knechte und 1 Mühle von 20 s. und 2 Acker an Wiese, Wald von 100 Schweinen. Und von der Waldweide 31 s. und 2 d. Ein Markt von 4 L. Und 2 Salinen von 3 s. und 2 d., und in der Stadt Canterbury gehören 3 Höfe[25] von 20 d. zu diesem Herrenhof. Die Bewertung insgesamt war zur Z. K. E. 60 L. weniger 5 s. wert, und danach 60 L. Jetzt ist es 80 L. wert.

8.

II. Das Land des Erzbischofs von Canterbury. In der Stadt Canterbury hat der Erzbischof 12 Bewohner und 32 Hausstellen, welche die Kleriker des Ortes für ihre Gilde halten, und sie geben 35 s., und 1 Mühle von 5 s.

Sandwich liegt in seinem eigenen Hundred. Diese Stadt hält der Erzbischof, und er ist da für die Bekleidung der Mönche, und er leistet dem Könige denselben Dienst wie Dover. Und dies bezeugen die Männer von dieser Stadt: daß sie, bevor König Edward sie an St. Trinitatis gegeben hätte, dem Könige 15 L. gaben. Zur Zeit

25 Anglolat. hagae, mit Hecken eingehegte Hausstellen, hier wie häufig seit alters Zubehör eines auswärtigen Herrenhofes.

des Todes König Edwards war sie nicht verpachtet. Als der Erzbischof [sie] erhielt, gab er 11 L. Pacht und 40000 Heringe zur Speisung der Mönche. In dem Jahre, da diese Beschreibung gemacht worden ist, gab Sandwich 50 L. Pacht und Heringe so wie vorher. Zur Z. K. E. gab es da 307 Häuser, die gewöhnliche Rente zahlten; jetzt sind es 76 mehr, nämlich zusammen 383.

In Achestan Hundred. Der Erzbischof von Canterbury hält als Herrengut Tarent. Für 2 Swolling zahlt es Danegeld. Da ist Land [---]. Auf dem Herrengut ist 1 Pflug, und 22 Dienstbauern mit 7 Kätnern haben 7 Pflüge. Da sind 6 Knechte und 2 Mühlen von 50 s. Zu diesem Herrenhof gehören 5 Bewohner in Rochester; sie geben 6 s. und 8 d. Da sind 8 Acker Wiese, Wald von 20 Schweinen. Die Bewertung insgesamt, zur Z. K. E. war es 14 L. wert; als er es übernahm, 10 L., jetzt 15 L. und 10 s. Jedoch der den Herrenhof innehat, gibt 18 L.

Der Erzbischof hält Otefort als Herrengut. Für 8 Swolling zahlt es Danegeld. Da ist Land für 42 Pflüge. Auf dem Herrengut sind 6 Pflüge. Da haben 101 Dienstbauern mit 18 Kätnern 45 Pflüge. Da sind 8 Knechte und 6 Mühlen von 72 s. und 50 Acker Wiese. Wald von 50 Schweinen. – Von diesem Herrenhof halten 3 Ritter[26] 1½ Swolling, und sie haben da im Herrengut 3 Pflüge und 16 Dienstbauern mit 1 Kätner, die 4 Pflüge haben. Da sind 5 Knechte und 2 Mühlen von 24 s. und 28 Acker Wiese, Wald von 30 Schweinen. Die Bewertung insgesamt, zur Z. K. E. und hernach war es wert [---]; jetzt bewertet man das Herrengut des Erzbischofs auf 60 L., das der Ritter auf 12 L. Was Ricardus de Tonebrige in seiner Bannmeile[27] hält, wird auf 10 L. bewertet.

Der Erzbischof hält Sondresse. Für 1½ Swolling zahlt es Danegeld. Da ist Land [---]. Im Herrenland sind 3 Pflüge, und 27

26 Der Text benutzt das anglolat. Wort teignus, gleich angelsächs. thegn; es werden also angelsächsische Krieger sein.

27 In der Normandie nannte man die Umgebung einer Burg, soweit deren Besitzer darin Vorrechte in Anspruch nahm, Leucata oder Bannmeile. Richard Fitz Gilbert, der mit dem Eroberer ins Land kam, erwarb den Ort vom Erzbischof im Tausch gegen Ländereien in der Normandie und übertrug den Ausdruck Leucata auf den Burgbezirk. In der anglisierten Form Lowy of Tunbridge hat er sich bis heute erhalten.

Dienstbauern mit 9 Kätnern haben 8 Pflüge. Da sind 8 Knechte und 3 ½ Mühlen von 13 ½ s. Da sind 8 Acker Wiese, Wald von 60 Schweinen. Da ist eine Kirche. Die Bewertung insgesamt, zur Z. K. E. war es 12 L. wert, als er es übernahm, 16 L., und jetzt 18 L. Jedoch gibt es 23 L. und 1 Ritter[28] für den Dienst des Erzbischofs.

...

In Broteham Hundred: Der Erzbischof hält Broteham. Für 8 Swolling zahlt es Danegeld. Da ist Land für 20 Pflüge. Im Herrenland sind 3 Pflüge, und 76 Dienstbauern mit 18 Kätnern haben 14 Pflüge. Da ist eine Kirche und 10 Knechte und 3 Mühlen von 15 s. und 9 Acker Wiese. Wald, wenn er Frucht trägt, von 500 Schweinen. – Von diesem Herrenhof hält Wilhelm, der Zahlmeister, 1 Swolling, und er hat dort 1 Pflug im Herrengut und 2 Dienstbauern mit ½ Pflug. – Von demselben Herrenhof hält Goisfredus vom Erzbischof 1 Swolling, und er hat dort 1 Pflug und 6 Dienstbauern mit 1 Kätner, die 2 Pflüge haben. – Von dem Herrenhof hält Farman 1 ½ Joch vom Erzbischof, und er hat dort 3 Pflüge und 6 Dienstbauern mit 12 Kätnern, die 2 Pflüge haben. Da sind 10 Knechte. – Die Bewertung insgesamt: Zur Z. K. E. ist dieser Herrenhof 15 L. wert, und hernach 16 L. Jetzt bewertet man das Herrengut des Erzbischofs auf 24 L., und dennoch gibt es 35 L., das der Ritter auf 11 L. Was Richard von Tonebrige in seiner Bannmeile hält, bewertet man mit 15 L.

In Meddestan Hundred: Der Erzbischof hält Meddestane. Für 10 Swolling zahlt es Danegeld. Da ist Land für 30 Pflüge. Im Herrenland sind 3 Pflüge, und 25 Dienstbauern mit 21 Kätnern haben 25 Pflüge. Da ist eine Kirche und 10 Knechte und 5 Mühlen von 36 s. und 8 d. Da sind 2 Fischereien von 270 Aalen. Da sind 10 Acker Wiese, Wald von 30 Schweinen. – Von diesem Herrenhof halten vom Erzbischof 3 Ritter 4 Swolling, und sie haben dort 3 ½ Pflüge im

28 Hier und im folgenden benutzt der Text das Wort miles, wie für den ritterlichen Aftervasallen üblich. Da die belehnten Aftervasallen unten besonders aufgeführt sind, wird es sich hier um unfreie Krieger handeln, die statt bäuerlicher Polizeidienste leisteten. Man beachte, daß ihre Güter im allgemeinen nicht größer sind als 1 Pflugland. Vereinzelt begegnen sogar Ritter als Hintersassen solcher Krieger; sie können sich von bäuerlichen Fußkriegern kaum unterschieden haben.

Herrenland und 32 Dienstbauern mit 10 Kätnern, die 6 Pflüge und 6 Knechte haben, und sie haben 1 Mühle von 5 s. und 13 Acker Wiese und 2½ Fischereien von 180 Aalen und 2 Salinen, Wald von 23 Schweinen. – Bewertung insgesamt: Zur Z. K. E. war dieser Herrenhof 14 L. wert, als er [ihn] übernahm, 12 L., und jetzt ist das Herrengut des Erzbischofs 20 L., der Ritter 15 L. und 10 s. wert. Die Mönche zu Canterbury haben alljährlich von 2 Männern dieses Herrenhofes 20 s.

...

In Estursete Hundred: Der Erzbischof hält Estursete ... Zu diesem Herrenhof gehörten zur Z. K. E. in der Bischofsstadt 52 Häuser, und jetzt sind es nur noch 25, weil die anderen zerstört worden sind für die neue Residenz des Erzbischofs.

...

Im Lest von Estrei: In Wingeham Hundred: Der Erzbischof hält Wingheham als Herrengut ... – Von diesem Herrenhof hält Wilhelmus de Arcis 1 Swolling in Fletes, und er hat dort im Herrengut 1 Pflug und 4 Dienstbauern und 1 Ritter mit 1 Pflug und 1 Fischerei mit einer Salzpfanne von 30 d. Das Ganze ist 40 s. wert. – Von demselben Herrenhof halten 5 Männer des Erzbischofs 5½ Swolling und 3 Joch, und sie haben da im Herrengut 8 Pflüge und 22 Kätner und 8 Knechte. Insgesamt ist es 21 L. wert.

...

In Limowart Lest. In Belicolt Hundred: Der Erzbischof hält Aldintone als Herrengut ... – Der Erzbischof hält das Dorf, das St. Martin heißt und zu Estursete gehört und in diesem Hundred liegt und Danegeld zahlt für 1½ Swolling. Da ist Land [---]. Im Herrenland sind 2 Pflüge und 36 Kätner. Zu diesem Lande gehören 7 Bewohner in Canterbury, die 8 s. und 4 d. geben. Da sind 5 Mühlen von 20 s. und ein kleiner Wald. In diesem Dorfe hält Radulfus ½ Swolling vom Erzbischof, und er hat dort 2 Pflüge im Herrenland und 5 Dienstbauern und 3 Kätner, die 2½ Pflüge haben. Zur Z. K. E. war der halbe Swolling von St. Martin 7 L. wert, und der andere halbe Swolling ist immer 4 L. wert.

In Romenel sind 85 Bewohner, die nach Aldinton zum Herrenhof des Erzbischofs gehören. Und sie waren und sind jetzt dem Herrn 6 L. wert. Von dem Herrenhof Aldinton liegt in Limes ½ Joch und ½ Rute. Der Erzbischof hält es im Herrengut, und er hat dort 1 Pflug und 1 Dienstbauern mit 18 Kätnern, die 1½ Pflüge haben. Da sind 8 Priester, die 8 L. und 5 s. geben. Da ist Land für 2 Pflüge. Es ist und war 12 L. wert, und dennoch gibt es 15 L. – Von demselben Herrenhofe hält der Graf von Ow Estotinghes anstelle eines Herrenhofes. Für 1½ Swolling zahlte es Danegeld zur Z. K. E., und jetzt nur für 1 Swolling. Da ist Land für 8 Pflüge. Im Herrenlande sind 2 und 27 Dienstbauern mit 13 Kätnern, die 7 Pflüge haben, und 1 Mühle von 25 d. Da ist eine Kirche und 20 Acker Wiese. Wald von 10 Schweinen und 8 Knechte. Zur Z. K. E. und hernach war es 8 L. wert, jetzt 10 L.

...

In Selebrist Hundred. Der Erzbischof hält Newedene. Für 1 Swolling zahlt es Danegeld. Da ist Land [---]. Da sind 25 Dienstbauern mit 4 Kätnern, die 5 Pflüge haben. Da ist ein Markt von 40 s. weniger 5 d. Wald von 40 Schweinen. Insgesamt war es zur Z. K. E. 100 s. wert, als er es empfing, 12 L., und jetzt 10 L., und dennoch gibt der Amtmann 18 L. und 10 s.

9.

Das Land seiner Ritter:

In Achestan Hundred: Ansgotus hält vom Erzbischof Forningeham. Für 1 Swolling zahlt es Danegeld ... Wald von 20 Schweinen, und Richard von Tonebrige hat von demselben Walde ebensoviel in seiner Bannmeile. Zur Z. K. E. war dieser Herrenhof 7 L. wert, und jetzt 11 L. Von diesen haben die Mönche zu Canterbury 4 L. für ihre Bekleidung, und [---].

[Es folgen die Lehen von Radulf, Malgerius, dem Sheriff Haimo, dem Grafen von Ow, einem zweiten Radulf, dem Steward Godefridus, Osbern, Wilhelm Folet.]

In Hen Hundred: Hugo de Montfort hält vom Erzbischof Salteode ... Zu diesem Herrenhofe gehören 225 Bewohner in der Stadt am Hafen[29] zwischen der Stadt und dem Herrenhofe. Es war zur Z. K. E. 16 L. wert, als er es übernahm, 8 L., jetzt insgesamt 29 L. und 6 s. und 4 d.

29 Die Stadt wird als Burgus bezeichnet und mit dem angelsächs. Wort Heda ›Hafen‹ wie einem Eigennamen benannt.

In Estraites Hundred: Wilhelm von Eddesham hält vom Erzbischof Berewic anstelle eines Herrenhofes...

In Lamport Hundred: Robertus de Romenel hält vom Erzbischof Lamport... Da sind 7 Salinen von 8 s. und 9 d. – Zu diesem Herrenhofe gehören 21 Bewohner, die in Romenel sind, von denen der Erzbischof drei Straffälle hat: Raub, Friedensbruch, Wegelagerei. Der König aber hat allen Dienst von ihnen, und sie selbst haben alle Gewohnheiten und anderen Straffälle für den Seedienst, und sie sind in der Gewalt des Königs. Zur Z. K. E. und nachher war es 10 L. wert, und jetzt 16 L.

Entstehung der Stadtgemeinde, der Zünfte und der bürgerlichen Freiheit in Nordwesteuropa, 1090–1182

Neben Oberitalien bildeten Nordfrankreich und das Maas- und Rheinland einen Großraum, in dem sich das Städtewesen besonders kräftig entfaltete. Als Siedlungen bestanden die Städte aus Marktvierteln, in denen freie Marktleute (sowohl Kaufleute wie Handwerker, Christen wie Juden) wohnten, und aus den Fronhöfen weltlicher und kirchlicher Grundherren, die jeder für sich eingehegt waren und außer dem Herrenhause oder der Kirche mit den Wohnungen der Kanoniker oder Mönchskonvente zahlreiche ihnen dienende, unfreie Laien beherbergten. In der Stadt regierte der König oder der ihn vertretende Stadtherr unmittelbar über die Grundherren und die freien Marktleute, während die unfreien Hofhörigen hinter ihren Herren saßen und deren Hofgericht unterstanden. Die Herrschaft über die Marktgemeinde übte der Stadtherr durch einen besonderen Marktrichter aus. Die städtische Siedlung war meist als Ganzes ummauert, aber in ihr gab es noch keine Stadtgemeinde, sondern nebeneinander eine oder mehrere freie Marktgemeinden und mehrere unfreie Hofverbände. Unter den unfreien Gemeinden spielte diejenige der stadtherrlichen Ministerialen (ritterlich lebender, oft am Fernhandel beteiligter Unfreier) als Verwalter herrschaftlicher Rechte oft eine besondere Rolle.

Über die Lebensumstände der Judengemeinden unterrichtet uns eine Kaiserurkunde von 1090 betreffend Speyer (Nr. 1), wo es neben der Judensiedlung in der Altstadt eine neugegründete im Dorfe Altspeyer gab. Die Gemeinde war autonom und stand unter der Leitung selbstgewählter Rabbiner. Trotz Waffenlosigkeit genossen die Judenbürger im wesentlichen dieselben Rechte wie die Christenbürger, und der Königsschutz für sie war kaum von dem für christliche Kaufleute verschieden. Trotzdem konnten sie nicht mehr Genossen in einer überkonfessionellen Stadtgemeinde werden, denn die Kirchenreformer drängten bereits auf ihre Absonderung von den Christen und bekämpften daher den Königsschutz, der Kontakte zwi-

schen Juden und Christen begünstigte, und die werdenden Stadtgemeinden erfüllten sich nicht zuletzt wegen der auf Evangelien und Reliquien geleisteten Treueide, die sie konstituierten, mit christlich-religiösem Gehalt. Als sich 1096 die ersten Kreuzfahrer bei jüdischen Geldleihern verschuldeten, um die Reisekosten aufzubringen, entstanden Spannungen, die zu den ersten Judenverfolgungen in den rheinischen Städten führten. In Speyer konnte der Bischof sie verhindern. Aber je erfolgreicher die Bürger ihren Stadtherrn bekämpften, um so schwächer wurde der Schutz, den die Juden noch genossen. In Trier mußten sie ihn 100 Jahre später mit besonderen Steuern hoch bezahlen (Nr. 12).

Eine Besonderheit des nordwesteuropäischen Städtewesens sind die Kaufmannsgilden: Personenverbände der Marktleute, vor allem der Fernhändler unter ihnen, die gemeinsam die Gefahren der Reisen in fremde Länder teilten und auch in der Heimatstadt als wohlhabendste und politisch aktive Gruppe des Stadtvolkes eine wichtige Rolle spielten. Wo sie, sei es durch Vertrag (Nr. 7, 8), sei es durch Usurpation, vom Stadtherrn Hoheitsrechte erlangte, konnte die Gilde als Verband eine gebietsbezogene Gewalt gewinnen, indem sie alle Bewohner des Stadtgebietes, gleich welchen Standes, zwang, entweder den Kommuneeid (Nr. 6) oder den Friedenseid zu leisten oder auszuwandern (Nr. 7 Art. 58). Die Kaufmannsgilde von Saint-Omer (Nr. 2) besaß bereits am Ende des 11. Jahrhunderts solche gewiß vom Stadtherrn verliehenen Zwangsrechte gegen Ungenossen und hatte dafür gemeinnützige Aufgaben übernommen. Viele Stadtherren, so der König von Frankreich und der Graf von Flandern, begünstigten die von den Gilden angeführte Gemeindebildung; die Schöffen ihrer Stadtgerichte übernahmen dann die Aufgaben eines Gemeindeorgans und lösten die Gilde als solches ab. Die bischöflichen Stadtherren der rheinischen Städte dagegen bekämpften die Kommunen, wohl weil sie den Kommuneeid als Sakrileg betrachteten, insofern als die Bürger ihn für rein weltliche Zwecke und ohne kirchliche Beaufsichtigung ablegten. Eine Urkunde von 1103 (Nr. 4) zeigt, wie die Kaufmannsgilden als Fahrtgemeinschaften in fremden Städten auftraten und den Genossen dort handels- und zollrechtliche Vorteile sicherten (vgl. Nr. 7 Art. 35). Als Herzog Konrad von Zähringen 1120 auf seinem Eigengut Freiburg einen Markt gründete, erstrebte er keinen grundherrlichen

Markt für seinen Hörigenverband mehr, sondern eine Stadt für Kaufleute mit der Form der Selbstverwaltung, die diesen gildeerfahrenen Männern jetzt vertraut war (Nr. 8).

Die freien Handwerker unter den Marktleuten, die einst vielleicht auch den Kaufmannsgilden angehört hatten, begannen eigene Verbände zu gründen, die den Genossen die Ausübung eines bestimmten Gewerbes rechtlich reservierten, sie aber auch darauf beschränkten. Um Ungenossen davon auszuschließen, bedurften diese Zünfte stadtherrlicher (oder, wenn die Hoheit auf die Kaufmannsgilde übergegangen war, gemeindlicher) Anerkennung und Vollmacht (Nr. 11). Die ältesten bekannten Gewerbezünfte in Nordwesteuropa sind die der Zu-Wasser-Händler in Paris und Rouen um 1100, der Fischhändler in Worms 1106/07 (Nr. 5), der Schuhmacher in Würzburg 1128 und der Bettzeugweber in Köln 1149 (Nr. 11). Die Schließung der Fischhändlerzunft in Worms und die Erblichkeit ihrer 23 Stellen ist für die frühen Zünfte ungewöhnlich und wohl die Folge davon, daß die Fischerei als Realgewerberecht galt. Den Zunftzwang bezeugt zuerst die Kölner Urkunde von 1149. Organe zur Vollstreckung ihrer Befugnisse und Pflichten hatten die Zünfte zunächst nicht. Erst seit der zweiten Hälfte des 12. Jahrhunderts setzten Stadtherren und Gemeinden dafür Amtsmeister ein, und im 13. Jahrhundert bildete sich das Recht der Zunftgenossen aus, diese Meister selbst zu wählen.

Die Zünfte waren den persönlich freien und wirtschaftlich selbständigen Handwerkern vorbehalten, übten aber eine große Anziehungskraft auf die unfreien Handwerker aus, von denen jetzt immer mehr in die Städte strömten, sei es, daß der Leibherr, dem sie zu Gehorsam und Abgaben verpflichtet waren, auf einem weit entfernten ländlichen Fronhof (Stifts-, Kloster-, Ritter- oder Herrengut) lebte oder auf einem der mit Immunität ausgestatteten Fronhöfe in der Stadt saß. Die Hofhandwerker der Immunitäten waren vom Marktverkehr gesetzlich ausgeschlossen, sie durften nur zur Versorgung ihrer Herren produzieren, nicht aber Überschüsse auf dem Markte verkaufen, denn da sie und ihre immunen Herren keine Steuern an den Stadtherrn entrichteten, hätten sie die Markthandwerker ständig unterbieten können. Nur die unfreien Handwerker vom Lande, die ihre Immunität verlassen hatten und nicht mehr zum Gesinde eines Fronhofes gehörten, sondern wirtschaftlich selb-

ständig geworden waren, ließ man zum Markte zu (Nr. 7 Art. 52–54); sie waren aber gegenüber den freien Handwerkern benachteiligt, da sie außer den Steuern, die diese auch trugen, noch die leibherrlichen Abgaben erwirtschaften mußten. Der Zwitterzustand persönlicher Unfreiheit und wirtschaftlicher Selbständigkeit, in dem sie lebten, war daher auf die Dauer nicht zu halten. In einem Rechtsstreit zwischen dem Domstift und der Marktgemeinde zu Speyer stellte das Königsgericht bereits im Jahre 1101 fest, daß Leibherren, die Hörige am Markte verdienen lassen wollten, deren Unterwerfung unter das Marktgericht des Stadtherrn anerkennen müßten (Nr. 3). Wie sehr die Grund- und Leibherren trotzdem mit der Abwanderung überflüssiger Esser von den Fronhöfen an die Märkte einverstanden waren, wenn sie nur ihre Abgaben entrichteten, beweist das königliche Urteil in einem Rechtsstreit zwischen dem Domkapitel in Verdun und seinen Vögten von 1141/42 (Nr. 10). Soweit der Streit die hörigen Bauern betraf, schärfte das Urteil nur eine 100 Jahre alte Regel wieder ein; neu war aber, daß Hörige, die in die Stadt zogen, vogtfrei werden und dem Stadtrecht unterliegen und ihre Abgaben nicht an den Vogt, sondern direkt an ihren kirchlichen Leibherrn abführen sollten.

Dem Eintritt solcher wirtschaftlich selbständig gewordenen Hörigen in eine Zunft stand nun nichts mehr im Wege; er aber löste den Handwerker bald vollends aus der Hofgenossenschaft seines Herrn und verwurzelte ihn in der Marktgemeinde, die ihn mit offenen Armen aufnahm, weil er ihr half, die Stadtsteuern aufzubringen. Die freie Gemeinde begann, die unfreien Gemeinden des Stadtgebietes aufzusaugen und zur Stadtgemeinde zu werden. Die Steuern hatte zunächst der Stadtherr von jedem einzelnen freien und nicht durch Immunität geschützten Einwohner erhoben. Im Jahre 1122 urteilte das Königsgericht, daß Unfreie, die nicht Steuern zahlen wollten, auch nicht für den Markt, sondern nur für ihren Herrn arbeiten dürften (Nr. 9). Dann aber wurde aus der Steuer ein genossenschaftlicher Beitrag: Der Stadtherr erhielt von der Gemeinde eine (alsbald fixierte jährliche) Pauschale, und die Gemeinde selber legte diese auf ihre Mitglieder um. Die einzelnen wurden für den Stadtherrn unerreichbar, die Stadtgemeinde als juristische Person trat schützend zwischen ihn und ihre Bürger (Nr. 13), und wer nicht Steuern zahlen wollte, verlor das Bürgerrecht. Nur ausnahmsweise entzo-

gen sich Handwerker der Mediatisierung durch die Gemeinde, um weiterhin direkt an den Stadtherrn zu leisten (Nr. 12); sie betrachteten es dann als Privileg, daß sie vom Marktgericht befreit wurden und einen besonderen Gerichtsstand erlangten, denn dieser stellte sie den stadtherrlichen Ministerialen gleich und gab ihnen damit eine über die der übrigen Handwerker hervorragende Sonderstellung: ein Extrembeispiel für den Drang nach ständischer Absonderung, der der deutschen Sozial- und Rechtsgeschichte eigentümlich ist.

Erst zu Beginn des 13. Jahrhunderts waren die Gemeinden der großen (nicht: aller) Städte so weit erstarkt, daß sie ihren unfreien Bürgern helfen konnten, die leibherrlichen Abgaben abzulösen oder zu verweigern oder zu verschweigen und damit die volle persönliche Freiheit zu gewinnen: Wenn der Leibherr es fünfmal, dreimal, ja in der Regel: nur einmal versäumte, die jährlichen Abgaben einzufordern, hatte er nach Stadtrecht den Anspruch darauf verloren. Die vielfältigen Aufgaben, die die Gemeinden an sich gezogen hatten, zwangen sie nun auch dazu, sich ständige Organe zu schaffen, die fortlaufend wirksam waren. Sie wählten sich Stadträte, vielleicht nach italienischem Vorbild, und wurden darüber in neue Kämpfe mit den Stadtherren verstrickt, die die Organisationsgewalt für ein Herrenrecht hielten.

1. Kaiser Heinrich IV. für die Juden von Speyer, 19. Februar 1090: MGH DD. H. IV. Nr. 411.

Im Namen der heiligen und unteilbaren Dreiheit. Heinrich, von Gottes Gnaden der dritte Kaiser der Römer, Augustus. Allen Bischöfen, Äbten, Herzögen, Grafen und allen den Gesetzen unseres Reiches Unterworfenen tun wir kund, daß einige Juden, [nämlich] Judas, Sohn des Calonim, David, Sohn des Massulam, und Moyses, Sohn des Guthihel, mit ihren Genossen vor unsere Person gekommen sind zu Speyer und darum gebeten haben, daß wir sie mit ihren Kindern und mit allen denen, die durch sie offenkundig ihr Recht vertreten lassen, in unseren Schutz nehmen und darin erhalten möchten. Daß wir dies getan haben, das möge der Eifer aller unserer Getreuen erkennen. Deswegen haben wir gemäß der Vermittlung und Bitte des Bischofs Huozman von Speyer diese unsere Urkunde bewilligen und aushändigen lassen. Daher befehlen und wollen wir mit königlicher Weisung unserer Hoheit, daß hinfort niemand, der unter unserer königlichen Gewalt mit irgendeiner Würde oder einem Amt bekleidet ist, er sei klein oder groß, frei oder unfrei, sie mit irgendwelchen ungerechten Zufällen zu beunruhigen oder anzufallen oder ihnen irgend etwas fortzunehmen wage von ihren Sachen, die sie zu erblichem Recht besitzen, seien es Hausstätten, Häuser, Gärten, Weinberge, Äcker, Sklaven oder sonst irgend etwas Bewegliches oder Unbewegliches. Wenn aber jemand entgegen diesem Erlaß ihnen irgendeine Gewalt antut, so soll er gezwungen werden, zum Schatze unseres Palastes oder zur Kammer des Bischofs ein Pfund Gold zu entrichten und die den Juden fortgenommene Sache doppelt zu ersetzen. Sie sollen auch die unbeschränkte Fähigkeit haben, ihre Grundstücke mit jedem beliebigen Menschen im rechtmäßigen Umwechseln zu verändern, im Umfang unseres Reiches frei und friedlich herumzureisen, ihr Geschäft und Warenhandel zu betreiben, zu kaufen und zu verkaufen, und niemand soll von ihnen Zoll fordern oder irgendeine öffentliche oder private Abgabe nehmen. In ihren Häusern sollen Gäste ohne ihre Zustimmung nicht einquartiert werden[1]. Niemand darf von ihnen ein Pferd zum Heerzuge des Königs oder des Bischofs oder Fuhrdienste für königlichen Heerzug eintreiben. Wenn aber eine gestohlene Sache bei ihnen gefunden wird und der Jude sagt, er habe sie gekauft, so soll er unter Eid nach seinem Recht erweisen, wie teuer er sie gekauft hat, und dafür die Sache dem letzten Besitzer zurückgeben[2]. Niemand maße sich an, ihre Söhne und Töchter gegen deren Willen zu taufen; wer sie unter Zwang oder heimlich entführt oder mit Gewalt gefangengenommen tauft, soll 12 Pfund Gold zum Schatze des Königs oder des Bischofs entrichten. Wenn welche von ihnen freiwillig getauft werden wollen, soll man sie drei Tage warten lassen, damit man genau erkenne, ob sie wirklich wegen der christlichen Religion oder wegen eines [ihnen] angetanen Unrechts ihrem Gesetze ent-

1 Die Einquartierung war eine dem König zustehende Naturalsteuer und in den rheinischen Städten, wo der König häufig Reichstage abhielt, eine schwere Last. Siehe unten, Nr. 3.

2 Wohl kein Recht speziell der Juden, sondern allgemeines Kaufmannsrecht, sofern offen auf dem Markte gehandelt wurde.

sagen wollen. Und so, wie sie das Gesetz ihren Vätern zurücklassen, so auch deren Besitz[3]. Auch soll niemand ihre heidnischen Sklaven unter dem Vorwand christlicher Religion taufen und [dadurch] ihrem Dienst entziehen; wer das tut, soll den Bann, das sind 3 Pfund Silber, von der richterlichen Gewalt bezwungen, entrichten und außerdem den Sklaven seinem Herrn unverzüglich zurückgeben. Der Sklave aber soll in allem die Befehle seines Herrn erfüllen, unbeschadet jedoch der Befolgung des christlichen Glaubens, mit dessen Sakramenten er bekleidet worden ist. Es soll [ihnen] auch erlaubt sein, Christen zur Verrichtung ihrer Arbeiten zu mieten, ausgenommen an Fest- und Sonntagen, und es soll ihnen nicht erlaubt sein, einen Christen als Sklaven zu kaufen. Wenn aber ein Christ gegen einen Juden oder ein Jude gegen einen Christen einen Prozeß oder Streit wegen einer Sache hat, soll jeder von beiden, nach Beschaffenheit der Sache, gemäß seinem Recht zu Recht stehen und seine Ansprüche beweisen. Und niemand soll einen Juden zum glühenden Eisen oder zum Kesselfang oder zur Wasserprobe zwingen noch mit Geißeln schlagen noch einkerkern, sondern [der Jude] soll lediglich schwören gemäß seinem Recht nach 40 Tagen, und mit keinerlei Zeugen soll man ihn wegen irgendeiner Sache überführen können [wenn nicht mit jüdischen und christlichen zugleich][4]. Und wer immer sie entgegen diesem Erlaß zu Weiterem zwingen will, der soll einmal den Bann, das sind 3 Pfund Silber, zu entrichten gezwungen werden. Wenn er ihn verwundet hat, jedoch nicht tödlich, soll er 1 Pfund Gold büßen, und wenn es ein Unfreier ist, der ihn getötet oder verwundet hat, soll dessen Herr entweder die oben festgesetzte Buße erfüllen oder den Unfreien zur Bestrafung ausliefern. Wenn aber jemand wegen Armut das Vorgeschriebene nicht bezahlen kann, soll er mit derselben Strafe büßen, mit der zur Zeit Kaiser Heinrichs, meines Vaters, der Mann bestraft worden ist, der den Juden namens Vivus getötet hatte: Es sollen ihm die Augen ausgerissen und die rechte

3 Diese Bestimmung sollte den Übertritt eines Juden unmöglich machen. Daher kann sie nur auf Antrag der Juden vom Kaiser bewilligt worden sein.

4 So in der gleichzeitig den Juden von Worms gewährten Urkunde DD. H. IV. Nr. 412. Beide Urkunden sind nur in Abschrift überliefert.

Hand abgeschlagen werden. Wenn aber die Juden einen Streit oder Prozeß unter sich zu entscheiden haben, sollen sie von ihresgleichen und nicht von anderen überführt und verurteilt werden. Und wenn ein Treuloser unter ihnen die Wahrheit über eine zwischen ihnen geschehene Sache verbergen will, dann soll er von dem, der im Auftrag des Bischofs der Synagoge vorsteht, nach seinem Recht gezwungen werden, so daß er über das, was untersucht wird, die Wahrheit sagt. Wenn aber einmal zwischen ihnen oder gegen sie schwierige Klagen oder Prozesse aufgekommen sind, sollen [diese], bei unverletzlichem Frieden für sie, vor die Person des Bischofs gebracht werden, damit sie von dessen Urteil beendet werden können. Außerdem sollen sie die Erlaubnis haben, ihren Wein und ihre Farbstoffe und Arzneien an Christen zu verkaufen, und wie zuvor gesagt, darf niemand von ihnen Mancusen[5] oder Dienstpferde oder Fuhrdienste oder irgendeine öffentliche oder private Abgabe fordern. Damit diese Konzession jederzeit unverletzt Bestand habe, haben wir diese Urkunde darüber schreiben und mit dem Aufdruck unseres Siegels kennzeichnen lassen.

Zeichen Herrn Heinrichs, dritten römischen Kaisers, Augustus.

Ich, Kanzler Humbert, habe in Vertretung des Erzkanzlers Ruthard die Richtigkeit geprüft.

Gegeben am 19. Februar im Jahre der Fleischwerdung des Herrn 1090, 13. Indiktion, im 36. Königs- und 6. Kaiserjahre Herrn Heinrichs. Geschehen zu Speyer. In Christi Namen glückauf! Amen.

2. Statuten der Kaufmannsgilde von Saint-Omer, Ende des 11. Jahrhunderts: H. Pirenne, Les villes et les institutions urbaines, t. 2, Paris-Bruxelles 1939, S. 190–191.

Dies sind die Gewohnheiten der Kaufmannsgilde.

1. Wenn ein Kaufmann, der in unserer Siedlung oder in der Vorstadt wohnt, nicht hat in unsere Gilde eintreten wollen und wenn

5 Der ganz unübliche Gebrauch dieser Münzbezeichnung, die hier Geld schlechthin bedeutet, geht auf die jüdischen Petenten zurück.

er fortreisend irgendwo angetastet wird oder seine Sachen verliert oder zum Zweikampf herausgefordert wird, dann soll er gänzlich unserer Hilfe entbehren.

2. Wenn jemand, der die Gilde nicht hat, irgendeine Ware, seien es Kleider oder Riemen oder etwas Derartiges, taxiert hat und wenn einer, der die Gilde hat, dazukommt, dann soll [dieser] das, was jener taxiert hat, erwerben [können auch] gegen jenes Willen[6].

3. Wenn aber jemand, der die Gilde hat, eine Ware, die nicht zum Eßbaren gehört und 5 Schillinge oder mehr wert ist, taxiert hat und ein anderer, der die Gilde hat, dazukommt, so soll dieser, wenn er will, einen Teil an der Ware erhalten. Wenn aber der Taxierende dem Dazukommenden den Anteil verweigert und wenn er vor dem Dekan[7] mit dem Zeugnis zweier aus der Gilde überführt werden kann, daß er ihm einen Anteil verweigert hat, dann soll er 2 Schillinge zur Besserung geben.

4. Wenn die Zeit des Trinkgelages herankommt, ist es Recht, daß die Dekane ihr Kapitel am Tage unmittelbar vor dem Gelage daran erinnern und dort gebieten, daß sie zur neunten Stunde friedlich zu ihrem Sitz kommen, und jeder soll bei dem anderen Frieden haben wegen alter und neuer Tat.

5. Es ist aber festgesetzt: Wenn jemand jemanden mit sich zum Gelage bringt, einen Sohn oder Neffen oder Diener, soll er für jeden 12 Pfennige geben...

6. Wenn aber einer, der nicht die Gilde hat, zum Gelage kommt und dort heimlich beim Trinken ergriffen wird, so soll er 5 Schill. geben oder sofort die Gilde kaufen. Davon nehmen wir Kleriker, Ritter und fremde Kaufleute aus.

7. Wenn jemand Würfel oder Spiele in die Gildehalle bringt, soll er ½ Unze Silbers geben oder 10 Pfennige.

8. Wenn jemand törichte Reden gegen die Dekane führt, soll er 2 Unzen Silbers geben.

6 Die Gilde hat Zwangsgewalt gegenüber dem Ungenossen: vermutlich nur in Saint-Omer, nicht auch als Fahrtgemeinschaft auf fremden Märkten.

7 Dem gewählten Vorsteher der Gilde, flämisch vermutlich Hansegraf genannt. Ebenso heißt die Gildeversammlung Kapitel, Art. 4, 17, 22.

9. Wenn jemand törichte Reden gegen einen anderen führt und zwei andere das hören, soll er ½ Unze geben.

10. Wenn jemand einen anderen mit der Faust oder einem Brot oder einem Stein verletzt, aber keine anderen Waffen dabei sind, soll er 2 Unzen geben.

11. Wenn sich jemand von seinem Sitze im Zorn gegen einen anderen erhebt, soll er 1 Unze geben.

12. Wenn jemand das Glöckchen hört und dann Lärm macht oder sich erhebt, soll er ½ Unze geben.

13. Wenn jemand einen Krug mit dem Getränk ohne Erlaubnis aus der Gildehalle trägt, soll er ½ Unze geben.

14. Wenn jemand zu seinem Kapitel nicht beim ersten [Glokken]schlage kommt, soll er 12 Pfen. geben. Wer aber ohne Erlaubnis fortgeht, ohne daß ihn eine Krankheit bedrängt, der soll 12 Pfen. geben.

15. Wegen jeder Dummheit, die begangen wird innerhalb der beiden Tage des Gelages mit Tat oder Wort, soll man sich vor den Dekanen verantworten und nicht vor einem anderen Richter. So nämlich ist entschieden worden zur Zeit des Burggrafen Wulfrik Rabel[8] und geteilt zwischen Wulfrik und den Bürgern.

16. Es ist festgesetzt worden, daß die Dekane den Wein und das, was für die Gilde nötig ist, besorgen, solange bis sie aus den Einkünften das Ihre zurückerhalten.

17. Bei unserem Gelage [erhalten] die Torhüter, die die Tore bewachen, während die Bürger beim Gelage oder beim Kapitel weilen[9], jeder 1 Lot; von den Schenken jeder 1 Lot an jedem Abend; von den Türhütern jeder 1 Lot.

18. Wenn einer von der Gilde krank wird und seine Nachbarn das erkennen, [erhält er] jeden Abend 1 Lot.

19. Wenn jemand außer Landes weilt, soll dessen Frau jeden Abend 1 Lot erhalten.

8 Bezeugt zu 1072–83. Der Burggraf war der vom Stadtherrn eingesetzte Richter, in dessen Gericht die Gildegenossen oder Bürger, Art. 15, 17, die Urteile wiesen.

9 Die Torwache ist demnach an sich Aufgabe der Gildegenossen oder Bürger. Gemeinnützige Aufgaben auch in Art. 26, 27.

20. Wenn aber jemand heiratet, braucht er sich nicht wegen seines Weines zu verantworten.

21. Alle Priester aber, die bei den Abendmessen sind, [erhalten] jeder jeden Abend 1 Lot: alle deswegen, weil wir verschiedener [Priester] Pfarrkinder sind.

22. Der Küster von Saint-Omer, der die Prim läutet, durch die wir zu unserem Kapitel versammelt werden, und der uns die Reliquien reicht, [erhält] jeden Abend 1 Lot.

23. Deswegen nimmt man vier Bürgen, damit, wenn einer von ihnen überlebt, dieser vollkommene Bürgschaft leiste, wofür alle Bürgen gewesen sind. Wenn aber der Schuldner tot ist, dann sind alle Bürgen frei.

24. Wenn einer die Gilde gekauft hat[10], er sei jung oder alt, [so gibt er] 2 Pfen. dem Notar, den Dekanen aber 2 Pfen.

25. Es ist aber das Recht der Dekane, daß sie zwei Tage vor dem ersten [Glockenschlage] mit ihrem Notar auf Kosten der Gemeinschaft im Saal der Gildehalle speisen und dann Wein bekommen. Wenn das nicht geschehen kann, weil sie durch Geschäfte in Anspruch genommen sind, so erhält jeder der Dekane zu seinem Gastmahl nach dem Kapitel einen halben Sester, der Notar aber 1 Lot für den morgendlichen Frühtrunk. Wenn aber die einzelnen Abende, wie es gerecht ist, geordnet und verteilt sind, dann erhält jeder Dekan zu seinem Gastmahl einen Sester, der Notar aber erhält einen halben Sester.

26. Wenn jemand mit Waffen in die Tore eintreten will, sollen die Waffen von den Wächtern einbehalten werden, solange bis er zurückkommt oder bis er von seinem Wirt oder von einem anderen ihm Bekannten als friedlich bezeugt wird.

27. Wenn das Gelage beendet ist und alle Auslagen bezahlt sind, soll das, was etwa übrigbleibt, dem gemeinen Nutzen zugewendet werden, entweder zu den Wegen oder den Toren oder der Befestigung des Ortes. Hiernach aber ermahnen wir alle Nachfahren in Christus, daß sie sich der Armen und Aussätzigen erbarmen.

10 Wer als Mitglied neu aufgenommen werden will, muß ein Eintrittsgeld bezahlen, als Kaufpreis für einen Anteil am Gildevermögen, z. B. der Gildehalle, Art. 7, 13, 25, der ihm damit zufällt.

3. Kaiser Heinrich IV. bestätigt dem Domkapitel zu Speyer Besitz und Recht, darunter die Gewalt über die Hörigen mit Ausnahme der wirtschaftlich selbständigen, 10. April 1101: MGH DD. H. IV. Nr. 466, Keutgen, Urkunden S. 5 Nr. 11.

Im Namen der heiligen und unteilbaren Dreiheit. Heinrich, aus Gunst der göttlichen Gnade der dritte Kaiser der Römer, Augustus. Da wir glauben, daß wir durch Intervention der Heiligen, wenn wir Gott und dessen Heiligen eine würdige Verehrung erweisen, die Ehre unseres Reiches für jetzt bestärken und in Zukunft uns die Krone seligen Ruhms bereiten, so sind wir bestrebt, Gott und seinen Heiligen demütigen Gehorsam zu erweisen... Da nun die schönste Zier einer Kirche, wie wir wissen, aus ihren lebendigen Steinen, nämlich gebildeten, sittsamen, ausgezeichneten und frommen Klerikern, besteht, wir aber sehen, daß solche in keiner Kirche ohne die Leistung täglichen Unterhalts beständig Gott in der Errichtung des Gottesdienstes dienen können, so ist es unser höchster Wunsch, alle Kleriker, wo auch immer, vor allem aber die uns besonders nahestehenden in der uns besonders verbundenen heiligen Kirche zu Speyer[11] in jeder Weise zu fördern, zu bereichern und zu ehren. Daher bestätigen wir... Auch ziehen wir durch ein anderes Recht unsere Domkanoniker zu Speyer den Bürgern dieses Ortes vor. Wenn einer ihrer unfreien Diener, der an der Wohnung und dem täglichen Speisetisch eines von ihnen teilnimmt, einen Verstoß gegen das Recht der Bürger begeht, darf er nicht wie andere durch Gebot des bischöflichen Schultheißen[12] auf den Markt und vor das öffentliche Gericht geladen werden, sondern der bischöfliche Schultheiß muß in den Domkreuzgang vor den Domdekan gehen und dort für sich und den Verletzten Genugtuung fordern und annehmen, und zwar nach folgender Regel: Dem Verletzten ist nach dem Recht der Bürger Schadenersatz zu

11 Heinrichs Großvater Kaiser Konrad II. hatte um 1030 den Grundstein zu einem neuen Dom als Grabkirche seines Hauses gelegt. Heinrich ließ diesen Dom seit etwa 1083 so umbauen, wie die östlichen Teile bis heute erhalten sind.

12 Der Bischof war als Stadtherr Vertreter des Königs. Er setzte den Schultheißen als Richter für die Gemeinde der freien Marktleute oder Bürger ein.

leisten; dem Schultheißen aber soll Genugtuung[13] geschehen entweder durch Prügel, wenn dies dem Domkanoniker gefällt, welcher Herr des Täters ist, oder durch Geld (das sind nach dem Recht der Bürger 60 Schillinge), wenn der Domkanoniker seinen Unfreien lieber schonen will[14]. Hält aber einer der Domkanoniker einen anderen Unfreien in der Stadt, der sich weder seiner Wohnung noch seiner täglichen Speisung bedient, so soll dieser dem gemeinen Recht der Bürger unterliegen. Wir fügen noch hinzu, daß niemand auf der Hofstätte eines Domkanonikers, wo dieser selbst wohnt, gegen dessen Willen Wohnung nehme, es sei denn, daß während eines kaiserlichen oder königlichen Hoftages der heizbare Wohnraum, nicht aber der Stall und die Küche, vom kaiserlichen oder königlichen Kämmerer mit Genehmigung des Domkanonikers einem Bischof oder Abte eingeräumt wird. Wir bestimmen auch, daß die Höfe, in denen die Domkanoniker wohnen, dermaßen unter unverbrüchlicher Immunität stehen sollen, daß, wenn einmal der Burggraf oder der Schultheiß oder sonst jemand das von einem Domkanoniker bewohnte Haus oder dessen Hof gewaltsam erbricht oder dort einen Menschen ergreift oder in irgend etwas verletzt, dieser Täter es nach Immunitätsrecht dem Bischof mit 600 Schill. samt dem dreifachen bischöflichen Banne und dem Verletzten mit dessen dreifacher Buße bessern soll. Wenn aber ein Domkanoniker einen Marktanwohner verwundet, beraubt oder sonstwie verletzt, darf weder der Verletzte noch der Burggraf noch der Schultheiß ihn ergreifen; vielmehr soll Klage vor den Domdekan und die übrigen Domkanoniker gebracht werden, und der Übeltäter soll dem Verletzten nach dem Recht den Schaden wiedergutmachen. Der schuldige Domkanoniker aber soll entweder mit scharfer Leibesstrafe oder mit Fasten oder mit beidem je nach Schwere seines Verbrechens für längere oder kürzere Zeit belegt werden. Auch darf er die Domklausur nicht verlassen, bevor er angemessene Genugtuung geleistet hat...

Und damit diese unsere Verleihung und Bestätigung sowohl wegen der Güter wie wegen des vorbeschriebenen Rechtes für alle

13 Für die Verletzung des Stadtfriedens.
14 Da der Unfreie mittellos ist, muß sein Herr das Geld ausgeben.

künftigen Generationen beständig daure und niemals vom Kaiser oder König oder Bischof oder irgendeinem Sterblichen aufgehoben werden kann, haben wir diese Urkunde mit dem Aufdruck unseres Siegels kennzeichnen lassen.

Zeichen Herrn Heinrichs III., unbesieglichen Kaisers der Römer.

Humbert, Kanzler, hat in Vertretung des Erzkanzlers die Richtigkeit anerkannt.

Gegeben am 10. April im Jahre nach Fleischwerdung des Herrn 1101, 8. Indiktion, als Heinrich III., Kaiser der Römer, Augustus, im 47. Jahre König und im 16. Jahre Kaiser war. Geschehen zu Speyer. Im Namen Christi zum heilbringenden Gedächtnis an Heinrich III., Kaiser der Römer, Augustus, glückauf! Amen.

4. Erzbischof Friedrich I. von Köln bestätigt den Kaufleuten von Lüttich und Huy das alte Zollrecht für ihren Handel in Köln und für den Durchzug nach Dortmund und Sachsen, 4. Dez. 1103: Hansisches UB 3 S. 385 Nr. 601.

Im Namen der heiligen und unteilbaren Dreiheit des Vaters und des Sohnes und des heiligen Geistes. Friedrich, aus Gunst der göttlichen Gnade Erzbischof von Köln. Kund sei allen so Künftigen wie jetzt Lebenden, und zwar allen, die gerecht und fromm in Christus leben, daß die Handelsleute von Lüttich und Huy seit langem Klage darüber führten, daß sie ungerechte Gewohnheiten lange erlitten hätten, und endlich nach Köln kamen, unsere Gegenwart aufsuchten und nachwiesen, daß sie gesetzliche Rechte, die ihre Vorgänger innegehabt hatten, zu Unrecht verloren hätten. Und ich, betroffen von der gerechten und vernünftigen Bitte des Bischofs Otbert von Lüttich, der damals anwesend war, ja gar vom Eifer für die göttliche Gerechtigkeit hingerissen, habe, nachdem ich von den Ältesten unserer Stadt hatte die Wahrheit der Sache erfahren können, bewilligt und versprochen, daß unsere gänzlich nichtigen Gewohnheiten abgeschafft werden und die vorerwähnten Handelsleute ihr gesetzliches Recht wiedergewinnen und mit Eid bekräftigen sollten, mit Rat und auf Wunsch unserer dort anwesenden Mitbischöfe der Erzdiözese, nämlich Bischof Burchards von Münster, Bischof Burchards von Utrecht, Bischof Johanns von Osnabrück, auch Bischof Heinrichs von Paderborn, Bischof

Elwins von Merseburg. Dies aber sind die gerechten Gewohnheiten und Gesetze der obengenannten Handelsleute in Köln:

Wenn die Handelsleute von Lüttich und Huy ihre Waren zu Schiff nach Köln führen, woher immer sie kommen und welche Ware immer sie haben mögen, sollen sie, wenn es das Schiff eines anderen ist, keinen Zoll, keine Gewohnheit bezahlen; wenn es aber ein eigenes ist, sollen sie 10 Pfennige bezahlen. Wenn sie aber Zinn, Wolle, Speck, Schmer oder was zur Waage gehört, verkaufen, soll der Verkäufer überhaupt nichts, der Käufer aber die Gewohnheit geben. Wenn sie aber Leinen- oder Wollentücher verkaufen, mögen sie es zu einer halben Elle oder zu welchem Maße sie wollen, verkaufen; ebenso auch die anderen Waren. Dies aber zu tun ist nur erlaubt auf den drei [Jahr]märkten, nämlich zu Ostern, am Feste St. Peters bei den Ketten [1. August] und am Fest des heiligen Severin [23. Oktober]. Allein am Feste St. Peters sollen sie geben vom Karren 4 Pfen., vom Saumtier 4, von [Eseln?] 4, vom Vehikel 2, und wenn ein Reiter Ware mit einem Strick an den Sattel gebunden hat, schuldet er 2, vom Quersack nichts. An den anderen Märkten aber, ausgenommen den St. Petersmarkt, 8 Pfen. vom Karren, 4 vom Vehikel, vom Saumtier 4, wenn sie Handel treiben, aber wenn sie es nicht tun, nichts. Aber dieses Gesetz wegen des Saumtiers soll zu jeder Zeit sein. Aus welcher Gegend aber immer sie kommen, sollen sie, wenn sie ihre Waren auspakken und etwas verkaufen, bei der Abreise am Tore vom Saumtiere 4 Pfen., und wenn sie nichts ausgepackt und verkauft haben, nichts geben. Und wenn sie nach Sachsen weiterreisen oder gegen Dortmund und Kupfer oder etwas anderes herabbringen, sollen sie hinreisend nichts geben, zurückreisend aber, wenn sie vom Karren abladen und wieder aufladen, sollen sie 4 Pfen. geben. Ferner wenn sie eine Karre Kupfer kaufen, 1 Viertelmark, wenn sie sie verkaufen, ebenso 1 Viertelmark, vom Pferde 4 Pfen., vom Maultier 8, vom Ochsen 1, von der Kuh 1, vom Schwein ½, vom Eber ½. Also sind sie nichts vom Pfunde, nichts von der Mark, überhaupt nichts weiter schuldig, ausgenommen, was wir zuvor notiert haben.

Dieses Zeugnis aber ist festgestellt und formuliert worden durch Urteil der Schöffen und Eid der Handelsleute in Gegenwart der erlauchten Männer, die hier geschrieben stehen: Ratmer, Hubertus, Ludulphus, Wolbero, Willekin, Constantinus, Willeman, Ingeldet, Evezo, Engeram, Hermann, Segvin, als Schwurmänner Henricus, Machelinus, Godefrid, Lanfrid, Lambert von Lüttich, Lambert von Huy, Baldricus. Zeugen: Hermann, der Vogt, Ludochin, der Vogt, Vogolo, der Zöllner, Tiezo, Otto, Amelricus, Bruno, abermals Bruno, Magnus, Everard, Riculph, Albero, Witert, Wulbero, Emelricus Rex, Waldever, Riculf, der Waagemeister, dessen Bruder Heimo, Echo, Emelricus. Also ist beschlossen, daß diese Urkunde, damit sie geltend und unverrückt daure, mit unserem Siegel gezeichnet werde und daß, wer sie verletzt, mit ewiger Verfluchung zu belegen sei. Im Jahre der Fleischwerdung des Herrn 1103, 11. Indiktion, als Heinrich, Kaiser der Römer, Augustus, Kaiser und Friedrich Erzbischof war. Gegeben am 4. Dezember. Verhandelt zu Köln. Glückauf im Namen des Herrn!

5. Bischof Adalbert privilegiert die Fischhändlerzunft zu Worms, 1106/07: UB Worms 1 S. 50 Nr. 58, Keutgen, Urkunden S. 351 Nr. 253.

Im Namen der heiligen und unteilbaren Dreiheit. Kund sei allen Menschen des jetzigen wie des folgenden Zeitalters, daß Adalbert, ehrwürdiger Bischof der Wormser Kirche, auf Bitten des [Burg]grafen Wernher und mit Rat und Überredung seiner übrigen Großen 23 Fischer in Worms eingesetzt hat, nämlich die folgenden: Herrich, Sethwin, Satmar, Herrich, Etman, Dietmar, Siegefrit, Lutwin, Godeschalc, Wolfram, Wilrich, Guntere, Woppelin, Lutfrid, Gerhart, Luzo, Berchtold, Luzo, Bernhelm, Trutherit, Ruthart, Hildebrant, Godescalch. Ihnen hat er dieses Privileg unter folgender Bedingung zugeteilt: daß, wenn einer von ihnen vom Tode ereilt dahinfiele, sein nächster [Verwandter] nach Erbgewohnheit im Amte nachfolgen würde; fehlte aber ein Erbe, so sollte nach gemeinem Rate der Stadtleute die obige Zahl wiederhergestellt werden. Ferner hat der Bischof mit Rat obiger Großer bestimmt, daß, wenn einer ertappt wird, der zwischen den beiden Dörfern »Suelntheim« und »Altdruphen« Fische zum Wiederverkauf eingekauft hat, oder wenn jemand bei einem solchen Einkauf von den genannten Fischern angetroffen wird, diese Fische ihm weggenommen und gleichmäßig unter die Stadtleute verteilt werden sollen[15]. Der bei solchem Kauf Ertappte selbst soll vor die Richter gestellt werden, und nach ergangenem Urteil soll man ihm 3 Pfund, 2 für den Schultheißen, das dritte für den [Burg]grafen[16], abnehmen. Wer selbst [Fische] fängt, wird am Verkaufen nicht gehindert, aber die obengenannten 23 Fischer sollen nicht berechtigt sein, vor der ersten [Stunde] irgendwelche [Fische] zuzukaufen. Deswegen, zur Bekräftigung dieser Sache, damit sie nicht später mit Rat oder Zwietracht irgendwelcher Leute gebrochen werden kann, hat der Bischof mit seinem Bann bestimmt, daß die 23 Fischer in der Fastenzeit drei Lachse, 2 für den Schultheißen, den dritten für den [Burg]grafen, immerfort darbringen und ihr Privileg damit von Jahr zu Jahr bestätigen sollen. Des sind Zeugen Propst Adalbert, Dekan Ruprecht, Scholaster Tegeno, ...[4 Kapläne, 32 Laien].

6. Bischof Balderich von Noyon erkennt den Eid der vom Könige zugelassenen Kommune an, 1108/09: A. Lefranc, Histoire de la ville de Noyon et de ses institutions, Paris 1887, S. 184 Nr. 5.

Balderich, von Gottes Gnaden Bischof von Noyon, [wünscht] allen, die im Glauben ausharren, daß sie sich von Tag zu Tag zu Höherem befördern lassen. Die Worte und die Taten der heiligen Väter, geliebteste Brüder, belehren uns darüber, daß alle guten Taten der Schriftform anvertraut werden müssen, damit sie nicht hernach der Vergessenheit ausgeliefert werden. Daher sei allen Christen, jetzt lebenden wie zukünftigen, kund, daß ich eine in Noyon errichtete Kommune mit Rat meiner Kleriker, Ritter und Bürger gemacht und mit einem Eid aus bischöflicher Autorität und bei Strafe der Exkommunikation befestigt und bei Herrn Ludwig, dem Könige, erreicht habe, daß er sie zuließ und unter könig-

15 Die Stadtgemeinde existiert nur erst als Summe der Stadtleute, noch nicht als von ihnen verschiedene juristische Person, die für sich eine Geldstrafe entgegennehmen könnte.

16 Der vom Bischof, dem Stadtherrn, eingesetzte Graf (Burggraf, Vogt) übte die Hochgerichtsbarkeit, der Schultheiß die niedere und Marktgerichtsbarkeit aus, zu der auch das Gericht in Zunftsachen gehörte.

lichem Siegel bekräftigte[17]. Im Namen Gottes und als Bischof rufe ich dazu auf und mit bischöflicher Autorität verbiete ich, daß irgend jemand sich anmaße, diese von mir gemachte und von vielen beschworene und, wie gesagt, vom König zugelassene [Kommune] zu zerstören oder zu verderben. Wer immer als Gesetzesbrecher sie verletzt, soll der Exkommunikation unterliegen, wer sie aber wohl bewahrt, soll mit den Bewohnern im Hause des Herrn ohne Ende verweilen.

7. Aus dem Friedebrief von Valenciennes, 1114: MGH SS 21 S. 605–610.

Im Namen der heiligen und unteilbaren Dreiheit des Vaters und des Sohnes und des Heiligen Geistes. Bekanntlich ist ein Gott wohlgefälliger Frieden, ein den Guten freundlicher und den Bösen feindlicher Frieden nach dem Vorgange der Gnade des Heiligen Geistes in Valenciennes und im Bezirk dieser Stadt errichtet und befestigt worden von Balduin, Grafen von Hennegau, und Jolante, seiner gesetzlichen Ehefrau und Gräfin, von den Baronen, Edlen, Rittern und seinen Bürgern, auch mit vorgängiger Zustimmung aller seiner Bürger[18]. Im Jahre der Fleischwerdung des Herrn 1114 ist dieser Frieden begonnen worden, und er soll auf ewig[19] fest und beständig sein.

2. In dem Frieden ist geboten und festgesetzt worden, daß jeder

17 Vom König gewährte Kommune-Urkunden sind erst von 1128 an erhalten.

18 Die Bürger haben das Stadtrecht nicht usurpiert, sondern durch Vertrag mit dem Stadtherrn legal errichtet. Die Vertragschließenden sind »Herren« oder »Männer des Friedens«, Art. 2, 6, 9, 29, 30, ihre Versammlung die letzte Instanz in Friedenssachen, Art. 48, 49. Der Friede beruht zwar auf einem Eid, aber nicht auf einem Kommuneeid (den sich die Bürger gegenseitig zu schwören pflegten), sondern auf einem Herreneid, Art. 63. Daher war er mit dem Lehnseid der gräflichen Vasallen (Barone und Ritter) vereinbar.

19 D. h. der Friede sollte das Landrecht, das Fehden zuließ, grundsätzlich abändern. Nach Art. 4 war die Friedensbuße die 60-Schilling-Buße des Grafengerichts, d. h. das Grafen- oder Landgericht war zugleich Friedensgericht. Aber in Friedenssachen lag die Urteilsfindung nicht allein bei den Schöffen, sondern bei einem erweiterten Kreise von 16 Friedensgeschworenen, Art. 14, 36, 51, oder Schöffen des Friedens, Art. 41.

Kaufmann, der zum Markt von Valenciennes kommt oder daher zurückkehrt, zu jeder Zeit persönlich mit allen seinen Waren sicher ist, ausgenommen nur die von der Stadt Douai[20]. Und jeder, der dawider handelt, wenn es ein Ritter ist und er unmittelbar bei der Übeltat ergriffen wird oder wenn er durch das Zeugnis zweier Männer des Friedens von Valenciennes überführt wird, so werde er zunächst gezwungen, den Schaden des Kaufmanns vollkommen zu ersetzen, und wegen der Gesetze und [ihrer] Verletzung soll er 60 Schillinge bezahlen, wovon der Kaufmann 20 und der Kanzler des Friedens[21] 40 erhalten soll. Und wenn der Ritter nicht bei der Übeltat betroffen wird und nicht durch Zeugen überführt werden kann[22], soll sich der Ritter, wenn über ihn Klage erhoben wird, bei dem feierlichen Eide reinigen, durch den er seinem ligischen Herrn[23] verbunden ist, in Gegenwart der Herren des Friedens, oder er reinige sich mit der siebten [Schwur-]Hand[24], oder er zahle unverzüglich, was angesagt ist.

3. Ferner: Jeder Ritter oder sonst jemand, der auf der Marktstraße von Valenciennes oder anderswo Waren oder andere bewegliche oder sonstige Sachen der Leute vom Stadtfrieden zu Valenciennes wegnimmt, soll, wenn er bei der Tat gefaßt oder durch zwei Zeugen des genannten Friedens überführt wird, als Angeklagter auf dieselbe Weise sühnen, wie es oben erläutert worden ist. Und wenn der Angeklagte leugnet und nicht durch Zeugen des

20 Stadtherr von Douai war der Graf von Flandern, mit dem Graf Balduin in Fehde lebte, Art. 23.

21 Der Kanzler oder Friedensrichter, Art. 35, war zugleich Kanzler des Grafen: dessen ständiger beamteter Vertreter als Gerichtshalter. Ihm standen die Strafgelder zu; deshalb konnte er auf Teile davon zugunsten der Kläger verzichten.

22 Den Landrechten waren verschiedene Formen des Strafprozesses geläufig, je nachdem ob der Täter auf frischer Tat ergriffen worden oder ob er entkommen und die Tat »übernächtig« geworden war.

23 Ritter konnten Vasallen mehrerer Herren sein, mußten dann aber nach französischem Lehnrecht, wenn sie zweiten oder dritten Herren Treue schworen, aus dem Gelöbnis, gegen jedermann Hilfe zu leisten, den ersten oder ligischen Lehnsherrn ausnehmen, um nicht in einen Pflichtenkonflikt zu geraten, wenn beide Herren sich befehdeten.

24 D. h. mit sechs Eideshelfern, wenn er selbst als siebter den Reinigungseid leistete.

genannten Friedens überführt werden kann, dann soll, wenn der Geschädigte den Angeklagten wegen Zweikampfes anspricht, der Angeklagte entweder zurückgeben, was immer der Geschädigte nach zuvor geleistetem Eide fordert, oder er soll sich im Zweikampf verteidigen. Und wenn er keines von beiden tun will, dann soll... ihm öffentlich die Hand abgehauen werden.

4. Wenn jemand von Sonnenaufgang am Donnerstag bis zum Sonnenaufgang des folgenden Montags aus einer Vogtei zum Markt von Valenciennes kommt oder von ihm zurückkehrt, dann darf sein Eigenherr ihn nicht antasten außer im Falle, da er ihn vor das Gericht des Grafen ziehen wollte, und dann mag er sich, wenn er will, über seinen Mann beklagen, und es erfülle sich dort das Recht[25]. Wenn aber ein Bevogteter oder dessen Herr ihn anderswo mißhandelt, so werde er wegen gebrochenen Friedens kundgemacht und gezwungen, 60 Schill. zur Bedienung des Grafen und seines Kanzlers zu bezahlen. Niemand lege Hand an Leute aus einer Vogtei oder an deren bewegliche Güter; jeder, der das Gegenteil tut, werde des Friedensbruches beschuldigt und zahle 60 Schill. an den Grafen und dessen Kanzler[26].

8. Wenn der Graf von Hennegau gegen seine Feinde in den Krieg ziehen will, so darf er den, der einen Mann des Friedens beraubt hat, einmal mit sich in die Stadt Valenciennes bringen, und wenn der Beraubte oder Männer von dem Stadtfrieden dem Grafen bedeuten, daß er diesen hinfort nicht mitbringe, so darf er ihn hinfort nicht mehr in die Stadt bringen und muß ihn zwingen, sowohl dem Geschädigten wie der Stadt genugzutun.

10. Kein Mann von dem Frieden dieser Stadt darf in irgendeiner Weise jemanden mit sich in die Stadt bringen, der den Stadtfrieden einmal gebrochen hat...

12. Wenn ein Mitglied des Friedens Klage erhoben hat über einen anderen, daß dieser den Frieden gebrochen habe, und wenn

25 Markt- und Stadtrecht galten auch für hörige Hintersassen, wenn deren Herren sie zum Markte ziehen ließen. Die Leibherrschaft wird in Art. 52–54 gesichert.

26 Der Friede schützt nunmehr auch unbefristet die Hintersassen, er ist Hoheitsrecht: vom Grundeigentum getrenntes Recht des Grafen über fremden Grundbesitz und dessen Leute.

hernach der erwähnte Klageführende von Kummer oder einem anderen Gefühl ergriffen schweigt und sich weigert, die Klage zu verfolgen[27], so soll er, wenn er durch zwei Zeugen von dem Stadtfrieden überführt werden kann, daß er zuvor geklagt hat und die Klage nicht verfolgt hat, nach dem Gesetz gestraft werden, nach dem der Beklagte bestraft worden wäre, wenn er überführt worden wäre.

14. Jedes Urteil, das sechzehn Friedensgeschworene gemacht haben, soll fest und beständig sein.

15. Wenn jemand in dem Bezirk von Valenciennes mit Zugvieh, Pferd oder Esel durch das Getreide geht nach der Zeit, da die Grannen sichtbar geworden sind, oder wenn er Rinder, Schafe, Esel oder ähnliche Tiere treibt und von zwei Zeugen von dem Frieden überführt wird, so werde er zu 3 Schilling verurteilt...

23. Wenn jemand nach der Errichtung dieses Friedens den Männern dieser Stadt durch Erbeuten oder Rauben Schaden tut, ausgenommen eine Fehde des Grafen von Flandern, so darf er nur einmal zu dieser Stadt kommen[28]. Und wenn die Männer des Friedens ihn dazu auffordern, Schadenersatz zu tun, so soll er, wenn er es tut, kraft dieses Tuns Frieden haben...

25. Wenn sich großer Lärm in der Stadt erhebt dermaßen, daß man die Glocke für die nächtliche Feuerhut zusammen mit der Bannglocke läutet, so soll jeder, der nicht zu den Waffen eilt und nicht sofort an den Ort des Lärmens kommt, 5 Schill. zum Dienst des Grafen und des Friedenskanzlers bezahlen, ausgenommen allein die, die zu der Stunde wirklich damit beschäftigt sind, das Brot aus dem Ofen zu ziehen, oder die Getränk aus Korn brauen[29], oder die wirklich schwer krank sind, und dies muß er durch zwei Zeugen von dem Frieden mit dem Eide beweisen, andernfalls zahle er, wie es gesagt ist...

30. Wenn es von jetzt an geschieht, daß die Männer von dem Frieden aus der Stadt ziehen, um Lanzenspiele, Turniere oder ähn-

27 D. h., wenn er die Eidespflicht gegenüber dem Frieden zurücksetzt hinter die Treuepflicht gegenüber Verwandten und Freunden.

28 Er ist also weder auf frischer Tat noch als »übernächtiger« Täter ergriffen worden, Art. 2, 5.

29 Sie können die Feuerstellen nicht verlassen.

liches abzuhalten, oder daß sie in ihren Geschäften oder Handelssachen verreisen, so ist niemand verpflichtet, sich wegen seines Todfeindes zu verwahren, und dies nicht mehr außerhalb als innerhalb der Stadt[30]. Und es sehe sich jeder vor, der seinen Todfeind außerhalb der Stadt durchbohrt oder verletzt oder erschlägt: Er wird des Friedensbruches schuldig sein, als ob er es in der Stadt getan hätte. Und dies ist zu verstehen von Männern von dem Frieden.

35. Wenn einer der Männer von dem Frieden in eine Stadt kommt und dem Richter dieser Stadt eine Klage gegen Leute vorträgt, die in der genannten Stadt wohnen, und begehrt, daß ihm gerechtes und wahres Urteil gegen deren Bürger geschehe, so hat er, wenn ihm Gerechtigkeit geschieht, weiter nichts, weswegen er klagen könnte. Wenn sie ihm versagt wird, so kehre er zur Stadt Valenciennes zurück, und wenn er hernach in der Stadt Valenciennes einen aus der Stadt sieht, in der ihm die Gerechtigkeit verweigert worden ist, so trete er vor den Friedensrichter und sage, daß der und der Mann aus der und der Stadt sei, in der ihm die Gerechtigkeit versagt worden sei, und jener werde durch den Friedensrichter gezwungen, ihm genugzutun, oder er stelle einen Bürgen, bevor man ihm gestattet, die Stadt zu verlassen, und gestatte, daß der Mann von dem Frieden ihn zu seiner Stadt hin und zurück führe, und bewirke, daß er dort volle Gerechtigkeit erhalte[31].

36. Wenn ein heftiger Tumult oder Lärm in der Stadt entsteht, ohne daß die Glocken erklingen, dann darf niemand bewaffnet oder mit Waffen dahingehen, bevor die Friedensgeschworenen es befohlen haben. Und wer das Gegenteil tut, der soll es mit 5 Schill. büßen.

37. Was für Gebote auch immer von den Friedensgeschworenen ausgehen, es sei wegen Zerstörung von Häusern oder Vollstreckung irgendeines anderen Urteils, niemand darf deswegen

30 Der Friede ist nicht nur bezirksbezogener Stadtfriede, sondern auch personenbezogener Gildefriede, er bindet die Genossen auch auf Reisen.

31 Sogenanntes Repressalienrecht: Der Eidgenosse eines Mannes haftet gegenüber Dritten für dessen Schulden.

beschuldigt werden, noch dürfen deswegen Fehden oder Feindschaften oder Hinterhalte anheben, weil es ein Werk des Richters und des Fürsten ist[32].

41. Ritter müssen gerichtet werden durch ihren Herrn und gemäß dem Recht des höchsten Lehnshofes, Bürger aber müssen von den Schöffen des Friedens abgeurteilt werden[33] ...

48. Die Amtleute müssen ausgemacht, bestimmt und eingesetzt werden mit Rat des Grafen und der Friedensgeschworenen. Und wenn der Graf den Friedensgeschworenen nicht zustimmen will, dann dürfen die genannten Geschworenen mit den Männern von dem Stadtfrieden, ohne sich irgendwie zu vergehen, den Amtmann bestimmen und einsetzen.

49. Wer zum Amtmann oder Friedensgeschworenen rechtmäßig erwählt worden ist, der habe einen Tag und eine Nacht, um zu beraten, ob er die genannte Wahl annehmen oder zurückweisen will. Wenn er der Wahl zustimmt, bediene er sich des ihm auferlegten Amtes gerecht gemäß Gott und dem wahren Gewissen. Wenn er aber ablehnt und nicht zustimmt, so zahle er zur Buße 100 Schill., oder andernfalls werde sein eigenes Haus zum öffentlichen Gut eingezogen und von Grund auf zerstört.

51. Wegen eines Urteils dieses Friedens, das vom Gericht der Schöffen oder der Friedensgeschworenen gefällt wird, darf der Graf in keiner Weise sein Recht oder irgendeine Gerichtsgewalt verlieren, die ihm von Rechts wegen gehört.

52. Jeder Mann, der aus einer Vogtei in diese Stadt kommt, um hier zu wohnen, zahle seinem Eigenherrn am Festtag des heiligen Remigius [1. Oktober] in jedem Jahre 12 Pfennige. Eine Frau zahle wegen des dem Eigenherrn schuldigen Dienstes jährlich 6 Pfennige.

32 Es war noch nicht selbstverständlich, daß jedermann die Taten der Friedensgeschworenen, die sie in amtlicher Eigenschaft besorgten, von denen unterschied, die sie privat begingen und die nach Landrecht (nicht nach Friedensrecht) unter Umständen eine Fehde rechtfertigten. Zerstörung des Hauses eine weitverbreitete strafrechtliche Folge des Friedensbruchs.

33 Die ständische Gerichtsbarkeit, wonach ein Beklagter nur von Gleichen verurteilt werden konnte, blieb bestehen. Hatte der Beklagte den Frieden beschworen, so mußten die Standesgerichte das Friedensrecht anwenden.

53. Der Herr, wer immer er sei, darf innerhalb der Stadt seinen Schutzhörigen oder Unfreien geißeln oder mit Ruten schlagen, ohne daß er der Verletzung des Friedens beschuldigt werde. Und wenn sich Unfreie, die in demselben Hause unter demselben Herrn gemeinsam wohnen, gegenseitig verwunden, muß die Klage und die Besserung ihrem Herrn, nämlich dem Herrn der Unterkunft, gehören. Die Friedensgeschworenen dürfen sich hierin auf keine Weise einmischen, wenn daraus kein Tod folgt.

54. Ein Unfreier, der das Brot seines Herrn ißt, darf nicht mit seinem Herrn Zeugnis geben gegen einen anderen wegen Verletzung des Friedens.

57. In allen oben niedergeschriebenen Fällen soll diese gegenwärtige Urkunde schlechthin und durch die Tat selbst das Urteil geben. Und wenn etwas in dieser gegenwärtigen Urkunde fehlt oder der Erklärung oder Auslegung bedarf, so sollen die Friedensgeschworenen, wer immer sie seien, gemäß Gott und Gewissen und rechter Vernunft und gemäß ihrem besten Verständnis ein gerechtes Urteil verkünden und das übrige auslegen.

58. Sobald ein Kind das fünfzehnte Jahr anrührt, muß es, wenn es aufgefordert wird, schwören, den Frieden der Stadt getreulich zu wahren. Wenn es sich aber weigert, ihn zu beschwören, so gebe man ihm einen Tag und eine Nacht als Bedenkfrist. Will es dann schwören, so bleibe es in Frieden. Wenn aber nicht, so verlasse es ganz und gar die Stadt, und [sein Erbe] werde von Grund auf zerstört. Wenn es aber hernach in die Stadt kommt, so werde es, wenn es den Frieden nicht beschwört, festgenommen mit der Ermahnung, den Frieden zu beschwören. Wenn es sich weigert, soll es wie ein Friedensbrecher verurteilt werden.

63. Alle diese vorgenannten Bedingungen des Friedens haben beschworen und nach feierlich geleistetem Eide ewig, getreulich und unverletzlich zu beobachten versprochen der oft genannte Graf Balduin und Jolante, seine gesetzliche Ehefrau, die Gräfin, und alle ihre Fürsten und Ritter und Barone. Endlich hat der genannte Graf Balduin öffentlich die Treue und den feierlichen Eid entgegengenommen von allen innerhalb der Stadt und des Friedensbezirks sowie von allen, die innerhalb der Stadt und des Friedensbezirks wohnen, daß sie den genannten Frieden mit allen zugesetzten Bedingungen ewig und unverletzlich beobachten wür-

den. Ausgesprochen, beschlossen, gegliedert, geordnet, gewährt und veröffentlicht wurde dies im Jahre, wie oben angegeben.

8. Herzog Konrad von Zähringen privilegiert den Markt zu Freiburg, 1122: W. Schlesinger, Das älteste Freiburger Stadtrecht, Zeitschrift der Savigny-Stiftung für Rechtsgeschichte, Germanistische Abt. 83 (1966) S. 96–98.

Kund sei allen, sowohl Künftigen wie jetzt Lebenden, daß ich, Konrad, an einer Stätte meines eigentümlichen Rechtes, nämlich Freiburg, einen Markt errichtet habe im Jahre nach der Fleischwerdung des Herrn 1120. Deshalb habe ich beschlossen, den angesprochenen, von überallher zusammengerufenen Kaufleuten mittels einer eidlichen Vereinbarung diesen Markt anzufangen und auszubauen. Daher habe ich jedem einzelnen Kaufmann ein Grundstück auf dem errichteten Markt zugeteilt für unter Eigentumsrecht zu erbauende Häuser, und ich habe verfügt, daß von jedem Grundstück 1 Schilling öffentlicher Münze mir und meinen Nachkommen als Zins alljährlich am Fest des heiligen Martin [11. November] zu zahlen sei. Daher sei allen kund, daß ich gemäß ihren Bitten und Wünschen die Privilegien, welche folgen, gewährt habe. Und es hat mich ein heilsamer Rat gedünkt, wenn sie als Chirograph niedergeschrieben werden würden, damit man sie auf lange Zeit im Gedächtnis behalte, so daß meine Kaufleute und ihre Nachfahren von mir und meinen Nachfahren dieses Privileg auf ewig behalten. [1.] Ich aber verspreche allen, die meinen Markt aufsuchen, Frieden und Sicherheit des Weges binnen meiner Gewalt und Herrschaft. Wenn einer von ihnen in diesem Bereich beraubt wird, werde ich, wenn er den Räuber benennt, entweder das Geraubte zurückgeben lassen oder es selbst bezahlen. [2.] Wenn einer meiner Bürger stirbt, soll seine Ehefrau mit ihren Kindern alles besitzen und ohne jede Bedingung erhalten, was ihr Mann hinterlassen hat. [3.] Ich gewähre, soweit ich kann, daß alle [Grund-] Besitzer des Marktes Teilhaber der Rechte meiner Leute und der Landleute seien, damit sie nämlich ohne Strafgebot Weiden, Gewässer, Auwälder und Forsten benutzen mögen. [4.] Allen Kaufleuten erlasse ich den Zoll. [5.] Niemals werde ich meinen Bürgern einen anderen Vogt, niemals einen anderen Priester ohne Wahl vorsetzen, sondern, wen immer sie dazu erwählen, den sollen sie von mir bestätigt erhalten. [6.] Wenn ein Streit oder eine Klage unter meinen Bürgern entsteht, soll sie nicht nach meinem oder ihres Vogtes Gutdünken diskutiert werden, sondern sie soll nach gewöhnlichem und legitimem Recht aller Kaufleute, vorzüglich aber der Kölner, im Gericht geprüft werden. [7.] Wenn einer sich in einen Mangel an notwendigen Dingen verstrickt, mag er seinen Besitz verkaufen, an wen er will. Der Käufer aber entrichte von dem Grundstück den festgesetzten Zins. – Damit meine Bürger den angeführten Zusagen nicht geringeren Glauben schenken, habe ich mit zwölf meiner angesehensten Ministerialen, die auf die Reliquien der Heiligen einen Eid leisteten, Sicherheit gegeben, daß ich und meine Nachkommen das eben Angeführte immer erfüllen werden. Und damit ich diesen Eid nicht aus irgendeinem Grunde breche, habe ich durch Handschlag dem freien Manne [---] und den Vereidigten des Marktes ein Treueversprechen in bezug auf diese Sache gegeben. Amen.

9. Kaiser Heinrich V. entscheidet über die Steuerfreiheit unfreier Dienstleute in Straßburg, 1122: UB Straßburg 1 S. 60 Nr. 75, Keutgen, Urkunden S. 6 Nr. 12.

Im Namen der heiligen und unteilbaren Dreiheit, Heinrich, von Gottes Gnaden der Vierte[34], Kaiser der Römer, Augustus. Obwohl uns die Sorge für die kaiserlichen Geschäfte vielfach daran hindert, dem nachzukommen, was unsere Pflicht erfordert, so zwingt uns doch die Rücksicht auf das göttliche Gericht, einfacheren Dingen nach Möglichkeit in der schuldigen Weise stattzugeben. Denn einige unfreie Diener der Straßburger Domkanoniker haben uns in ihrer Notlage aufgesucht und unter vielen Tränen geklagt, das ihnen von ihren Vorgängern vererbte Recht sei durch Anmaßung einiger Amtleute, die ihnen übelwollten, verschlechtert worden; die Amtleute zwängen sie zu verschiedenen öffentlichen Dienstleistungen, die sie nicht schuldig wären und nicht erbringen könnten. Aus Mitleid mit dieser Klage haben wir festge-

34 Als deutscher König der Fünfte. Heinrich I. (919–936) hatte das Kaisertum noch nicht erlangt.

setzt, gebieten wir mit der Festsetzung und bestätigen wir mit dem Gebot gemäß gemeinem Rate unserer Getreuen, daß sie mit den Rechtsgewohnheiten ihrer Vorfahren zufrieden sein und ihren [Leib-]Herren mit ihren Diensten genugtun sollten; vom öffentlichen Recht der Stadt aber sollen sie strikt geschieden sein. Vielmehr wie die unfreien Diener des Bischofs, so sollen diese allein für den Vorteil ihrer Herren dasein und von allen Pflichten gegenüber dem Fiskus hinfort durch dieses Gebot unserer Autorität los und ledig sein. Damit dies jederzeit fest und unerschüttert daure, haben wir diese Urkunde darüber schreiben, die Zeugen daruntersetzen und sie mit dem Aufdruck unseres Siegels kennzeichnen lassen.

Dies sind die Zeugen des vorstehenden Handels: Herzog Friedrich von Schwaben, Graf Gottfried, Graf Siegebrecht, Brun, Kanzler und Propst der genannten Straßburger Kirche, Siegfried, Humbrecht, Hugo, Friedrich, Wolfram, Harger und weitere Edle und Unedle, die aufzuzählen zu lange währt.

Geschehen im Jahre der Fleischwerdung des Herrn 1123, 15. Indiktion, als Kaiser Heinrich IV., Augustus, König und Friedrich Herzog von Schwaben war.

10. König Konrad III. für das Domkapitel in Verdun über die Rechte des Vogtes und die Freizügigkeit der Hörigen, 1141/42: MGH DD. K. III. Nr. 76.

Im Namen der heiligen und unteilbaren Dreiheit. Konrad III., aus Gunst der göttlichen Milde König der Römer. Der Sinn unseres Amtes treibt uns dazu an, den Kirchen ewigen Bestand ihrer Güter und die Schutzwehren unerschütterter Lebenskraft zu gewähren. Denn es ist unpassend, daß die dem Gottesdienst ergebenen Diener Christi durch perverse Übergriffe böser Menschen erregt und durch leichtfertiges Eindringen irgendwelcher Leute geschunden werden, und ebenso wenig dürfen die dem Nutzen der himmlischen Geheimnisse gewidmeten Güter Dienste der Mächtigen als etwas Außerordentliches auf sich nehmen. Da also von Gott, dem Vater der Lichter, die Macht des Königtums und der Schutz der Untertanen uns anvertraut worden ist, so willigen wir in eure vernünftigen Bitten ein, o unsere Geliebten und Getreuen Albert, [Propst und] Primicerius, und deine Brüder, Kanoniker der Kirche St. Marien zu Verdun, und wir befestigen diese Bischofskirche

St. Marien zu Verdun, in der ihr euch für den Gottesdienst verfügbar haltet, mit der Hilfe und dem Schutz unserer königlichen Autorität, indem wir festsetzen, daß die Besitzungen und Güter, welche diese Kirche zur Zeit nach Recht und Gesetz besitzt, euch beständig und unversehrt verbleiben sollen.

Und weil über die Bedrückungen und Rechtswidrigkeiten, die die Vögte und Untervögte euren Hörigen häufig antun, oftmals Klage bis zu uns hin überbracht worden ist, so befehlen wir – um des Seelenheils unseres Vaters und Mutter und unseres Großvaters Kaiser Heinrichs willen und um unseres Heils und der Festigkeit und des Friedens unseres Königreichs willen, auch kraft Ermahnung unserer geliebten Gattin Gertrud und unserer Getreuen Bocco und Albero, der Bischöfe von Worms und Verdun, sowie veranlaßt durch die Bitten unseres Kanzlers Arnold und Herzog Friedrichs von Schwaben –, daß euch die Freiheit unerschüttert verbleiben soll, die euch von Herzog Gottfried und dessen Vater Herzog Gozelo[35] in Gegenwart Richards, damaligen Bischofs von Verdun, und mit Zustimmung der Vögte zugestanden worden ist. Wir verfügen also, daß der Vogt so, wie es in alten Zeiten von Herzog Gozelo und dessen Sohn Herzog Gottfried mit Zustimmung der Vögte und Urteil in der Stadt Verdun festgesetzt worden ist, zu[36] den drei jährlichen Gerichtstagen kommen und sie mit hochrichterlicher Gewalt und den Schöffen und sonstigen Dienstmannen zugleich rechtmäßig abhalten soll, und daß er und die Ministerialen gemeinsam die dort erhobenen Klagen der Armen nach Kräften aburteilen soll und aus dem gemeinen Einkommen an diesem Tage die Kost nehmen und von dem, was etwa übrigbleibt, sein Drittel erhalten soll. Wenn aber etwas von den dort erhobenen Klagen oder den dort angeregten Rechtssachen abzuurteilen übrigbleibt, dann soll das Vogtdrittel von den Ministerialen verwahrt werden. Wenn aber der Primicerius oder Propst selbst über Totschlagsühne und vergossenes Blut und andere Unrechtstaten

35 Herzog Gottfried II. von Oberlothringen 1044–1069, seit 1065 auch von Niederlothringen, Herzog Gozelo von Niederlothringen 1023–1044, seit 1033 auch von Oberlothringen.

36 Das Folgende bis zum Ende des Absatzes nach der Vorurkunde der Herzöge von 1057 über die in der Zeit von 1039 bis 1044 getroffene Regelung.

ohne Mithilfe des Vogtes das Recht herstellen kann, so soll der Vogt davon nichts haben. Wenn aber einmal, weil eine notwendige Ursache es erfordert, der Vogt von dem Abt oder Primicerius oder auch von einem Fronhofsverwalter in ebendieser Gewalt herbeigerufen wird oder zur Landesverteidigung durchreist, so darf er wegen der Gewalt die angemessene Kost annehmen. Wenn der Vogt aber wegen seiner eigenen Sache in den Fronhof kommt oder durchreist, dann soll er weder von den Gütern der Brüder noch von denen der Armen, sondern von seinem Eigenen leben. Keinen außerhalb Wohnenden darf er jemandem zu Lehen geben, sondern wenn er zum jährlichen Gerichtstage kommt, so verfüge er über sein Drittel, was ihm davon zufallen mag[37], es für sich zu behalten oder einem anderen zu geben, wie er will.

Zur Zeit der neuen Früchte in den Häusern oder auf den Feldern darf er weder selbst noch durch seine Diener irgendeine Ernte einsammeln. Wenn irgendein Bauer von einem Fronhof in einen anderen übergegangen ist, um dort zu wohnen, und in demjenigen, den er verlassen hat, weder Land behält noch einen Acker bebaut, so soll er dem Vogte des ersten Fronhofes wegen des jährlichen Gerichtstages zu nichts verpflichtet sein, sondern den Brauch des Fronhofes einhalten, wo er wohnt, und dem Vogte dieses Fronhofes verpflichtet sein. Wenn aber von irgendeinem eurer Immunitätsgerichte ein Bauer für immer in der Stadt Verdun wohnen will, jedoch so, daß er in dem Fronhof, den er verläßt, weder Land behält noch einen Acker bebaut, dann sei er von allen Gerichtstagen der Vögte frei und habe das Recht und die Gewohnheit der Stadt inne, stets unbeschadet des Rechtes des Primicerius und der Brüder der Domkirche zu Verdun sowie mit Vorbehalt der alten Gewohnheit und des Eigentums und der Herrschaft der Pröpste bzw. Äbte der heiligen Maria Magdalena und der heiligen Moritz, Germanus, Vitus, Maurus, Paulus und Aggerich.

Also verfügen wir durch das Schriftstück des vorliegenden Privilegs, daß es ganz und gar keinem Menschen erlaubt sei, diese

37 Schutzbefohlene und Wachszinser sollten vogt- und damit stiftsunmittelbar bleiben. Verlehnung (Entrichtung der Schutzgelder direkt an einen Dritten) hätte sie dem Stift entfremdet.

approbierte und aus Altem in ein Neues reparierte Gewohnheit unseres Gesetzes auf irgendeine Weise zu beeinträchtigen oder die Kirche von Verdun irgendwie zu belästigen oder deren Besitzungen wegzunehmen oder Weggenommenes zu behalten, sie zu mindern oder mit leichtfertigen Forderungen zu quälen, sondern alles werde unversehrt bewahrt, damit es sowohl euch wie dem Vorteil eurer Nachkommen in jeder Weise nützlich sei. Und damit diese Autorität unseres Befehls zu allen Zeiten beständig und unverrückt bleibe, haben wir diese Urkunde darüber niederzuschreiben und mit dem Aufdruck unseres Siegels zu zeichnen befohlen, wobei wir sie, wie unten zu sehen ist, mit eigener Hand bekräftigt haben. Wenn aber jemand, was ferne sei, das Gesetz dieses unseres Befehls zu verletzen sich herausnimmt, büße er es mit 1000 Pfund reinsten Goldes, wovon er eine Hälfte unserer Kammer, die andere der genannten Kirche zu Verdun entrichten soll.

Im Jahre der Fleischwerdung des Herrn 1142, 5. Indiktion, während Konrad III., König der Römer, regierte, im 4. Jahre seines Königtums. Gegeben zu Metz. In Christus glückauf! Amen.

11. Die Bettzeugweber zu Köln errichten eine Zunft und lassen sie von der Stadtgemeinde bestätigen, 1149: Lacomblet, UB 1 S. 251 Nr. 366, Keutgen, Urkunden S. 352 Nr. 255.

Im Namen der heiligen und unteilbaren Dreiheit. Es sei den Christgläubigen jedweden Standes sowohl im zukünftigen wie im jetzigen Zeitalter nicht verborgen, daß einige Männer, Liebhaber der Gerechtigkeit, Reinzo, Wilderich, Heinrich, Everolt und die übrigen, die dieses Gewerbe pflegen, eine Bruderschaft der Bettzeugweber in der frommen Hoffnung auf das ewige Leben gegründet haben. Diese haben sie im Bürgerhause, das im Judenviertel liegt, vom Vogt Richolf, Graf Hermann, den Senatoren und allen Reichen der ganzen Stadt unter dem Beifall des Volkes bestätigt erhalten. Die Absicht ist folgende: daß alle dieses Webergewerbe Ausübenden, die sich im Umfange der Stadt aufhalten, sie seien hier oder in der Fremde geboren, sich freiwillig dieser Bruderschaft unterwerfen sollen, zu dem Recht, wie sie von den oben erwähnten Brüdern eingerichtet worden ist. Wer sich ihr mit irgendwelchen Regelwidrigkeiten entgegensetzt und freiwillig nicht beitreten will, den soll die richterliche Strenge zügeln, und er soll bei Verlust seiner Habe beizutreten und sich endlich zu fügen gezwungen werden. Außerdem soll man in Zukunft und Gegenwart wissen, daß die erwähnten Brüder aus dem gemeinen Vermögen dieser Bruderschaft den Tuchwebern nach besten Kräften Hilfe geleistet haben und den Marktplatz, wo man die Tuche verkauft, durch Zusammenbringen von kleinen Steinen und Hölzern trockengelegt haben. Deswegen soll dieser Platz beiden ohne Widerspruch und ohne Murren der Mißgünstigen gemeinsam bleiben[38]. Wegen der Bekräftigung also dieser Sache ist beschlossen, die Wahrheit schriftlich zu notieren und mit dem Siegel der Bürger[39] zu schützen, damit, wenn jemand von den jetzt Lebenden oder Nachkommenden, von Haß und Neid geleitet, danach strebt, sie zu entkräften oder zu zerbrechen, er diese Urkunde einsehe und dann davon abstehe und sich schäme, einer solchen Autorität entgegenzutreten. Es folgt die andere Befestigung, nicht minder wirksam als die erste und für die Bruderschaft ebenso nötig, nämlich die Zeugenschaft der vornehmen Männer und der Angesehensten der ganzen Stadt, deren Namen hier aufgeschrieben folgen: Ricolf, der Vogt, Graf Hermann, ... [31 Laien]. Diese Bruderschaft ist begonnen worden im Jahre der Fleischwerdung des Herrn 1149, als Konrad das römische Reich regierte und Erzbischof Arnold auf dem Stuhle der heiligen Kölner Kirche saß.

12. Aus dem Buch der jährlichen Gefälle des Erzbischofs und der Kirche zu Trier, um 1180–1190: F. Rudolph, Quellen zur Rechts- und Wirtschaftsgeschichte der Rheinischen Städte, Kurtrierische Städte I, Bonn 1915, S. 8–10.

Dies ist, was zur Kammer des Erzbischofs gehört:

Dies sind die Rechte der Kammer des Erzbischofs zu Trier: Der Erzbischof wird mit Rat der vornehmen Ministerialen und Bürger

38 Der Handwerkerverband erwarb gleichzeitig von der Gemeinde ein Grundstück auf dem Markte zur Errichtung von Verkaufsständen. Nicht mehr die Summe der Genossen, sondern der Verband als solcher war nun vermögensfähig (juristische Person).

39 Weil siegelfähig, ist auch die Stadtgemeinde als solche juristische Person. Ihr handelndes Organ sind Vogt, Burggraf und Reiche.

der Trierer Kirche die Trierer Münze umwandeln[40], so oft sie umgewandelt werden muß, und er wird sie seinem belehnten Kämmerer anvertrauen, sie in Gewicht und Reinheit zu bewahren, und ein Pfund der neuen Pfennige wird er unter Siegel hinterlegen lassen im Gewahrsam der Domkirche, um hernach die umlaufenden Pfennige zu prüfen, ob sie verschlechtert sind oder nicht... Die Juden müssen in jedem Jahre 150 Mark zur Münze geben und von jeder Mark eine Unze als Schlagschatz. Sechs Jungen sind in der Münze, und der siebte ist der Münzmeister...

Der Kämmerer ist Judenmeister[41]. So oft ein Jude wegen eines Vergehens oder wegen Widersetzlichkeit dem Kämmerer bußfällig wird, büßt er 30 Pfennige irgendeiner im Erzbistum Trier umlaufenden Münze. Wenn sich aber der Widersetzliche weigert zu büßen und endlich unter Zwang büßen muß, dann büßt er dem Kämmerer und dem Judenbischof ½ Viertelmark Goldes, und dieses Gold gehört dem Erzbischof und ist ihm zu übergeben. Ein Jude, der den Frieden verletzt hat außerhalb der Häuser der Juden und der wegen Friedensbruchs ergriffen und festgehalten worden ist, muß sich dem Gericht des Schultheißen stellen; und wenn er entkommt und in die Judenhäuser zurückkehrt, braucht er sich vor niemandem zu verantworten außer vor dem Kämmerer...

Es gibt sechs Kürschner, und der siebte ist ihr Oberhaupt oder Meister. Diese gehören zur Kammer des Erzbischofs und müssen seine Kleider nähen. Der Kämmerer muß dem Obermeister der Kürschner ein Pferd stellen, damit er nach Köln oder Doesburg [in Geldern] reisen und zum Gebrauch des Erzbischofs verschiedene rohe Pelze kaufen kann unter dem Zeugnis des Kämmerers oder dessen getreuen Sendboten. Die herbeigebrachten rohen Pelze

40 Verrufung der Münze bedeutet, daß die umlaufenden Münzen ungültig werden, so daß jedermann sie zu den Münzern bringen und neu prägen lassen muß. Dafür erhoben der Erzbischof und die Münzer Gebühren, die wie eine Besteuerung der Geldvermögen wirkten. Daher ist dafür der Rat, d.h. die Zustimmung der Gemeinde, erforderlich. Der Judengemeinde wurde dafür ein jährliches Fixum gesetzt.

41 D.h. vom Stadtherrn verordneter Richter und Schützer der Judengemeinde, so wie der Rabbiner (Judenbischof) deren selbstgewählter Vorsteher.

aber müssen die Kürschner und ihr Obermeister zubereiten ohne Lohn, jedoch auf Unkosten des Kämmerers. Alle in Trier wohnenden Kürschner müssen, wenn das geboten ist, diesen sieben Kürschnern Hilfe leisten oder sich loskaufen.

Die Gerechtigkeiten der Schneider sind dieselben wie die der Kürschner. Den Obermeistern der Schneider und Kürschner werden zwei Sester Wein gegeben und 2 Spatel in den Fasten. Den Jungen der Schneider und Kürschner gibt man eine Urne Weins...

Die Schmiede müssen alles Schmiedewerk machen, das dem Erzbischof nötig ist zu den Hoftagen der Kaiser oder den Heerfahrten oder den Städten, wo der Erzbischof Wächter oder Torhüter hat, ohne Lohn.

Der Schultheiß von Trier bestellt den Obermeister der Fleischer, der ein Junge des Kämmerers ist, und er muß auf Befehl des Kämmerers Botschaften des Erzbischofs ausführen bis zu 6 Meilen weit rings um Trier.

Der Kämmerer ist Richter der Münzer, Kürschner, Schneider, Schmiede und Fleischer in allen Fällen außer einem, nämlich Friedensbruch[42].

Der Kämmerer ist Aufseher aller Scharhufen... Die Scharhufner müssen dem Erzbischof auf Befehl des Kämmerers Saumtiere stellen, wenn er zum Hof des Kaisers oder zur Heerfahrt über die Alpen ziehen muß. Wenn dort ein Saumtier eingeht, werden Kopf und Schwanz von dort zurückgebracht und dem Kämmerer zurückgegeben, und dieser gibt vom Gelde des Erzbischofs 5 Schillinge jenem, dem das Saumtier gehörte. Wird es lebend zurückgeführt, so wird es den Scharhufnern zurückgegeben, und diese ernähren es, bis man es ihnen wiederum abfordert.

42 Die Zuständigkeit des Schultheißen ist die ordentliche, die des Kämmerers ihr gegenüber sekundär: Privileg.

13. Kaiser Friedrich I. entscheidet über das Steuerrecht unfreier Dienstleute in Worms, 31. Mai 1182: UB Worms 1 S. 72 Nr. 89, Keutgen, Urkunden S. 7 Nr. 13.

Im Namen der heiligen und unteilbaren Dreiheit. Friedrich, aus Gunst der göttlichen Gnade Kaiser der Römer, Augustus. Wir bezweifeln nicht, daß es uns zum Gewinn des ewigen Reiches und zu Mehrung des zeitlichen Kaisertums beim König der Könige förderlich ist, wenn wir in heilbringender Weise für die Kirchen Gottes sorgen, indem wir ihnen mit kaiserlicher Gnade ihre Rechte erhalten. Daher wollen wir allen Getreuen unseres Kaisertums, gegenwärtigen wie zukünftigen, kundtun, daß die Domherren der Wormser Kirche die Gegenwart unserer Majestät aufgesucht und uns durch Klage dargetan haben, daß die Wormser Bürger die Hörigen ihrer Kirche in ungebührlicher Weise bedrängten und sie schärflich wie zum Frondienst anhielten, daß sie von ihrem persönlichen Besitz die Steuern bezahlten[43], die in der Stadt gemäß königlichem Gebot erhoben werden. Als wir deshalb auf dem Reichstag zu Mainz in Gegenwart sowohl der Domherren wie der Bürger von Worms über diese Klage das Urteil erfragten, ist von unserer Hofversammlung dieses Urteil gewiesen worden: Alle diejenigen Hörigen von Kirchen sollen von diesen Steuern frei und los sein, die den Kapitelsherren und einer Kirche täglich in eigener Person dienen und nicht Waren herstellen noch sich dem Markte der verkäuflichen Dinge widmen, und wenn sie sich nicht dem Dienst eines Stiftsherrn unterstellen, bloß um sich der kaiserlichen Steuer zu entziehen. Deshalb lösen wir alle diejenigen Hörigen der Wormser Kirche, die nicht ständige und öffentliche Marktleute sind, von allen Haupt- und Nebenfronden, Steuern und Abgaben mit kaiserlicher Autorität, und wir entscheiden, daß sie davon frei sein sollen, damit sie der Kirche und den Domherren frei und fromm ergeben dienen können. Wir setzen fest, daß jeder, sowohl

43 Da »die Bürger« selbständig die Reichssteuer einziehen, ist die von der Summe der einzelnen Bürger verschiedene Stadtgemeinde als solche rechts- und handlungsfähig (juristische Person). Ihr handelndes Organ werden der Zöllner Werner und die drei unten als Zeugen genannten Bürger gewesen sein, die die Gemeinde wegen der Klage vor dem Kaiser vertreten hatten.

Geringer wie Großer, der sich anmaßt, dieses unser Gesetz zu brechen oder irgendwie anzufechten, 100 Pfund Goldes büße, wovon eine Hälfte dem kaiserlichen Fiskus, die andere aber der Kirche und den geschädigten Kanonikern zu entrichten ist. Damit nun dies für immer gültig und unerschüttert daure, haben wir diese Urkunde schreiben und mit dem Aufdruck unseres Siegels befestigen lassen. Dies sind Zeugen Erzbischof Philipp von Köln, Bischof Hermann von Münster, Bischof Ulrich von Speyer, Dompropst Arnold von Mainz, Rudolf, Protonotar des kaiserlichen Hofes, Domdekan Heinrich von Mainz, ... [8 Domherren, 3 Edle,] die Wormser Bürger Werner, der Zöllner, Wignand, Gernod und David und andere mehr.

Zeichen Herrn Friedrichs, unbesieglichen Kaisers der Römer.

Ich, Gottfried, Kanzler des kaiserlichen Hofes, in Vertretung Christians, Erzbischofs von Mainz und Erzkanzlers in Deutschland, habe die Richtigkeit anerkannt.

Geschehen im Jahre der Fleischwerdung des Herrn 1182, 15. Indiktion, als Herr Friedrich, ruhmreichster Kaiser der Römer, im 31. Jahre seines Königtums und im 28. des Kaisertums regierte. Gegeben zu Mainz in formeller Hofversammlung am 31. Mai.

Kaufmännische Fahrtgemeinschaften, 1161–1258

Im Zeitalter der Stammes-, Land- und Stadtrechte, die nur den Angehörigen der eigenen Rechtsgemeinschaft Rechtsschutz gaben, war der Fremde rechtlos. Daher pflegten die Kaufleute einer jeden Stadt gemeinsam in andere Länder zu reisen, um sich gegenseitig zu beschützen und gemeinsam den Rechtsschutz zu erlangen, den fremde Landes- oder Stadtherren als Privileg (Ausnahme vom ordentlichen Recht) gewährten. Die Männer, die an einer solchen Fahrtgemeinschaft teilnahmen, waren durch Gilde- oder Bürgereid verpflichtet, untereinander Frieden zu halten, und empfingen vom Stadtherrn oder Rate ihrer Heimatstadt den Anführer, der sie nach außen vertrat und nach innen Richter in ihren Streitigkeiten war. Folgende Urkunden unterrichten über die Verfassung der Fahrtgemeinschaften oder Hansen, wie man in Norddeutschland und Flandern sagte:

1. Ein Mandat Heinrichs des Löwen, Herzogs von Sachsen und Stadtherrn der 1159 gegründeten Stadt Lübeck, an den Altermann der Lübecker Fahrtgemeinschaft auf Gotland von 1161, in dem die gleichberechtigte Fahrtgemeinschaft der Gotländer in Lübeck und Sachsen erwähnt wird.

2. Zwei Bestimmungen aus dem Stadtrecht von Medebach in Westfalen in der Form, wie der Stadtherr, Erzbischof Rainald von Köln, es 1165 bestätigte. In Medebach, einer der damals noch zahlreichen ländlichen Kleinstädte mit ausgesprochenem Fernhandelscharakter, galt das uns sonst unbekannte Kölner und Soester Recht.

3. Ein Privileg Konrads von Montferrat, Stadtherrn von Tyrus im Königreich Jerusalem, dem christlichen Kreuzfahrerstaat in Palästina, für die Fahrtgemeinschaft der Südfranzosen und Katalanen von 1187, die anläßlich der Vorbereitung des dritten Kreuzzuges in Tyrus eine mit Immunität ausgestattete Niederlassung erhielten.

4. Eine Urkunde des Rates von Montpellier, der einen Ratsgenossen zum Hauptmann und Konsul der in Nordfrankreich Handel treibenden Kaufleute bestellt, von 1246.

Aus dem Zusammenschluß der Fahrtgemeinschaften der niederdeutschen Städte entstand am Ende des 13. Jahrhunderts die deutsche Hanse mit ständigen, von gewählten Älterleuten verwalteten Niederlassungen in Nowgorod, Bergen, London und Brügge. Treffpunkt der nord- und südeuropäischen Fahrtgemeinschaften waren im 12. und 13. Jahrhundert die Jahrmärkte der vier Städte in der Champagne. Im 14. Jahrhundert trat Brügge an deren Stelle.

1. Mandat Heinrichs des Löwen für den Vogt der deutschen Kaufleute auf Gotland, 1161: UB Lübeck 1 S. 3 Nr. 3.

Dies ist die Abschrift des Privilegs, das der berühmte Herzog Heinrich seligen Gedächtnisses der Bayern und Sachsen gegeben hat über die Errichtung ewigen Friedens zwischen Deutschen und Gotländern:

Im Namen der heiligen und unteilbaren Dreiheit. Heinrich, von Gottes Gnaden Herzog der Bayern und Sachsen. Es sollen alle gegenwärtigen und künftigen Christgläubigen und Verständigen wissen, daß wir aus Friedensliebe und Ehrfurcht vor der christlichen Religion, vor allem aber in Anbetracht der ewigen Vergeltung, die Zwietracht, die zwischen Deutschen und Gotländern durch Machenschaften des bösen Geistes lange gewährt hat, zugunsten der alten Einigkeit und Eintracht reformiert haben, und daß wir auch die vielfältigen Übel, wie Haß, Feindschaften, Totschläge, die aus dem Zwist beider Nationen entstanden sind, mit Hilfe der Gnade des Heiligen Geistes in einem beständigen, ewigen Frieden beigelegt haben, und daß wir hernach die Gotländer in unsere Gunst und Sühne gerne wieder aufgenommen haben. Daher haben wir die Bestimmungen über Recht und Frieden, die der verstorbene Herr Lothar, durchlauchtigster Kaiser der Römer und unser Großvater, einst den Gotländern gewährt hatte, diesen wieder eingeräumt, in derselben Gesinnung wie jener, dessen Verfügungen wir achtungsvoll uns anpassen. Die übertragenen einzelnen Rechte unterscheiden wir in einzelnen Kapiteln:

Die Gotländer sollen im gesamten Bereich unserer Hoheit zuverlässigen Frieden genießen, so daß sie für jeden Verlust an Gütern und jedes Unrecht, das sie innerhalb der Grenzen unserer Herrschaft erleiden, durch unsere Gerichtsbarkeit volle Gerechtigkeit und Entschädigung erlangen. Dazu gewähren wir ihnen die

Gunst, daß sie in allen unseren Städten vom Zoll freibleiben sollen.

Ferner: Wenn einer von den Gotländern in irgendeiner unserer Städte, wo wir unter Vereidigung einen Frieden errichtet haben, getötet wird, soll der Schuldige mit Todesurteil gestraft werden. Wenn aber jemand mit Waffen verletzt oder gelähmt wird, so bestimmen wir, daß dem Schuldigen die Hand abgeschlagen werde.

Ferner: Wenn jemand mit einem Stocke oder der Faust in gottloser Weise verletzt wird, soll der Schuldige wiederum dem Recht der Stadt unterliegen, in der dies offenkundig geschehen ist. In ähnlicher Weise: Wenn ein Gotländer auf der Landstraße während der Hin- oder Rückreise an einem [vom Landfrieden] nicht erlaubten Tage erschlagen wird, soll sich der Täter mit den Erben und Verwandten des Getöteten um 40 Mark in der Münze des Gebietes, wo das Verbrechen geschehen ist, als Buße vergleichen. Und wenn einer von ihnen in irgendeiner unserer Städte stirbt, soll sein Erbe oder Verwandter, wenn er etwa anwesend ist, seine Güter erhalten und darüber in vollem Frieden verfügen. Anderenfalls sollen die Güter auf dem Grundstück, wo er gestorben ist, über Jahr und Tag verwahrt und nicht auseinandergerissen werden, und wenn dann innerhalb dieser Zeit niemand die Güter in Anspruch nimmt, dann soll der Richter der Stadt sie sich nehmen.

Und als letztes verfügen wir: Dieselbe Gunst und dasselbe Recht, das wir für unsere Kaufleute festgesetzt haben, ist allen Gotländern auf ewig getreulich und unverbrüchlich zu erhalten, freilich unter der Bedingung, daß sie dasselbe mit gunstvoller Gegenseitigkeit auch den Unseren einräumen und uns und unser Land hinfort um so mehr lieben und unseren Hafen in Lübeck eifrig besuchen.

Dessen sind Zeugen folgende: Bischof Gerold, Bischof Evermod, Bischof Berno von Mecklenburg, der Markgraf von Voburg, Graf Friedrich von Arnsberg, Graf Heinrich von Ravensberg, Graf Adolf, Graf Siegfried, Graf Volrad, Graf Heinrich von Ratzeburg, Luthard von Meinersen, Ludolf von Wöltingerode, Gunzelin, der Kämmerer Arno, der Mundschenk Ludolf, Graf Reinold von Lübeck. Verhandelt wurde dies im Jahre nach der Fleischwerdung des Herrn 116[1], als der glorreichste Herr Friedrich, Kaiser der Römer, Augustus, im 10. Jahre des Königtums und im 7. Jahre des Kaisertums regierte. Gegeben zu Artlenburg am 18. Oktober. –

Odelrich, bei Erhaltung meiner Huld befehle ich dir, [dies] zu lesen: Was ich den Gotländern in meinem ganzen Reich gewährt habe, das sollst du über die Deutschen, deren Leitung ich dir anvertraut habe, mit aller Sorgfalt beachten, nämlich: Wer der Todesstrafe schuldig wird, soll sie empfangen; wer des Verlustes der Hände, soll die ebenfalls ertragen; ihre übrigen Exzesse richte nach den oben notierten Gesetzen. Das Privileg selbst ist in der Kirche der seligen Jungfrau Maria in Wisby niedergelegt worden. –

Olricus ist der Name des Gewaltboten der Deutschen, den der Herr Herzog zu ihrem Vogt und Richter ernennt. Lichnatus ist zum Gewaltboten der Gotländer ernannt worden.

2. Aus der Urkunde Erzbischof Rainalds von Köln für die Bürger von Medebach, 31. August 1165: Keutgen, Urkunden S. 148 Nr. 141, Art. 15, 17.

15. Wer sein Geld einem seiner Mitbürger gibt, damit dieser zum Nutzen beider damit Handel treibe in Dänemark oder Rußland oder einer anderen Landschaft, der muß seine getreuen Mitbürger zuziehen, damit sie es sehen und dessen Zeugen sind. Wenn hernach der, der das Geld nimmt, betrügerisch handelt und es mit falschem Eide behalten will, so soll der, der das Geld geliehen hat, es mit dem Zeugnis derer, die dabei waren, mit größerem Recht behalten, als der andere dem widersprechen darf. Und wenn die, die dabei waren, um Freundschaft oder Lohnes oder Neides oder Untreue willen die Wahrheit leugnen wollen, dann sollen sie einzeln auf die Heiligen schwören, daß sie niemals dabei gewesen sind.

17. Niemand von allen, der euer Bürger ist und sein will, klage gegen seinen Mitbürger in fremden Landen, sondern wenn einer mit ihm einen Handel hat, so lege er ihn vor seinen Mitbürgern vertraulich und freundlich bei, wenn er kann. Wenn einer von ihnen beiden es nicht nach dem Rate seiner Bürger beilegen will, werde die Klage aufgeschoben und in eurer Stadt nach Stadtrecht beigelegt. Wer dieses Gebot nicht beachtet, der soll 10 Schillinge büßen.

3. Konrad von Montferrat für die südfranzösischen und katalanischen Kaufleute in Tyrus, 1187: H.E. Meyer, Marseilles Levantehandel und ein akkonensisches Fälscheratelier, Tübingen 1972, S.181–183.

Im Namen der heiligen und unteilbaren Dreiheit... Ich, Konrad, des Markgrafen von Montferrat von Gottes Gnaden Sohn, habe es für richtig und vernünftig gehalten, diejenigen, die mit mir Tyrus verteidigen, zu belohnen und durch Prämien und Wohltaten zu Diensten für die Stadt zu gewinnen. Um daher die Mühen und verschiedenen Anstrengungen der Bürger von Saint-Gilles und der Bürger von Montpellier und der Bürger von Nîmes und der Bürger von Marseille und der Bürger von Barcelona zu belohnen, schenke und verleihe ich mit gemeinsamem Rate und der Zustimmung Magister Monachus', Erzbischofs von Caesarea, und Herrn Litards, Erzbischofs von Nazaret, und Herrn Odos, Bischofs von Sidon, und mit Rat und Zustimmung Bruder Terricus', Großmeisters des Hauses der Tempelritter, und der anderen Ritter vom Tempel, und mit Rat und Zustimmung Bruder Burells, Großmeisters vom Hospital, und der anderen Brüder sowie mit Rat und Zustimmung der Ritter und Bürger von Tyrus und der ganzen Gemeinde der Stadt auf ewig dem Petrus Cebaldus und Bernard Ascie und Bernard von Bresciacha und Reimund von Mozano und Petrus von Monuello und Brisogavalda und Paganus von Saint-Gilles, als Konsuln der vorerwähnten Leute, sowie dem Petrus von Mezoaco, Vizegrafen der vorerwähnten Leute, als Empfängern namens der Gemeinde der Bürger von Saint-Gilles und namens der Gemeinde der Bürger von Montpellier und namens der Gemeinde der Bürger von Marseille und namens der Gemeinde der Bürger von Barcelona und namens der Gemeinde der Stadt Nîmes und namens aller derer, die unter dem Namen der genannten Gemeinden verstanden werden, Freiheit und Hofversammlung in Tyrus und im Gebiet von Tyrus zum Ein- und Ausreisen und daß nichts von ihnen gefordert werde unter dem Namen einer Terziarie oder unter dem Namen irgendeines Rechtes, weder zur See noch zu Lande. Und ich gebe und verleihe ihnen die Vizegrafschaft und Konsulschaft in Tyrus für die Verwaltung des Hofes und ihrer Ehre, und daß alle, sowohl die Knechte wie die Bürger und die, die unter dem Namen der genannten Gemeinden verstanden werden, in ihrem Hofe gerichtet werden sollen wegen aller Klagen und Taten und Verfehlungen, die man benennen oder sich ausdenken kann, ausgenommen wegen Diebstahls, Raubes, Entführung, Verrats und Tötung und wenn sie jemanden mit geschärftem Stahl verwundet haben, so daß Blut fließt: dies alles behalte ich der Aburteilung in der königlichen Hofversammlung vor. Und ich gebe und verleihe den genannten Gemeinden den grünen Palast mit allem seinem Zubehör und die Hausstelle, die Maraclea heißt, mit ihrem gesamten Gebiet und Zubehör. Und ich gebe und verleihe ihnen den Backofen, der vor dem Hause der Frau Vita steht, mit allem seinem Zubehör. Ich verleihe ihnen auch, daß ihnen aus keiner Sache eine Schuld in Tyrus erwachse und daß aus Anlaß irgendeiner Schuld ihnen nichts abgedrungen werden darf. Wenn aber Leute von den genannten Gemeinden Schiffbruch erlitten haben im Königreich und in Gebieten des Reiches, so sollen sie mit allen ihren Gütern sicher sein, und nichts soll ihnen fortgenommen werden. Und ich verleihe ihnen, daß alle Leute von den gedachten Gemeinden durch alle Gebiete des Reiches mit ihren Gütern sicher und frei reisen und von niemandem im Namen des Königs oder auf Veranlassung irgendeines Barons behindert werden können. Auch verleihe und gebe ich ihnen Waage und Gewichte und Scheffelmaße und Maße für Wein und Öl und alle Güter, die gewogen und gemessen werden können, damit sie untereinander frei messen und wiegen können. Ferner: Wenn durch Gottes Gnade andere Städte des Reiches in die Gewalt der Christen kommen, so gebe und verleihe ich ihnen solche Freiheiten und den Hof im ganzen Reiche, so wie ich sie ihnen in Tyrus verliehen habe. Und damit diese unsere Schenkung und Verleihung fest und unangefochten bleibe, habe ich befohlen, dieses Privileg durch die unten verzeichneten Zeugen und die Aufdrückung meines Bleisiegels zu bekräftigen. Dessen sind Zeugen: ... Geschehen in Tyrus im Hospitalhause im Jahre ... 1187 im Monat Oktober, 6. Indiktion. Gegeben in Tyrus von der Hand Bandins, Schreibers des Herrn Markgrafen.

4. Der Rat zu Montpellier ernennt den Hauptmann der in Frankreich handelnden Kaufleute, 27. Dezember 1246: Fagniez, Documents 1 S. 155–156.

Durch den Text dieses Schriftstücks sei allen kund, daß wir, die Ratsherren von Montpellier, in dem Wunsche, für die Ehre und den Nutzen der Gemeinschaft der Kaufleute von Montpellier und für die ganze Gesellschaft und Gemeinschaft der Kaufleute von Frankreich zu sorgen, nach zuvor veranstalteter sorgfältiger Beratung mit unserem feierlich in der gewohnten Weise einberufenen Rate, auf Bitten und Antrag der Kaufleute für unser Teil und gemäß dem Recht unserer Seite und Genossenschaft erheben, erwählen und ernennen: den ehrbaren, getreuen und klugen, vielfach erfahrenen und in verschiedenen öffentlichen Geschäften erprobten Stephan Lobeti, unseren Mitbürger und Kollegen im Rate zu Montpellier, zum Hauptmann und Konsul von Frankreich und der in Frankreich wegen Handels, in welcher Weise auch immer, Umgang pflegenden Kaufleute. Dem genannten Stephan Lobeti geben und verleihen wir für uns und unsere Nachfolger volle Gewalt und Autorität in allen Dingen und um in allem zu verfügen, zu Ehren und zum Vorteil der Kaufleute und der genannten Gesellschaft, was immer er für der genannten Gesellschaft nützlich erkennen mag, in dem Maße, wie es irgendein Konsul für Frankreich, der diese Stelle innehatte, am vollständigsten hatte und bisher angewandt hat. Wir befehlen allen und jeden unseren Kaufleuten und anderen zu der Gesellschaft Gehörigen, daß sie dem genannten Stephan Lobeti gehorchen und vollkommen für ihn eintreten sollen ohne jeden Widerspruch und Einwand, wie sie es jemals getan haben oder hätten tun müssen für irgendeinen Konsul, der diese Stelle in Frankreich innehatte. Und alles, was durch den genannten Stephan Lobeti als Konsul getan, befohlen und angeordnet werden mag, während er das Amt des Konsuls führt, in den Dingen, die zu seinem Amt gehören mögen, das werden wir billigen und bestätigen und von uns und den Unseren unverbrüchlich beobachten lassen.

Und ich, der vorgenannte Stephan Lobeti, stimme der vorgenannten, an mir vollzogenen Wahl zu und übernehme auf Befehl und Bitten der Herren Konsuln von Montpellier und des ganzen Rates und der Kaufleute von Montpellier das Amt des vorerwähnten Konsulates zu Ehren Gottes und zu Ehren und zum Vorteil der Kaufleute und der ganzen vorerwähnten Gesellschaft, und ich schwöre auf die heiligen Evangelien Gottes, die von mir körperlich berührt wurden, daß ich mich in diesem Konsulat und Amt mit ganzer Kraft ohne jeden Trug und böse Absicht einsetzen und die Ehre und den Vorteil der Kaufleute von der genannten Gesellschaft nach Treu und Glauben fördern werde und daß ich den Schaden und die Unehre aller vorerwähnten, gebe Gott, mit ganzen Kräften abwenden werde.

Geschehen ist dies im Hause des Rates von Montpellier im Jahre der Fleischwerdung des Herrn 1246, am 27. Dezember, in Gegenwart der erwähnten Herren und des ganzen Rates und der Kaufleute und sehr vieler anderer tüchtiger Männer von Montpellier, die hierzu herbeigerufen worden waren. Und zu größerer Autorität und ewigem Gedächtnis dieser Sache haben wir, die Ratsherren von Montpellier, die gegenwärtige Urkunde mit dem Siegel des Rates befestigen lassen.

König Heinrich II. von England erneuert den allgemeinen Untertanenverband, 1166–1181

Die nach der normannischen Eroberung von 1066 fest begründete englische Lehnsmonarchie war ins Wanken geraten, als nach dem Tode König Heinrichs I. 1135 zwischen seiner Tochter Mathilde, der Witwe des deutschen Kaisers Heinrich V., als Vormund ihres Sohnes Heinrich (II.) und dem Usurpator Stephan von Blois ein Thronstreit ausbrach, in dem die Vasallen zu ihrem Eigennutzen die Herrscher gegeneinander ausspielten. Als König Heinrich II. nach Stephans Tod im Jahre 1154 die alleinige Macht erlangt hatte, begann er sich zielstrebig von der Mitwirkung der Feudalbarone an der Staatsverwaltung zu befreien. Da es in England keine geschlossenen Lehnsterritorien gab, konnte er sich dabei auf die Grafschaften stützen, in denen die Sheriffs die königliche Gewalt vertraten. In dem Gesetz über den Landfrieden, das er 1166 auf einem Reichstag zu Clarendon verkündete, beseitigte er nicht nur alle adligen Immunitäten, aus denen die Barone seine Sheriffs ausschließen wollten, sondern er stellte auch den allgemeinen Untertaneneid wieder her (Nr. 1). Dieser Eid war identisch mit dem Vasalleneid, er stellte aber nun die nicht belehnten Freien, insbesondere die Bürger in den Städten, den Lehnsleuten gleich und verpflichtete sie alle unmittelbar auf den König. Damit erhielt die Verfassung Englands ihre in Europa einmalige Grundlage, denn dank dieser Maßnahme konnten Ritter (Aftervasallen) und Bürger innerhalb der Grafschaften zu ständischer Einheit gelangen und 100 Jahre später gemeinsam Zugang zum Parlament finden. Einen weiteren Schritt in dieser Richtung bedeutete das Gesetz über das Waffenhalten von 1181 (Nr. 2), denn es knüpfte die Pflicht zur Selbstausrüstung nicht mehr an den Lehnsbesitz, sondern an das Vermögen des freien Mannes, gleich ob es aus Lehen oder Eigengut, aus Grundstücken oder Fahrhabe (Kaufmannsgut) bestand. Die Einkommen von 16 und 10 Mark entsprachen denen eines großen und eines kleinen Ritterlehens. Das Lehnsaufgebot der Ritter, die sich zunehmend des Gelderwerbs hal-

ber der Bewirtschaftung ihrer Güter widmeten, verlor zugleich an militärischem Wert, so daß der König die Vasallen dazu anhielt, sich mit Erlegung eines »Schildgeldes« davon freizukaufen; statt ihrer nahm der König Soldritter in Dienst.

1. Aus der Assise von Clarendon, 1166: Stubbs, Select Charters S. 170–173 Art. 8–11.

8. Auch will der Herr König, daß alle zu den [Versammlungen der] Grafschaften kommen, wenn dort der Eid geschworen wird, so daß niemand ausbleibe wegen irgendeiner Freiheit, die er besitzt, oder eines Hof- oder Grundgerichts, das er besitzt, sondern alle sollen kommen, wenn der Eid geschworen wird.

9. Und es zeige sich keiner in seiner Burg oder außerhalb, auch nicht in dem Lehen von Wallingford, der den Sheriffs verbieten wollte, sein Gericht oder seinen Grundbesitz zu betreten, um die Freibürgschaften zu überprüfen und darauf zu achten, daß alle einer Bürgschaft unterliegen; und sie sollen vor die Sheriffs geschickt werden unter freier Bürgschaft[1].

10. Und in den [Bischofs-]Städten und [Markt-]Städten soll niemand Hintersassen haben oder sie in sein Haus oder auf sein Land oder in sein Gericht aufnehmen, wenn er sie nicht so in seiner Gewalt hält, daß er sie dem Richter vorführen kann, wenn sie vorgeladen werden: Andernfalls sollen sie unter Freibürgschaft sein[2].

11. Und niemand zeige sich in einer [Bischofs-]Stadt oder in einer [Markt-]Stadt oder einer Burg oder außerhalb davon, auch nicht in dem Lehen von Wallingford, der den Sheriffs verbieten wollte, sein Land oder sein Gericht zu betreten, um Leute zu fangen, die angeklagt oder öffentlich verdächtigt sind, Räuber oder Mörder oder Diebe oder deren Beherberger oder geächtet oder wegen Forstfrevels angeklagt zu sein, sondern [der König] befiehlt, daß sie ihnen helfen, jene zu fangen.

1 Über die Freibürgschaft siehe oben, »Die Feudalgesellschaft der englischen Grafschaft Kent im Jahre 1086«, Anm. 7.

2 Nur das wirtschaftlich unselbständige, im Haushalt des Herrn lebende Hofgesinde bleibt dem Grafengericht entzogen, wo der Herr es vertreten muß. Wer wirtschaftlich selbständig im eigenen Hause lebt, wird den Freien und Bürgern gleichgestellt.

2. Satzung über das Waffenhalten, 1181: Stubbs, Select Charters S. 183–184.

1. Jeder Inhaber eines Ritterlehens soll einen Panzer, einen Helm, einen Schild und eine Lanze haben. Und jeder Ritter soll so viele Panzer und Helme und Schilde und Lanzen haben, wie er Ritterlehen in seinem Herrenland hat.

2. Jeder freie Laie aber, der an Vieh oder Rente bis zum Wert von 16 Mark besitzt, soll einen Panzer und einen Helm und einen Schild und eine Lanze haben. Jeder freie Laie aber, der an Vieh oder Rente 10 Mark besitzt, soll einen leichten Panzer und einen Eisenhut und eine Lanze haben.

3. Ferner sollen alle Bürger und die ganze Gemeinheit der freien Männer ein gepolstertes Wams und einen Eisenhut und eine Lanze haben.

4. Jeder einzelne von ihnen aber soll schwören, daß er bis zum Fest des heiligen Hilarius [13. Januar] diese Waffen besitzen wird und daß er dem Herrn Könige, nämlich Heinrich, dem Sohne der Kaiserin Mathilde, Treue erweisen wird, und daß er diese Waffen in seinem Dienste halten wird gemäß seinem Gebot und in Treue zum Herrn König und zu seinem Reich. Und sobald er diese Waffen besitzt, darf niemand sie verkaufen, versetzen oder ausbieten noch auf irgendeine andere Weise von sich veräußern, noch darf sein Herr sie auf irgendeine Weise von seinem Manne veräußern, weder durch Verwirkung [als Buße] noch durch Schenkung, noch durch Verpfändung, noch auf irgendeine andere Weise.

5. Wenn ein Inhaber solcher Waffen stirbt, sollen seine Waffen bei seinem Erben verbleiben. Wenn aber der Erbe nicht solchen Alters ist, daß er im Notfall die Waffen handhaben kann, so soll der, der ihn in Vormundschaft hat, auch die Obhut über die Waffen haben und einen Mann suchen, der die Waffen im Dienst des Herrn Königs gebrauchen kann, solange bis der Erbe von solchem Alter ist, daß er die Waffen tragen kann, und dann soll er sie haben.

6. Jeder Bürger, der mehr Waffen hat, als er nach dieser Satzung haben muß, soll sie verkaufen oder ausgeben oder so von sich veräußern, an einen geeigneten Mann, der sie im Dienst des Herrn Königs von England behalte. Und keiner von ihnen soll mehr Waffen behalten, als er nach dieser Satzung besitzen muß.

7. Ferner soll kein Jude einen schweren oder leichten Panzer bei sich behalten, sondern er soll sie verkaufen oder vergeben oder auf andere Weise von sich entfernen, so daß sie im Dienste des Königs verbleiben.

8. Ferner darf niemand Waffen aus England ausführen, außer auf Befehl des Herrn Königs, noch soll jemand Waffen an einen anderen verkaufen, der sie aus England ausführen könnte, und weder ein Kaufmann noch sonst jemand soll sie aus England ausführen.

9. Ferner sollen die Königsboten die gesetzlichen Ritter und die anderen freien und gesetzlichen Männer von den Hundreds und Nachbarschaften und [Markt-]Städten schwören lassen, so oft sie es für angebracht halten, wenn sie einen Wert an Vieh besitzen, nach dem einer einen Panzer und Helm und Lanze und Schild gemäß dem oben Gesagten haben muß: nämlich daß sie ihnen einzeln alle aus ihren Hundreds und Nachbarschaften und [Markt]-Städten nennen werden, die 16 Mark, es sei an Vieh oder an Rente, besitzen, ebenso auch die 10 Mark besitzen. Und die Königsboten sollen nachher alle jene Geschworenen und die anderen aufzeichnen lassen, die ein Quantum an Vieh oder an Rente besitzen und welche Waffen sie nach dem Wert des Viehs und der Rente besitzen müssen, und nachher sollen sie vor ihnen bei ihrer allgemeinen Anhörung diese Satzung über das Waffenhalten verlesen und sie schwören lassen, daß sie die Waffen besitzen müßten gemäß dem genannten Wert des Viehs und der Rente, und daß sie sie im Dienst des Königs halten müßten gemäß dieser gedachten Satzung in Gehorsam und Treue zu Herrn König Heinrich und seinem Reich. Sollte es aber geschehen, daß einer von denen, die diese Waffen halten müssen, nicht in der Grafschaft wäre zu der Zeit, wo die Königsboten in der Grafschaft sein würden, dann sollen die Königsboten ihm einen Termin in einer anderen Grafschaft vor ihnen setzen. Und wenn er in keiner Grafschaft, durch die sie reisen werden, zu ihnen kommt, und nicht in diesem Lande sein wird, dann werde ihm ein Termin zu Westminster auf acht Tage nach Michaelis gesetzt, daß er dort sei, um seinen Eid zu leisten, so sehr er sich und seine Habe liebt. Und ihm werde geboten, daß er bis zu dem erwähnten Fest des heiligen Hilarius Waffen besitze gemäß dem, was ihn zu halten betrifft.

10. Ferner sollen die Königsboten in allen Grafschaften, durch die sie reisen werden, ansagen lassen, daß, wer nicht gemäß dem oben Genannten diese Waffen unterhielte –, daß der Herr König sich an ihren Gliedern vergreifen werde und unter keinen Umständen Land oder Vieh von ihnen [als Strafe] annehmen werde.

11. Ferner soll keiner betreffend die gesetzlichen und freien Männer schwören, der nicht 16 Mark oder 10 Mark an Vieh besitzt.

12. Ferner sollen die Königsboten in allen Grafschaften gebieten, daß niemand, so wahr er sich und seine ganze Habe liebte, irgendein Schiff kaufe oder verkaufe, damit es aus England ausgeführt werde, noch daß irgend jemand Bauholz aus England ausführe oder ausführen lasse. Und der König hat geboten, daß niemand zum Waffeneid vereinnahmt werde, er sei denn ein freier Mann.

Laienfrömmigkeit im Konflikt mit Kirche und Fürstentum: Verfolgung der Ketzer und Entstehung der Bettelorden, 1173–1232

Während das Abendland reich geworden war, hatte die kirchliche Reformbewegung immer mehr Menschen, die einst kaum Gelegenheit gehabt hatten, Kirchen zu besuchen und sich in der christlichen Lehre unterweisen zu lassen, in das geistige und religiöse Leben hineingezogen. Die Klöster, deren Schulen die geistige Kultur der Agrar- und Feudalgesellschaft getragen hatten, traten ihre Rolle an die Schulen der stadtsässigen Bischofskirchen ab; aus der Pariser Domschule entwickelte sich die erste europäische Universität, während sich in Bologna Doktoren und Studenten der Rechte in weltlichen Körperschaften organisierten. Zunehmende Marktabhängigkeit der persönlich frei gewordenen Marktleute und Bauern und die Gefährdung dieser Menschen durch ökonomische Krisen und Lohnabhängigkeit mag dazu beigetragen haben, daß das Streben der Laien nach religiöser Selbständigkeit in den städtereichen Landschaften Italiens und Nordwesteuropas, aber auch in Südfrankreich, wo freie bäuerliche Pachtverhältnisse wohl nie ganz vom Feudalismus aufgesogen worden waren, besonders deutlich hervortrat; insgesamt aber haben wir es mit einer eigenständigen religiösen Entwicklung zu tun, die Menschen aller Stände erfaßte, sobald sie verstanden, daß das Christentum eine Religion des Gewissens war und von jedem einzelnen Christen Entscheidungen verlangte, die die regelmäßigen liturgischen Dienste des Bischofs oder Pfarrers nicht ersetzen konnten.

Das älteste genauer bekannte Einzelschicksal ist das des Lyoner Kaufmanns Waldes, über den uns spätere Berichte aus der Zeit um 1220 (Nr. 1) und um 1250 (Nr. 2) unterrichten. Bereits bei Waldes treten die religiöse Bewertung der Armut und der Anspruch auf Rede- und Lehrfreiheit deutlich hervor, und beides mußten die Bischöfe, die zu den reichsten und mächtigsten Männern der Feudalgesellschaft gehörten, als bedrohlich empfinden. Manche Fürsten waren versucht, aus machtpolitischer Berechnung sie zu unterstüt-

zen; ihre Motive und der Rechtsgrund ihres Handelns bleiben uns verborgen, da die Chronisten nur an dem religiösen Phänomen interessiert waren (Nr. 3). Da die weltlichen Rechte keine Religionsverbrechen kannten und in Ermangelung eines Geschädigten stets der Kläger fehlte, ohne den kein Strafprozeß in Gang kommen konnte, war jede weltliche Verfolgung von Ketzern rechtswidrige Gewalttat. Was das Kirchenrecht anlangt, so stellte erst Papst Lucius III. 1184 fest, daß Verweigerung des Glaubensbekenntnisses der katholischen Kirche und vom Bischof nicht erlaubtes Predigen mit Exkommunikation zu ahnden wären (Nr. 4). Aber damit war das Problem nicht zu lösen, denn wer sich innerlich von der amtlichen sakramentalen Heilsverwaltung der Kirche gelöst hatte, der konnte dies nicht als Strafe fürchten.

So setzte sich allmählich, namentlich bei Papst Innozenz III. (1198–1216), die Einsicht in das Berechtigte der neuen Frömmigkeit durch. Die bisher nur für den liturgischen Gottesdienst ausgebildete Priesterschaft begann von der Schriftkenntnis und Argumentation der Ketzer zu lernen, um ihr Monopol an den christlichen Heilsmitteln zu verteidigen. Seit 1206 bemühte sich Dominikus, Domherr von Osma in Spanien, darum, die Ketzer in Südfrankreich zu bekehren; er gründete 1215 in Toulouse zu diesem Zwecke eine Vereinigung von Predigern, die sich insbesondere durch das Studium der Glaubensschriften den Ketzern überlegen erweisen wollte und alsbald in enge Verbindung zu den Universitäten in Paris und Bologna und zum Papst trat (Nr. 5). Im Jahre 1206 erlebte auch der Kaufmannssohn Franziskus in Assisi die Bekehrung zu einem Leben in evangelischer Armut und Askese bei gleichzeitiger Anerkennung der amtskirchlichen Leitungsgewalt. So wurde er zum Begründer einer Mönchsgemeinschaft, die ebenso wie die dominikanische die neue Frömmigkeit mit der Kirche der Bischöfe zu versöhnen geeignet war. Viele fromme Laien konnten so im Glauben der katholischen Kirche erhalten werden, aber die Ketzerei blieb lebendig, und ihre Kritik an der in Reichtum und Welthändel verstrickten Amtskirche wurde von den Bischöfen als so bedrohlich empfunden, daß Papst Gregor IX. mit Gewalt gegen sie vorzugehen beschloß. Um den Mangel an Klägern, der bisher eine strafrechtliche Verfolgung der Ketzer verhindert hatte, zu beheben, ernannte er seit 1231 einzelne Dominikaner zu Inquisitoren, und um dem Straf-

anspruch die im weltlichen Recht fehlende Grundlage zu geben, bewog er Kaiser Friedrich II. dazu, die Tötung der von den Inquisitoren ausgemachten Ketzer für seinen kaiserlichen Willen zu erklären (Nr. 7). Der Fanatismus des ersten in Deutschland wirkenden Inquisitors hat bereits den Zeitgenossen die Rechtswidrigkeit der Maßnahmen deutlich gemacht (Nr. 6, verfaßt von einem unbekannten Autor nach 1242).

1. Waldes' Bekehrung und die Anfänge der Waldenser, 1173–1179: Aus der Weltchronik des Anonymus von Laon, MGH SS 26 S. 447–449.

Während noch dasselbe Jahr, nämlich 1173, nach Fleischwerdung des Herrn verlief, da gab es bei Lyon in Frankreich einen Bürger namens Waldes, der sich durch das Unrecht des Zinsnehmens viel Geld aufgehäuft hatte. Als dieser einmal an einem Sonntage einer Gruppe von Menschen nachgegangen war, die er vor einem Spielmanne versammelt gesehen hatte, da machten ihn dessen Worte betroffen. Er führte ihn in sein Haus und traf Vorsorge, um ihn aufmerksam anzuhören. Denn es war das Thema seiner Erzählung, auf welche Weise der selige Alexius im Hause seines Vaters eines seligen Todes entschlief[1]. Als es Morgen geworden war, eilte der gedachte Bürger zu den theologischen Schulen, um guten Rat für seine Seele zu suchen, und als er über viele Weisen, zu Gott zu gelangen, belehrt worden war, fragte er den Magister, welcher Weg der sicherste und vollkommenste vor allen anderen wäre. Da hielt ihm der Magister das Herrenwort vor: »Willst du vollkommen sein, so gehe hin und verkaufe alles, was du hast« usw. [Mt. 19,21]. Und so kam er zu seiner Ehefrau und ließ sie wählen, ob sie sich die Fahrhabe oder die Immobilien von allem, was er besaß, nämlich an Grundstücken und Gewässern, Gehölzen und Wiesen, an Häusern, Renten, Weingärten sowie an Mühlen und Backöfen, erwählte, um es zu behalten. Obwohl die Frau sehr betrübt darüber war, daß es nötig wäre, dies zu tun, wählte sie die Immobilien.

1 Nach der Legende hatte der Sohn eines römischen Senators am Ende des 4. Jahrhunderts ein Leben in Armut gewählt und schließlich 17 Jahre lang unerkannt als Bettler in seinem Elternhause unter der Treppe gelebt.

Er aber gab von dem beweglichen Gut das unrecht Erworbene denen zurück, von denen er es erlangt hatte, einen großen Teil seines Geldes aber übertrug er den beiden jungen Töchtern, die er ohne Wissen ihrer Mutter für den Ordenskonvent in Fontevrault[2] aussteuerte. Den größten Teil aber gab er zum Vorteil der Armen aus. Denn damals grassierte eine sehr schwere Hungersnot überall in Frankreich und Deutschland; der gedachte Bürger Waldes aber spendete an drei Tagen in der Woche von Pfingsten bis zu Petri Kettenfeier [1. August] allen, die zu ihm kamen, Brot und Zukost mit Fleisch.

Als er am Tage der Himmelfahrt der seligen Jungfrau [15. August] eine Summe Geldes auf den Straßen unter die Armen verteilte, rief er laut die Worte aus: »Niemand kann zweien Herren dienen, Gott und dem Mammon« [Mt. 6, 24]. Da liefen die Bürger herzu und meinten, er habe den Verstand verloren. Und er erstieg einen erhöhten Platz und sprach: »O meine Bürger und Freunde, ich bin gewiß nicht verrückt, wie ihr glaubt, sondern ich habe mich gerächt an diesen meinen Feinden, die mich zu ihrem Sklaven gemacht haben, so daß ich stets mehr um Geldstücke bemüht war als um Gott, und mehr der Schöpfung diente als dem Schöpfer. Ich weiß, daß die meisten mich tadeln werden, weil ich dies tatsächlich getan habe, aber um meiner selbst willen und um euretwillen habe ich es getan: Um meinetwegen, damit jeder, der mich hinfort noch im Besitz von Geld sehen wird, sage, ich wäre von Sinnen, aber zum Teil habe ich es auch euretwegen getan, damit ihr lernt, die Hoffnung auf Gott zu setzen und nicht auf Reichtümer zu hoffen.« Als er aber am folgenden Tage von der Kirche zurückkam, bat er einen Bürger, der einst sein Gesellschafter gewesen war, es möge ihm um Gottes willen zu essen gegeben werden. Jener führte ihn in sein Haus und sprach: »Solange ich lebe, gewähre ich euch das Notwendige.« Als dies zur Kenntnis seiner Ehefrau kam, da wurde sie in hohem Maße betrübt, aber wie um den Verstand gebracht, lief sie zum Erzbischof der Stadt und beklagte sich, nämlich darüber, daß ihr Ehemann Brot von einem anderen als von ihr erbet-

2 Kloster in der Grafschaft Anjou, gegründet nach 1100 von dem charismatischen Wanderprediger Robert von Arbrissel.

telte. Dies rührte alle Anwesenden und selbst den Kirchenfürsten zu Tränen. Dann führte auf Befehl des Erzbischofs der Bürger seinen Gastfreund mit sich vor das Angesicht des Kirchenfürsten. Die Frau aber ergriff ihren Mann an den Kleidern und sagte: »Ist es nicht besser, o Mann, daß ich an dir meine Sünden durch Almosen zurückkaufe, als Fremde?« Und seither war es ihm auf Befehl des Erzbischofs nicht mehr erlaubt, in der Stadt selbst bei anderen Speise anzunehmen als bei der Ehefrau.

Im Jahre des Heils 117[9]. Von Papst Alexander, dem dritten dieses Namens, wurde ein Konzil im Lateran abgehalten ... Dieses Konzil verdammte die Häresien und alle Förderer und Beschützer der Ketzer. Den Waldes umarmte der Papst, er billigte das Gelübde freiwilliger Armut, das er abgelegt hatte, aber er verbot ihm, daß weder er selbst noch seine Gefährten sich das Predigtamt anmaßten, es sei denn auf Ersuchen der Priester. Dieses Gebot beobachteten sie eine gewisse Zeit lang, von da an aber hierin ungehorsam geworden, bereiteten sie vielen ein Ärgernis und sich selbst den Untergang.

2. Der Inquisitor Stephan von Bourbon über die Anfänge der Waldenser: Quellen zur Geschichte der Waldenser, hg. von A. Patschovsky und K.-V. Selge, Gütersloh 1973, S. 15–18.

Es begann aber diese Sekte folgendermaßen, nach dem, was ich von sehr vielen [gehört habe], die ihre frühesten [Anhänger] gesehen haben, und von jenem Priester namens Bernard Ydros, der in der Stadt Lyon genugsam geehrt und reich und ein Freund unserer Brüder war; er hat, als er ein junger Mann war und Schreiber, für den genannten Waldes gegen Geld die ersten Bücher in französischer Sprache geschrieben, die sie besaßen, wobei ein Sprachlehrer namens Stephan von Ansa übersetzte und ihm diktierte, der hernach ein Benefizium in der Domkirche zu Lyon innehatte und von dem Balkon des Hauses stürzte, das er erbaute, und durch einen plötzlichen Tod aus dem Leben schied; ich habe ihn häufig getroffen.

Ein an Gütern reicher Mann in der genannten Stadt namens Waldes hörte die Evangelien, obwohl er nicht sehr gebildet war, und begierig zu verstehen, was sie sagen wollten, machte er einen Vertrag mit den genannten Priestern, mit dem einen, daß er sie ihm in die Volkssprache übersetzte, und mit dem anderen, daß er schriebe, was jener diktierte, und das machten sie sowohl mit vielen Büchern der Bibel als auch mit vielen nach Titeln geordneten Lehrsätzen der Heiligen, die sie Sentenzen nannten. Während der genannte Bürger dies alles häufig las und seinem Gedächtnis einprägte, nahm er sich vor, der evangelischen Vollkommenheit zu dienen, so wie es die Apostel getan hatten, und nachdem er alle seine Güter verkauft hatte zur Verachtung der Welt, warf er sein Geld im Schmutze den Armen hin, er usurpierte das Amt der Apostel und maßte es sich an, indem er die Evangelien und was er auswendig behalten hatte, auf Gassen und Plätzen predigte und viele Männer und Frauen zu sich rief, damit sie dasselbe täten, und ihnen bestätigte er die Evangelien. Auch entsandte er sie in die umliegenden Dörfer zum Predigen, Leute der allergeringsten beliebigen Handwerke. Auch sie, sowohl Männer wie Frauen, Privatleute und Ungebildete, zogen durch die Dörfer und drangen in die Häuser ein, sie predigten auf den Straßen und sogar in Kirchen und riefen andere dazu auf, dasselbe zu tun. Da sie aber in ihrer Leichtfertigkeit und Unwissenheit viele Irrtümer und Ärgernisse ringsherum ausstreuten, wurden sie von dem Erzbischof zu Lyon vorgeladen, der Johannes hieß. Er verbot ihnen, sich in die Auslegung der Schriften und in deren Predigt einzumischen. Sie aber beriefen sich auf die Antwort der Apostel; ihr Magister usurpierte das Amt Petri, und wie dieser den Fürsten der Priester geantwortet hatte, sagte er: »Man muß Gott mehr gehorchen als den Menschen« [Act. 5,29]. Denn er hatte den Aposteln geboten: »Predigt das Evangelium der ganzen Schöpfung«, Marcus am Ende [16,15], so als ob der Herr zu ihnen gesagt hätte, was er den Aposteln gesagt hat, die trotzdem nicht zu predigen gewagt haben, bevor sie nicht vom Himmel mit der Tugend bekleidet, bevor sie nicht aufs vollkommenste und reichlichste vom Wissen erleuchtet waren und die Gabe aller Zungen empfangen hatten. Sie also, nämlich Waldes und die Seinen, verfielen zuerst infolge der Anmaßung und der Usurpation des apostolischen Amtes in Ungehorsam, darauf in Halsstarrigkeit und schließlich in die Verurteilung zur Exkommunikation.

3. Häretiker in Arras, 1182–1183: Sigeberti continuatio Aquicinctina, MGH SS 6 S. 421.

1182. ... Vier Häretiker wurden in der Bischofsstadt Arras ergriffen und von Frumold, dem Bischof dieser Stadt, in den Kerker eingeschlossen. Einer von ihnen, geheißen Adam, war ein gebildeter Mann, der andere, Rudolf, ein sehr beredter Laie; die Namen ihrer Anhänger sind uns unbekannt...

1183. Als die Weihnachtstage vergangen waren, kamen Erzbischof Wilhelm von Reims und Graf Philipp von Flandern in der Bischofsstadt Arras zusammen, um über ihre geheimen Geschäfte zu sprechen. Dort wurden die Betrügereien vieler Häresien durch eine Frau im Lande des Grafen aufgedeckt. Diese Ketzer bestärkten sich nicht durch den Schutz eines Ketzerbischofs; manche nennen sie Manichäer, andere Katharer, einige auch Arianer, Papst Alexander [III.] aber bezeichnet sie als Patarener[3]. Aber was immer sie sein mögen, das Bekenntnis ihres eigenen Mundes überführte sie der schmutzigsten Ketzerei. Viele wurden in Gegenwart des Erzbischofs und des Grafen angeklagt[4], Edle und Gemeine, Kleriker, Ritter, Bauern, Jungfrauen, Witwen und Ehefrauen. Dann wurde als kirchenrechtliches Urteil vom Erzbischof und vom Grafen festgestellt, daß sie ergriffen und dem Feuer übergeben, ihre Güter aber für den Erzbischof und den Fürsten konfisziert werden sollten. Hier nun offenbarte sich die klare Tugend des Bekennens. Denn wie von den Beteiligten in wahrhafter Weise bezeugt worden ist, sind viele, die zunächst wegen Ketzerei strafbar waren, durch Gottes barmherzige Gnade vom Ordal des Eisens und der Gefahr des Wassers unversehrt davongekommen. In der Stadt Ypern wurden zwölf zum [Gottes-]Gericht des Eisens geführt, aber dank derselben Tugend des Bekennens sind sie alle errettet worden.

3 Kanon 27 des Dritten Laterankonzils von 1179.

4 Wir erfahren nicht, von wem. Das Gericht verurteilte die Angeklagten dazu, ihre Unschuld mit Gottesurteilen zu erweisen: Sie mußten ein Stück glühendes Eisen eine bestimmte Strecke in bloßer Hand tragen oder einen Gegenstand aus einem Kessel siedenden Wassers herausholen, und der Beweis war erbracht, wenn das heiße Element die Hand nicht versehrte. Das Vierte Laterankonzil von 1215 untersagte Geistlichen, solche Gottesurteile mit ihrer Teilnahme zu legitimieren.

4. Dekret Papst Lucius' III. gegen die Ketzer, 1183: C. U. Hahn, Geschichte der Ketzer im Mittelalter, Bd. 1, Stuttgart 1845, S. 489–490.

Um das Übel mannigfacher Ketzereien zu beheben, das sich in sehr vielen Teilen der Welt in neuester Zeit entwickelt hat, muß die kirchliche Lebenskraft erregt werden, damit unfehlbar, wenn die Macht der kaiserlichen Tüchtigkeit Hilfe leistet, die Unverschämtheit der Ketzer bei den Bemühungen ihrer eigenen Falschheit zermalmt werde und die Wahrheit der katholischen Einfalt, die in der heiligen Kirche aufleuchtet, durchaus beweise, daß diese von jedem Fluch falscher Dogmen entsühnt sei. Und deswegen erheben wir uns, gestützt auf die Anwesenheit ebenso wie auf die Kraft unseres höchst ausgezeichneten Sohnes Friedrich, erlauchten Kaisers der Römer, immerwährenden Augustus, aus gemeinem Rate unserer Brüder und anderer Patriarchen und Erzbischöfe und sehr vieler Fürsten, die aus verschiedenen Teilen der Welt zusammengekommen sind, gegen diese Ketzer, denen das Bekenntnis zu verschiedenen Irrtümern unterschiedliche Bezeichnungen gegeben hat, mit dem allgemeinen Strafgebot des gegenwärtigen Dekrets, und wir verdammen mit dem Text dieses Gesetzes mit apostolischer Autorität jede Ketzerei, mit welchem Namen immer sie gekennzeichnet werde. An erster Stelle also gebieten wir, daß Katharer und Patarener und die, die sich lügnerisch mit falschem Namen Humiliaten oder Arme von Lyon nennen, Passaginer, Josepiner, Arnaldisten ewiger Exkommunikation unterliegen. Und da sich etliche unter dem Anschein von Frömmigkeit, jedoch deren Tugend, nach dem Worte des Apostels, verleugnend, die Vollmacht zu predigen beilegen, da doch der Apostel sagt: »Wie sollen sie predigen, wenn sie nicht gesandt werden?« [Rom. 10,15], so binden wir mit derselben Fessel ewiger Exkommunikation alle, die, entweder entgegen einem Verbot oder ohne entsandt zu sein, außerhalb der vom Apostolischen Stuhl oder vom Ortsbischof empfangenen Autorität öffentlich oder privat zu predigen sich anmaßen, sowie alle, die über das Sakrament des Leibes und Blutes unseres Herrn Jesu Christi oder über die Taufe, die Vergebung der Sünden, die Ehe oder über die übrigen kirchlichen Sakramente [anders zu predigen sich anmaßen], als die heilige römische Kirche predigt und beobachtet, und ganz allgemein jedermann, wen immer diese römische Kirche oder die einzelnen Bischöfe in ihren Diözesen mit Rat der Kleriker, oder die Kleriker selbst, wenn der Bischofssitz vakant ist, nötigenfalls mit Rat der benachbarten Bischöfe, als Ketzer verurteilt haben. Wir gebieten, daß ihre Quartiersgeber und Beschützer und in gleicher Weise alle, die den vorgenannten Ketzern irgendwelchen Schutz oder Gunst gewähren, um in ihnen das Übel der Ketzerei zu begünstigen, ob sie sich nun als Getröstete oder als Glaubende oder als Vollkommene oder mit irgendwelchen anderen abergläubischen Namen bezeichnen, dem gleichen Urteil unterliegen sollen...

5. Die Entstehung der Bettelorden, 1210–1223: Burchardi praepositi Urspergensis chronicon, MGH SS in us. schol., ed. 2, 1916, S. 107–108.

Zu jener Zeit, da die Welt bereits alt wurde, entstanden in der Kirche, deren Jugend sich wie die des Adlers erneuert [Ps. 102,5], zwei Religionen, die auch vom Apostolischen Stuhle bestätigt worden sind, nämlich die der Minderbrüder und die der Prediger. Sie sind vielleicht aus dem Anlaß approbiert worden, weil einst zwei Sekten in Italien entstanden waren und noch fortbestehen, wovon sich die einen Humiliaten, die anderen Arme von Lyon nannten. Papst Lucius [III.] hatte sie einst den Häretikern zugeordnet, weil man abergläubische Dogmen und Bräuche bei ihnen antraf. Auch taten sie mit heimlichen Predigten, die sie meistens in Verstecken hielten, der Kirche Gottes und dem Priesteramte Abbruch. Wir haben zu der Zeit etliche aus der Zahl derer, die sich Arme von Lyon nannten, beim Apostolischen Stuhle mit ihrem Lehrer, einem gewissen Bernhard, glaube ich, gesehen[5], und diese baten darum, daß ihre Sekte vom Apostolischen Stuhl bestätigt und privilegiert werde. Richtig sagten sie, sie führten das Leben der Apostel, sie wollten nichts besitzen und keine sichere Stätte haben; sie zogen umher durch Marktflecken und Burgen. Aber

5 Der Verfasser, seit 1215 Propst in Ursberg (Bayern, Landkreis Günzburg), gestorben 1231 oder später, hatte sich 1219 zum zweitenmal in Rom aufgehalten.

der Herr Papst [Innozenz III.] hielt ihnen manches Abergläubische in ihrer Lebensweise entgegen, nämlich daß sie die Fußbekleidung über den Füßen abschnitten und beinahe mit bloßen Füßen einhergingen; außerdem trugen sie zwar gewisse Kapuzenmäntel wie von einer [Mönchs-]Religion, die Haupthaare aber beschnitten sie nur so wie die Laien. Auch dies erschien an ihnen tadelnswert, daß Männer und Frauen gemeinsam auf der Straße wandelten und oft gemeinsam in einem Hause wohnten und daß über sie geredet wurde, sie lägen manchmal zusammen in den Betten beieinander; dennoch versicherten sie, dies alles sei von den Aposteln hergekommen.

Im übrigen konfirmierte der Herr Papst gewisse andere, die sich an ihrer Stelle erhoben und sich geringe Arme nannten[6]. Diese verschmähten die genannten abergläubischen und schimpflichen Bräuche, aber sie gingen mit ganz nackten Füßen einher, sowohl im Sommer wie im Winter, und sie nahmen weder Geld noch irgend etwas anderes entgegen außer Speisen und wenn manchmal jemand ihnen freiwillig die notwendige Kleidung auftrug, denn niemanden baten sie um irgend etwas. Da sie jedoch später bemerkten, daß der Ruf übermäßiger Erniedrigung manchmal mit sich bringt, daß man sich selbst rühmt, und wegen des Rufes der Armut, weil viele diese vergebens ertragen, sie sich bei Gott vergeblich damit rühmen, so wollten sie lieber Minderbrüder als geringe Arme genannt werden, da sie dem Apostolischen Stuhl in allem gehorsam seien.

Die anderen, nämlich die Prediger, glaubt man, seien in die Stelle der Humiliaten nachgefolgt. Denn da die Humiliaten keine Autorität oder Erlaubnis der Prälaten erhalten hatten, legten sie die Sichel an eine fremde Ernte, indem sie den Völkern predigten und sich oft genugtaten, ihr Leben anzuleiten und Beichten zu hören und den Diensten der Priester Abbruch zu tun. Weil er dies korrigieren wollte, errichtete und bestätigte der Herr Papst den

6 Im Jahre 1210 approbierte Papst Innozenz III. erstmals mündlich das Gemeinschaftsleben der Anhänger des Franziskus, ob bereits mit der Bezeichnung Minderbrüder, ist nicht sicher nachweisbar. Die endgültige Approbation der Regel folgte 1223.

Predigerorden[7]. Denn weil jene roh und ungebildet waren, stellten sie sich auf Handwerke und predigten, indem sie die notwendigen Dinge von ihren Gläubigen empfingen. Diese dagegen beharrten gemeinsam im Studium und Lesen der heiligen Schrift; nur daraus, Bücher zu schreiben, machten sie ein Gewerbe, aufs sorgfältigste hörten sie sie von ihren Meistern, damit sie mit Pfeilen und Bogen und aller Rüstung der Starken vordringen und für die Verteidigung der heiligen Mutter Kirche eintreten und sich als Mauer für das Haus Israel aufstellen könnten, indem sie den Glauben stärken, Tugenden und gute Sitten lehren und bestärken, die Gesetze der Kirche lehren und empfehlen, die Fehler und Laster der Menschen tadeln und züchtigen. Nichtsdestoweniger gehorchten sie dem Apostolischen Stuhle, von dem sie eine besondere Autorität ableiten, in allem.

6. Beginn der päpstlichen Inquisition in Deutschland und Ketzerverfolgung in Trier, 1231: Gestorum Treverorum continuatio IV, MGH SS 24 S. 400–402.

Im Jahre 1231 begann eine Verfolgung der Ketzer in ganz Deutschland, und sehr viele sind in drei aufeinanderfolgenden Jahren verbrannt worden. Urheber und Oberhaupt dieser Verfolgung war Meister Konrad von Marburg, und seine Gehilfen waren ein gewisser Konrad mit dem Zunamen Tors und ein Johannes, dem ein Auge und eine Hand fehlten; es hieß, diese beiden seien Ketzer gewesen, aber bekehrt worden. Meister Konrad ist der, der in vielen Predigten, besonders über die, die das Kreuz genommen hatten, berühmt geworden war und sich beim Volke große Autorität erworben hatte; er mischte sich in die Visitation der Kleriker und Ordensfrauen ein und wollte sie zur Beobachtung der Regeln und zur Enthaltsamkeit nötigen. Auf die päpstliche Bevollmächtigung vertrauend und mit standhaftem Mut begabt, hatte er sich solchen Freimut erworben, daß er niemanden fürchtete und einen König oder Bischof nicht höher achtete als einen armen Laien. Es arbeiteten aber mit ihm und seinen vorgenannten Dienern die Prediger-

7 Papst Honorius III. bestätigte 1216 die Ordensverfassung, 1217 den Namen und den Predigtauftrag und 1219 die Predigt in Bettelarmut.

[mönche] in den einzelnen Bischofsstädten zusammen, und so groß war ihrer aller Eifer, daß keinem, sobald er offenbar geworden war, Entschuldigung oder Widerspruch, Einrede oder Zeugnis gestattet war oder Gelegenheit zur Verteidigung gegeben wurde, noch weniger eine Frist zum Überlegen, sondern man mußte sich auf der Stelle entweder schuldig bekennen und der Buße unterwerfen oder das Verbrechen leugnen und sich verbrennen lassen. Und wer so zur Buße kahlgeschoren worden war, mußte obendrein seine Komplizen verraten oder sich doch noch verbrennen lassen. Daher glaubt man, daß manche unschuldig verbrannt worden sind. Denn um des zeitlichen Lebens willen und aus Liebe zu ihren Erben bekannten viele, etwas gewesen zu sein, was sie nicht waren, und zum Anklagen gezwungen, klagten sie Dinge an, die sie nicht wußten, und Leute, die sie nicht wollten. Ja, ganz zuletzt stellte sich sogar heraus, daß die Ketzer einige von den Ihren ausgesucht hatten, die sich gleichsam wie zur Buße hatten kahlscheren lassen und dann katholische und unschuldige Menschen anklagten. Von solchen sind drei bei Mainz ergriffen worden, und niemand war so reinen Gewissens, daß er nicht gefürchtet hätte, in einen solchen Sturm hineinzugeraten. Auch wagte niemand, für die Angeklagten, ich sage gar nicht: einzutreten, sondern auch nur etwas Milderndes auszusagen, weil er dann sofort als ein Beschützer der Ketzer galt. Denn gegen die Beschützer und Beherberger der Ketzer war dasselbe vom Herrn Papste diktierte Urteil ergangen wie gegen die Ketzer selbst. Außerdem wurde jeder, der einmal dieser Gottlosigkeit abgeschworen hatte, wenn es hieß, er sei in sie zurückgefallen, ohne irgendeine neue Verhandlung ergriffen und verbrannt.

Das Bistum Trier war keineswegs von dieser Infektion freigeblieben. Denn es wurde ans Licht gebracht, daß es in der Bischofsstadt Trier selbst drei Ketzerschulen gegeben hatte. Denn dort wurde eine gewisse Lukardis verbrannt, die als Frau heiligsten Lebenswandels galt; sie trauerte mit unglaublichem Klagen darüber, daß Lucifer zu Unrecht aus dem Himmel verwiesen sei, sie wollte ihn wieder in den Himmel versetzen. Es war freilich kein Wunder um andere Bischofsstädte, wo doch der Papst in seinem Schreiben mitteilte, selbst in der Stadt Rom seien einige angesteckt worden.

Und es gab mehrere Sekten, und viele von ihnen waren der heiligen Schriften kundig, die sie ins Deutsche übersetzt besaßen. Die einen wiederholten die Taufe, die anderen glaubten nicht an den Leib des Herrn, wieder andere sagten, der Leib des Herrn könne nicht von bösen Priestern bewirkt werden oder der Leib des Herrn könne ohne Unterschied von Männern und Frauen, geweihten und nicht geweihten, auf dem Teller und im Kelch und an beliebigen Orten bewirkt werden, oder sie hielten die Konfirmation und [Letzte] Ölung für überflüssig, oder sie sagten dem Papst, dem Klerus und der Religion ab, oder sie bestritten, daß den Verstorbenen die Fürbitten der Kirche nützten, oder sie nahmen die eignen Mütter zur Ehe, indem sie die bestehende Blutsverwandtschaft mit 18 Pfennigen abkauften, oder sie küßten einen bleichen Menschen oder gar einen Kater und taten noch Schlimmeres, oder sie hielten alle Tage für gleich wichtig und wollten weder feiern noch fasten, weshalb sie an Feiertagen arbeiteten und am Karfreitag Fleisch aßen. Es mag genug sein, soviel über die einzelnen Irrtümer zu sagen, nicht weil wir sie alle genannt hätten, sondern weil wir wenigstens die wichtigsten notiert haben. Zu der Zeit hielt der Erzbischof von Trier eine Synode ab, in der er öffentlich bekanntgab, die Ketzer hätten in seinem Bistum einen Bischof, den sie nach seinem Namen Theoderich benannt hätten, und dasselbe hätten sie anderswo mit den örtlichen Bischöfen gemacht, ferner hätten sie alle gemeinsam einen Papst, den sie nach dem Bischof der katholischen Kirche Gregor nannten, damit sie, wenn sie über ihren Glauben befragt würden, sagen könnten, sie hätten denselben Glauben wie der Papst Gregor oder der und der Bischof mit dem und dem Namen, wobei sie unseren nennen und ihren verstehen. Auf dieser Synode wurden drei Ketzer vorgeführt, von denen zwei freigelassen und einer verbrannt wurde. Auf derselben Synode exkommunizierte der Erzbischof alle Münzfälscher, sowohl die Hintermänner wie die Ausführenden.

7. Kaiser Friedrich II. befiehlt den Fürsten und Richtern, die Inquisitoren zu fördern und die von ihnen Verdammten zu töten, 1232: MGH Const. 2 S. 195 Nr. 158.

Friedrich, von Gottes Gnaden Kaiser der Römer, immer Augustus, König von Jerusalem und Sizilien, [entbietet] seinen geliebten Fürsten, den ehrwürdigen Erzbischöfen, Bischöfen und anderen Prälaten der Kirchen, Herzögen, Markgrafen, Grafen, Baronen, Schultheißen, Burggrafen, Vögten, Richtern, Ministerialen, Amtleuten und allen im ganzen Reich Eingesetzten, die diesen Brief zu Gesicht bekommen, seinen Getreuen, seine Gnade und alles Gute.

1. Die Sorge für die uns vom Himmel anvertraute Regierung und der Gipfel der kaiserlichen Würde, der wir aus Gottes Gabe vorsitzen, verlangen, daß das irdische Schwert, das wir unabhängig vom Priestertum verwalten, gegen die Feinde des Glaubens und zur Ausmerzung der ketzerischen Falschheit geschwungen werde, damit wir das Schlangengezücht des Unglaubens, das sich gegen Gott und die Kirche auflehnt, gleichsam als Zernager des Mutterleibes, in Gericht und gerechtem Urteil verfolgen, denn wir werden nicht dulden, daß Übeltäter leben, deren verführerische Wissenschaft die Welt krank macht und die als räudige Schafe die Herde der Gläubigen in das schwerste Verderben stürzen.

2. Deshalb bestimmen und sanktionieren wir[8], daß Ketzer gleich welcher Denomination, wo immer im Reiche sie von der Kirche verdammt und dem weltlichen Gericht überantwortet worden sein mögen, mit der gebührenden Todesstrafe belegt werden sollen. Wenn aber einer von den Genannten nach der Entdeckung, von Todesfurcht erschreckt, zur Einheit des Glaubens zurückkehren will, so werde er gemäß den kanonischen Strafgesetzen in ewige Kerkerhaft gestoßen, um Buße zu tun.

3. Ferner: Wer immer in Bischofsstädten, Städten und anderen Stätten des Reiches von Inquisitoren, die der Apostolische Stuhl bestellt hat, oder von anderen Eiferern des rechten Glaubens als Ketzer erfunden wird, den müssen diejenigen, die dort die Gerichtsgewalt haben, auf Anzeige der Inquisitoren und anderer katholischer Männer hin festnehmen und als Gefangenen so lange strenge bewachen, bis er im kirchlichen Prüfungsverfahren verdammt worden ist; alsdann sollen sie die, welche die Sakramente

8 Es gab kein entsprechendes Weistum eines Reichs- oder Hoftages, wie bei ordentlicher Gesetzgebung üblich.

des Glaubens und Lebens verdammten, mit verdammenswertem Tode vernichten[9].

4. Auch wollen wir, daß dieselbe Strafe alle treffe, die Satans verschlagene Schlauheit, um den Irrtum der Ketzer zu begünstigen, als Anwälte auftreten läßt oder zu unerlaubten Verteidigern macht...

9. Ferner wollen wir, daß jedermann kund sei, daß Prior und Brüder des Dominikanerordens von Würzburg[10] als [vom Apostolischen Stuhl] für das Glaubensgeschäft in den Ländern Deutschlands wider die Ketzer Deputierte, unsere Getreuen, aber auch alle anderen, die darangehen und zusammenkommen, um die Ketzer zu richten, soweit nicht einer vom Reiche geächtet ist, bei Anreise, Aufenthalt und Rückreise in unseren und des Reiches speziellen Schutz aufgenommen sind, ... und wir befehlen euch allen: Nehmt sie wohlwollend auf, wo und bei wem von euch auch immer sie eintreffen, bewahrt ihre Personen schadlos vor Angriffen von Ketzern, die ihnen nachstellen, gewährt jede Beratung, Gewalt und Hilfe zur Ausführung dieser bei Gott so erwünschten Geschäfte, verhaftet die Ketzer, die sie entdecken und euch anzeigen, jeder von euch in seinem Hoheitsgebiet, und haltet sie sorgsam in Haft, bis sie nach dem kirchlichen Verdammungsurteil der verdienten Strafe entgegengehen! Wisset, daß ihr in der Vollstrekkung dieses Geschäfts einen bei Gott wohlgefälligen und bei uns lobenswerten Gehorsam beweist, wenn ihr gemeinsam mit jenen Brüdern wirksame Mittel und Hilfen leistet, um die neue und ungewohnte Schande ketzerischer Falschheit aus den Ländern Deutschlands zu vertilgen! Sollte aber jemand darin achtlos oder nachlässig sein, so kann er vor Gott als unnütz und in unseren Augen als verdientermaßen schuldig erscheinen[11].

9 Die weltlichen Richter sollten das Urteil des Inquisitors in einem Glaubensakt übernehmen, ohne selbst zu untersuchen und Tatsachenbeweise zu verlangen. Nach weltlichem Recht fehlte dem Inquisitor die Befugnis, Klage zu erheben, so daß ein ordentlicher Prozeß unmöglich gewesen wäre.

10 Der Ortsname variierte, je nach dem Sitz des Konvents, der an einer Ausfertigung des Mandats interessiert war. Erhalten sind Ausfertigungen für die Konvente in Würzburg, Regensburg und Bremen.

11 Die in ordentlichen Gesetzen übliche Androhung bestimmter Strafen fehlt.

Gegeben zu Ravenna im Jahre der Fleischwerdung des Herrn 1232, im Monat März der 5. Indiktion.

Stadtgemeinde und Kommune in Châteauneuf-lès-Tours, 1180–1212

Vor den Römermauern der Bischofsstadt Tours hatte sich bereits in merowingischer Zeit bei der Grabeskirche des Heiligen Martin eine Ansiedlung städtischen Charakters gebildet, eine Vorstadt von der Art, die man in Frankreich seit dem 8. Jahrhundert als Burgus bezeichnet. Seit den Jahren 904–915 befestigt, führte dieser Burgus den Namen »Neue Burg«, Châteauneuf. Seine Bewohner waren grundherrliche Untertanen des Stiftskapitels und des Königs von Frankreich als Abtes von Saint-Martin, während die Vogtei oder Landeshoheit dem Grafen von Anjou und in dessen Nachfolge seit 1204 dem Könige von Frankreich zustand. Erstmals zu 1122 hören wir von einem Aufstand der Burgus-Leute (burgenses, bourgeois, Bürger) gegen das Kapitel; ein Jahrhundert lang haben sie sich seitdem vergebens um das Recht bemüht, eine Kommune zu bilden. Was wir darüber an Nachrichten besitzen, ist von besonderem Interesse, weil es deutlich zeigt, was man damals in Mittel- und Nordfrankreich, in Westdeutschland und in Italien unter dem Recht der Kommune verstand: nämlich das Recht der Bürger, sich mittels einander gegenseitig geleisteter Eide zu Hilfe und Beistand zu verpflichten und damit eine Gemeinde besonderer Art zu bilden. Wenn die Bürger diese Hilfeleistung organisierten, so schufen sie Gemeindeorgane, die gegenüber den einzelnen Bürgern eine hoheitliche Befehlsgewalt besaßen, und deren einziger Rechtsgrund war der Kommuneeid. Vom Standpunkte der Stadtherrschaft aus gesehen war diese Gewalt illegal, wenn sie sie nicht ausdrücklich anerkannte; dies zu erzwingen war indes die Bürgerschaft von Châteauneuf-lès-Tours zu schwach, da es in ihr nicht die mächtigen Fernhändler gab, die in den Städten Flanderns, des Rheinlandes und Oberitaliens zu Hause waren. Das Kapitel als Stadtherr verweigerte den Bürgern nicht die Anerkennung als Gemeinde, aber es suchte dieser die Ausbildung von Organen – man sieht deutlich, daß der Anknüpfungspunkt dafür die Ausbildung eines ordentlichen städtischen Haushal-

tes war – zu verwehren und ihre Aktivitäten auf bloße Bürgerversammlungen zu beschränken, obwohl es selbst gar nicht in der Lage war, die unvermeidlich in einer Stadt entstehenden Verwaltungsaufgaben zu erfüllen. Da der Vergleich von 1212 durchaus städtische Freiheiten anerkannte und festlegte, ist deren Unabhängigkeit vom Kommunerecht erwiesen. Bemerkenswert ist auch, daß die Errichtung einer Kommune keineswegs Einigkeit unter den Bürgern voraussetzte, denn als sie in Châteauneuf-lès Tours vorübergehend glückte, wurde sie von einer Gilde mächtiger Bürger dem gemeinen Stadtvolke aufgezwungen, das auf diese Weise lediglich die Herrschaft des Grund- und Stadtherrn gegen diejenige einer egoistischen Oligarchie eintauschte. Da es dem die mildere Herrschaft des Kapitels vorzog, brachte es die Kommune zum Scheitern. – Folgende Texte stehen uns zur Verfügung:

1. Urteil Johanns von Salisbury, Bischofs von Chartres und vom Papste bestellten Richters, 1180: RHGF 16 S. 624 No. 104.

2. König Philipp II. August für die Bürger, 1181: RAPhA 1 S. 41 No. 30.

3. Papst Lucius III. für das Kapitel, 1184: RHGF 18 S. 291 Anm. a.

4. König Philipp II. August an die Bürger, 1184: RAPhA 1 S. 150 No. 122.

5. Bericht der delegierten Richter an Papst Lucius III., 1185: RHGF 18 S. 291f. Anm. a.

6. Aus dem Chronicon Turonense auctore anonymo: RHGF 18 S. 291.

7. König Philipp II. August für das Kapitel und die Bürger, 1212: RAPhA 3 S. 359 No. 1241.

[1] Johannes, kraft göttlicher Würdigung und den Verdiensten des heiligen Thomas demütiger Diener der Kirche zu Chartres, entbietet Philipp, Dekan des seligen Martin, und dem ganzen Kapitel seinen Gruß im Herrn. Ich glaube, eure Gesamtheit wisse sehr wohl, daß der Herr Papst uns beauftragt hat, den Rechtsstreit, der zwischen den Leuten des seligen Martin von Châteauneuf und dem Edlen Rainald, Schatzmeister eurer Kirche, anhängig ist wegen gewisser Eide und der Leistung eines Treueschwures, den [sich] die genannten Leute heimlich untereinander geleistet haben sol-

len, um das Recht der genannten Kirche zu unterdrücken – diesen Rechtsstreit zu verhören und unter Ausschluß jeden Widerspruchs und jeder Appellation mit rechtmäßigem Urteil zu beenden. Und so sind wir gemäß dem apostolischen Mandat sowie mit Rat frommer und erfahrener Männer verfahren, und nachdem wir durch ausreichende, über jede Einrede erhabene Zeugen den wahren Sachverhalt erkannt hatten, haben wir das Urteil der Exkommunikation über die genannten Leute, sowohl wegen ihres offenkundigen Ladungsungehorsams als auch wegen der durch Zeugen erwiesenen Schändlichkeit der erwähnten Verschwörung, mit päpstlicher Autorität, die wir in dieser Sache ausüben, verkündet. Diejenigen, von denen wir gehört haben, daß sie die Urheber der Machenschaft wären, haben wir einzeln namentlich exkommuniziert; alle übrigen aber, die bloß Teilnehmer an dieser Verschwörung sind, haben wir nicht namentlich, sondern insgesamt mit einem generellen Exkommunikationsurteil belegt. Deswegen übersenden wir euch die Namen derer, die namentlich exkommuniziert worden sind, in diesem Briefe verzeichnet: [Es folgen 30 Namen, darunter: 3. Nicolaus Engelardi, 5. Paganus Gastinelli, 14. Petrus Aimeri, 30. Thomas de Ambasia.] Demnach befehlen wir eurer Gesamtheit mit päpstlicher Autorität, diejenigen, die wir namentlich exkommuniziert haben, als namentlich Exkommunizierte bekanntzumachen und die allgemeine Exkommunikation, die wir über die übrigen als bloße Teilnehmer an der Verschwörung verhängt haben, wider alle im allgemeinen zu veröffentlichen; auch lasset in eurer Kirche von den Priestern der Nebenaltäre die erwähnten Exkommunizierten sowohl mit Namen wie im allgemeinen regelmäßig und formell ausrufen und zwingt sie, den Gottesdiensten fernzubleiben! [1180]

[2] Im Namen der heiligen und unteilbaren Trinität, amen. Philipp, von Gottes Gnaden König der Franken. Kund sei jedermann, jetzt Lebenden wie Zukünftigen, daß unser geliebtester Vater Ludwig seligen Angedenkens [im Jahre 1141] allen Bürgern des seligen Martin von Châteauneuf, jetzt Lebenden wie Zukünftigen, folgendes Gemeinrecht verliehen hat: daß weder er noch einer seiner Nachfolger von ihnen weder im Wege des Raubes noch im Wege irgendwelcher Gewalt irgendwelches Geld eintreiben noch sie wegen Wuchers oder unrechten Gewinns oder anderer Verviel-

fachung ihres Geldvermögens verklagen werde, und wenn es etwa geschehen sollte, daß sie ihn in irgendeiner Rechtssache verletzten, so werde weder er selbst noch irgendeiner seiner Nachfolger die genannten Bürger beschweren, solange sie ihm genugtun wollten in Tours im Hause des Schatzmeisters [des Kapitels]. – Diese Gewohnheiten nun, so wie unser Vater sie ihnen verliehen und bestätigt hat, verleihen, konzedieren und bestätigen wir in der Art, daß sie sich vor uns oder vor unserem Sondboten im Hause des Schatzmeisters rechtfertigen sollen. Außerdem setzen wir fest und gestehen wir zu, daß sie selbst zehn Bürger und geeignete Männer mit allgemeiner Zustimmung der Stadt erwählen und sich derart überordnen sollen, daß sie mit aller Sorgfalt die Geschäfte der Stadt, nämlich die Abgaben, besorgen mögen. Die zehn Bürger aber, die den anderen vorgesetzt werden sollen, sollen alljährlich ausgewechselt werden, und zehn andere sollen gemäß Verfügung der Vorangegangenen an deren Stelle treten. Und alle Bürger der Stadt sollen gemeinsam auf die heiligen Reliquien schwören, zeit ihres Lebens alles unabänderlich einzuhalten, was diese zehn Bürger und die anderen, die an deren Stelle alljährlich eingesetzt werden, wegen der Abgaben und Bedürfnisse der Stadt anordnen. Denselben Eid sollen die Knaben der Stadt, wenn sie mündig werden, und die Zuziehenden leisten, die in der Stadt ihren Wohnsitz nehmen wollen. Und die zehn Bürger, die zu erwählen und den anderen insoweit überzuordnen sind, und die anderen, die nach deren Auswechslung an ihre Stelle treten, sollen den anderen Bürgern der Stadt schwören, niemandem etwas aus Freundschaft oder aus Feindschaft zu erlassen oder aufzubürden und nach bestem Wissen solche Männer an ihre Stelle zu setzen, die auf den Nutzen der Stadt sehen und zur Erfüllung der Aufgabe geeignet sind. Wenn aber einer von denen, die in der Stadt wohnen und in dieser Stadt Grundstücke haben, das, was die genannten Bürger anordnen, nicht einhalten und beschwören wollen, so gestehen wir den zehnen das Recht zu, über sie deswegen Gericht zu halten, und wenn daraus etwas hervorgeht, was die uns gehörige Gerichtsbarkeit betrifft, so wollen wir, ohne ihr urkundliches Recht zu verkürzen, das zu unserem Recht Gehörige behalten. Damit dies alles ewigen Bestand erlange, haben wir dieses Schriftstück mit der Autorität unseres Siegels und mit dem darunter gesetzten königlichen Namenszeichen bekräftigen lassen. Geschehen in La Forté im Jahre nach Fleischwerdung des Herrn 1181, dem zweiten Jahre unseres Königtums, während in unserem Palaste diejenigen dabeistanden, deren Namen und Zeichen hier folgen: Zeichen des Grafen Thibaud, unseres Mundschenken. Zeichen Guidos, des Butiglers. Zeichen Matthäus', des Kämmerers. Zeichen Radulfs, des Stallmeisters. Gegeben von Hand des Kanzlers Hugo.

[3] Lucius, Bischof und Knecht der Knechte Gottes, entbietet seinen geliebten Söhnen Philipp, Dekan, Rainald, Schatzmeister, und dem Kapitel des heiligen Martin in Tours Gruß und apostolischen Segen. Da eure Kirche bekanntlich in besonderer Weise der Gerechtigkeit und dem Eigentum des Apostolischen Stuhles gehört, so obliegt es uns um so mehr, dafür zu sorgen, daß die unversehrte Einheit ihres Friedens und ihrer Freiheit in Festigkeit Bestand habe und ihr ehrwürdiger Stand keinerlei Verkürzung seines Rechtes durch boshafte und unerlaubte Erfindungen erfahre. Deswegen, im Herrn geliebte Söhne, bewilligen wir eure gerechten Forderungen und bestimmen, daß die alte Würde dieser Kirche gemäß dem Inhalt der Privilegien der römischen Päpste und Könige in ihrem Stande verbleiben soll. Wir bestätigen sie mit apostolischer Autorität und setzen mit gemeinem Rate unserer Brüder fest, daß eine jegliche Verschwörung, die eure Bürger von Châteauneuf unter der Bezeichnung Kommune und durch gemeinsamen Eid gemacht haben, wie immer man dies benennen mag, ungültig und widerrufen sein soll und daß deren ursprüngliche Anstifter samt ihren Helfern mit Exkommunikation zu bestrafen sind, wenn sie ihr nicht abschwören wollen. Auch bestimmen wir, daß der Eid ungültig ist, mit dem sich ihnen das Volk etwa in leichtsinniger Weise verpflichtet hat, und wir wollen, daß er nicht eingehalten werde, jedoch so, daß diejenigen für die Leichtfertigkeit des Eides mit gerechter Buße genugtun, die ihn in verwerflicher Anmaßung wider die Kirche Gottes geschworen haben, namentlich deswegen, weil infolge seiner sowohl die Freiheit der Kirche untergehen als auch in den Dingen, die bekanntlich zu ihrer Gerichtsbarkeit gehören, vieles nur zu oft gegen die Rechtsordnung und gegen das bisher gültige Recht neu aufkommen würde. Sollte also unter den Urhebern dieser Verschwörung jemand sein, der

sich weigert, wenn er aufgefordert wird, ihr abzuschwören, und darauf beharrt, derartige Konventikel aufrechtzuerhalten und zu kräftigen, so geben wir euch aus apostolischer Autorität die freie, durch Widerspruch und Appellation nicht zu brechende Vollmacht, sie zu exkommunizieren[1], und dem sollen keinerlei [päpstliche] Reskripte entgegenstehen, die irgend jemand hierüber offenkundig entgegen den alten Privilegien eurer Kirche [von uns] erlangt hat. Also sei es überhaupt niemandem erlaubt, diesen Brief usw. Gegeben zu Veroli am 21. April [1184].

[4] Philipp, von Gottes Gnaden König der Franken, an die Bürger von Châteauneuf-lès-Tours. Unseren Gruß zuvor! Eure Gesamtheit möge wissen, daß der Herr Papst uns geschrieben hat, er habe mit apostolischer Autorität eine gewisse Kommune und allgemeine Verschwörung, die ihr gemacht hattet, kassiert, vor allem in Anbetracht der Tatsache, daß ihr sie zum Nachteil unserer Kirche des seligen Martin gemacht habt. Da wir nun wollen, daß von dem Recht des seligen Martin weder durch uns noch durch die Kanoniker irgend etwas verlorengehe, und da[2] es wahr ist, daß ihr eine Kommune oder allgemeine Verschwörung gemacht habt, so gebieten und befehlen wir euch, von dieser Kommune abzulassen und unverzüglich den Kanonikern des seligen Martin wegen allem, was ihr euch zu ihrem Nachteil angemaßt habt, genugzutun. Wenn ihr aber in Hartnäckigkeit verharrt und nicht genugtun wollt, so sollt ihr wissen, daß wir es in ganzem Umfang bessern werden, sobald wir uns dafür Zeit nehmen können. Lebt wohl! [1184]

[5] Dem allerheiligsten Vater und Herrn Lucius, von Gottes Gnaden höchstem Pontifex, entbieten Wilhelm, demütiger Diener der Kirche in Reims und Kardinal vom Titel Santa Sabina, und Herveus, Abt von Marmoutier, ihren Gruß und frommen, pflichtschuldigen Gehorsam. Gemäß eurem Befehl suchten wir die Kirche des seligen Martin in Tours auf um des Rechtsstreits willen, der zwischen den Kanonikern dieser Kirche und den Bürgern von

1 Am 26. April 1184 befahl Papst Lucius dem Erzbischof von Tours und dessen Suffraganen, die von den Kanonikern verhängte Exkommunikation zu vollstrecken. JL 15026.

2 Vielleicht ist statt »und da« zu übersetzen: »wenn«. Der König würde sich dann eine gerichtliche Entscheidung über die Sache vorbehalten haben.

Châteauneuf anhängig ist wegen der Kommune oder Verschwörung, die diese Bürger errichtet haben sollten, und nachdem wir mehr als mehrfach in verschiedenen Wegen über die Wiederherstellung des Friedens zwischen den Parteien verhandelt und sowohl die Klagen und Schäden der genannten Kanoniker als auch die Antworten der Gegenseite angehört hatten, versuchten wir, den Frieden zwischen ihnen wiederherzustellen, aber wir vermochten es nicht. Da geschah es, wie wir glauben, durch ein Wunder, daß wider unsere und der Kleriker Erwartung eine Menge Volkes den Kapitelsaal betrat, in dem wir unseres Amtes walteten, und darüber klagte, sie würden von einigen Bürgern von Châteauneuf rechtswidrig mit Steuern und Abgaben beschwert, und dabei versicherten sie, die genannten Bürger hätten sich das Volk durch gewisse Eide mit Drohungen und Gewalttaten verbindlich gemacht. Weil aber dieser Raum klein war und die Zusammenkommenden nicht fassen konnte, gingen wir aus dem Kapitelsaal hinaus auf den Rasen im Kreuzgang und versahen unser Amt an der Stätte, wo einst der Leichnam des seligen Martin geruht hatte, dies aber nicht mit Absicht, sondern weil Gott uns dahin zog und unsere Schritte lenkte. Und dort war eine unzählbare Menge Volkes zusammengekommen, die nachdrücklich begehrte, von den unerlaubten Eiden gelöst zu werden, die sie geleistet hatten. Deshalb ließen wir in ihrer Mitte eure Indulgenz verlesen, die wie folgt beginnt: [Folgt No. 3.] Wir ließen auch den Brief unseres Herrn, des erlauchten Königs der Franken, verlesen, der gebot, daß die Kommune gemäß dem apostolischen Mandat kassiert werde, und den Bürgern verbot, sie weiterhin einzuhalten. Der Brief lautet wie folgt: [Folgt No. 4.]

Also bestimmten wir, daß das Volk von den Eiden, wodurch sie sich leichtfertig verpflichtet hatten, gemäß dem Wortlaut eurer Indulgenz gelöst worden sei, und wir befahlen ihnen strenge, weder mit Steuern noch mit Geldern für Wächter, noch mit anderen Abgaben hinfort jenen gehorsam zu sein, noch ihren Aufgeboten Folge zu leisten. Und sie erhoben die Hände zu den heiligen Reliquien, die vor uns ausgestellt waren, und bekräftigten in Treuebindung, dies zu beachten, und sie schworen den Eiden ab, die sie jenen geleistet hatten. Als dies geschehen war, da kamen die mächtigen Bürger hinzu, welche Urheber und Helfer der Verschwörung oder des gemeinsamen Eides gewesen waren, nämlich Thomas von Ambasia, Philippus Annerii, Nicolaus Angelardi, Paganus Gastinelli und viele andere, die von uns dazu aufgefordert wurden und dann schworen. Zuerst schwor Thomas von Ambasia mit folgenden Worten, nämlich daß er die Kommune oder Verschwörung, die er so, wie wir es ihnen öffentlich verdolmetschten, als gemeinsame Beeidigung gemacht hatte, nicht innehalten noch ein zweites Mal machen werde, es sei denn gemäß gemeinsamem Beschluß [des Kapitels] der vorgenannten Kirche. Auch die anderen beschworen das, was Thomas von Ambasia beschworen hatte, und daß sie es ohne Arglist innehalten würden. Wir aber untersagten ihnen als Rechtsfolge des Eides, hinfort Steuern oder Wachgelder oder anderes von irgend jemandem einzutreiben oder andere zu derartigen Konventikeln zusammenzurufen noch irgend etwas zu usurpieren, was zum Recht des Schatzmeisters und der anderen Kanoniker des seligen Martin gehörte. Auch setzten wir fest, daß diejenigen Urheber und Helfer, die den vorgeschriebenen Eid noch nicht geleistet hatten, exkommuniziert sein sollten, solange bis sie ihn ablegten, mit dem Zusatz, daß es den Kanonikern der Kirche erlaubt sei, sie an jedem Sonntag während der Meßfeier zu exkommunizieren, solange bis sie den vorgeschriebenen Eid geleistet hätten. Demnach möge eure Heiligkeit belieben, alles, was wir verrichtet haben, mit apostolischer Autorität zu befestigen. [24. Febr. 1185]

[6] Im Jahre 1185 ... am Festtage des heiligen Matthias [24. Febr.] ist der Kommune der Bürger von Châteauneuf, die sie gegen die Kirche des seligen Martin in Tours gemacht hatten, abgeschworen worden, und zwar auf Befehl des Papstes Lucius und Philipps, Königs der Franken, vor Erzbischof Wilhelm von Reims und Abt Herveus von Marmoutier, den vom Herrn Papste in dieser Sache delegierten Richtern[3].

3 Am 15. April 1185 bestätigte Papst Lucius die Abschwörung; dazu fertigte er drei Mandate aus: 1. an den Erzbischof von Tours, der die Exkommunikation der Ungehorsamen bestätigen sollte, 2. an denselben, der die über R. Absia und dessen Söhne wegen verweigerten Abschwörens verhängte Exkommunikation vollstrecken sollte, 3. an den Legaten, der die Bürger dazu anhalten sollte, für die dem Kloster zugefügten Schäden Ersatz zu leisten

[7] Im Namen der heiligen und unteilbaren Trinität, amen. Philipp, von Gottes Gnaden König der Franken. Kund sei jedermann, jetzt Lebenden wie Zukünftigen, daß folgender Vergleich vor uns geschlossen worden ist zwischen Kapitel und Schatzmeister der Kirche des seligen Martin in Tours auf der einen und den Bürgern von Châteauneuf auf der anderen Seite.

Erstens: Die zehn auf das Gemeinrecht der Stadt Geschworenen und der diesen zehn geleistete Eid der anderen sollen für immer abgetan sein, und sie sollen hinfort keinerlei Kommune oder gemeinen Eid oder gemeine Verpflichtung machen.

Sooft es aber geschieht, daß man eine Abgabe erheben muß zum gemeinen Nutzen der Stadt, so sollen die Leute von Châteauneuf vor das Kapitel und den Schatzmeister oder deren Bevollmächtigten kommen und es ihnen vorschlagen und ihnen den Grund darlegen. Dann sollen die Leute von Châteauneuf bis zu 20 oder mehr auswählen, so wie sie es für nützlich halten, so daß aus den einzelnen Wachbezirken mindestens einer erwählt wird, und diese Erwählten sollen vor Kapitel und Schatzmeister oder deren Bevollmächtigten beschwören, daß sie diese Abgabe ohne Arglist auf sich und die anderen umlegen und niemanden aus Freundschaft entlasten oder aus Feindschaft beschweren werden. Ist das geschehen, so sollen diese Erwählten binnen zwei Monaten die Abgabe einsammeln. Wenn sich jemand weigert, die Abgabe zu bezahlen, so soll der Schatzmeister, wenn ihm die Klage überbracht worden ist, ohne Strafe dafür sorgen, daß sie bezahlt wird oder daß binnen 7 Tagen Pfänder gegeben werden, ohne Arglist. Wenn aber dem Kapitel eine Klage überbracht wird über Leute, die in seinen Vorstädten wohnen, so ist das Kapitel verpflichtet, in gleicher Weise zu handeln, und zwar binnen 7 Tagen und ohne Strafe. Ist die Abgabe eingesammelt, so sollen die Erwählten vor Kapitel und Schatzmeister oder deren Bevollmächtigten kommen und sagen, sie hätten es so ausgeführt und soviel bleibe als Überschuß übrig, und diesen Überschuß sollen zwei andere Bürger verwahren, bis sich ein Anlaß ergibt, um ihn für ein Bedürfnis der Stadt auszuge-

und die zum Nachteil der Kirche aufgestellten Wechselbänke und sonstigen Verkaufsstände abzubrechen. JL 15402–15405.

ben. Der Überschuß darf nicht höher sein als 30 bis 40 Pfund. Ist dies geschehen, so soll der ganze Eid und Amtsauftrag der Erwählten von da an erlöschen, und wenn es danach geschieht, daß eine andere Abgabe erhoben werden muß, dann soll dies in der zuvor beschriebenen Form geschehen.

Auch ist zu wissen, daß sie keine Abgabe auflegen dürfen wider den Schatzmeister und das Kapitel oder ein Mitglied des Kapitels, und auch nicht, um Mauern rund um die Stadt zu bauen, es sei denn mit Zustimmung von Schatzmeister und Kapitel.

Wenn es aber nötig wird, Wachen einzurichten, die in der Volkssprache Scharwachen[4] heißen, so sollen die Bürger vor Schatzmeister und Kapitel oder deren Bevollmächtigten kommen und es ihnen vorschlagen und den Grund angeben, und dann sollen einzelne von den einzelnen [Handwerks-]Ämtern abwechselnd nacheinander die Nachtwachen machen, so daß von den einzelnen Ämtern zwei von den anderen Erwählte dem Schatzmeister und Kapitel oder deren Bevollmächtigtem präsentiert werden und geloben sollen, ohne Arglist diese Wachen verrichten zu lassen und niemanden aus Freundschaft freizustellen oder aus Feindschaft zu belasten, und von denen, die keine Wache halten wollen, sollen sie 14 den. nehmen, die für Wachdienste ausgegeben werden müssen. Und wer derart 14 den. bezahlt, der soll das ganze Jahr über vom Wachehalten befreit sein, außer es geschehe, daß wegen besonderer Notlage der Stadt allgemeine Wachen gehalten werden müssen. Das Amt derer, die die Einteilung der Wachdienste beaufsichtigen, soll nach Ablauf des Jahres erlöschen, und andere sollen von neuem an ihre Stelle gesetzt werden. Wenn aber jemand die erwähnten 14 den. nicht bezahlen will und wenn darüber das Geschrei erhoben wird, so sollen sowohl der Schatzmeister wie das Kapitel ohne Strafe die Zahlung veranlassen.

Alle hiervor genannten Eide sollen in der Kapelle S. Nicolai geleistet werden, und Schatzmeister und Kapitel oder ihr Bevoll-

4 Das altfranzösische Wort eschaugetes (Plural), sonst eschaugaite oder eschargaite, geht wie das deutsche Wort Scharwache auf fränkisch skarwahta zurück.

mächtigter sollen auf Verlangen der Bürger dort zusammenkommen.

Wenn aber das Kapitel oder der Schatzmeister gegen diese Urkunde verstößt, soll es den Bürgern erlaubt sein, eine Abgabe aufzulegen, um sich zu verteidigen.

Schatzmeister und Kapitel müssen den Bürgern helfen, ihr Recht und ihre Freiheit ohne Arglist zu bewahren, gegen jedermann, außer gegen uns, so daß, wenn etwa eine Klage emporkommt, deretwegen sie zu uns kommen oder Boten senden müssen, Thesaurar und Kapitel dreimal auf eigene Kosten wegen jeder einzelnen Klage zu uns kommen oder Boten senden sollen. Und wenn es geschieht, daß sie mehr als dreimal zu uns kommen oder senden müssen, so sollen sie dies auf Kosten der Bürger tun, und wenn die Bürger verlangen, daß sie Boten zur römischen Kurie oder anderswohin senden, um ihr Recht zu schützen, so sollen sie dies auf Kosten der Bürger tun, und die Ausgaben, die so auf Rechnung der Bürger gemacht werden, sollen mit dem Zeugnis eines Bürgers geleistet werden, den die Bürger ernennen sollen, um dies zu kontrollieren.

Damit aber all dies in Zukunft fest und beständig bleibe, haben wir dieses Schriftstück mit der Autorität unseres Siegels und mit dem daruntergesetzten königlichen Namenszeichen, doch unschädlich unserem Rechte, bestätigt. Geschehen zu Paris im Jahre nach Fleischwerdung des Wortes 1212, dem 33. Jahre unseres Königtums, während in unserem Palaste diejenigen dabeistanden, deren Namen und Zeichen hier folgen: Ein Mundschenk war nicht anwesend. Zeichen Guidos, des Butiglers. Zeichen Bartholomäus', des Kämmerers. Zeichen Drogos, des Stallmeisters. Gegeben, während die Kanzlei vakant war.

Die Gesellschaft Skandinaviens: Eine nicht-feudale Gesellschaft im hohen Mittelalter, 1231

Beschreibung der Güter und Einkünfte des Königs von Dänemark im Landtingsbezirk Jütland, 1231: Kong Valdemars Jordebog, udgivet af Svend Aakjaer, 3 Bde., Kobenhavn 1926–1943.

Das Königreich Dänemark gehört zu denjenigen Ländern Europas, in denen das Lehnswesen niemals Fuß gefaßt hat. Die dänischen Großen waren keine Ritter, die auf Burgen gesessen hätten, sondern Bauern, und da es überall gute natürliche Häfen gab, so bildeten sich auch keine Verkehrsknotenpunkte und kein kräftiges Städtewesen aus, das die Bauern von Handel und Seefahrt abgeschnitten hätte. Selbst die dänischen Großen bewahrten daher die Verbundenheit mit Landbau und Seefahrt und eine Lebensweise, die von der prachtvollen höfischen Kultur des gleichzeitigen Feudaladels weit entfernt war. Aus der ersten Glanzzeit des dänischen Reiches stammt eine um das Jahr 1300 im Kloster Sorö angefertigte Sammlung von Verwaltungsschriftgut, die als Liber census Daniae oder »König Waldemars Erdbuch« bekanntgeworden ist. Ihr wohl ältester, auf das Jahr 1231 datierter Bestandteil ist ein Verzeichnis der königlichen Güter und Einkünfte, das uns als früheste Beschreibung eines skandinavischen Landes und seiner Bewohner dient. Es zeigt vergleichsweise archaische Verhältnisse, etwa im Münzwesen, das keinerlei Angaben über die benutzten Pfennige kennt und damit voraussetzt, daß die Geldmengen nicht abgezählt, sondern gewogen wurden (die dänische Mark zu 8 Öre war 218,3 g schwer). Der Landtingsbezirk Jütland, auf dessen Beschreibung wir uns hier beschränken, war, ausgenommen das friesische Utland, in 14 Syssel eingeteilt, deren jedes eine bestimmte Anzahl von Harden umfaßte. Die Lage der zugehörigen Tingstätten läßt sich häufig aus modernen Flurnamen wie Tinghøje, Tingsig, Tinggaard, Galgehøje u. ä. bestimmen. Die Namen vieler Syssel knüpfen an die alter Volksstämme an; dieser Umstand wirft die Frage nach dem Alter der Be-

zirke auf: Waren die Syssel alte Stammesgebiete, die später in Harden aufgeteilt wurden, oder waren es jüngere Amtsbezirke, die erst das Königtum durch Zusammenlegung mehrerer Harden bei einer Tingstätte oder einem Königshof geschaffen hat? Als Maßeinheiten für Güter und Einkünfte verwandte man die Relikte eines ebenso altertümlichen wie rationalen Verwaltungssystems, das, wenn es germanischen Ursprungs gewesen sein sollte, in Frankreich und Deutschland längst vom Lehnswesen zerstört worden war. Einst, nach »alter Veranlagung«, hatte der König das Recht gehabt, Steuern in Silber, seit Ende des 11. Jahrhunderts auch in Gold, von allen Grundeigentümern zu fordern; die jährliche Steuerschuld oder »Landgilde« hatte $\frac{1}{24}$ des Bodenwertes betragen, also eine Kapitalrente von $4\frac{1}{6}$% jährlich dargestellt. Der Bodenwert war bestimmt gewesen mittels einer Flächenmessung nach der, in Tonnen bezifferten, Menge und Art des Saatkorns, die das Land aufnehmen konnte; man sprach daher von so- und soviel Tonnen Landes, aber auch von so- und soviel Mark Goldes Land, wenn man die der Tonnenzahl entsprechende Steuerschuld als Maßeinheit benutzte. Das fast gleichzeitig aufgezeichnete Jütische Landrecht gibt die Steuerschuld von 1 Mark Goldes Land mit 8 Örtug Silber an; da 3 Örtug gleich 1 Öre oder Achtelmark Silbers waren, so ergab eine Schuld von 8 Örtug einen Landwert von 8 mal 24 Örtug oder 8 Mark Silber, die wiederum einer Mark Goldes entsprachen. Das Jütische Landrecht beschreibt als »alte Veranlagung«, daß 1 Drittelshufe Land 1 Mark Goldes wert war und dem Könige 8 Örtug Silber schuldete. Das Verhältnis des Flächenmaßes nach Aussaatmengen zu den beiden anderen, in der Beschreibung vorkommenden Flächeneinheiten des Bol (vergleichbar der Hufe, mehrfach in Viertel aufgeteilt) und des Pfluges festzustellen ist schwierig, weil sie noch älter sind als die Mark Goldes Land und weil sie im 13. Jahrhundert keine betrieblichen Einheiten mehr darstellten, sondern nur noch als geschätzte Einheiten für Zwecke der Besteuerung dienten. Für Schleswig und Jütland nimmt man als wahrscheinlich an: 1 Mark Goldes = 1 Otting = 3 Örtug = 12 Tonnen Land, 4 Mark Goldes = 1 Pflug = 48 Tonnen Land, 8 Mark Goldes = 2 Pflüge = 1 Bol = 96 Tonnen = 1 Mark Silbers Land. Nach diesen Gleichungen kann man aus den Daten der Beschreibung die Größe des in den Harden und Dörfern gelegenen Königslandes ableiten und die Zahl der dar-

auf gelegenen Höfe (zu 1 Bol oder 1 Pflug) abschätzen. Ein Teil der Lasten, die die Königsbauern wie alle freien Bauern trugen, geht zurück auf das altdänische Seekriegsaufgebot, das die Könige in der zweiten Hälfte des 12. Jahrhunderts erneuert hatten, um die wendische Seeherrschaft auf der Ostsee zu brechen und schließlich, im Jahre 1219, bis nach Estland auszugreifen. Das Verzeichnis nennt eine Einheit von 42 Hufen, deren Inhaber einst hatten gemeinsam ein Schiff ausrüsten müssen. – Die Beschreibung geht von Norden nach Süden (bis zur Eider). Abkürzungen: M. = Mark, M. G. = Mark Goldes, M. Pf. = Mark Pfennige, M. S. = Mark Silber.

Jütland. Im Jahre des Herrn 1231 ist diese Niederschrift gemacht worden.

Wendelsyssel[1]: In Tolstrup 2½ M. G. Horns-Harde[2] 10 M. Vennebjerg-Harde 30 M. Borglum-Harde 20 M. Pf. oder 3 M. Roggen. Jerslev-Harde 16 M. S. Kjaer-Harde 15 M. Hvetbo 15 M.

Thy-Syssel[3]: Han-Harde den Dienst für 2 Nächte oder 20 M. Korns, und Naesbo den Dienst für 1 Nacht, oder 70 M. reinen [Silbers] von beiden, oder 28 M. Korns und 16 M. S.; unser Gut in der Mark von Tommerby, das sind 10 Otting, und ein jedes ist 1 M. G. wert. Ebenso sind in Langvad 9½ Otting, und sie sind 9½ M. G. wert; Hillerslev ist 8 M. G. wert. Hillerslev-Harde: den Dienst für 2 Nächte. Hundburg-Harde: den Dienst für 1 Nacht oder 5 M. Korns, Sundby und Sundby Aa 8 M. G. Hassing-Harde 6 M. Revs-Harde: den Dienst für 1½ Nächte und 4 M. Korns; ferner vom Kloster Vestervig 20 M. Pf.

Sallingland-Syssel: Morso, die Süderharde 6 M. S., wenn man zur Heerfahrt auszieht, die Norderharde 6 M. S., wenn man zur Heerfahrt auszieht; in Agero. Fjens-Harde 12 M. Pf.; in Trevad und Fly 21½ M. G., in Lunø 10 M. reinen [Silbers], ebenda Land von 24 M. G.; in Højslev 9 M. G. Rødding-Harde. Hindborg-Harde: in Brøndum hat der König 13 M. G. Nørre-Harde 10 M. S.

1 Das Sysselting tagte im 16. Jh. in Hjørring.
2 Dingstätte im 17. Jh. bei Tingmarken und Bindslev Kirkegaard.
3 Der Name hängt vielleicht mit dem Stammesnamen der germanischen Teutones zusammen.

Der Königshof Skivehus 20 M. S.; mit seinen Zubehörungen 40 M. G. wert. Harre-Harde 20 M. Pf.

Hardsyssel: Vandfuld-Harde[4] 10 M. Korns, Engbjerg und Hygum 9 M. G., in Heldum 12 M. G., Nissum[5] mit seinen Zubehörungen 51 M. G., ferner in Nissum 48 M. G. Skodborg-Harde 24 [M.] Korns, die Hälfte Roggen; ebenda hat Nikolaus Slaet des Königs Schiff, in welchem 42 Höfe sind. Ginding-Harde 10 M. reinen [Silbers] wegen Heerfahrtfreiheit; in Rydlund 3 M. G. Ulborg-Harde 16 M. reinen [Silbers]. Bolling-Harde 20 M. reinen [Silbers], ferner Hakon Prind 8 M. S. Hjerm-Harde: in Hvam und Trabjerg und die Mühle in Hesselaa 10 M. G. und 40 Stübchen oder Kannen [Honig] oder 10 M. S.; außerdem sind sie zum Schiffe [zu geben] verpflichtet, von dem halben Schiffe 10 Öre Korn und von dem [anderen] halben Schiffe 44 Lämmer. Hammerum-Harde 16 M. reinen [Silbers].

Himmersyssel[6]: Rinds-Harde. Slet-Harde 40 M. Pf., Vindblaes 2 M. G., Skivum 10 Viertel, die im Werte 40 Mark Goldes übersteigen[7]; ferner in »Ukar« eine Mühle, die 8 M. G. wert ist; aber die Mühle des Peter Ulke war 4 M. G. wert, doch ist sie jetzt zerstört. Gislum-Harde 20 M. reinen [Silbers] außer der Abgabe für Heerfahrtfreiheit; in Tisted hat der Herr König 6 Bol, und die sind 40 M. G. wert. Hornum-Harde: der Stenild-Hof 2 M. G., die Mühle in Ovstrup 2 M. G. weniger 1 M. S. Hornøg-Harde: in Vokslev ½ Viertel 5 Mark Goldes. Fleskum-Harde 70 M. Pf., Tranders 2 M. S., Aalborg: von der Mühle und von der Stadt 24 M. S., ferner von derselben Stadt und von [der Insel] Gjøl 24 M. S. für Ausgaben [zur Gastung oder Heerfahrt]. Hasseris 9 M. G. Hellum-Harde: das Viertel von Baelum 25 Höfe, ferner das Viertel von Lyngby wegen der Abgabe für Heerfahrtfreiheit 12 M. S. Hindsted-Harde: das Viertel von Rold 16 Höfe und Abgabe für

4 Dingstätte in der Gemeinde Vandborg, deren Kirche Fjerdingskirke war.

5 Nørre Nissum in der heutigen Skodborg-Harde, als Königshof im Jahre 1327 belegt. 48 M. G. war der Wert des Hofes ohne Zubehör.

6 Im Amte Viborg. Der Name hängt mit dem Stammesnamen der Kimbern zusammen.

7 In Himmerland war die Einteilung der Dorffluren in Viertel weit verbreitet. Das Viertel wird zu 4 M. G. veranschlagt.

Heerfahrtfreiheit von 8 M. S. Das Land des Königs in Rold [ist] 1 Bol und ein Viertel, welches 26 M. G. wert ist; ferner ist die Mark Tved 14 M. G. wert.

Ommersyssel. Lynge-Harde, nördlich: Viborg 120 M. Pf. für die Heerfahrt und 80 M. Pf. für die Münze. Herr Woghen[8] ist für sein Amt 214 M. Pf. schuldig. Lynge-Harde, südlich: 8 M. reinen [Silbers] mit [Over-]Fussing, ferner Graf-Fussing 3 Bol, die 30 M. G. wert sind, ferner Upfusing 7 Otting, die 7 M. G. wert sind; ferner Aalum: ein Viertel 18 M. S. Middelsom-Harde: 15 M. reinen [Silbers] mit Øster-Velling. In Øster-Velling sind 6 Bol, die 48 M. G. wert sind. Die Mühle daselbst ist 3 M. G. wert. Onsild-Harde 16 M. reinen [Silbers] um Ostern[9]. Støvring-Harde 25 M. reinen [Silbers] von [der Stadt] Randers und für die Ablösung der Heerfahrt 20 M. reinen [Silbers]. Nørhald-Harde. Gerlev-Harde.

Aabosyssel. [Sønder]Hald-Harde: Kristrup mit Zubehör 80 M. G. Galten-Harde, vom Bro-Viertel 8 M. Sabro-Harde. Lisbjerg-Harde: Thorsager mit seinen Zubehörungen 100 M. G.[10] Nørre-Dyrs-Harde [= Halbinsel Djursland] 40 M. reinen [Silbers]. Sonder-[Dyrs]-Harde: in Draaby mit seinen Zubehörungen 44 M. G. [Halbinsel] Helgenaes 20 M. reinen [Silbers]. [Halbinsel] Mols 20 M. reinen [Silbers]. Samsø[11] zahlt jährlich 5 M. Weizen, 10 M. Malz und 3 M. Gerste, 40 Ochsen, 180 Schweine und ebenso viele Schafe, 800 Käse und soviel an Butter, wie zu den genannten Käsen gehört, 800 Stockfische, 16 Mesen Hering, 2 Fuder Honig, 100 Gänse, 200 Hähne, 2 M., um Fisch [zu kaufen]. Hasle-Harde: von [der Kaufstadt] Aarhus 12 M. wegen der Heerfahrt, außer der Vogteiabgabe. Ning-Harde: Viby 40 M. G. und mehr mit den

8 Er saß vermutlich auf dem Schloß in Viborg; »Herr« bedeutet wohl ›Ritter‹.

9 Der Termin deutet am ehesten auf eine Steuer hin, schwerlich auf Abgaben von Königsgut in der Harde (Landgilde).

10 Im Jahre 1664 betrug die Abgabe 413 Tonnen Hartkorn; das ergibt die normale Gleichung von 4,13 Tonnen pro M. G. Die Fläche hat ihre Größe wahrscheinlich späteren Rodungen im Walde zu verdanken; noch 1664 umfaßte die Gemarkung große Wälder.

11 Insel mit einem seit 1216 genannten Königshof, wo viele Königsaufenthalte und mehrere Reichstage bezeugt sind.

Kleinstädten. Hjelmslev-Harde: von Skanderup 100 M. S. und mehr, Vrold und Holtskovgaard[12]. Gern-Harde: Sminge 15 M. reinen [Silbers]; Vole und [wüst] Thorethorp. Hovlbjerg-Harde. Framlev-Harde. [Insel] Endelave 20 M.

Loversyssel. Hads-Harde ist verpflichtet, uns mit vier Schiffen überzusetzen, weil sie auf jedem Hofe vier Männer hat[13], Gylling 12 M. G., Søby 7 M. G., Fensten 3½ M. G. Voer-Harde: Hansted mit seinen Zubehörungen 25 M. G. Nim-Harde 12 M. reinen [Silbers]. Hatting-Harde den Dienst zweier Nächte von [der Kaufstadt] Horsens und 40 M. Pf. wegen der Heerfahrt und 40 M. für die Münze. Bjerge-Harde ist 8 M. G. wert. Vrads-Harde [und] Tyrsting-Harde: sind der Dienst einer Nacht gewesen. Hids-Harde: Alling 23 M. G., außer unseren Anteilen, die wir an 2 Mühlen haben. Lysgaard-Harde: Ablösung der Heerfahrt 20 M., Grønbaek 5 M. G., Iller 18 M. G., Thwaerwith 4 M. G., Rythac 2 M. G., Roe 4 M. G., Frausing 3 M. G., Braarup 3 M. S.

Vardesyssel[14]. Horne-Harde: Lønborg[15] 5½ Fuder Honig und 20 Lachse, ferner von jedem Schiff ½ Fuder Honig und 10 Lachse[16]. Skadst-Harde 300 M. S. Malt-Harde 80 M. reinen [Silbers] mit 2 Mühlen, Vilslev und Jested.

Jellingsyssel[17] 100 M. Pf. und 10 von der Mühle. Jaling-Harde 40 M. reinen [Silbers], der heerfahrtfreie Mann Tuki und sein Bruder 10 M. jährlich. Vang-Harde.

Almindsyssel: Abgaben 140 M. Pf. Jerlev-Harde: in Gaverslund 19 Otting und der dritte Teil eines Otting[18], jeder einzelne

12 Siedlungen in der Gemarkung Skanderup; die (in der Handschrift nachgetragene) Summe von 100 M. S. bezieht sich wohl auf alle drei Siedlungen.

13 Gewöhnlich sitzt auf jedem Hofe 1 Mann oder Bauer. Es gab hier einen Königshof, der vermutlich mit der Fährstelle bei Hov verbunden war.

14 Benannt nach der Kaufstadt und dem Königshof Warwith = Varde.

15 Zum Jahre 1278 als Königshof belegt.

16 Ein Fuder Honig ist gleich 60 M. S.; daher entspricht die Abgabe einer Landgilde von 330 M. S. Wenn man 30 M. S. als Abgabe von 1 Schiff annimmt, so kämen 30 Höfe zu 1 M. S. auf jedes Schiff.

17 Das Syssel heißt nach dem Königshof Jelling in der Tørrild- oder Jaling-Harde.

18 Die Bruchzahl deutet darauf hin, daß dem König das ganze Dorf gehörte. Eine etwas jüngere Einnahmeliste berechnet die Abgabe insgesamt zu

3 M. S. Andst-Harde [und] Almund-Harde: Das Land bei Kolding[19] ist 13 M. G. wert, von Kolding 80 M. reinen [Silbers]. Vom Amte des Herrn Tocky, ausgenommen Wadn, 6½ M. Korn und 4 M. reinen [Silbers], von Herslev 2½ M. Korn, von Baekke und den vier nächsten Kirchen 9 M. reinen [Silbers] und 3½ M. Korn, von Skanderup 3 M. reinen [Silbers] und 1½ M. Hafer, von Vester Nebel 16 Örtug Roggen und 1 M. reinen [Silbers], von Andst 10 Öre reinen [Silbers] und 10 Öre Hafer, von Hjarup ½ M. reinen [Silbers] und ½ M. Hafer, von Harte, Bramdrup und Eltang [– – –].

Barvedsyssel. Haderslev-Harde 20 M. reinen [Silbers] außer dem Zoll und ebensoviel vom Korn, das Land daselbst[20] ½ M. G. [wert], Vilstrup 1 M. G., Kestrup 6 M. S., Fredsted 10 M. G., Bramdrup 2 M. G., Rogstrup 5 M. G. Tyrstrup-Harde 20 M., Kobbersted 5 M. G., Vejstrup 1 M. G., Hejls 13 M. S. Frøs-Harde[21] 1 M. reinen [Silbers], Agtrup 1 M. G. Gram-Harde 40 M. reinen [Silbers], Gram 10 M. G., Endrup ½ Mühle, Holm ist 2 M. G. wert, Jels 3 M. G., Modbøl 3 M. S. Rangstrup-Harde 20 M. reinen [Silbers], und von dem anderen Teil[22] 25 M., Rangstrup 12 M. G. Von [der Kaufstadt] Ribe[23] 200 M. Pf. für die Vogtei[24] und den Zoll und den Vorbann[25], ferner für die Heerfahrt 120 M. und für die Münze 150 M., ferner für den Pferdezoll 350 M. und mehr, ferner für den Salzzoll 40 M., ferner von dem Münzer 100 M. Pf.

Ellumsyssel. Hvidding-Harde 210 M. Pf., außer Honig und Korn. Lø-Harde 3 Fuder Honig, Svanstrup 16 M. G., in Kummerlev 15 M. G. Højer-Harde 120 M. Rise-Harde 60 M. oder 10 M.

60 M. S. Das ergibt 3 M. S. pro Otting, entsprechend der »alten Veranlagung« des Jütischen Rechtes.

19 Vermutlich das zum Wirtschaftshof des Amthauses gehörige Land.

20 Vermutlich die zum Wirtschaftshof des Amthauses gehörige Länderei.

21 Die Harde trägt den Namen eines heidnischen Gottes; hier dürfte einst ein wichtiges Kultzentrum gewesen sein.

22 Die Harde war vermutlich bereits in Norder- und Süderharde geteilt.

23 Die Stadt Ripen kann nie zu dieser Harde gehört haben, sondern ist dem Ellumsyssel oder der Hviddingharde zuzuschreiben.

24 Wohl die Abgabe, die der königliche Amtmann von seinem Amtsbezirk zu leisten hatte.

25 Vielleicht eine Abgabe für das Recht, aus dem Hafen auszulaufen oder Erbgut auszuführen, oder für die Entlassung aus der Heerbannpflicht.

Roggen, 4 M. Hafer, 24 M. Pf., ausgenommen Zoll und Vogtei [zu Åbenrå]. Ferner von den Kolonen [auf dem Königshof] in Søderup 2 M. S., Hesselmark und Aarslev 6½ M. G., Opner 2½ M. G., in Barsmark 1 M. G. Lovtrup-Harde [= Slogs-Harde] 6 M. Roggen und 6 M. Hafer und 10 M. Pf. Kliplev-Harde [= Lundtoft-Harde] 20 M. reinen [Silbers], Vilsbaek 2 M. G. weniger 2 M. S., Hostrup 13½ M. S., Ensted 2 M. G. und ½ M. S. Kjaer-Harde 1 M. reinen [Silbers]. Laek 12 M. G. Sundeved [= Nybol-Harde] 1 M. Korns, 10 M. Hafers und 24 M. Pf., Varnaes 10 M. G. weniger 4, Bovrup 1 M. G. Dies ist die Königsschuld von Varnaes: 5½ M. Korn und 3 M. Pf., vom Mittsommergeld[26] und Beihilfe und Hofsitzgeld[27] und der Mühle und der Fähre 8 Örtug Silbers und 2 M., und vom Sundewitt 7 M. Korns und 22 M. Pf.

Istedsyssel 200 M. reinen [Silbers] außer Schleswig und der Münze und dem Danewerk und Egernborg[28], Schleimünde 20 M. reinen [Silbers]. Vis-Harde und Husby-Harde[29] 60 M. reinen [Silbers] außer dem Zoll. Ny-Harde: Wippendorf 36 M. G., Runtoft 6 M. G., [Halbinsel] Gelting 30 M. reinen [Silbers]. Beachte, daß Røst, Grauhöft, Fornaes, Mynnaesby, Rackaethorp, Tolgaard, Falshöved, Gelting und Wackerballig: dies alles nennen wir Gelting. Sles-Harde 20 M. reinen [Silbers]. Ganz Skørdrup 37 M. G. Tostrup etwa 22 M. G., Rabenkirchen 14½ M. G., Faulück den vierten Teil, Grødersby das ganze, in Dollrott 4½ M. G., Scheggerott 5 M. S., Bøle 5 M. G., Tyarsnaes 6 M. G., in Süder-Brarup 6 M. G. im Baxis-Drittel, ferner 1 M. G. im Hakons-Drittel, in Notfeld 2½ M. G. und 16 Örtug Silbers, in Brebel 6 M. S., so ist sie seit alters bewertet. Strukstrup-Harde 4 M. Hafers und 8 M. Pf.,

26 Diese Abgabe wird in der Regel nur von Kaufstädten erhoben.

27 Eine Abgabe an den Grundherrn von Bauern, die auf Hausstätten direkt am Haupthofe des Herrn saßen.

28 Burg bei Eckernförde, zu der wahrscheinlich die Landschaften Schwansen und Fredslet zwischen Schlei und Eider gehörten.

29 Die Dingstätte lag in Husby; der Ortsname deutet auf einen Königshof hin. Der Zoll ist wohl in Flensburg erhoben worden, das ebenso wie viele andere Kaufstädte auf der Grenze zwischen zwei Harden, der Vis- und der Husby-Harde, lag.

Grumby und Tved 7½ M. G. Ugle-Harde 20 M. reinen [Silbers], mit Bistoft 40 M. G. Norder-Gøs-Harde[30] 100 M. reinen [Silbers], in Bredsted mit seinen Zubehörungen 18 M. G. Süder-Gøs-Harde[31]: Hatsted 30 M. G. Arns-Harde[32]: Danewerk mit Eiderstedt und Lundbjerg-Harde 120 M. reinen [Silbers] und Gastung für 3 Nächte im Sommer mit dem Heere, wenn der König ins Utland zu ziehen pflegte, ferner Gastung für 3 Nächte im Winter oder 800 M. Pf. Fredslet[33] mit Egernburg 100 M. reinen [Silbers]. Der Herr König hat zwischen Schlei und Eider 420 Hufen, in Schwansen 26½ Pflüge und außerdem viele Wälder; Schwansen[34] 10 M. S., Kamp 20 M.

Utland: Horseby-Harde 60 M. reinen [Silbers], Bøking-Harde 60 M. reinen [Silbers], Sylt 40 M. reinen [Silbers], Föhr, Osterharde und Westerharde 54 M. reinen [Silbers], Beltring-Harde[35] 80 M. reinen [Silbers], Viriks-Harde[36] 60 M. reinen [Silbers], Pellworm-Harde 80 M. reinen [Silbers], Edoms-Harde[37] 120 M. reinen [Silbers], soviel ist es wert und soviel wird davon gegeben, Lundbjerg-Harde[38] 12 M. reinen [Silbers]; Tönningen-Harde, Garding-Harde, Holm, Hever[39]: von diesen fünf[40] hat der König

30 Die Dingstätte dieser Geest-Harde lag bei Breklum; später gehörte sie zum Amte Bredsted. Hatsted wurde dem Könige im Jahre 1285 als Königsgut zugesprochen.

31 Dingstätte bei Mildsted; später zum Amte Husum.

32 Dingstätte bei Schuby; in der Nähe der Ortsname Husby, der an einen alten Königshof erinnert. Zu den vier Harden der Landschaft Eiderstedt siehe unten, Anm. 39 und 40.

33 Im Jahre 1260 als Teil der königlichen Landschaften zwischen Eider und Schlei genannt, wozu außerdem Schwansen, Stapelholm, der Wald Jernewith und der Ort Rendsburg gehörten; zur Lage siehe oben, Anm. 28. Da König Waldemar II. 1217 in Dithmarschen gut 25 Hufen für 200 M. S. kaufte, so daß 1 Hufe etwa 8 M. S. = 1 M. G. wert war, so machen, bei 4 Hufen = 1 Pflug Landes, die 420 Hufen wohl 105 Pflüge aus.

34 Dingstätte in Riseby, daher 1352 Riseby-Harde.

35 Westlich von der Norder-Gøs-Harde, in der Flut von 1638 untergegangen.

36 Von der Flut des Jahres 1362 fast ganz verwüstet.

37 Mit Ausnahme von Nordstrand in der Flut von 1634 untergegangen.

38 Zum großen Teil 1362 verwüstet, der Rest 1593 zur Edoms-Harde gelegt.

39 Holm und Hever bilden zusammen die Utholm- oder Holmbo-Harde, die dritte des alten Eiderstedt.

40 Einschließlich der Lundbjerg-Harde.

50 M. reinen [Silbers] als Freundesgabe und 50 M. reinen [Silbers] als Steuer, außer der Gastung für 6 Nächte, die zum Danewerk gehört.

Landwirtschaft, Marktverkehr und Hungersnot in Friesland, 1272–1273

Landwirtschaft und Fernhandel in Friesland 1272–1273; Chronik des Menko von Wittewierum, MGH SS 23 S. 560–561.

Der freie Verkehr auf dem Markte, die Möglichkeit, in Gewerbe und Handel Geld zu gewinnen, war seit dem 9. Jahrhundert der Motor der gesellschaftlichen Entwicklung gewesen. Denn nur die Märkte hatten es den Vermögenslosen erlaubt, dem mit persönlicher Unfreiheit verknüpften Fürsorgesystem der Grundherrschaft zu entfliehen und sowohl wirtschaftlich selbständig wie rechtlich frei zu werden. In Gestalt der Rodungsfreiheit hatte diese Entwicklung auch das flache Land erreicht. Aber im 13. Jahrhundert begannen sich auch die Schattenseiten des neuen Systems zu zeigen. Die Abhängigkeit vom Markte und dessen anonymen Kräften, wie Unvorhersehbarkeit von Angebot und Nachfrage und schwankender Geldversorgung, erwies sich für die kleinen Leute als ebenso bedrückend, wie es zuvor die Abhängigkeit von der Willkür des Grund- und Leibherrn gewesen war. Überall in Europa begannen die Chronisten das Steigen und Fallen der Preise zu beobachten und zu sehen, wie landschaftliche Diversifizierung der agrarischen und gewerblichen Produktion, als landschaftliche Katastrophen unvermeidliche Mißernten, Manipulationen der fürstlichen Markt- und Münzherren und kaufmännische Ausnutzung der regionalen Preisgefälle dabei zusammenspielten. Die großen Städte kannten eine Selbstversorgung der Einwohner mit Lebensmitteln aus Gartenbau und Tierhaltung allenfalls noch für die Hausbesitzer, nicht aber mehr für die zu Miete wohnenden Lohnarbeiter, und auch unter den Bauern gab es allenfalls noch in verkehrsmäßig ganz unerschlossenen Kleinräumen Produzenten, die vom Schwanken der Agrarpreise unberührt blieben und weder Grundzinse in Geld zu entrichten noch Werkzeuge und Tuche auf dem Markte zu erwerben brauchten. Im 13. Jahrhundert bildeten sich die internationalen europäischen Märkte, in deren

Rahmen sich der typisch europäische, auf Gewerbe und Fernhandel gestützte Frühkapitalismus entfaltete.

Als Beispiel für die zeitgenössische Beobachtung dieser Vorgänge mag ein Auszug aus der Chronik des friesischen Prämonstratenserklosters Wittewierum dienen, das verkehrsgünstig an der Wasserstraße lag, die die Stadt Groningen mit der Emsmündung bei Delfzijl verband. Die Friesen hatten sich im Jahre 1271 gegen ihren Landesherrn, den Bischof von Münster, erhoben und dessen Amtleute vertrieben; der Bischof antwortete mit wirtschaftlichem Druck, indem er den Friesen die Märkte seines westfälischen Machtbereiches sperrte, und nun zeigte sich, daß die friesischen Bauern, denen keine Grundherrschaft bei der Verwertung des Bodens und der Arbeitskräfte Fesseln anlegte, die Agrarproduktion einseitig auf die gewinnträchtigsten Zweige der Viehwirtschaft ausgerichtet hatten und für den Absatz auf die niederrheinischen Städte angewiesen waren, während sie bei Getreide von Importen aus dem Ostseeraum abhingen und für dieses ausgedehnte Dreiecksgeschäft vom Geldumlauf in einem Maße abhängig waren, das kein Tauschhandel mehr ersetzen konnte.

In demselben Jahre war eine riesige Hungersnot in Friesland und durch ganz Westfalen hin und eine Sterblichkeit der Schafe. Denn viele Widrigkeiten kamen für die Friesen und vor allem die östlichen, vom Fivelgo[1] bis zum Osten, in diesem Jahre zur Steigerung des Hungers zusammen. Erstens, weil das Land durch die Fremden des Geldes entleert worden war, zweitens, weil wegen übermäßigen Regens vier Jahre lang nur ein recht mäßiges Korn gewachsen war, und zwar vor allem in Durswolden, wo es zu anderen Zeiten im Überfluß vorhanden zu sein pflegte; ebensowenig auch fand man in Drenthe[2], entlang der Ems oder anderswo zu kaufen, ausgenommen in Dänemark und im Slavenlande, wo der Herr, welcher zürnt und sich erbarmt, eine große Menge Korn ge-

1 Friesische Landschaft und Landgemeinde westlich der Emsmündung, in der Wittewierum und das im folgenden genannte Durswolden gelegen waren.

2 Südlich an den Fivelgo angrenzende sächsische Landschaft, zwischen Ems und Zuiderzee.

währt hatte, damit wenigstens irgendwo [etwas] zu finden wäre, womit sich Gottes Schöpfung erhalten könnte, da er den Zugtieren ihr Futter gibt und den Jungen der Raben, die ihn anrufen[3]; drittens, weil der Herr Bischof [von Münster] aus Haß gegen die im Emsgau und Rheiderland[4] wegen ihres Ungehorsams die Jahrmärkte an der Ems untersagt hatte und so die Friesen weder das Vieh verkaufen noch das Notwendige gegen Butter, Käse und Pferde einkaufen konnten, da sie kein Geld hatten noch auch um irgendwelche Güter es gewinnen konnten, und die von Dänemark und vom Slavenlande legten keinen Wert auf ihr Vieh und dergleichen, sondern dürsteten lediglich nach Geld. Außerdem untersagten ihre Richter in allen Städten, Getreide aus diesen Ländern auszuführen. Und so zögerten die Kaufleute so lange, bis es von denselben Richtern durch Vermittlung von Geld gewissermaßen zum zweiten Male gekauft werden würde[5]. So begann der Herr als gerechter Richter, ihnen, weil sie mit den ihm Zugewandten kein Erbarmen hatten, in demselben Jahre ihre Maßnahmen zu vergelten, denn weil in jenen Landen die Sommerfrüchte spät auszusäen üblich ist, nämlich nach dem Fest des heiligen Bonifatius [5. Juni], so entstand um diese Zeit eine derartige Trockenheit, daß fast alle Sommerfrüchte zugrundegingen. Und so wurde erfüllt, was geschrieben steht: Wer die Früchte verheimlicht, der wird im Volke verflucht werden[6].

Denn sofort im folgenden Jahre ergab sich ein ebenso großer Mangel wie zuvor der Überfluß. Denn der selige [Papst] Gregor [I.] sagt, daß der Herr, dessen Weisheit keine Grenze hat, es mit vorsorglicher Absicht so geordnet habe, daß kein Land alles Notwendigen entbehre, damit sie so gegenseitig den Frieden unter sich bewahrten, sondern bald das eine Land, bald das andere an Brot Überfluß habe und ein anderes bedürftig sei und das, welches zu-

3 Nach Psalm 146,9.
4 Friesische Landschaften und Landgemeinden an Ems und Leda, deren Grafschaft der Bischof 1253 gekauft hatte.
5 D. h., bis die Preise in Friesland so hoch gestiegen waren, daß sie die von den Richtern, den königlichen bzw. stadtherrlichen Amtleuten, verlangten (illegalen) Zahlungen für Exportlizenzen tragen konnten.
6 Nach Proverb. 11,26.

erst bedürftig war, hernach Überfluß habe, damit sie sich so gegenseitig dienstbar wären. Daher begannen sofort im nächsten Jahr die Kaufleute, Bohnen[7] aus Friesland nach Dänemark zu schaffen, weil diese in dem Jahre in Friesland gut gediehen waren. In Greifswald, wo schon viele Jahre lang Getreide überreich vorhanden gewesen war, herrschte in diesem Jahre höchster Mangel, wie es in den Tagen Jakobs und Josephs geschehen war, daß das Land Kanaan, welches mehr als alle anderen Länder an Korn, Wein und Öl überzufließen pflegte, Not litt und die Ägypter dank der Vorsorge und den Verdiensten Josephs Überfluß hatten. Auch nahm die Not im vierten Jahre noch zu, weil schon sieben Jahre lang eine Viehseuche von Ort zu Ort gekrochen war und viele Tiere eingegangen waren. In diesen beiden Jahren aber starben fast überall die Schafe, und deshalb konnten die Menschen den Hunger nicht mit Milchprodukten vertreiben, wie sie es sonst zu tun pflegten. Und so erreichte der Hunger ein derartiges Ausmaß, daß man einen großen Scheffel in der Zeit um Pfingsten für 18 Schilling Sterling barer Pfennige auf die Hand, in Menterawalda aber einen Scheffel für 4 Mark Sterling mit einem Jahr Frist verkaufte. Denn sie nehmen maßlose Zinsen, so daß sie für eine Mark auf die Hand nach einem Jahr vier und für einen Scheffel vier nach einem Jahre zurücknehmen, und so ist es wahrscheinlich, daß sie sich darum bemüht hatten, die geistliche Gerichtsbarkeit zu schwächen, damit sie ihre Wuchergeschäfte ungestört betreiben könnten[8]. Auch waren Landgüter zu der Zeit fast wertlos, besonders an tiefgelegenen Orten, wie in Woltersum[9] und dessen Umgebung, wegen der Überschwemmung des Hafers, und man fand keine Käufer wegen des Mangels an Geld. Deswegen nahm der Hunger so zu, daß viele Hungers starben, und noch mehr wären gestorben, wenn die Klöster ihnen nicht geholfen hätten. Denn viele Ordensleute waren von rechter Vernunft und stellten

7 Sonst als friesisches Landesprodukt nicht erwähnt. Bohnen gehörten zu den Sommerfrüchten, mit denen man im hohen Mittelalter die Brache zu bebauen und damit intensiv zu nutzen begann.

8 Anspielung auf den Aufstand gegen den geistlichen Landesherrn von 1271. Kanon 25 des Dritten Laterankonzils von 1179 bedrohte Wucherer mit Exkommunikation und versagte ihnen das christliche Begräbnis.

9 Dorf 3 km südlich von Wittewierum.

ihre Gedanken auf Gott und erhöhten die Almosen... Und die das taten, denen erwies Gott die größere Fürsorge am Notwendigen...

In dieser Teuerung gerieten die von Durswolden am meisten in die Klemme, vor allem in Astawalda und Broke, wegen niedriger Lage der Äcker, und deswegen flohen nicht wenige in die Städte, indem manche bettelten, manche sich auch fast bloß für das Essen verdingten, obwohl sie vorher eigene Äcker zu bebauen gehabt hatten. Denn bei denen von Durswolde gedeiht der Weizen nicht, und sie können weder zum Rindvieh noch zu Milchprodukten ihre Zuflucht nehmen. Auch haben viele sowohl in Friesland wie in Drenthe die Heimat verlassen in der Hoffnung, anderswo einen besseren Unterhalt zu finden. Etliche fristeten auch kümmerlich das Leben mit Brennesseln, Burzeldorn und Lolch, jedoch am meisten mit einer Art Fisch, weil der Herr, der in seinem Zorne nicht des Erbarmens zu vergessen pflegt, es gar häufig in teuren Jahren zuläßt, daß diese Art auf den Wiesen und die Fische im Meere und vor allem die Muscheln mehr als üblich gediehen. Aber in jenem Jahre war das Korn nur wenig besser gediehen, obwohl der Frühjahrsregen die Bestellung der Äcker verhindert hatte, denn in jenem Jahre begannen die Leute zu Petri Stuhlfeier [22. Februar] zu pflügen und zu säen, und deswegen ist es entsprechend gediehen. Hernach aber um den Gregorstag [12. März], wenn die Feldarbeit auf dem Höhepunkt ist, begann der Regen, und zwar für fast sieben Wochen. Und alles, was damals in die schlammigen Felder gesät worden ist, hat dem Sämann nur mäßige Frucht gebracht, und so sind die Früchte der ersten Aussaat besser gediehen. In demselben Jahre begann sich im Herbst ein Sterben zu erheben, und manche sind auch eines plötzlichen Todes gestorben.

Frühkapitalistische Wirtschaftsweisen im flämischen Tuchexportgewerbe, vor 1286

Die Testamentsvollstrecker des verstorbenen Tuchhändlers Johann Boinebroke in Douai entschädigen Lieferanten und Arbeiter, die der Verstorbene ausgebeutet und betrogen hat, 1286–1287: G. Espinas, Les origines du capitalisme I: Sire Jehan Boinebroke, patricien et drapier Douaisien, Lille 1933, S. 13–43.

Die flämische Stadt Douai war im 12. Jahrhundert in die erste Reihe der Produktionsstätten für feinste Wollentuche aufgestiegen. Der Graf von Flandern als Stadt- und Landesherr hatte bereits vor 1177 die Schöffen von Douai als Organ der Gemeinde und Träger ihrer Selbstverwaltung anerkennen müssen. Überall in Flandern entstammten die Schöffen den reichen Kaufmannsfamilien, die den städtischen Tuchmachern und Färbern ihre Produktion abnahmen und sie bis nach England und Italien hin vertrieben. Nicht nur als Arbeitgeber (im Verlagssystem), sondern auch als Inhaber der politischen Macht (und damit Richter in eigener Sache) brachten diese patrizischen Unternehmer die Handwerker in eine so drückende Abhängigkeit, daß sich das Volk seit etwa 1245 immer wieder gegen ihre Herrschaft erhob und schließlich in der Schlacht bei Kortrijk im Jahre 1302 das Recht, sich in Zünften zu vereinigen, sowie maßgeblichen Einfluß seiner Zünfte auf die Stadtregierung erkämpfte.

Ein typischer Vertreter der patrizischen Kaufmannschaft, die zugleich die frühkapitalistische Tuchproduktion beherrschte, war Sire Jehan Boinebroke, der in Douai mindestens neunmal das Jahresamt eines Schöffen bekleidete und zwischen Mai 1285 und Februar 1286 im Alter von mehr als 65 Jahren gestorben ist. Sein Testament ist nicht erhalten; er wird darin, wie üblich, einen Teil seines Vermögens für fromme Zwecke ausgesetzt und die Testamentsvollstrecker angewiesen haben, zur Rettung seiner Seele die etwa von ihm Gekränkten zu entschädigen. Über die Ausführung dieses Auftrages haben die Exekutoren ein Protokoll geführt, das fast vollständig erhalten geblieben ist: Von elf Blättern ist nur das erste verlorengegangen. In wohl einmaliger Weise gewährt es Einblick in den Vorgang der Kapitalbildung: Schon im Mittelalter hat dabei offensichtlich nicht nur die Ersparnis von Grundrenten und Handelsgewinnen, sondern auch die gewaltsame Ausbeutung der (formal noch selbständigen, weil noch nicht von den Produktionsmitteln getrennten) handwerklichen Arbeiter eine wichtige Rolle gespielt. Boinebroke zwang die Tuchmacher sowie andere Handwerker (einen Strohdecker § 3, zwei Wollschläger §§ 8, 9, einen Schneider § 15, eine Zieglerin § 17, einen Lohnbäcker § 38, einen Schleifmüller § 43), auch Händler und Bürger, ihm Wolle und andere Waren von minderer Qualität oder zu überhöhten Preisen abzunehmen (§§ 1, 5, 6, 8, 16, 20, 21, 22, 25, 30, 34, 35, 36), ihm zinslos Kredit zu gewähren oder auf die Bezahlung von Sachen ganz zu verzichten (§§ 1, 10, 15, 17, 27, 41, 45), ihm Sachen ohne volle Bezahlung auszuliefern (§§ 3, 12, 18, 19, 25, 34, 37) oder als Pfand für eine weit geringere Schuld zu überlassen (§§ 4, 7, 24, 25), ihre Schulden zu geringem Werte gegen seine Forderungen aufzurechnen (§§ 2, 25), gegen die Bauordnung der Stadt zu verstoßen (§ 3), ihm Häuser und Grundstücke ohne angemessenes Entgelt zur Nutzung zu überlassen (§§ 2, 6, 23, 26), von ihm ein Haus zu mieten, um Beschäftigung zu erlangen, auch wenn die Miete den Arbeitslohn überstieg (§§ 28, 30, 33, 40), auf Arbeitslohn ganz oder teilweise zu verzichten (§§ 13, 14, 22, 28, 29, 31, 32, 33, 38, 40, 42, 43, 44), statt Bargeldes Wolle oder Korn als Lohn anzunehmen (§§ 6, 7, 22, 31, 38), Kredite vorzeitig zurückzuzahlen (§§ 24, 36) oder aus Furcht davor andere Nachteile hinzunehmen (§§ 25, 45), schließlich in die arglistige Auslegung eines Pachtvertrages einzuwilligen (§ 39).

Das in altfranzösischer Sprache geschriebene Protokoll verzeichnet jeweils zunächst die Klage des Geschädigten, alsdann die dazu eingeholten Zeugenaussagen und schließlich die Entscheidung der Exekutoren; wir machen diese Gliederung mit den Buchstaben A, B, C kenntlich. In §§ 39, 40 ist die Klage (A) nicht protokolliert, sondern der Schriftsatz des Klägers selbst ist in das Protokoll eingefügt worden. Der Protokollant hat die Klagen und Zeugnisse meist so stark verkürzt wiedergegeben, daß die Niederschrift für uns voller Widersprüche bleibt und die Gründe für die Entscheidung oft nicht zu erkennen sind. –

Unsere Übersetzung kürzt, um Wiederholungen der Fälle und der Zeugenaussagen zu vermeiden. Abkürzungen: d. = Pfennige, do. = Douaiser Währung, lb. = Pfund, par. = Pariser Währung, s. = Schilling, v. Z. = vereidigte(r) Zeuge (Zeugin).

1. A. Jehans Dou Marés aus der Neustadt sagt bei seinem Eide, daß er von Herrn Johann einen betrügerisch gefüllten Sack Wolle von drei Tuchen gekauft und dafür 60 s. bezahlt hat. Beim Eröffnen dieser Wolle fanden sich nur 6 Stein grober Wolle, die er für bloß 6 s. verkauft hat. Und so hatte er einen Verlust von gut 60 s., und diese 60 s. begehrt er. Ferner hat er Herrn Johann 2 weiße Tuche verkauft, für die er an Ostern hätte bezahlt werden müssen, er ist aber nicht bezahlt worden bis auf St. Remigien Tag [1. Oktober] danach. So hatte er einen Verlust von wohl 40 s., wie er sagt. Und für all dies beruft er sich nicht auf Zeugnisse, außer auf sich selbst. – C. Geschätzt auf 40 s.

2. A. Donnet, Sohn der Margot Casee, sagt bei seinem Eide, daß Herr Johann 22 oder mehr Jahre lang zwei Häuser innegehabt hat, die in der Copé-Straße liegen, und zwar zu Unrecht und ohne Auflassung; deswegen hat er von ihnen wohl 40 lb. par. eingenommen, wie er sagt. Und diese 40 lb. par. fordert er für sich und für seine Mutter, und dazu das Erbe oder Grundstück, so wie es gelegen ist, oder 30 lb. par. für das Grundstück. Und für all dies beruft er sich auf Henri le Bateur, Jakemon de Cambrai, Margot, Mutter der Aelis le Rousse, Pieronne Casee und Jehan Casee. – C. Geschätzt auf 100 s. – B. Jakemes de Cambrai, v. Z., sagt, er habe Belin, Donnets Vater, mehrfach sagen hören: »Dieser Dieb, Herr Johann Boinebroke, hat mir mein Grundstück vorenthalten, aber so wahr Gott gestorben ist, es wird ihm nicht verbleiben!« Anderes weiß er davon nicht. – Henri le Bateur, v. Z., sagt aus und schließt sich dem vorgenannten Zeugen an. – Margot, Ehefrau des Belin Casee und Mutter des Donnet, sagt bei ihrem Eide, daß Herr Johann Boinebroke, den Gott entlasten möge, sie aus ihrem Grundstück vertrieben habe wegen 20 s., die sie ihm, Herrn Johann, schuldeten, denn Herr Johann war über Belin erzürnt. Und hinterher haben Jakemes Cados und Amourris Aloel den genannten Belin angesprochen und ihm im Namen Herrn Johanns 15 lb. – sie weiß nicht, ob Pariser oder Tourser Pfennige – angeboten. Und er,

Belin, sagte, er würde damit lieber noch das Grundstück verlieren, als daß er davon so wenig Geld erhielte. Und so hält Herr Johann sein Grundstück in Besitz. Sie bittet also, daß man ihr ihr Grundstück zurückgebe und das, was man davon eingenommen habe, und sie sagt, daß es mehr als 26 Jahre sind, daß dieser Handel vor sich gegangen war und sie des Grundstücks entsetzt worden sind. Ferner sagt sie aus, daß Herr Johann eine Tonne Most von 18 Maßen und 11 Ellen Tuch, die Elle zu 3 s., erhalten habe für 20 s., die er von Belin, ihrem Eheherrn, abgefordert habe. Und wegen dieser 20 s. habe er, [Belin,] sich an eine Frau gehalten, die in einem kleinen Hause wohnte, und die habe sie ihm bezahlt. Und dieser Most und dieses Tuch ist nie bezahlt worden, weder bei ihr noch bei ihrem Eheherrn. So bittet sie, daß man ihr deswegen Recht schaffe. – ... – Jehans Casee, v. Z., sagt, eines längst vergangenen Tages habe Belin, sein Onkel, Herrn Johann 20 s. par. als Rente von seinem Hause geschuldet, und wegen dieser 20 s. habe der genannte Belin ihn an eine Frau verwiesen, die in einem seiner kleinen Häuschen wohnte, und Herr Johann habe sich daran gehalten. Sie aber sei fröhlich davongegangen, ohne an Herrn Johann zu zahlen. Als Herr Johann das erfuhr, war er darüber sehr zornig. So ging er zu ihm, Belin, und sagte, er solle ihn bezahlen, und Belin sagte, er habe in der Sache sehr wohl getan, was er schuldig war. Und Herr Johann war erzürnt; er sagte, er würde ihn aus seinem Hause hinauswerfen, und das tat er ohne Gesetz und ohne Urteil, und er nahm Tuch und Most, er aber ließ Herrn Johann damit fortgehen. Und so nahm Herr Johann das Grundstück an sich, und er besitzt es noch. Und das weiß der hier deswegen, weil er Einwohner in dem Hause dieses seines Onkels Belin war. Ferner sagt er, daß er, Herr Johann, danach Jakemon Cados und Amourri Aloel zu dem genannten Belin sandte und ihm 15 lb., ob Pariser oder Tourser Pfennige, das weiß er nicht, anbot, und dieser wollte sie nicht nehmen; vorher sagte er, daß er sein Grundstück verlieren würde. Und das weiß dieser Zeuge deswegen, weil er es Belin hat sagen hören, aber er hat davon nichts gesehen.

3. A. Thomas, der Strohdecker, sagt bei seinem Eide, daß er auf Befehl Herrn Johanns in der Copé-Straße an den Häusern gearbeitet hat, die Herr Johann dort hatte, und er hatte mit ihm vereinbart, daß er, wenn es dabei Schaden gäbe, ihn davon freistellen

würde. Und die Aufseher der Stadt belegten ihn dabei mit einer Strafe von 10 lb. do., weshalb er davon 40 s. an verschiedenen Orten bezahlt hat, wie er sagt. Und diese 40 s. fordert er zurück. Ferner sagt er, daß er Herrn Johann sechs Lieferungen Reet und Stroh von Lallaing verkauft hat, wofür er nur 4 lb. erhalten hat, wie er sagt. Deswegen fordert er 40 s. Und wegen einiger dieser Dinge beruft er sich auf Jehan Potin, den Zimmermann, auf Gillot, den Dachdecker, auf Jehanet vom Olivet-Tore und auf Pieron, Herrn Johanns Schreiber. – C. Geschatzt auf 32 s. – B. Balduin, der Dachdecker, v. Z., sagt auf seinen Eid, daß Thomas straffällig gewesen sei für 10 lb. do., deswegen, weil er gegen das Verbot der Stadt mit Stroh gedeckt hat auf Verlangen Herrn Johanns. Und das weiß dieser Zeuge deswegen, weil er dazu half, den Frieden beim Bailli Robert von seiner Seite zu machen, so daß dieser davon 20 s. erhielt, und bei den Aufsehern, die davon der Reihe nach 4 s. erhielten. Und er, Thomas, sagte, daß er diesen Schaden durch Herrn Johann Boinebroke hatte und daß Herr Johann ihm versprochen hatte, ihn deswegen zu entschädigen. – Robiers Gramaus, v. Z., sagt auf Verlangen des Strohdeckers Thomas bei seinem Eide aus, daß er bei einer Abrechnung dabei war, als Herr Johann dem Thomas für Reet und Stroh Rechnung legte, wovon er ihm nicht mehr im besten Falle als 3 s. 6 d. bezahlen wollte. Und dieser Zeuge, der das Wort hat, sagte: »Herr, wie hätte er euch dies für 3 s. 6 d. liefern können« – denn das war auf dem [mit Rohr bewachsenen] Grundstück – »da, wo es ihn 52 d. kostete?« Wieviel Herr Johann ihm dafür bezahlt hat, davon kann er nichts sagen.

4. A. Agnes Schuhmacherin, Tochter des Schuhmachers Druion und Ehefrau des Jehan Dou Hoc, sagt bei ihrem Eide, mit Zustimmung ihres Ehemannes, daß, als ihr Vater getötet worden war, Herr Johann Boinebroke eine Forderung erhob gegen Marie, Ehefrau des Schuhmachers Druion, wegen einer Schuld, die sie ihm schuldete; und deswegen hielt er [sie] mit einer Schiffsladung Waid an, und Herr Johann nahm diese Schiffsladung Waid an sich zu einem solchen Preise, wie er wollte, obwohl es 20 lb. par. mehr wert war, als sie ihm schuldete, wie sie sagt. Diese 20 lb. fordert sie zurück. Und sie beruft sich auf Johanna As Cles, Sainte Caperon und die Französin Isabiel. – C. Taxiert zu 100 s. – B. Johanna As Cles sagt bei ihrem Eide, daß vor wohl 26 Jahren oder mehr die

Mutter der Agnes Schuhmacherin Waid völlig aufbereitet hatte, um ihn in den Bottich zu tun, diesen Waid nahm Herr Johann ihr weg wegen einer Schuld, die Marie ihm schuldete. Aber sie weiß nicht, wieviel es war an Schulden, aber sie sah, wie der Waid gemessen wurde, und sie war im Alter von vier Jahren und hörte, wie die Mutter von ihm 20 lb. par. forderte für den Überschuß von dem Kauf dieses Waids von Herrn Johann. Und Herr Johann sagte: »Gevatterin, ich weiß nicht, was ich euch schulde, aber ich werde euch in mein Testament setzen.« Anderes, als was ausgesagt worden ist, weiß sie darüber nicht. – Sainte Caperon sagt bei ihrem Eide aus, daß sie bei Marie Roussiele war, der Mutter der vorgenannten Agnes, und sie trafen mit Herrn Johann zusammen. Und Herr Johann sagte zu ihr, Marie: »Gevatterin, geht tuchscheren in der Not, das belastet [euch] nicht!« Und sie sagte: »Herr, o ja!« Und: »Herr, wenn ihr mir Recht verschaffen und mich aus Mitleid berücksichtigen wolltet, so würdet ihr Almosen geben, denn ich bedarf dessen.« Und Herr Johann sagte, er werde darauf achtgeben, und da sie bedürftig wäre, würde sie es nicht verlieren. Und damit gingen sie auseinander. Und die Zeugin, die aussagt, fragte die genannte Marie, wieviel er in der Schuld hätte, und sie sagte, 20 lb. an dem, was vom Waid übrigblieb, und an anderen Kaufmannswaren, die sie für Herrn Johann zu machen gehabt hätte. Anderes, als was ausgesagt worden ist, weiß sie nicht.

6. A. Marie Des Lices [»von der Straßensperre«] sagt bei ihrem Eide, daß ihre verstorbene Mutter Sare Des Lices Herrn Johann beim Recken [der Tuche] zwölf Jahre lang oder mehr gedient hat, und als sie mit Herrn Johann abgerechnet hatte, mußte sie eine gewisse Menge [Wolle] annehmen für mehr, als sie wert war, aus Angst und weil sie befürchtete, sie würde ihre Nahrung bei Herrn Johann und ihren Verdienst verlieren. Dies summiert sich gewiß so, daß es mehr als 48 lb. par. ergab, wie sie sagt. Und diese 48 lb. begehrt sie. Dafür beruft sie sich auf Watier de Menin, auf Watier de Maucicourt und auf Agnes, Schwester Frau Sares, ihrer, Mariens, Mutter. – Ferner sagt sie aus und fordert sie 2 s. 6 d. do. und drei Kapaune [jährlicher Rente] von dem Erbe, das dem Watier Des Lices gehörte in der Walkerstraße bei der Straßensperre, als ihr eigentümliches Erbe nach Jehan de Devioel. Und dafür beruft sie sich auf ihre Aufzeichnungen. Und sie, Marie, sagt aus, dieses

Erbgut oder diese Rente liege auf den vorgenannten Häusern, die im Erbgange Marie und ihren Kindern sowie dem Fräulein Bride, falls noch am Leben, zugefallen sind. – C. Geschätzt auf 12 lb. – B. Agnes Des Lices, Tante der genannten Marie, v. Z., sagt, sie habe bei ihrer Schwester Sare gewohnt, weil sie Witwe gewesen sei, und Herr Johann ließ dort seine Tuche recken, und als es zur Abrechnung über diese Arbeit kam, mußte Sare eine gewisse Menge Wolle annehmen. Weil sie befürchtete, die Aufträge zum Recken von Herrn Johann zu verlieren, nahm sie dafür die Wolle an zu höherem Werte, als sie wert war, und so hat sie, Sare, pro Jahr an dieser Wolle wohl 60 s. oder mehr verloren, wie die Zeugin, die das Wort hat, aussagt. Und diesen Verlust erlitt sie wohl zwölf Jahre lang. – Ferner sagt sie bei ihrem Eide aus, sie habe [sie] mehrfach von Herrn Johann 2½ s. do. und drei Kapaune fordern hören, die sie auf dem oben genannten Erbe besaß; und er, Herr Johann, sagte: »Gevatterin, wenn ihr Pfand an meinem Erbe nehmt, so werde ich euch auf 60 lb. setzen, sowohl euch wie das Gericht!« ... C. Hierüber will man Beschluß fassen.

7. A. Margot Bielot sagt bei ihrem Eide aus und fordert aus Herrn Johanns Testament 60 lb. par., weil dieser sie mehr, als Recht war, bezahlen ließ von einem schöffengerichtlichen Vertrag, wobei die Schöffen Robert Boinebroke und Jakemes Painmoulliés gewesen waren, obwohl sie ihm nur 71 lb. schuldig war. Und sie verglich sich mit ihm auf 131 lb., und diese 131 lb. bezahlte sie ihm von ihrem Erbe, das sie verkaufte. Und diese 60 lb. par., die er mehr erhielt, fordert sie zurück, wie sie sagt. – Ferner fordert sie 12 lb. par., die sie ihm über den schöffengerichtlichen Vertrag hinaus bezahlte, wie sie sagt. Und hierfür beruft sie sich auf Jehan le Croisiet, Jehan de Dourges, Marie, die Mutter des Jehan de Dourges, und Sare, die ein Dienstmädchen der vorgenannten Margot gewesen ist. – C. Geschätzt auf 28 lb. 7 s. 2 d. Auch muß man reden über die 11 lb. von Monnart, die Jehans Ki von Ausnoit für Jehan Biclot bezahlen sollte. Und man muß auch von Monnart 4 lb. 7 s. par. fordern, die Walter von Rouen aus Paris bereits dem Jehan Bielot bezahlt hat, zur Anrechnung auf die 28 lb. – B. Jehans le Croisiet, v. Z., sagt bei seinem Eide aus, daß er bei einem Vertrag dabei war, den Margot Bielot mit Herrn Johann unter Schöffenzeugnis gemacht hat, wobei als Schöffen Herr Robert Boinebroke

und Jakemes Painmoulliés waren, über 131 lb. par.; und sie hat zu ihm vor dem Zeugen, der hier aussagt, gesagt: »Herr, warum laßt ihr mich einen Schöffenvertrag machen? Im ganzen schulde ich euch nicht mehr als 12 lb. und einen Sack [Wolle] von 32 lb.«, und Herr Johann antwortete: »Frau Margot, Herr Johann, euer Eheherr, ist [zur Messe] auswärts gewesen in meinen Geschäften und hat mein Gut in Händen gehabt. Ihr sollt wissen, daß ich euch gute und gesetzmäßige Rechnung legen werde.« Ferner sagt der Zeuge, der das Wort hat, daß Herr Johann die ganzen 131 lb. empfangen hat und daß er von keiner anderen Rechnung weiß, die Herr Johann Frau Margot gelegt hätte, noch ob er sie, Margot, mehrfach aufgefordert hat abzurechnen. Ferner sagt er, daß Herr Johann über die oben genannten 131 lb. hinaus von ihr, Margot, 31 lb. par. empfangen hat und daß sie zu ihm sagte: »Herr, bei Gott, warum nehmt ihr so viel von dem Meinen weg? Ihr tut mir großes Unrecht!« Und Herr Johann sagte zu ihr: »Frau, ich brauche nur in meinen Schriften nachzusehen! Wisset, daß ich euch gute und gesetzmäßige Rechnung legen werde!« Anderes weiß er darüber nicht... Jehans de Dourges, v. Z., sagt aus, daß sein Vater Thibaut von Dourges und Jehans li Croisies für Margot Bielot an Herrn Johann 131 lb. par. bezahlt haben, die Margot ihm kraft Schöffenzeugnisses schuldig war, und dazu 30 lb. par., denn auf andere Weise konnte sie die Urkunde über das Schöffenzeugnis nicht zurückerhalten. Und das weiß dieser Zeuge deswegen, weil sie, Thibaut und Jehans li Croisies, von Herrn Johann die Urkunde über das Schöffenzeugnis zurückerhalten haben ...

13. A. Jakemes de Raisce, Wandbereiter, fordert bei seinem Eide 40 s. par. für das Bereiten von 30 Tuchen, die er zu mittlerem Preise [bezahlt] erhalten hatte, und er hätte sie zu großem Preise erhalten müssen. Und er hat keinen Zeugen. – C. Taxiert auf 20 s.

16. A. Robert le Kok fordert bei seinem Eide 38 s. par. für 38 Stück Schafscheren, die er von [Herrn] Johann gekauft hat und die nicht so brauchbar waren, wie sie hätten sein müssen. Dafür beruft er sich auf Mikiel Dou Fraisnoit, Mikiel le Gronde, seine Frau und seinen Sohn Wilhelm. Und er hat das Stück nur um 20 s. gekauft. – B. Jehans Au Mui, v. Z., sagt aus, er könne nicht über den Handel aussagen, den Robert le Kok mit Herrn Johann Boinebroke gemacht habe, aber so viel sagt er aus, daß er Schafscheren bei Herrn

Johann Boinebroke bearbeitet hat, wovon das Stück nicht mehr als 8 d. wert war, und er, Robert, hatte von diesen Schafscheren die besten [ausgesucht], wie er diesem Zeugen zu verstehen gab; darüber, von welchem Wert und wie beschaffen sie waren, kann er nichts sagen, denn er hat sie nicht gesehen. – Marie von Le Gronde, v. Z., von seiten Roberts le Kok sagt aus, eines jetzt zurückliegenden Tages habe er, Robert, von Herrn Johann Boinebroke Schafscheren gekauft, die in Herrn Johanns Hause waren, für 20 d. das Stück, und die besten von diesen Schafscheren waren obendrauf gelegt. Und als es dazu kam, daß man sie herausnahm und auspackte, da waren die Schafscheren nicht so gut, wie sie sich [zuvor] gezeigt hatten. Und so sagte er, Robert, zu Herrn Johann: »Herr, ich will diese Schafscheren nicht und werde sie nicht annehmen, denn sie sind nicht so, wie sie sein müßten.« Und Herr Johann sagte: »So wie sie sind, habt ihr sie gekauft und werdet ihr sie annehmen. Lauf' zum Gericht«, sagte er zu seinem Knecht, »ich werde ihn verklagen!« Und so nahm dieser sie an aus Furcht, aber ganz in Tränen. Und das weiß diese Zeugin deswegen, weil sie dabei war und sah, wie die Scheren ausgepackt wurden, und die vorgenannten Worte gehört hat. – Mikius von Le Gronde, v. Z., von seiten des Robert le Kok sagt bei seinem Eide, er habe die Schafscheren gesehen, die Robert von Herrn Johann gekauft hat, und sie waren nicht gut und brauchbar, und er nahm sie aus Furcht an, und das Stück war nicht mehr als 9 d. wert, wie er meint, und er hat sie für 20 d. gekauft. Und anderes weiß er darüber nicht. – C. Taxiert auf 38 s.

22. A. Die Kinder des Pieron Houvastre fordern bei ihrem Eide 60 lb. par. als Besserung für 6 Sack Wolle, die ihre Mutter von Herrn Johann erhalten hat, und 40 lb. par. als Besserung für Tuche, die er an drei Tagen hat machen lassen und wovon er nur zwei Tage bezahlen wollte. Und dafür berufen sie sich auf die Ehefrau Herrn Pierons de Hasnon und auf dessen Schwestern und auf Rikeut von Monstorvol. – C. Geschätzt auf 24 lb. – B. Pierre Fesiaus, v. Z. für die Kinder des Pieron Houvastre, sagt bei seinem Eide, daß Herr Johann Boinebroke mehrfach Tuche bereiten ließ im Hause des Pieron Houvastre, daß aber Pieron sich von Herrn Johann Boinebroke nicht bezahlen lassen konnte, wenn er nicht mit Schaden Wolle annahm. So nahm er gut und gern 10 Sack in drei

Jahren an, oder 12. Und das weiß dieser Zeuge deswegen, weil er sah, wie sie dorthin gebracht wurden, und weil er dort als Knecht arbeitete. Ferner sagt dieser Zeuge, daß er oben [im Hause] an vielen von seinen Tuchen drei Tage lang arbeiten ließ und, als es zur Abrechnung kam, davon nur zwei Tage anrechnen wollte. Und das weiß dieser Zeuge deswegen, weil er dort als Knecht arbeitete. So haben sich [die Knechte] darüber bei den Aufsehern der Zunft beklagt und dadurch erreicht, daß er, [Pieron, ihnen] drei Tage bezahlte. Und dieser Zeuge sagt, daß Pieron großen Schaden hatte, aber er weiß nicht, wieviel...

25. A. Emmelos li Rikiers sagt bei ihrem Eide, eines längst vergangenen Tages habe sie von Herrn Johann Boinebroke 2 Sack Wolle gekauft, die nicht so gut waren, wie sie hätten sein müssen, um 10 lb. par. Ferner sagt sie, Herr Johann habe fünf Tuche von ihr gekauft, das Stück zu 8 lb. par., und er wollte davon nur 7 lb. bezahlen; so verblieben 100 s. strittig. Weiter [begehrt sie] für ein Stück Tuch aus Wolle und Leinen 20 s., die sie aus Furcht vor ihm nicht zu fordern wagte, weil sie bei ihm Schulden hatte. Auch fordert sie, Emmelos, 16 lb. par. sowohl für den Schaden wie für die Schulden. Ferner sagt sie, Herr Johann habe ihr Gut [pfandweise] in sein Haus führen lassen an St. Johannis Tag [24. Juni], wovon sie ihm nicht [eher etwas] schuldig war [als] bis an Ostern danach, wovon sie großen Schaden hatte, der in den vorgenannten 16 lb. enthalten ist. Und dafür beruft sie sich auf Tassin, Herrn Johanns Schreiber zu dieser Zeit, auf Adan, den Färber, und Pieron le Noir und Monnart Boinebroke. – B. Monnart Boinebroke, v. Z., sagt, er könne darüber nichts sagen. – Jehenne, Frau des Jakemon le Grant, v. Z., sagt bei ihrem Eide, Emmelos habe mehrmals von Herrn Johann Tuche für Wolle eingehandelt, aber sie weiß nicht, auf welche Weise. Aber soviel sagt die Zeugin, die das Wort hat, daß die Wolle sehr grob war und daß sie zu Emmelos gesagt habe: »Gevatterin, diese Wolle ist sehr grob, da ist Werg darunter! Was werdet ihr da tun?« Und sie sagte: »Gevatterin, sie ist von geringem Wert, und so habe ich bei meinen Tuchen keinen Gewinn.« Über den Verlust weiß sie nichts zu sagen, aber sie glaubt eher, daß sie daran verlor, als daß sie daran gewann. Ferner sagt sie, Herr Johann habe alle Sachen, die sie hatte, wegnehmen und in sein Haus bringen lassen, denn sie habe sich in Verzug gesetzt. Ob sie

davon Schaden hatte, darüber kann sie nichts sagen. – C. Geschätzt auf 8 lb.

28. A. Magrite li Wicars sagt bei ihrem Eide, sie habe ein Haus des Herrn Johann 4 Jahre lang innegehabt, das sie für 10 lb. par. pro Jahr und 50 s. als Darlehen gemietet habe, und diese 12½ lb. hätte sie jedes Jahr vertragsgemäß verdienen sollen. Und so hatte sie dabei gewiß einen Schaden von 50 s. in den vier Jahren, denn er sandte ihr nicht [so viel] zu verdienen in dieser Zeit, wie er hätte senden müssen. Und dafür beruft sie sich auf Huon le Brun und auf Marotain de La Sauc. – Ferner sagt sie, daß sie ein Haus in l'Ausnoit hatte gegen eine Miete von 9 lb. par., und diese 9 lb. [durch Arbeit] zu verdienen hatte Herr Johann Boinebroke mit ihr vertraglich ausgemacht, und davon hat er nichts eingehalten. So sind sie verpflichtet, das Geld zu bezahlen; dieses Geld hat [Boinebrokes Sohn] Monars empfangen, wie sie sagt, und dabei gab es einen Schaden von 4 lb. par. Und das Haus war nicht mehr als 100 s. Miete wert, wie sie sagt. – Weiter sagt sie, daß sie in [dem Hause] 20 gute Tuche in vier Jahren bereitet haben, die Herrn Johann gehörten, und dafür hätten sie nur einen durchschnittlichen Preis erhalten, und so hatte sie davon 26 s. Schaden, wie sie sagt, denn sie bezahlten sie bei den Knechten nach gutem Preise. – Ferner sagt sie, daß 5 monfortierte Tuche, zu 4 s. das Tuch, in ihrem Hause gemacht worden seien, wofür sie niemals Geld erhalten habe; dafür fordert sie 20 s. – Summe, die sie verlangt: 8 lb. 16 s., und diese 8 lb. 16 s. verlangt sie. Und dafür beruft sie sich auf Zeugnisse, die sie noch anführen muß. – C. Geschätzt auf 4 lb.

33. A. Jehans Kokius sagt bei seinem Eide, er sei von Herrn Johann für ein Jahr gemietet worden für die Färberei Herrn Johann Boinebrokes, und da habe man ihm einen Schaden von 40 s. par. für dieses Arbeitsjahr zugefügt, denn er hätte seinen Gewinn von außerhalb, anders als sein Partner, über seinen Lohn hinaus erhalten müssen, und man hat ihn ihm vorenthalten. So habe er einen Schaden von gut 40 s. par. erlitten, und diese fordert er. Und dafür beruft er sich auf Adan, den Färber, auf Tassart, den Schreiber, auf Lamprenesse und auf andere, wenn es nötig ist, und auf Agnes Dou Brekin. – Ferner fordert er 4 s. für die Ernte[arbeit] des Jahres 84. Und dafür beruft er sich auf Ro-

bert Au Caudron, auf Pierot, den Schreiber, und auf Liegart. – C. Geschätzt auf 20 s.

38. A. Jehans Fedris, Lohnbäcker vor dem Olivet-Tore, sagt bei seinem Eide, Herr Johann schuldete ihm aus abgelegter Rechnung 65 s. par. für das Backen von Brot in der Zeit, da Herr Johann am Olivet-Tore [wohnte], wofür er niemals bezahlt worden ist, wie er sagt, außer mit 10 Maß Stroh, die Herr Johann ihm für 30 s. verkaufte, und er hat dieses Stroh nur für 10 d. pro Maß verkauft. Und so bleibt übrig, daß Herr Johann ihm 35 s. schuldet als Besserung von dem Stroh. Und dafür beruft er sich auf Agnes, die Magd, die damals dort war, Jehan le Fevre, Marotain de Duri, Marotain, die in Arras wohnt und sich hier verheiratet hat, denn vor ihr ist die Rechnung gelegt worden. – B. Die Magd Agnes, v. Z., sagt bei ihrem Eide, daß sie eines längst vergangenen Tages bei dem Olivet-Tore gewohnt habe, 4 Jahre lang, als Magd. Da buk man das Brot außerhalb davon bei Fedris. Die Zeugin, die aussagt, weiß nicht, daß Fedris jemals für das Brotbacken bezahlt worden sei, außer daß er dafür 10 oder 12 Maß Stroh erhalten hat, und da war das Maß 3 s. wert. Und sie sagt, daß man jede Woche 5 Kiepen [voll] buk, wie sie meint. – C. Geschätzt auf 35 s.

39. A. Dies ist die Forderung der Sare le Jahier von Aubi: »Ich, Sare, Frau des Jehans le Jahier von Aubi, bin Antragstellerin beim Testament Herrn Johann Boinebrokes, den Gott entlasten möge, weil mein Eheherr Jehans le Jahier einen Gemüsegarten in voller Größe, so wie er mitten zwischen Oscre und der Abtei des Prés von Douai lag, für 35 s. par. Rente gepachtet hat. Und in diesem Garten war Krapp gepflanzt, der dem Jehans le Jahier gehören sollte, deswegen, weil Jehans sämtliche Mauerzüge auf seine Kosten und zu seinen Lasten instandhalten sollte. Und er hat sie gut und ausreichend unterhalten, so wie er schuldig war, sie zu erhalten, und er hat sehr wohl seine Rente dem Herrn Johann Boinebroke bezahlt, den Gott entlasten möge. Dann aber geschah dies: Als Jehans le Jahier in dieses Pachtgut eingewiesen worden war und der Zeitpunkt da war, um den Krapp auszugraben, da bot er als redlicher Mann ihn zum Verkauf aus, und er hatte ihn für 30 s. par. verkauft, und damit hatte er ihn in sehr mißlicher Weise verkauft, denn der gute Mann wußte nicht, daß Krapp [im Preise] anstieg, denn er hatte noch nie Krapp besessen. Und als Herr

Johann Boinebroke, den Gott entlasten möge, erfuhr, daß der gute Mann seinen Krapp verkauft hatte, da sagte er, daß er den Krapp haben wollte, und der Krapp begann im Preise zu steigen und teuer zu sein und pro Maßeinheit 100 s. par. zu gelten. Und dann kam Herr Johann Boinebroke, den Gott entlasten möge, und nahm zwei Arbeiter zum Ausgraben und ließ gewaltsam den Krapp ausgraben und in sein Haus bringen, und dafür hätte ich sehr wohl einen Augenzeugen in Jakemon le Lounc von Aubi, wenn er im Lande wäre, für das, was ich als Forderung anmelde, und daß er bei unserem Handel dabei war, um ihn abzuschließen und zu bezeugen, aber er ist des Landes verwiesen wegen eines Mannes, den er in Saint-Aubin getötet hat. Und mehrmals hat Herr Johann Boinebroke, den Gott entlasten möge, gesagt, er würde das an Jehans le Jahier wiedergutmachen, aber nichts Derartiges ist geschehen. Deswegen bin ich, Sare, Frau des Jehans le Jahier, ganz und gar bereit, mein Wort zu verpfänden oder auf die Heiligen zu beschwören, wenn es nötig ist, daß weder ich noch jemand meinetwegen davon je' ›einen Pfennig oder ein Felleisen‹ erhalten hat. Und so bitte ich die Testamentsvollstrecker um Gottes willen, daß sie mir dieser Sache wegen Recht verschaffen und um die Seele des Toten zu entlasten, den Gott erlösen möge, denn ich habe den Krapp für 30 s. verkauft und wagte es nicht, mit gutem Gewissen mehr dafür zu fordern, aber er war viel mehr wert, als er ihn gewaltsam an sich nahm.« – C. Nichts.

Königtum, Steuerbewilligung, Großer Rat und Parlament in England, 1295

Seit Könige und Fürsten das adlige Herrschaftseigentum aufgespalten und die ihnen über jedermanns Grundbesitz zustehenden Hoheitsrechte an sich zu ziehen begonnen hatten, war ihr Geldbedarf erheblich angestiegen, denn um das Gewonnene nicht wieder zu verlieren, konnten sie die Hoheit nicht mehr nach Lehnrecht durch erbliche Vasallen, sondern nur noch durch besoldete und absetzbare Amtleute ausüben lassen. Hinzu kamen die Kosten für Soldritter im Kriegsfall. Die dafür nötigen Geldeinnahmen verschafften sich die Könige und Fürsten durch Steuern, die die nach Lehnrecht zur Hilfe verpflichteten Vasallen aufbringen mußten. In England setzten seit dem Ende des 12. Jahrhunderts der König und die zum Großen Rat versammelten Kronvasallen die Summe fest, die für einen bestimmten Zweck benötigt wurde; sie auf die einzelnen steuerpflichtigen ritterlichen Grundbesitzer und auf deren Landgemeinden und die Städte umzulegen, war Sache der Grafschaftsversammlungen und Sheriffs. Daraus entwickelte sich – keineswegs nur in England, hier aber besonders früh und folgenreich – seit dem 12. Jahrhundert der Gedanke der Repräsentation: Der König und die Lords überließen die Vertretung der Städte und, soweit von Freien bewohnt, der Dörfer, deren Herren sie waren, den Ortsgemeinden selbst; diese aber erschienen nun nicht mehr als Vollversammlungen aller Grundbesitzer im Grafschaftsgericht, sondern die Dörfer entsandten vier freie Männer und die Städte zwölf Bürger, deren Zustimmung zu den Grafschaftsbeschlüssen – dies war für die Entwicklung der politischen Repräsentation entscheidend – jedes einzelne Gemeindemitglied verpflichtete, sie zu befolgen. Wie bereits 1181 für die Waffenpflicht, so wurde der einzelne auch für die Steuerpflicht gemäß seiner wirtschaftlichen Potenz und ohne Rücksicht auf den Stand in Anspruch genommen. Daher blieb die Masse der grundbesitzlosen Bevölkerung, namentlich die unfreie Bauernschaft, von der Repräsentation ausgeschlossen.

Die Grafschaftsversammlung bildete allmählich einen Gemeinwillen der Freien für Steuerzwecke aus, und es empfahl sich nun für den König, wenn er mit ihnen über eine neue Steuer verhandeln wollte, sie zu Hebegesprächen entweder in das Grafschaftsgericht oder in eine große Reichsversammlung einzuladen: das Parlament. König Edward I. (1272–1307) tat schließlich den letzten Schritt, indem er das Recht der ständischen Volksvertretung auf eine die königliche Gewalt beschränkende Mitwirkung an der Gesetzgebung anerkannte. So wurden bis 1295 die Verfahrensformen für die Ladung des Parlaments festgelegt. Die geistlichen und weltlichen Kronvasallen hatten Anspruch darauf, persönlich geladen zu werden (Nr. 1, 3); aus ihrem Großen Rat ist später das Oberhaus hervorgegangen. Da der König berechtigt war, von den Klerikern Steuern einzuziehen, sofern sie der Papst auferlegt hatte, verpflichtete er die Prälaten, für Repräsentation der kirchlichen Grundbesitzer Sorge zu tragen (Nr. 3). Der Klerus zeigte allerdings wenig Interesse für das parlamentarische Leben; er gab bald freiwillig die Sitze im Parlament auf, so daß sich kein besonderer geistlicher Stand bildete. Die Sheriffs beauftragte der König, in ihren Grafschaften und Städten die Wahl der Repräsentanten in die Wege zu leiten; sie mußten dafür sorgen, daß die Gemeinden ihre Vertreter mit unbeschränkter Vollmacht ausstatteten und sich bedingungslos an deren Voten banden. Denn der König mußte verhindern, daß das Parlament beschlußlos auseinanderging, wenn die Repräsentanten seine Forderungen nur zum Bericht an ihre Auftraggeber entgegennehmen konnten (Nr. 4). Die Vertreter der Grafschafts- und Stadtgemeinden bildeten das Unterhaus des Parlaments. Die bewilligten Gelder ließ der König von Königsboten erheben, die die den einzelnen Grafschaften zugeteilten Summen in der Grafschaftsversammlung auf die Steuerpflichtigen umlegten (Nr. 5).

Die Texte (Nr. 1–5) sind gedruckt bei Stubbs, Select Charters S. 477 bis 482.

1. Ladung der Erzbischöfe, Bischöfe, Hochmeister, Äbte, Prioren, Earls, Barone, königlichen Richter und Ratsmitglieder.

Edward usw. [entbietet] dem ehrwürdigen Vater in Christus Robert, von Gottes Gnaden Erzbischof von Canterbury, Primas von ganz England, seinen Gruß. Da wir über gewisse schwierige Händel, die uns und unser Königreich und euch und die übrigen Prälaten von diesem Reiche berühren und die wir nicht ohne eure und dieser Prälaten Anwesenheit erledigen wollen, unser Parlament abhalten und mit euch hierüber Unterredung und Verhandlung halten wollen, so befehlen wir euch und gebieten strenge bei der Treue und Liebe, dadurch ihr uns verbunden seid, daß ihr bei uns seiet zu Westminster am nächstkünftigen ersten Tage des Monats August, oder wenigstens innerhalb des drittfolgenden Tages spätestens, um mit uns über die genannten Händel zu verhandeln und euren Rat zu erteilen. Und dies mögt ihr keinesfalls versäumen! [Gegeben] mit mir selbst als Zeugen in Album Monasterium am 24. Juni.

2. Ladung der Erzbischöfe, Bischöfe, Äbte, Hochmeister und Prioren.

König [Edward I. entbietet] dem ehrwürdigen Vater in Christus Robert, von Gottes Gnaden Erzbischof von Canterbury, Primas von ganz England, seinen Gruß. Wie das höchst gerechte Gesetz, das die kluge Umsicht heiliger Fürsten errichtet hat, empfiehlt und gebietet, daß, was alle betreffe, von allen gebilligt werde, so ist es auch nur allzu offenkundig, daß man gemeinsamen Gefahren mit vorgesehenen Heilmitteln gemeinsam entgegentrete. Gewiß ist dir zur Genüge bekannt, und wie wir glauben, ist es bereits in allen Zonen der Welt bekannt geworden, wie der König von Frankreich uns um unser Land Gascogne in betrügerischer und hinterlistiger Weise getäuscht hat, indem er es uns unrechterweise vorenthält. Nun aber ist er mit diesem Betrug und Unrecht nicht mehr zufrieden, er hat, um unser Königreich zu erobern, eine riesige Flotte und eine große Menge von Kriegern versammelt, mit denen er unser Königreich und dessen Einwohner bereits feindselig angegriffen hat, und er beabsichtigt, die englische Zunge gänzlich von der Erde zu vertilgen, wenn der abscheulichen Absicht des geplanten Unrechts die Macht entspräche, was Gott verhüten möge. Da also erkannte Gefahren weniger schaden und in besonderer Weise über euer Interesse, so wie über das der übrigen Mitbürger dieses Königreichs, in dieser Sache entschieden wird, so befehlen wir euch und gebieten strenge bei der Treue und Liebe, dadurch ihr uns verbunden seid, am nächsten Sonntage nach dem nächstkünftigen St. Martinsfest im Winter in Westminster persönlich anwesend zu sein. Auch habt ihr den Prior und das Kapitel eurer Kirche sowie die Archidiakone und den gesamten Klerus eures Bistums zu benachrichtigen und dafür zu sorgen, daß sie, der Prior und die Archidiakone in eigener Person, das genannte Kapitel durch einen und der Klerus durch zwei geeignete Prokuratoren, die volle und hinreichende Gewalt von dem Kapitel und dem Klerus haben, gemeinsam mit euch anwesend seien, um dann dort in jeder Weise mit uns und den übrigen Prälaten und Großen und den anderen Einwohnern unseres Königreiches zu verhandeln, anzuordnen und zu verfügen, wie diesen Gefahren und boshaften Anschlägen zu begegnen sei. [Gegeben] mit dem König als Zeugen zu Wengeham am 30. September.

3. Ladung der Earls und Barone.

König [Edward I. entbietet] seinem Verwandten und Getreuen Edmund, Earl von Cornwall, seinen Gruß. Weil wir, um für Heilmittel wider Gefahren, die unserem ganzen Königreich in diesen Tagen drohen, vorzusorgen, mit euch und mit den übrigen Großen unseres Königreichs Unterredung und Verhandlung abhalten wollen, so befehlen wir euch und gebieten strenge bei der Treue und Liebe, dadurch ihr uns verbunden seid, am nächsten Sonntage nach dem nächstkünftigen St. Martinsfest im Winter in Westminster persönlich anwesend zu sein, um mit uns und mit den Prälaten und übrigen Großen und den anderen Einwohnern unseres Königreichs zu verhandeln, anzuordnen und zu bewilligen, wie diesen Gefahren zu begegnen sei. [Gegeben] mit dem König als Zeugen in Canterbury am 1. Oktober.

4. Ladung der Vertreter der Grafschaften und Städte.

König [Edward I.] an den Sheriff von Northamptonshire. Da wir mit den Earls, Baronen und übrigen Großen unseres Königreichs, um für Heilmittel wider Gefahren, die diesem Königreiche in diesen Tagen drohen, vorzusorgen, Unterredung und Verhandlung abhalten wollen, weshalb wir ihnen befohlen haben, am nächsten Sonntag nach dem nächstkünftigen St. Martinsfest im Winter bei uns in Westminster zu sein, um zu verhandeln, anzuordnen und zu bewilligen, wie diesen Gefahren zu begegnen sei, so befehlen wir dir und gebieten strenge, von der genannten Grafschaft zwei Ritter, von jeder Stadt dieser Grafschaft zwei Bürger und von jedem Marktflecken zwei Bürger unter den Vornehmen und zum Handeln Befähigten unverzüglich erwählen und sie zu uns zu dem genannten Tage und Orte herkommen zu lassen: derart, daß die erwähnten Ritter volle und hinreichende Gewalt für sich und die Gemeinde der genannten Grafschaft und die erwähnten Bürger der Städte und Flecken für sich und die Gemeinden der genannten Städte und Flecken, jeweils besonders, von diesen dann dort bei sich haben, um zu bewilligen, was dort mit gemeinsamem Rate in den angegebenen Dingen verfügt werden wird, so daß nicht wegen Mangels an einer solchen Vollmacht das gedachte Geschäft in irgendeiner Weise unerledigt verbleibe. Und du sollst dort die Namen der Ritter und Stadt- und Fleckensbürger und diesen Erlaß vorlegen. [Gegeben] mit dem König als Zeugen in Canterbury am 3. Oktober.

5. Steuerausschreiben.

König [Edward I. entbietet] den Rittern und freien Grundbesitzern und der ganzen Gemeinde der Grafschaft von Roteland seinen Gruß. Da die Earls, Barone, Ritter und anderen von unserem Königreich zur Beihilfe für unseren Krieg jetzt, so wie früher uns und unseren Vorgängern, Königen von England, großzügig einen Elften von allen ihren beweglichen Gütern bewilligt haben und da die Stadt- und Fleckensbürger und anderen rechtschaffenen Männer von unseren Krongütern, Städten und Flecken dieses Königreichs einen Siebenten von allen ihren beweglichen Gütern, ausgenommen diejenigen, die bei dem jüngst uns bewilligten Zehnten ausgenommen waren, uns höflich und dankenswerterweise zugestanden haben: So wollen wir dafür sorgen, daß dieser Elfte und Siebente mit geringstem Schaden und Beschwernis des Volkes unseres Königreichs erhoben und eingesammelt werde. Daher haben wir unsere Geliebten und Getreuen Robert von Flixthorpe und Johann von Wakerle, einen Würdenträger der Kirche zu Westona, oder einen von beiden, wenn beide, falls einer von ihnen durch schwere Krankheit behindert wird, nicht anwesend sein können, angewiesen, diesen Elften und Siebenten in der genannten Grafschaft zu veranlagen, zu schätzen, zu erheben, einzusammeln und an unseren Exchequer abzuliefern und dort zu den folgenden Terminen einzuzahlen, nämlich eine Hälfte zum nächstkünftigen Fest der Reinigung der seligen Maria [2. Februar] und die andere Hälfte zum Fest der nächstfolgenden Pfingsten [13. Mai]. Und daher befehlen wir euch, den genannten Robert und Johannes in dieser Sache gehorsam, verantwortlich, beratend und hilfreich zu sein bei dem genannten Auftrag, wie wir es euch in unserem Auftrag zu wissen tun. Zu dessen usw. [Gegeben] mit dem König als Zeugen zu Westminster am 4. Dezember.

Stadtluft macht frei: Prozeß der Äbtissin von Gandersheim gegen den Braunschweiger Bürger Heinrich von Sottmar wegen Leibeigenschaft, 2. Nov. bis 10. Dez. 1356

Auf Pergament geschriebene Prozeßakten aus dem Besitz der Abtei, jetzt im Niedersachs. Staatsarchiv Wolfenbüttel, 6 Urk 176–178, ungedruckt.

Der Prozeß ist eine Spätfolge des großen Sterbens, das die Pest in den Jahren 1347 bis 1350 in ganz Europa ausgelöst hatte. Überall, wo Bauernfamilien ausgestorben waren, verfügten die Grundherren nun über wüste Höfe, von denen sie keine Einkünfte mehr bezogen. Hatten sie früher, solange genug Menschen auf den Höfen saßen, den Abzug jüngerer Söhne in die Städte geduldet, obwohl es schwer war, von solchen Flüchtlingen die leibherrlichen Abgaben einzufordern, und die Herrenrechte, wenn sie nicht ausgeübt wurden, rasch verjährten, so war den Grundherren jetzt daran gelegen, solche Männer aufs Land zurückzuholen und zur Bewirtschaftung eines mit Arbeitsdiensten und Abgaben belasteten Bauernhofs zu zwingen. Das Dorf Sottmar gehörte zur Villikation Groß-Denkte, die Kaiser Otto der Große (936–973) dem Stift Gandersheim übertragen hatte, und liegt in etwa 17 km Entfernung südöstlich von Braunschweig. Wir wissen nicht, wann Heinrich von dort in diese Stadt abgezogen war, nach deren Recht er binnen Jahr und Tag, d. h., wenn sein Leibherr es nur ein Jahr lang versäumte, von ihm die leibherrlichen Abgaben abzuholen, die Freiheit erlangte. Als Freier aber konnte er in die Bürgerschaft aufgenommen werden, die ihn alsdann gegen weitere Ansprüche schützte. Im Jahre 1317 hatte die Stadt anerkannt, daß für Klagen eines Leibherrn gegen einen Bürger nicht das Ratsgericht, sondern das Gericht des Herzogs von Braunschweig als Stadtherrn zuständig sein sollte. Wenn die Äbtissin zunächst den Herzog angerufen hat, so mag sie dort unterlegen sein und die Appellation an den deutschen König ausgeschlagen haben, da nicht zu erwarten war, daß ein Hofgerichtsurteil in Niedersachsen vollstreckt werden könne. Jedenfalls nahm die Äbtissin auch die geistliche Gerichtsbarkeit in Anspruch, und zwar nicht die ordentliche des zuständigen Bischofs, sondern die päpstliche: Sie sandte ihre Klage nach Rom, der Papst setzte daraufhin den Dekan des Alexanderstifts in Einbeck als Richter ein, und dieser gab das Verfahren an den Dekan von St. Marien in Einbeck weiter, so daß sich zugleich ein Instanzenzug ergab für den Fall, daß eine der Parteien gegen das Urteil Berufung einlegen wollte.

Von den Prozeßakten der ersten Instanz ist ein Rest von drei Blättern erhalten, die uns Einblick gewähren nicht nur in die Frühzeit juristischen Prozessierens, sondern auch in die Schwierigkeiten, die das schriftlose Rechtsleben des Volkes den Ansprüchen der Leibherren in den Weg legte.

Das erste Schriftstück berichtet über die von Kommissaren des Gerichtes eingeholte Stellungnahme des Beklagten zu den einzelnen Punkten der Klage. Gemäß den Regeln des kanonischen Prozesses hatte die Äbtissin artikelweise geklagt, und auf jeden der elf Artikel hatte der Beklagte mit Ja oder Nein zu antworten; ein teilweises Einräumen oder Abstreiten und das Vorbringen von Einreden waren verboten, denn es überstieg die Kunst der damaligen Juristen, eine komplizierte Argumentation zu entwirren und zu bewerten. Was der Beklagte verneinte, hatte dann der Kläger zu beweisen. Da Heinrich einige Artikel ausweichend beantwortet hatte, ordnete der Richter an, daß er dazu erneut anzuhören sei. Das zweite Schriftstück enthält die entsprechenden Anweisungen an die Kommissare, und das dritte berichtet von der gerichtlichen Eröffnung der Aussage; man sieht, daß Heinrich nunmehr alle Fragen verneint hat, um der Formvorschrift zu genügen, und daß sich damit das Gericht von der Wahrheit nur weiter entfernte.

Der Ladung zum Beweistermin in Groß-Denkte blieb Heinrich fern: gewiß mit Zustimmung des Rates zu Braunschweig, da sich abzeichnete, daß die Klägerin den Beweis für die Klageartikel niemals werde erbringen können. Wir wissen nicht, ob sie den Prozeß überhaupt weiter verfolgt hat. Es wird aber deutlich, daß die Umstände die Sache des in die Stadt abgezogenen ehemaligen Eigenmannes über die Maßen begünstigten.

Der lateinische Text ist ungedruckt, die Übersetzung beruht auf dem Original. Die mit – – – bezeichneten Worte sind unter Tintenklecksen unleserlich geworden.

Heinrich, Dekan der Kirche St. Marien vor und nahe den Mauern von Einbeck, Mainzer Diözese, als Einzelrichter subdelegiert von dem ehrsamen Manne, dem Herrn Dekan der Kirche St. Alexander binnen den Mauern daselbst als vom Apostolischen Stuhle delegiertem Richter. Es erschienen vor uns im Gericht zu dem hierfür angewiesenen Termin, nämlich am Tage nach Allerheiligen, welches am 2. November war, im Jahre des Herrn 1356 der Prokurator oder Syndikus der ehrwürdigen Frauen Äbtissin Jutta und des Kapitels des weltlichen Stifts Gandersheim, Hildesheimer Diözese, für die klagende Partei und der Prokurator des Heinrich von Sottmar, Bürgers in Braunschweig, Halberstädter Diözese, für die beklagte Partei. Der Prokurator des Beklagten, Heinrich von Herford, legte im Gerichte vor uns die Klageartikel, die ihm kürzlich im jüngsten Termin seitens der klagenden Partei übergeben worden waren, sowie die darauf von Heinrich von Sottmar erteilten Antworten vor, jedoch verschlossen und versiegelt mit den beiden Siegeln der beiden hierfür von uns gegebenen Kommissare, nämlich des Werner von Ludolvessen, Pfarrers in Sebechtsen, der für die klagende Partei, und des Bruno von Erfurt, ständigen Vikars des Stifts St. Blasien in Braunschweig, Hildesheimer Diözese, der für die beklagte Partei gegeben worden war. Diese uns so verschlossen übergebenen [Schriftstücke] haben wir mit Zustimmung der Prokuratoren eröffnet und publiziert; ihr Inhalt folgt mit diesen Worten:

Dem ehrsamen Manne Herrn Heinrich, Dekan der Kirche St. Marien vor den Mauern von Einbeck, Mainzer Diözese, als Richter, subdelegiert von dem ehrsamen Manne, dem Herrn Dekan der Kirche St. Alexander binnen den Mauern daselbst als vom Apostolischen Stuhle hauptsächlich delegiertem Einzelrichter, [entbieten] Werner von Ludolvessen, Pfarrer in Sebechtsen, und Bruno von Erfurt, ständiger Vikar der Kirche St. Blasien in Braunschweig, Dienst und Ehre. Wisset, daß wir Heinrich von Sottmar, Bürger in Braunschweig, vor unsere Personen geladen haben in der Kirche St. Magni in Braunschweig, und nachdem wir ihm den Kalumnieneid leiblich abgenommen hatten, wie es die Rechtsform vorsieht, haben wir ihn befragt über die einzelnen Klageartikel, die uns unter eurem Siegel übersandt worden waren. Auf die einzelnen erwähnten Klageartikel hat er unter Eid geantwortet, wie folgt; diese Fragen und ihre Antworten senden wir euer Ehren unter unseren Siegeln in das vorliegende Schreiben eingeschlossen zurück, geschehen und gegeben im Jahre des Herrn 1356 am Abend vor den heiligen Aposteln Simon und Judas [27. Okt.] am oben angegebenen Orte.

1. An erster Stelle hat der Syndikus behauptet, daß Heinrich von Sottmar, Bürger in Braunschweig, Halberstädter Diözese, Lite der Gandersheimer Kirche sei: Nein. 2. Ferner hat er behauptet, daß Heinrich eine Großmutter gehabt habe, die mit Eigennamen Gese hieß: Er erinnert sich nicht. 3. Ferner hat der Syndikus gegen den genannten Beklagten Heinrich behauptet, daß die genannte Gese, seine Großmutter, drei Töchter geboren habe, von denen eine Hanna hieß: – – – 4. Ferner hat er behauptet, daß der Ehemann der genannten Gese Santgrove hieß: Er erinnert sich nicht. 5. Ferner hat er behauptet, daß diese Hanna die Mutter des Beklagten Heinrich von Sottmar und seines Bruders Johann genannt Buchenghest gewesen sei: Er glaubt, seine Mutter – – –, aber nicht diese da. 6. Ferner hat der genannte Syndikus behauptet, daß die zweite der Töchter der erwähnten Großmutter Gese und Schwester der Hanna, der Mutter des erwähnten Beklagten, mit Eigennamen Gesa hieß und Heinrich genannt Woldenberg den Älteren geboren habe, der sich als Lite der Kirche zu Gandersheim aufführt: Nein. 7. Ferner hat der genannte Syndikus behauptet, daß die dritte der Töchter der genannten Großmutter Grete hieß und daß diese nicht in die Ehe gegeben worden sei: – – – 8. Ferner hat der genannte Syndikus gegen den gedachten Beklagten behauptet, daß diese dritte Tochter Grete alsbald gestorben sei und daß nach ihrem Tode Gunzelin von Asseburg und Hermann Holtnicker, Bürger zu Braunschweig, aus den von ihr hinterlassenen Gütern namens des Stifts Gandersheim den diesem geschuldeten Anteil entnommen hätten nach dem Rechte, welches Baulebung heißt: Er sagt, er wisse es nicht. 9. Weiter behauptet der vorgenannte Syndikus, daß das Stift Gandersheim seit 10, 20, 30, 40, 50 und mehr oder weniger Jahren im friedlichen Besitz oder Quasibesitz [des Rechtes] gewesen sei, von seinen verstorbenen Liten den dritten Teil von den von ihnen hinterlassenen Gütern zu erhalten, nämlich die Hälfte der beweglichen Güter oder eine andere Quote, die deren etwa vorhandene Erben oder andere, die

interessiert waren, nach Gnaden der Äbtissin von Gandersheim erlangen konnten: Er weiß es nicht. 10. Ferner hat er behauptet, daß es über die letzte Behauptung eine allgemeine Kundschaft und Stimme gebe in Denkte, Wandsleben, Derneburg und Gitter, in Hoheneggelsen, in Rautenberg, in Gronau, in Brüggen, in Gandersheim und viel mehr umliegenden Orten: – – – 11. Ferner hat der vorgenannte Syndikus behauptet, daß es über die anderen oben aufgeführten Behauptungen eine allgemeine Stimme und öffentliche Kundschaft in Denkte und anderen umliegenden Dörfern gebe, wo man von den Vorfahren des genannten Beklagten Kenntnis habe: Nein.

Nachdem dies verlesen und publiziert worden war, wurde für die klagende Partei vorgetragen, es sei auf den 2., 3., 4., 7., 8., 9. und 10. Klageartikel nicht klar und unterschiedlich mit hierfür geeigneten Worten geantwortet worden, nämlich mit Ja oder Nein, und es wurde begehrt, daß wir den Beklagten zwingen möchten, von neuem darauf klar und deutlich mit hierfür geeigneten Worten zu antworten. Daher befehlen und auferlegen wir, der vorgenannte Richter, mit Zustimmung der Prokuratoren hiermit dem Beklagten Heinrich, auf die vorgenannten Artikel klar mit den Worten Ja oder Nein zu antworten. Ist diese Beantwortung geschehen, so will die klagende Partei sie als bestrittene Klageartikel gebrauchen und sich verbindlich machen, das Notwendige wenigstens zu beweisen. Und wir wollen, daß der Beklagte darauf antworte vor dem anstehenden Tage der seligen Katharina [25. Nov.] und daß hierauf die klagende Partei ihre Zeugen vorführe; für eine erste, zweite und dritte Dilation führe sie die in Braunschweig Wohnenden vor in Braunschweig, in Denkte und ebenfalls in Denkte vor dem Tage des seligen Nikolaus [6. Dez.], und um uns die Zeugenaussagen vorzulegen, bis zum Freitag nach diesem Tage des seligen Nikolaus [9. Dez.]; diesen Freitag weisen wir hierfür und um anderweitig zu verfahren, wie es Recht sein wird, den genannten Parteien mit Konsens ihrer Prokuratoren hiermit als Termin an. Gegeben Einbeck unter unserem Siegel im Jahre des Herrn und am Tage wie oben. Den neunten Artikel hat die klagende Partei berichtigt gemäß dem Protest, der in den Klageartikeln zuvor gemacht worden war.

Heinrich, Dekan [usw., wie oben], an die besonderen Männer Magister Hermann Advocatisse, Kanoniker der Kirche St. Blasii in Braunschweig, Hildesheimer, und Werner von Ludolvessen, Pfarrer in Sebechtsen, Mainzer Diözese, Segen und Gehorsam gegenüber apostolischem Befehl! In dem Prozeß, den die ehrwürdige Frau Jutta, Äbtissin des weltlichen, unmittelbar der römischen Kirche gehörigen Stifts Gandersheim, Hildesheimer Diözese, in ihrem und ihres Kapitels Namen vor uns im Gerichte verfolgt gegen Heinrich von Sottmar, Bürger zu Braunschweig, Halberstädter Diözese, ist der Streitgegenstand gesetzmäßig festgestellt und der Kalumnieneid von den Prokuratoren der Parteien beiderseits angenommen worden; auch sind die Klageartikel vorgelegt und von demselben Beklagten Hermann darauf Antworten erteilt und diese öffentlich gemacht worden. Nun hat der Syndikus oder Prokurator der klagenden Partei vorgetragen, es sei auf mehrere Artikel nicht klar geantwortet worden, sondern dunkel, und begehrt, wir sollten den Beklagten Hermann veranlassen, darauf klar und unterschiedlich zu antworten. Deshalb geben wir euch mit Zustimmung der Parteien den Auftrag und befehlen euch mit apostolischer Autorität, daß ihr, Magister Hermann, wegen der Partei des genannten Beklagten Heinrich, und ihr, Herr Werner, wegen der genannten Frau Äbtissin und ihres Kapitels den Beklagten an geeigneter Stätte in Braunschweig vor eure Personen vorladet und dem Beklagten Heinrich befehlt, auf die Klageartikel, die euch zusammen mit Gegenwärtigem ausgehändigt werden sollen, deutlich mit den Worten Ja oder Nein in Kraft seines geleisteten Eides vor dem bevorstehenden Tage der seligen Katharina zu antworten. Und wenn er so darauf geantwortet hat, so sollt ihr, wie der Syndikus oder Prokurator der klagenden Partei es begehrt, für die verneinten Klageartikel auch die Zeugen, die die genannte klagende Partei zum Beweise ihres Begehrens vorführen will, nach Vorladung derer, die vor eure Personen vorgeladen werden müssen, gesetzmäßig vernehmen und sorgfältig examinieren, solche, die in der Stadt Braunschweig wohnen, und solche, die in Denkte und auch in dem Dorfe Denkte wohnen, gemäß dem Begehren der klagenden Partei und den Fragstücken der beklagten Partei, wenn solche euch vorgelegt werden. Andernfalls sollt ihr ohne sie zur Examinierung der solcherart Zeugen schreiten unter Beachtung der schuldigen und gewöhnlichen Formen des Zeugenverhörs. Ihr sollt uns die Klageartikel, die Antworten und die Aussagen dieser Zeugen unter euren Siegeln getreulich verschlossen bis zum Freitage nach bevorstehendem St. Nikolaustage zurücksenden; diesen Tag weisen wir hiermit den Parteien als Termin an, um uns diese [Schriftstücke] einzusenden und um andernfalls in der Sache zu verfahren, wie Recht ist. Aber die Zeugen, die etwa benannt werden, sollten sie sich um Gunst, Haß oder Furcht willen verweigern, so zwingt sie mit kirchlichem Strafgebot kraft apostolischer Autorität, der Wahrheit Zeugnis zu gewähren. Gegeben unter unserem Siegel im Jahre 1356 am Tage nach Allerheiligen [2. Nov.].

Heinrich, Dekan [usw., wie oben]. Im Jahre des Herrn 1356, am Samstage nach dem Tage des seligen Nikolaus [10. Dez.], in dem vom vorangehenden Freitage her fortgesetzten Termin, der in dem Rechtsstreit angesetzt worden war, den die ehrwürdige Frau Jutta, Äbtissin zu Gandersheim, Hildesheimer Diözese, in ihrem und ihrer Kirche Namen vor uns verfolgt, gegen Heinrich von Sottmar, Bürger zu Braunschweig, Halberstädter Diözese, damit uns die Antworten des Beklagten Heinrich auf die ihm durch uns übersandten Klageartikel und die Aussagen der Zeugen, die die Frau Äbtissin als Klägerin gegen ihn vorzuführen beabsichtigte, zurückgesandt würden, haben uns Magister Hermann von Göttingen, Kanoniker des Stifts St. Blasien in Braunschweig, und Magister Werner, Pleban in Sebechtsen, als von uns mit Zustimmung der Parteien für die genannten [Aufgaben] eingesetzte Kommissare zwei Schreiben, die unter ihren Siegeln getreulich verschlossen waren, übersandt durch den Syndikus oder Prokurator der klagenden Partei, der gesetzmäßig für seine Partei erschien, während der Beklagte Heinrich nicht im geringsten erschien, weder persönlich noch durch einen anderen, sondern sich hartnäckig fernhielt. Der Wortlaut aber des ersten Schreibens ist folgender:

Dem ehrsamen Manne Heinrich, Dekan [usw., wie oben, entbieten] Hermann von Göttingen, Kanoniker des Stifts St. Blasien in Braunschweig, Hildesheimer Diözese, und Werner, Rektor der Kirche in Sebechtsen, Mainzer Diözese, soviel sie können an Dienst und Ehre. Wisset: Als wir uns am Tage nach St. Andreas, dem Apostel [1. Dez.], in dem Dorfe Denkte konstituiert hatten, um die Zeugen zu examinieren oder zu vernehmen, die die ehrwürdige Frau Jutta, Äbtissin des weltlichen Stifts in Gandersheim, gegen Heinrich genannt von Sottmar, Bürger in Braunschweig, welcher, wie sie versichert, Lite ihres erwähnten Stiftes ist, vorzuführen beabsichtigte, und als wir diese Zeugen zur Kirche des genannten Dorfes Denkte vor unsere Personen zitiert hatten, damit sie ein Zeugnis der Wahrheit erbrächten, wie wir es von euch zu Befehl erhalten hatten, da wollten zwar die Zitierten die gewöhnlich von Zeugen zu leistenden Eide nicht ablegen, obwohl sie hierzu von uns in Freundschaft angehalten und mit Nachdruck pflichtgemäß aufgefordert worden waren, aber sie versicherten zuverlässig, sie würden ohne Eid die Wahrheit sagen wollen, die sie über den bezeichneten Rechtsstreit wüßten. Gegeben im genannten Dorfe Denkte am Tage wie oben, unter unseren Siegeln. Auch haben wir die Antworten auf die Klageartikel, die durch die genannte Frau Äbtissin im Gericht vorgebracht worden waren, von dem genannten Heinrich von Sottmar entgegengenommen; wir übersenden sie euch auf einem in diesen Brief eingeschlossenen Zettel. Gegeben wie oben. Der Inhalt dieses Zettels folgt mit diesen Worten: 1. An erster Stelle [usw. wie oben; die Antworten lauten zu 1: Nein, 2: Nein, 3: Nein; 4: Nein, 5: Nein, 6: Nein, 7: Nein, aber er wisse es nicht, 8: Nein, 9: Er wisse es nicht, 10: Er weiß es nicht, 11: Nein.]

Nachdem dieses Schriftstück so vor uns im Gerichte verlesen worden war, beantragte der Syndikus der klagenden Partei, daß es ihm in Kopie übergeben werden möge und daß der Beklagte Heinrich von Sottmar zum Rechtsverweigerer erklärt werde. Da haben wir beschlossen, ihm das genannte Schriftstück in Kopie übergeben zu lassen, und den Beklagten Heinrich haben wir, weil er an dem genannten, ihm angezeigten Termin weder persönlich noch durch einen Worthalter erschienen ist, nach Erfordernis der Gerechtigkeit zum Rechtsverweigerer erklärt. Gegeben im Jahre des Herrn und am Tage wie oben.

Frühkapitalistische Wirtschaftsweisen im Oberpfälzer Eisenhüttengewerbe, 1387

Die Ratsherren der Städte Amberg und Sulzbach für sich und ihre Mitbürger errichten mit den Bürgern von Nürnberg, die Hammerhütten besitzen, ein Kartell wegen des Eisenerzhandels, des Hüttenbetriebes und der Entlohnung der Hüttenarbeiter, 7. Januar 1387: I. G. Lori, Sammlung des baierischen Bergrechts, München 1764, S. 65 Nr. 55.

In der Oberpfalz lag eines der ältesten und wichtigsten Eisenerzreviere Mitteleuropas. Im 14. Jahrhundert waren die Erzgewinnung unter Tage und die Verhüttung technisch so weit vervollkommnet und damit zugleich so kostspielig geworden, daß die Berg- und Hüttenarbeiter die Kapitalkosten nicht mehr aufbringen konnten. Sie mußten sie sich vorschießen oder vorlegen lassen, und zwar von den Kaufleuten, die ihre Halbfabrikate an die stadtsässigen verarbeitenden Gewerbe lieferten und mit deren Fertigwaren einen gewinnbringenden Fernhandel betrieben. Die Blüte der Nürnberger Wirtschaft im Spätmittelalter beruhte auf der Vielfalt ihrer Metallgewerbe, und deren Versorgung mit Rohstoffen sicherten die Fernhändler, indem sie in der Oberpfalz und in anderen Bergbaugebieten als Verleger die Berg- und Hüttenleute von sich abhängig machten. In diese (nirgendwo besonders gut dokumentierten) Vorgänge gibt der Kartellvertrag Einblick, den die Fernhändler im Jahre 1387 errichteten, um einem Verfall der Preise entgegenzutreten, denn daß im Oberpfälzer Revier überhöhte Kapazitäten bestanden, ergibt sich nicht nur aus dem Verbot, neue Schienhämmer zu errichten und bestehende Blechhämmer in Schienhämmer umzuwandeln (§§ 10, 12), sondern auch aus den vom Kartell verordneten Feierzeiten (§ 28). Die Beschreibung der Hüttenanlagen (§§ 19, 29) läßt erkennen, daß mit Wasserkraft betriebene Hämmer und vermutlich auch Blasebälge sowie Frischherde vorhanden waren; die Hütten waren demnach imstande, flüssiges Roheisen zu erzeugen, das man, um es schmied-

bar zu machen, ein zweites Mal im Frischfeuer schmolz und zu Schienen und Blechen ausarbeitete. Hammerherren, also Eigentümer der Gruben und Hütten, waren die vertragschließenden Kaufleute aus Amberg, Sulzbach und Nürnberg; ihre Gewalt, über die Erze zu verfügen, diente als Druckmittel, um das Kartell durchzusetzen. Auf den Hütten ließen sie sich von dem Hüttkopfer (§§ 11, 31) vertreten. Die ehemaligen selbstarbeitenden Hammerherren sind als Schuldner der Kaufleute zu Hammermeistern und »Schmiedemenschen« abgesunken (§§ 8, 9); die Kaufleute verwehrten ihnen den Rückerwerb ihres verlorenen Eigentums (§ 11). Die Hammermeister verfügten allein über das technische Wissen, um die Betriebsanlagen zu erbauen (§§ 19, 23, 26) und zu betreiben. Sie arbeiteten im Stücklohn und waren darauf angewiesen, von den Hammerherren mit Vorschüssen (§ 14) und Ackerland (§§ 24, 25) versehen zu werden. Das Kartell verpflichtete die Hammerherren, sich nicht gegenseitig die Arbeiter abzuwerben und sich nicht bei Krediten und Löhnen zu überbieten (§§ 14, 15, 17–20, 27). – Wir geben den Text (in Übersetzung aus dem Frühneuhochdeutschen) insoweit wieder, als er die frühkapitalistische Wirtschaftsform beleuchtet: die Schlußvorschriften über Gewinnung und Messung der Erze, über das Strafverfahren und über Vertragsänderungen (§§ 32–43) konnten entfallen. An den Vertrag angehängt sind die Namen von 61 Hammerherren und den Hammerhütten, für die sie dem Kartell beitraten, wie in § 13 vorgesehen war.

Wir, die Bürger des Rats der Stadt zu Amberg, und wir, die Bürger des Rats der Stadt zu Sulzbach, bekennen offenbar mit diesem Briefe, daß wir wohlberaten und um gemeinen Nutzens willen mit uns und den Bürgern zu Nürnberg, unseren guten Freunden, die Schmiedewerke haben, wegen der hiernach beschriebenen Gesetze und Gedinge betreffend die Erzberge, die Hämmer und das Schmiedevolk miteinander vereinbart haben, daß wir und unsere Mitbürger und alle, die das betrifft, sie miteinander einhalten sollen und wollen von dem nächstkünftigen Sankt-Erhardstage [8. Januar] an über vier Jahre, und wer unter uns oder unseren Mitbürgern wäre, der die Gesetze so, wie hernach geschrieben ist, nicht halten wollte, der soll die vorgenannte Zeit lang in der Herrschaft zu Amberg und in der Herrschaft zu Sulzbach, so weit wie diese

Herrschaften reichen, und auch in allen Herrschaften, die unsere gnädigen Herren, alle Herzöge aus Bayern, haben, kein Erz verarbeiten noch Anteil oder Gemeinschaft daran haben, ohne irgendeine Gefahr.

2. Wer auch von Ausleuten in den Gesetzen, als hernach geschrieben ist, jetzt nicht sein noch zwischen heute und Unser Frauen-Tag zu Lichtmeß [2. Februar], der demnächst kommt, hineinkommen wollte, dem sollen weder wir und unsere Mitbürger noch jemand von unseretwegen von den Erzbergen, die jetzt sind oder fernerhin sein werden, in den vorgenannten Herrschaften die vorgeschriebene Zeit lang kein Erz geben oder folgen lassen, weder auf den Erzbergen, die jetzt sind oder fernerhin sein werden, noch auf den Schütten oder anderswo, ohne irgendeine Gefahr. Und wer das übertritt, der soll uns von jedem Bergfuder Erz einen halben Gulden verfallen sein. Und was die Ausleute jetzt an gekauftem Erz haben, die zuvor in den Gesetzen gewesen sind, das mögen sie wohl ausführen, wohin sie wollen, ohne Gefahr, jedoch so, daß man niemanden dieses Erz bearbeiten, verkaufen, vergeben noch ausführen lasse, es sei denn denen und den Hämmern, die in den Gesetzen sind.

3. Wir sollen auch niemanden in die Gesetze aufnehmen, der jetzt nicht darin sein oder vor dem vorgeschriebenen nächstkünftigen Unser Frauen-Tag zu Lichtmeß hineinkommen will, ohne irgendeine Gefahr, es sei denn, daß jemand, der jetzt kein Hammerwerk hat, hinfort aber Hammerwerk gewinnt, danach in dem Bündnis sein wollte, wie es in diesem Brief beschrieben ist. Wenn dann der darum tut, wie in dem Brief geschrieben ist, so mag man ihm fortan wohl Erz geben zu Amberg oder zu Sulzbach.

4. Wer auch die vorgenannte Zeit lang in den vorgeschriebenen Herrschaften Erz bearbeiten will, der soll dem Rat in der Stadt, darin er ansässig ist, bei seiner Treue und an Eidesstatt versprechen und geloben, die Gesetze so, wie in dem Brief geschrieben ist, stets ohne jede Arglist und ohne alle Gefahr einzuhalten, oder er soll kein Erz bearbeiten.

5. Wir sollen auch die vorgenannte Zeit über niemandem Erz geben oder verkaufen, weder auf den Erzbergen, die jetzt sind oder künftig entstehen, noch auf den Schütten oder anderswo, weder wir noch jemand von unseretwegen, ohne Gefahr, sofern er

hinfort verkaufen will, es sei denn, daß es derjenige, der das Erz verkaufen will, dazu bringe, daß der, der das Erz kaufen will, seine Treue an Eidesstatt gebe und dabei verheiße und gelobe, und zwar vor dem Rat in der Stadt, darin der, der das Erz verkaufen will, ansässig ist, daß derjenige, der das Erz kauft, das Erz niemandem gebe außer denen, die in den Gesetzen sind und in dem Bündnis, wie es in dem Brief beschrieben ist. Und wer das übertritt, der soll uns von jedem Bergfuder Erz einen halben Gulden verfallen sein.

6. Wir sollen auch dem Hammer zu Castel, den Dietrich Winterstein dort erbaut hat, vom Datum dieses Briefes an über acht Jahre kein Erz geben oder folgen lassen, weder auf den Erzbergen, die jetzt sind oder hinfort entstehen, noch anderswo, ohne irgendeine Gefahr; und dem Hammer zu Stellhofen, den derselbe Dietrich jetzt hat, oder wo er hinfort Hämmer gewinnen mag, sollen wir auch kein Erz geben, wie vorgeschrieben ist, so lange, bis er uns die Buße gibt, die er verwirkt hat, oder gerächt dafür wird, daß er diese Buße nicht verwirkt hat.

7. Wenn uns, den Bürgern von Amberg, jemand etwas schuldig wird oder geworden ist und die Schuld angefangen hat seit dem Sankt-Erhardstage im Jahre 1385, und wenn der [Schuldner] in den Gesetzen ist und zu Sulzbach Erz annimmt oder annehmen will, so dürfen wir ihm wegen dieser Schuld dort niederlegen und auf den Bergen verbieten. Ebenso dürfen wir, die Bürger von Sulzbach, auch zu Amberg tun. Aber wegen Schulden, die vor dem genannten Sankt-Erhardstag im Jahre 1385 angefangen haben, soll jede Stadt bei ihrem Rechte bleiben, wie es zuvor hergekommen ist.

8. Wenn uns, den Bürgern zu Amberg oder zu Sulzbach, jemand, der einen Hammer jetzt wirkt oder gewirkt hat oder noch wirken wird, während der Zeit der Gesetze, wie in dem Brief beschrieben ist, etwas seit dem genannten Sankt-Erhardstag im Jahre 1385 schuldig geworden ist oder noch schuldig wird in der Zeit, wo das Gesetz, wie in dem Brief geschrieben ist, [gültig] bleiben soll, und wenn derselbe den Hammer verkauft, versetzt oder hinterläßt, sei es, daß er stirbt, oder daß er entrinnt, so sollen wir dem Hammer, auf den die Schuld gemacht worden ist, und anderen Hämmern, darauf er hinfort etwa käme, kein Erz geben oder folgen lassen, weder auf den Erzbergen, die jetzt sind oder hinfort

entstehen, noch auf den Schütten oder anderswo, es sei denn, daß diese Schuld vorher vergolten worden sei. Und wer das übertritt, der soll uns von jedem Bergfuder Erz einen halben Gulden verfallen sein.

9. Wenn ein Hammermeister, der jetzt Hammermeister ist, uns oder den Unsern seit Sankt-Erhardstag im Jahre 1385 etwas schuldig geworden ist und hinfort ein Schmiedemensch wird, so soll der, der dann denselben innehat, uns und den Unsern für ihn gelten oder ihn in den nächsten 14 Tagen, da er dessen ermahnt wird, fahren lassen. Tut er das nicht, so sollen wir demjenigen, bei dem er ist, und auch dem Hammer, wo er ist, kein Erz geben oder folgen lassen, weder auf den Erzbergen, die jetzt sind oder künftig entstehen, noch auf den Schütten oder irgend anderswo, ohne irgendeine Gefahr, so lange, bis er uns oder den Unsern für ihn gilt oder ihn fahren läßt, wie vorgeschrieben ist. Und wer das übertritt, der ist uns von jedem Bergfuder Erz einen halben Gulden verfallen. Was aber Schuld ist, die vor dem genannten Sankt-Erhardstag im Jahre 1385 angefangen hat, darum soll jede Stadt bei dem Recht bleiben, wie es zuvor Herkommens ist.

10. Wir sind auch miteinander einig geworden, daß man die vorgenannte Zeit lang keinen neuen Schienhammer bauen soll. Wenn einer das übertritt, so sollen wir demselben Hammer, wo der erbaut wird, und auch dem, der den Hammer gebaut hat, zu diesem Hammer und auch zu anderen Hämmern, die er innehat oder gewinnen mag, die vorgenannte Zeit lang und hernach über acht Jahre kein Erz geben oder folgen lassen, weder auf den Bergen, die jetzt sind oder hinfort entstehen, noch an den Schütten oder an anderer Stelle, ohne jede Gefahr. Und wer das übertritt, der ist uns von jedem Bergfuder Erz einen halben Gulden verfallen: Doch allezeit vor- und hernach hintangesetzt, falls sich einer mit Recht mit seines eines Hand davon ausnehmen kann oder daß er dessen unschuldig sei, so mag er das wohl genießen. Und Hämmer, die man seit Sankt-Erhardstag im Jahre 1386 nicht gewirkt hat, die soll man auch die vorgenannte Zeit lang nicht wirken. Und wollte jemand sie wirken, so sollen wir dem zu demselben Hammer und auch zu anderen Hämmern, die er etwa hat oder gewinnt, die vorgenannte Zeit lang kein Erz geben oder folgen lassen, weder auf den Bergen, die jetzt sind oder künftig entstehen, noch an den

Schütten oder anderswo, ohne alle Gefahr, alles bei der vorgeschriebenen Buße. Aber Hämmer, in denen man seit dem vorgenannten Sankt-Erhardstag im Jahre 1386 ungefähr zwei Pfund Schieneisen oder mehr ungefähr bis auf den jüngst vergangenen Christtag [25. Dezember] gewirkt hat, die mag man wohl fernerhin wirken, und wir dürfen ihnen auch wohl Erz geben mit solchem Gedinge, wie in dem Brief geschrieben ist.

11. Man soll auch keinem Schmiedemenschen, der zuvor Schmied, Zerrenner oder Hauer gewesen ist oder es jetzt ist und der in zehn Jahren vom Datum dieses Briefes um Lohn gewerkt hat, keinen Schienhammer zu kaufen geben oder verpfänden oder überlassen, weder nach dem Pfunde noch um Zins oder in anderer Weise, ohne alle Gefahr, noch soll man ihn die vorgenannte Zeit lang Hüttkopfer sein lassen. Und wenn einer das übertritt, so soll man diesem Hammer und diesem Schmiedemenschen und dem, der ihm den Hammer verkauft, verpfändet oder überlassen hat, die vorgenannte Zeit lang und hernach in acht Jahren kein Erz geben oder folgen lassen, wie vorgeschrieben ist, auch bei der vorgeschriebenen Buße. Und falls ein Schmiedemensch jetzt einen Hammer hat, den er verkaufen oder sonst liegenlassen mag, so soll man auch dem hinfort die vorgenannte Zeit lang und hernach acht Jahre keinen Hammer verkaufen, verpfänden oder überlassen... Wenn aber ein Schmiedemensch jetzt, vor dem Datum dieses Briefes, einen Hammer erstanden hat, so soll es für die Zeit, wie er ihn erstanden hat, auch dabei bleiben, aber man soll ihm hinfort weder denselben Hammer noch andere Hämmer die vorgenannte Zeit lang zu kaufen geben, versetzen oder überlassen, alles bei der vorgeschriebenen Buße.

12. Man soll auch die vorgenannte Zeit lang keinen Blechhammer zum Schienhammer machen. Wenn einer das übertritt, so soll man dem Hammer und auch dem, der den Hammer gemacht hat, die vorgenannte Zeit lang und hernach in acht Jahren kein Erz oder Deileisen geben. Und wer das übertritt, der soll uns von jedem Bergfuder Erz einen halben Gulden verfallen sein und von jedem Zentner Deil einen Gulden.

13. Es soll auch jeder, der einen Schienhammer oder mehrere hat, zwischen jetzt und nächstkünftigem Unser Frauen-Tag zu Lichtmeß bei seiner Treue an Eidesstatt verheißen und geloben,

alles stets zu halten, was in dem Brief geschrieben steht, und er soll deshalb auch sein Insiegel an die Briefe hängen, die gemacht werden, wie hernach unterschieden ist... Und alle, die jetzt Schienhämmer haben, sollen ihre Hämmer niemandem verkaufen, versetzen oder hinterlassen, es sei denn, daß diejenigen, die die Hämmer kaufen, zu Pfand nehmen oder erstehen, verheißen und bei ihrer Treue an Eidesstatt geloben, alles stets zu halten, was in dem Brief geschrieben ist, und daß sie auch ihre Insiegel an den Brief hängen, wie vorbegriffen ist. Auch sollen von demselben Brief einen die von Nürnberg, die Schmiedewerk haben, und einen die von Amberg und einen die von Sulzbach haben, deren je einer von Wort zu Wort wie der andere bestehen soll.

14. Und wir sind miteinander einig geworden, daß man zwei Schmieden für einen Herd nicht mehr leihen soll als 16 Pfund Pfennige; oder einem Schmied und seinem Knecht, die einen Herd miteinander werken, soll man auch nicht mehr leihen dann 16 Pfund Pfennige, die zwei Teile dem Meister und dem Knecht das dritte Teil... Und zwei Zerrennern für einen Herd oder einem Zerrenner und seinem Knecht, die einen Herd miteinander werken, soll man nicht mehr leihen als 12 Pfund Pfennige, die zwei Teile dem Meister und dem Knecht das dritte Teil... So soll man einem Hauer für einen Herd nicht mehr leihen als 6 Pfund Pfennige, und einem Heimpreuer, der eine ganze Schiene wirkt, soll man nicht mehr leihen als ein halbes Pfund Pfennige und dasselbe ein ganzes Jahr zugeben. Einem Heimpreuer aber, der eine halbe Schiene wirkt, dem soll man nicht mehr leihen als 60 Pfennige und diese ein ganzes Jahr zu Münne geben.

15. Auch soll niemand das vorgeschriebene Darlehen bessern oder vertrösten und verheißen, mehr zu leihen, als vorgeschrieben steht, weder der, der einen Hammer wirkt, noch der, der ihn überlassen hat, noch jemand von seinetwegen, weder heimlich noch öffentlich, ohne alle Gefahr. Wer ihnen aber mehr leiht, wenn sie erstlich zu einem kommen, als vorgeschrieben steht, der ist uns dreißig Gulden verfallen, es möge sich denn einer mit Recht davon ausnehmen mit sein eines Hand, daß er dessen unschuldig sei.

16. Es soll auch niemand schwereres Eisen wirken als 12 Schien auf einen Amberger Zentner, ohne Gefahr; geringer mag er es

wohl werken. Und wer das übertritt, der soll uns von jedem Pfund Schieneisens sechs Gulden verfallen sein.

17. Und wo man Eisen wirkt, davon 12 Schien oder 13 Schien oder 14 Schien einen Amberger Zentner haben, davon soll man geben zu Lohn den Schmieden 42 d. und 36 d. zu Münne, den Zerrennern 36 d. zu Lohn und 24 d. zu Münne, dem Hauer 18 d. zu Lohn und 12 d. zu Münne und dem Heimpreuer, der Kohlen darschüttet, von jedem Pfund Schien 3 d. Wo man aber werket Radeisen, davon 15 Schien oder 16 Schien einen Amberger Zentner haben oder das geringer ist, davon soll man geben dem Schmied von einem Pfund Schien 36 d. zu Lohn und 30 d. zu Münne, den Zerrennern 27 d. zu Lohn und 18 d. zu Münne, dem Hauer 14 d. zu Lohn und 9 d. zu Münne. Wer aber in der Woche 60 Schien Radeisen oder weniger ungefähr wirkt, der mag ihnen dennoch wohl Münne und Lohn geben wie von schwerem Eisen. Wer aber desselben Eisens die Woche mehr wirkt denn 60 Schien, was er sich dann dieselben Wochen gewirkt hat, davon soll er ihnen Münne und Lohn geben, wie vorgeschrieben steht.

18. Es soll auch niemand den Münne und Lohn bessern, weder mit Geben noch mit Vertrösten oder Verheißen oder auf andere Weise, ohne alle Gefährde, weder die, die Hämmer werken, noch die, die sie überlassen haben, auch niemand von ihretwegen...

19. Dazu sind wir auch miteinander einig geworden, daß man dem Schmiedevolk geben soll von dem Geschirr zu machen, wenn sie einen neuen Hammer machen: Davon soll man geben den Schmieden 30 d., den Zerrennern 12 d. und dem Hauer 8 d. Ferner: Von einem neuen Amboß soll man geben den Schmieden 24 d., den Zerrennern 16 d. und dem Hauer 8 d. Von einem Wellherd soll man geben den Schmieden 3 Schilling Pfennige. Von einem neuen Zerrenner soll man geben den Zerrennern ½ Pfund Pfennige, von einer neuen Hülse den Schmieden 20 d. und dem Hauer 4 d. Von dem Pucher übergar zu erlegen den Schmieden 3 Schilling Pfennige, von einer neuen Hammerwelle zu binden den Schmieden 5 Schilling und dem Hauer 30 d. Von einem neuen Hammerzapfen den Schmieden 30 d., dem Hauer 10 d. Von einer neuen Pucherwelle zu binden den Schmieden 30 d., dem Hauer 6 d. Von einer neuen Zerrennerwelle den Schmieden 24 d. und dem Hauer 6 d. Von einer neuen Bettlerwelle den Schmieden

20 d., dem Hauer 4 d. Wer aber mehr gebe von dem Geschirr zu machen, als vorgeschrieben steht, der ist uns 6 Gulden verfallen. Man mag auch den Nothelfern Kost wohl geben zu dem vorgeschriebenen Lohn und Münne. Wer ihnen aber mehr gibt, ist uns 6 Gulden verfallen.

20. Geschehe auch, daß das Schmiedevolk fortginge von einem, der in den Gesetzen ist, und zu einem anderen käme, der auch in den Gesetzen ist: Wenn dann der, dem es entgangen ist, oder sein Bevollmächtigter hinterherkommt und den, der es sich unterwunden hat, anspricht, so soll er ihm sein Schmiedevolk zur selben Stunde folgen lassen und es ihm nicht vorenthalten oder es in seiner Gewalt behalten, ohne alle Gefährde, und soll es nicht mehr für sich arbeiten lassen, es sei denn, daß ein Zerrenner ein Eisen zerrinnen läßt oder ein Schmied zur selben Zeit ein Zech bearbeitet, so mag er ihm den Zerrenner wohl lassen, um das Eisen auszurennen, und den Schmied, um die Zech auszuwerken, und danach soll er das Schmiedevolk nicht mehr für sich arbeiten lassen, ohne alle Gefährde, oder er soll uns 20 Gulden verfallen sein, so oft er deswegen gemeldet wird, er möge sich denn mit Recht davon ausnehmen, wie vorgeschrieben steht.

21. Man soll auch das Schmiedevolk bestellen zu Sankt-Erhardstag je von einem Jahre zu dem andern, es wäre denn, daß [sich] einem scin Schmiedevolk nicht fügte, so mag er es wohl austauschen zu Sonnwenden [24. Juni], wenn er will, so wie es zuvor mit Gewohnheit hergekommen ist.

22. Zu der kalten Kirchweih und sonst in dem Jahre soll das Schmiedevolk weder nach Nürnberg noch nach Amberg, noch nach Sulzbach kommen, ohne Gefährde. Kämen sie aber darüber nach Nürnberg, Amberg oder Sulzbach, so soll sie ihr Herr oder ihr Meister oder der, der den Hammer überlassen hat, nicht beherbergen noch [ihnen] zu essen und zu trinken geben, ohne Gefährde. Und wer das übertritt, der ist uns von jeder Person, daran er es übertreten hat, einen Gulden verfallen...

23. Wenn auch das Schmiedevolk neue Hämmer oder neue Ambosse macht, so sollen die Zerrenner und Hauer dazu helfen um den Lohn, der ihnen gesetzt ist, wie vorgeschrieben steht, so lange, bis sie ganz bereitet sind. Tun sie das nicht, so soll man ihnen den Lohn nicht geben, der ihnen darum ausgesetzt ist.

24. Wenn auch das Schmiedevolk mit Wesen, mit Weib und mit Kind, sofern sie das haben, auf einem Hof ist, so mag man ihm wohl etwas leihen, wenn ihm das redlich Notdurft ist, jedoch so, daß man ihnen dies nicht zuvor verheißen noch sie darauf vertröstet habe, ohne alle Gefährde. Wer ihnen aber [etwas] leiht, wenn es ihnen nicht redlich Notdurft ist, der ist uns von jeglicher Person jeweils so oft so viel zu Buße verfallen, als er ihnen über die redliche Notdurft geliehen hat.

25. Auch mag man dem Schmiedevolk zu einer Liebung wohl lassen Feld zu Rüben und zu Kraut, wenn einer das hat, oder es auch dazu bereiten, ohne Gefährde. Wenn aber einer das nicht hat, so soll man den Schmieden für einen Herd 40 d., den Zerrennern für einen Herd 32 d. und dem Hauer 16 d. geben. Wer ihnen aber mehr an Feld überläßt oder an Geld dafür gibt, als vorgeschrieben steht, der ist uns von jeder Person, daran er es übertreten hat, 1 Gulden verfallen.

26. Wenn auch das Schmiedevolk neue Hämmer, neue Ambosse oder alte Hämmer oder alte Ambosse macht, so soll man ihnen zu derer jedem ungefähr 12 d. für Bier und zu einer Hülse 5 d. für Bier geben.

27. Wir haben auch gesetzt, daß ein jeder, der in den Gesetzen ist, wie in dem Brief geschrieben steht, sich wohl des Schmiedevolkes eines anderen unterwinden mag, der nicht in den Gesetzen ist, und ihnen Darlehen geben darf, wenn sie erstmals zu ihm kommen, so viel er will, außer daß er ihnen nicht mehr an Lohn und Münne geben soll, als vorgeschrieben steht. Und wo man dem Schmiedevolk bisher mit Regensburger Pfennigen gelohnt hat, da mag man es wohl ferner damit entlohnen von dem Eisen und von dem Geschirr und auch damit ihren Münne geben, alles mit derselben Währung: Außer wenn sie erstmals zu einem kommen, so soll man ihnen nicht anders leihen denn unsere Währung, so viel, wie ihnen gesetzt ist und wie vorgeschrieben steht.

28. Danach sind wir miteinander um des Gemeinnutzens willen und wohlberaten einig geworden über eine Feier mit allen Schienhämmern, die vom nächstkünftigen Sankt-Erhardstag an über vier Jahre bleiben und währen soll, wie im folgenden beschrieben: Im ersten Jahre sollen wir auf nächstkünftigem Unser Frauen-Tag zu Lichtmeß [2. Februar] anheben und sollen mit allen Schienhäm-

mern feiern bis auf Unser Frauen-Tag in der Fasten [25. März], der auch zunächst kommt, und wir sollen in demselben Jahre wieder anheben zu feiern von Sonnwenden [24. Juni] bis auf den Tag des heiligen Kreuzes, da es erhöht ward [14. September]. Und in jedem Jahre danach, als die Feier mit den Schienhämmern bleiben soll, wie vorgeschrieben steht, sollen wir je anheben an dem Christtag [25. Dezember] und feiern bis auf Sankt-Matthiastag [24. Februar], und danach in jedem Jahre von jenen Jahren sollen wir je anheben zu Sonnwenden [24. Juni] und feiern bis auf Sankt-Laurentiustag [10. August]. Und wer mit uns in der Feier nicht so sein will, wie vorgeschrieben steht, dem sollen wir zu den Hämmern, die sie jetzt haben oder hinfort gewinnen, noch auch zu diesen Hämmern, wer immer sie innehat, während der genannten Zeit und hernach in acht Jahren kein Erz geben oder folgen lassen...

29. Man soll auch in allen Schienhämmern in der genannten Zeit nicht bauwerken, außer zu jedem Hammer mit einem Herde, es sei denn, wo man Zech werkt, da mag man je zwei Eisen mit den beiden Herden wohl miteinander zerrennen und die dann danach mit dem Hammer verwerken, jedoch so, daß nicht mehr gewerkt werde als mit einem Herde, ohne Gefährde. Und wo man zwei Herde in einer Hütte hat, so daß man mit einem Herd anläßt und mit dem andern abschöpft, da soll man mit dem andern Herde nicht eher anlassen, als bis man für den Herd, mit dem man zu derselben Zeit zerrennt, zu rechter Zeit das Brenneisen abnimmt, ohne alle Gefährde: ausgenommen Hans Heglein, Vogt zu Wilseck: Der darf mit den zwei Hämmern, die »zu der Rockenbruck« und »Altenweiher« heißen: in diesen zwei Hämmern, in jedem Hammer mit zwei Herden, wohl werken.

30. Man soll auch in der gesetzten Feier dem Schmiedevolk umsonst alle Wochen Münne und Lohn geben...

31. Es soll auch in der gesetzten Feier kein Schmiedemensch von dem Hofe anderswohin gehen, um zu arbeiten, welcherlei Arbeit das auch sei, ohne Gefährde, außer mit seines Herrn oder mit seines Hüttkopfers Willen und Wort...

John Bowle

Geschichte Europas

Von der Vorgeschichte bis ins 20. Jahrhundert
Aus dem Englischen von Hainer Kober. 720 Seiten. Serie Piper 424

Dieses Werk des Oxforder Historikers ist eine umfassende, ungemein spannend erzählte Darstellung der Geschichte Europas in einem Band, für die es auf dem deutschen Markt kein zweites Beispiel gibt. Gestützt auf eine Fülle von Quellenmaterial und reiche Literaturkenntnis gelang Bowle eine meisterhafte Beschreibung der miteinander verwobenen Strömungen der verschiedenen Kulturen Europas. Wir erleben die stete Wechselwirkung von Politik und Kultur. So entfaltet sich vor unseren Augen das ganze Spektrum der europäischen Geschichte von prähistorischer Zeit bis hin zur neuzeitlichen Entwicklung von Nationalstaat und Demokratie nach der industriellen Revolution. Bowle endet seine Darstellung mit dem Jahr 1939.

»Bowles Fähigkeit, anschaulich und engagiert Tatsachen und Zusammenhänge zu verdeutlichen, der trockene Witz seiner historischen Porträtkunst, die Entschiedenheit des Urteils, aber auch die keineswegs nur den Deutschen geltende Skepsis machen sein Werk in einer Zeit ›maschinenseliger Neobarbarei‹ vor allem als Einführung junger Menschen in die Geschichte so wichtig.
Denn seine ›Geschichte Europas‹ ist nicht nur beschauliche Lust an Altem und Anekdotischem, ein Karneval der Kuriositäten, ein Führer zu großen Kunstwerken, eine Entdeckungsreise zu fernen und fremden Kontinenten der Zeit, sondern ebenso und vor allem ein Memento der Macht: Erinnerung an Versäumtes, Abrechnung mit blinden Gewalten und verblendeten Gewalthabern, Mahnung für die Zukunft, die einem Kontinent gilt, der einst der Welt die Gesetze gab und jetzt nur noch die Klinken- und Schuhputzer der Supermächte zu stellen scheint.«

Der Spiegel

Lust an der Geschichte

Leben im Alten Rom

Ein Lesebuch. Herausgegeben von Rolf Rilinger.
410 Seiten. Serie Piper 1005

Wie lebten die »alten Römer«? Von der Wiege bis zur Bahre wird in diesem neuen Band der Reihe »Lust an der Geschichte« das Leben im antiken Rom durch Quellentexte beschrieben. Freundschaft, Spiele, Beruf, Erziehung, Liebe und Ehe – dies sind nur einige der Themen dieses informativen und anregenden Lesebuchs, in dem bekannte Autoren wie Livius oder Seneca ebenso zu Wort kommen wie unbekannte Zeitgenossen.

Leben im antiken Griechenland

Ein Lesebuch. Herausgegeben von Rolf Rilinger.
516 Seiten. Serie Piper 850

Von Geschichtsschreibern wie Herodot über Redner wie Demosthenes bis zu Philosophen und Dramatikern wie Euripides und Aristophanes werden Texte klassischer griechischer Autoren versammelt, die uns Heutigen zeigen, wie die griechische Antike gewesen ist – in Arbeit und Freizeit, in Kult und Krieg, in der großen Politik. So stellt dieses Lesebuch eine nicht nur für Humanisten spannende Einführung in die Welt des klassischen Griechenland dar.

Lust an der Geschichte

Die Französische Revolution 1789–99

Ein Lesebuch. Herausgegeben von Ulrich Friedrich Müller.
363 Seiten. Serie Piper 933

Rechtzeitig zum 200. Jahrestag des Beginns der Französischen Revolution erscheint dieses Lesebuch mit Texten aus der Zeit: Beteiligte (wie Marat, Marie Antoinette, Robespierre, Danton, Bonaparte) und Beobachter (wie Burke, Pestalozzi, Görres), prominente wie unbekannte Zeitzeugen berichten, was sich in den zehn Jahren bis zur Machtübernahme Bonapartes alles ereignet hat, in Paris wie auf dem Land, im Adel wie im Bürgertum. Alle Beiträge sind mit einer kurzen erklärenden Einführung versehen. Die meisten Texte wurden eigens für diesen Band übersetzt. Der Leser erhält einen ebenso spannenden wie direkten Zugang zu diesen Ereignissen, mit denen eine neue Epoche der Weltgeschichte begann.